하얀 토끼를 따라가라

삶의 교양이 되는
10가지 철학 수업

# 하얀 토끼를
# 따라가라

필립 휘블 지음 ― 강민경 옮김

흐름출판

# 토끼의 뒤를 따라가다

정원에서 놀고 있던 앨리스의 앞으로 갑자기 하얗고 작은 토끼한 마리가 뭐라고 중얼거리며 깡충깡충 지나간다. 앨리스는 토끼의뒤를 따라가다가 토끼 굴에 빠져 이상한 나라에 도착한다. 앨리스는 현실에서 가상의 세계로 여행을 떠났다가 다시 돌아왔다. 《이상한 나라의 앨리스 *Alice In Wonderland*》의 저자 루이스 캐럴 Lewis Carroll은 작가였을 뿐만 아니라 논리학자이자 철학자였다. 그래서인지 이책을 다시 읽으면 이상한 나라는 가면을 벗고 철학적인 수수께끼가가득한 장소로 변한다. 아침을 먹기 전부터 여섯 가지 불가능한 일에 대해 생각할 수 있을까? 험프티 덤프티 Humpty-Dumpty는 자기가하는 말의 의미를 스스로 결정할 수 있을까? 체셔 고양이는 웃으면서 점점 사라지는데, 웃음소리가 계속 남아 있다면 고양이가 완전히 사라진 것이라고 할 수 있을까?

영화 〈매트릭스〉에서는 주인공이 '이상한 나라'와는 완전히 반대인 세상으로 여행을 떠난다. 주인공 네오는 자신의 컴퓨터 화면에 표시된 "하얀 토끼를 따라가라Follow the white rabbit"는 메시지를 본다. 잠시 후 누군가가 노크를 하고, 어깨에 토끼 문신을 한 여자가 네오를 파티에 초대한다. 네오는 정체를 알 수 없는 모피어스라는 남자를 만나고, 이 남자는 네오에게 빨간색과 파란색 알약 중 하나를 선택하게 한다. 네오는 빨간색 알약을 선택하고 녹색의 우아한 가상 세계에서부터 어둡고 잔혹한 현실로 가게 된다. 그리고 눈을 뜸과 동시에 다시 자신이 있던 곳으로 되돌아간다. 이 영화의 감독인 워쇼스키 자매(당시에는 형제)는 〈매트릭스〉에서 캐럴과 마찬가지로 철학적인 수수께끼가 가득한 장소를 만들어냈다. 이 세상 전체가 환상일 수도 있을까? 기계가 생각할 수 있을까? 우리에게 과연 자유의지가 있는 것일까? 아니면 이 모든 것이 운명인 걸까?

철학적인 질문을 떠올릴 때, 우리의 생각은 유랑하기 시작한다. 철학에는 유랑이니 여행이니 하는 행동 은유가 편재한다. 이마누엘 칸트Immanuel Kant는 철학하는 것을 '생각 속에서 방향을 정하는 것'이라고 묘사했다. 루트비히 비트겐슈타인Ludwig Wittgenstein에 따르면 철학적인 문제는 '도무지 이해할 수 없는' 형태다. 그는 철학의 목표가 '파리 병에 갇힌 파리에게 나가는 길을 알려주는' 것이라고 말했다. 파리 병은 밑은 뚫리고 위는 닫힌 병을 말한다. 이 병에 들어가 길을 잃은 파리는 무조건 위로 올라가려고만 한다. 인간이 이상한 나라와 매트릭스에서 빠져나오기 어려운 것처럼 파리 또한 파리 병에서 나가는 길을 찾기 어렵다.

이 책에서 여러분은 하얀 토끼를 따라 또 다른 이상한 나라에 도달할 것이다. 바로 현실이다. 철학이라는 안경을 끼고 보면 오래전부터 익히 알고 있던 것들도 더욱 날카로운 시선으로 볼 수 있다. 마르셀 프루스트Marcel Proust가 말했듯이 최고의 탐험 여행은 미지의 땅으로 떠나는 여행이 아니라 세상을 다른 눈으로 보는 여행이다. 최고의 탐험 여행이란 삶 전체를 이리저리 돌아다니다가 두둑한 전리품을 메고 돌아오는 사냥이다.

우리는 평소처럼 슈퍼마켓에 가서 쇼핑이 자유의지를 시험하는 것은 아닌지 생각해볼 수 있다. 아무런 사전 공부도 하지 않았지만 오페라를 보러 가서 단지 오페라 관람객의 일원이 되고 싶었기 때문에 〈발퀴레Die Walküre〉[1]가 아름답게 들린 것은 아닌지 생각해볼 수 있다. 조인트[2]를 피우며 아무 생각 없이 즐길 수도 있지만 그 과정에서 의식을 좁히거나 넓힐 수 있는지, 그리고 과연 그것이 무슨 뜻인지 생각해볼 수 있다.


## 현실의 이상한 나라


이 책은 현대철학 입문서다. 앞으로 펼쳐질 열 개의 장章은 거대한 철학적 질문에 명확한 답을 내놓을 것이다. 사람이 감정 없이 살 수 있을까? 신은 존재할까? 우리는 과연 진정으로 자유롭게 결정을 내리는 걸까? 우리가 알 수 있는 것은 무엇일까? 우리가 하는 말은 어떻게 의미를 갖는 걸까? 의식을 과학적으로 설명할 수 있을까?

꿈에도 기능이 있을까? 우리는 우리 몸을 어떻게 경험할까? 우리에게 아름다움은 왜 그렇게 중요한가? 죽음에도 의미가 있을까? 바로 이런 질문들을 각 장에서 개별적으로 설명할 것이다.

전통적인 철학 입문서는 지루하다. 이전 세대의 사상가들과 그들의 이해하기 어려운 이론들을 누가 왜 옳은지는 알지 못한 채 주구장창 읽기만 해야 한다. 현재 진행 중인 흥미로운 논쟁은 거의 등장하지 않는다.

이 책은 여러분에게 철학이라는 미궁에서 방향을 제시하고 지난 수십 년 사이에 나타난 지름길과 비밀 통로를 보여줄 것이다. 이 책 속에서 함께 떠난 여행길에서 이미 잘 알려진, 그러나 혼란스러운 이론이나 수많은 선입견과 신화가 올바르게 정리될 것이다. 이 책은 일반적인 정보를 늘어놓은 입문서가 아니라 흥미로운 논쟁이 중심을 이룬 책이다.

자라오면서 우리는 여러 과목을 배우며 철학적인 글을 읽었다. 나는 그런 글에서 많은 것을 배웠지만, 한편으로는 회색이론을 향한 집약된 분노 때문에 두 가지 오해를 품게 되었다. 하나는 글이 어둡고 이해하기 어려울수록 더욱 '심오하다'는 생각이었다. 대학에서 공부를 시작하고 나서 글을 이해할 수 없었던 이유는 내 문제가 아니라 글의 문제였다는 점을 알았고, 소위 '깊은 지혜'라는 것이 진부함 아니면 무의미였다는 것을 깨달았다.

두 번째 오해는 내가 철학을 공부함으로써 커튼을 걷어 젖히고 완전히 새로운 세상에 몸담을 수 있으리라고 믿었던 점이다. 하지만 철학자가 된다고 해서 무조건 낯선 '이상한 나라'를 발견하는 것은 아니다. 철학자들은 고작 이미 알고 있는 세상을 더 명확하게 볼 뿐이며, 그 안에서 '커튼'의 은유라거나 '잠재적인 지혜'가 플라톤 Platon의 관념론, 즉 영향력이 크지만 한편으로는 근거가 빈약한 지식의 이론에서 유래했다는 점을 배울 뿐이다. 숨겨진 두 번째 세상은 결코 존재하지 않는다. 현실이야말로 진짜 '이상한 나라'다.

훌륭한 철학자들은 자신의 글 안에서 명료함과 이해하기 쉬움의 이상향을 구현하려고 애쓴다. 이를 위해 그들은 광내어 닦은 개념의 안경을 쓴다. 때로는 루페(확대경)를 사용해 대상을 아주 자세히 들여다보기도 한다. 어떨 때는 광범위한 관련성을 보려고 광각렌즈를 사용한다.

이때 개념의 렌즈가 시선을 교란시켜서는 안 된다. 단 한 명의 사상가를 연구하느라 바쁜 사람들 중 많은 이들이 연구 대상이 사용하는 어휘와 사고의 과정을 자기 것인 양 편안하게 느끼는 바람에 설명에 불친절해질 뿐만 아니라 한 가지 관점밖에 받아들이지 못한다. 예를 들어 니체Friedrich Nietzsche의 선글라스를 통해 본 세상은 조금 더 어둡고, 프로이트Sigmund Freud의 분홍색 안경을 통해 본 세상은 약간 붉은빛을 띤다. 이런 유혹에 저항해야 한다. 그리고 생각에 대한 행동 은유와 지식에 대한 시각적 은유를 주의 깊게 사용해야 한다.

# 철학, 놀라움인가? 이해인가?

아리스토텔레스Aristoteles는 철학이란 놀라움에서 시작된다고 말했다. 많은 이들이 인정하듯이 철학은 어린아이가 품은 것과 같은 놀라움에서 시작된다. 다만 이 말은 우리가 '철학'을 고대 그리스에서 그랬듯이 '과학'이라는 뜻으로 사용할 때만 옳다. 어린아이들은 타고난 연구자이고 호기심이 제지당하지 않는 한 죽을 때까지 호기심을 품고 산다. 어린이의 호기심은 자연과학적인 것이다. 어린이들은 세상이 어떻게 움직이는지 궁금하게 여긴다. 그래서 숟가락을 떨어뜨린다. 그러면 소리가 난다. 다시 숟가락을 떨어뜨린다. 또 소리가 난다. 아이들은 왜 밤이 되면 어두워지는지, 바람은 불지 않을 때 어디에 머무는지 묻는다. 신이 존재하는지 혹은 정의란 무엇인지 궁금해하기 훨씬 전부터 말이다.

자연과학은 대개 "왜?"라는 질문에 답한다. "돌은 왜 바닥으로 떨어지는가?", "세포는 왜 분열하는가?", "물은 왜 어는가?" 같은 질문 말이다. 철학은 "무엇인가?"라는 질문에 답한다. "원인이 무엇인가?", "삶이란 무엇인가?", "자연법칙이란 무엇인가?" 이런 질문 유형 하나만으로 철학을 깨우칠 수는 없지만, 그 목적은 알 수 있다. 철학자들은 사물의 본질을 탐구한다.

현대적인 감각으로 보면 철학은 개념의 과학이자 생각의 범주다. 심지어 아주 근본적이고 포괄적인 것이어서 그것 없이는 우리가 아무것도 이해하지 못할 범주 말이다. 예를 들어 공간과 시간, 언어, 이성, 의미, 진실, 지식, 원인, 대상, 현상, 의식, 선과 악, 인지, 행위,

감정, 인간, 정의, 아름다움 등이다.

자연과학자들은 어린아이들처럼 왜 무슨 일이 일어났는지 알고자 하는 사람들이다. 철학자들은 반대로 일상적이고 이미 잘 알려진 것들의 실체를 파악하고자 호기심을 품고 접근하는 사람들이다. 철학자들은 당연함 속에서 불가사의함을 찾는다. 이들은 가장 근본적인 개념들이 서로 어떻게 연관되는지 탐구한다. 우주가 존재하지 않아도 시간은 흐를까? 사람이 말할 수 있으려면 이성이 있어야 할까? 고통이나 감정이 무의식중에도 느껴질까?

자연 및 인간과학자들은 실험과 관찰로 얻은 데이터를 기반으로 이론을 전개한다. 철학자들 또한 실험을 진행한다. 다만 기계나 장비가 필요치 않은 사고실험(생각실험)이다. 데이터와 이론 사이의 명확한 차이가 철학에는 존재하지 않는다. 모든 철학적인 생각이나 문장은 다른 한편으로 개개인의 철학적 생각의 요소일 수 있다.

그러다 보니 모든 철학 전공생들이 역사적인 위대한 사상가들과 같은 눈높이에 서게 된다. 이것이 가능한 이유는 중세의 철학자 베르나르 본 샤르트르Bernhard von Chartres가 말했듯이 후손인 우리들이 거인의 어깨 위에 올라탄 소인이기 때문이다. 위로 올라가는 길은 고되고 힘겹지만 그곳에 도달하면 형언할 수 없는 시야를 얻는다. 때로는 어깨 위에 올라간 소인이 거인보다 더 멀리 내다볼 수도 있다. 그러나 거인이 없었다면 그렇게 높은 곳에 앉을 수조차 없었으리라는 사실을 잊어서는 안 된다. 또 거인의 거대한 그림자를 자신의 것이라 착각해서도 안 된다.

# 학문으로서의 철학

'철학자'라는 칭호는 '탐정'이나 '디자이너' 혹은 '저널리스트'처럼 확실한 직업을 묘사하는 말이 아니다. 누구나 자신의 명함에 철학자라는 칭호를 별명으로 쓸 수 있다. 이런 소위 '칭호 인플레이션'이 학계의 위엄 있는 몇몇 철학자들은 물론이고 고학력자인 저널리스트나 예술학교에서 학위를 받은 졸업생들의 심기를 건드리는 모양이다. 하지만 아량을 베풀도록 하자. 우리는 모두 철학자다. 우리는 모두 심리학자이자 TV 화면 앞의 축구 감독인 것처럼 모두 철학자다. 축구 감독이 그렇듯이 철학자 중에도 뛰어난 사람과 그렇지 않은 사람이 있다. 뛰어난 철학자들은 학술적인 기준이 높은 곳에서 활약한다. 이들은 명확하고 이해하기 쉬운 글을 쓰고, 정확하게 요점을 짚어 논쟁하며, 학술적인 성장에 기여하고자 한다.

무엇보다도 분석철학[3]이 그 이상에 전념하고 있다. 분석철학은 앵글로아메리카의 연구에 강한 영향을 받았으며 나 또한 분석철학 분야에 속해 있다. 여느 수공업이 그렇듯이 철학 또한 앎과 능력으로 이루어져 있다. 우선 내용과 방법에 능통해야 한다. 분석철학자들의 표식은 그들의 방법에 달려 있다. 이들은 되도록 간단하게 무언가를 표현하고 전문용어는 적재적소에만 사용하려고 애쓴다. 논거를 차곡차곡 쌓고, 문제를 해결하고자 하고, 논리에 단련되어 있으며, 자신의 명제를 아주 정확하게 표현한다. 분석철학에는 권위자에 대한 부적절한 존경이 없다. 누군가가 아주 좋은 논거를 제시한다면, 그것이 아리스토텔레스의 것이든 버트런드 러셀Bertrand

Russell의 것이든 아니면 일개 고등학생의 것이든 모두 같은 선상에 놓는다.

분석철학자들은 글에 보이지 않는 유머를 숨겨둔다. 이들은 전문적인 질문을 진지하게 받아들이지만 스스로는 그다지 진지한 사람들이 아니다. 이들은 사회적으로 거리를 두려고 개인적인 특수용어나 전문용어를 만들어내지 않으며, 스스로를 누구나 어떤 방식으로든 기여할 수 있는 연구 프로젝트의 일원이라 여긴다. 아무도 이해할 수 없는 말을 늘어놓아 비판에서 자유롭기보다는 논박의 여지가 있는 것이 오히려 장점이라 생각한다. 근본을 파고들어 생각하고 모든 학술 분야의 결과들이 어떻게 조화를 이루는지 고민한다. 분석철학자들은 일상생활과 학술 분야 속 표현 방법과 사고의 과정을 정확하게 규정하는 것이 자신들에게 주어진 과업이라고 생각한다.

약 100년 전 분석철학이 처음 싹을 틔웠을 때, 분석철학자들은 특히 언어철학과 학문이론에 집중했다. 오늘날 분석철학자들은 윤리, 미학, 문화, 종교 혹은 정치 등 모든 주제를 두고 토론한다.

현재 철학 분야는 과거 그 어느 때보다 인구가 과밀한 상태다. 이에 따라 철학 분야의 지도 또한 더 세밀한 기준에 의해 나눠지면서 과거에는 아무도 차지하지 않았던 지역이 생겨났다. 이 책에서 나는 철학 분야는 물론이고 철학과 인접한 심리학, 사회학, 인류학, 신경과학 분야의 독창적인 사상가들을 소개할 것이다.

# 미키 마우스, 레드 와인, 그리고 열기구

모두가 학술적인 철학의 명확함과 정확함이라는 이상향을 따르지는 않는다. 오히려 그 반대다. 수많은 철학자들이 이상향에서 멀리 떨어져 있다. 우리는 세 가지 전형적인 유형의 철학자들과 늘 마주친다.

하나는 미키 마우스 유형의 철학자들이다. 이는 미국의 철학자 존 설John Searle이 붙인 이름이다. 미키 마우스 철학자들은 가파른 절벽 같은 명제를 편애한다. 진실은 존재하지 않으며 우리에게는 자유의지가 없고, 감정은 그저 뇌의 상태일 뿐이라고 주장한다. 권위 있는 철학자들과 달리 미키 마우스 유형의 철학자들은 자신들의 주장을 논증하려고 애쓰지 않는다. 이들은 연구 논문이라는 것을 모르며 절반 정도만 겨우 이해 가능한 이론에서 결론을 도출해낸다. 근본을 파헤치고 고찰하는 대신에 우리의 '세계상'을 혁신하고자 한다. 다만 이들 중 대부분은 그게 도대체 무슨 뜻인지조차 설명하지 못한다.

때때로 신경과학자나 물리학자 중에 미키 마우스 유형의 철학자가 있는데, 특히 자신의 전공 분야에서 성공을 거두었거나 동시에 다른 학문 분야에서도 그만큼 높은 수준의 지식을 갖추고 있다고 스스로를 오인한 경우에 그렇다. 이들은 이미 이전에 틀렸다고 결론을 낸 해답을 실험에서 찾을 수 있다고 생각한다. 몇몇 미키 마우스 유형의 철학자들은 하얀 토끼를 따라가는 대신에 숲에 사는 참새들에게 대포를 쏘아 새들을 나무에서 보이지 않게 만든다.

두 번째 유형은 레드 와인 유형의 철학자들인데, 이들은 고급 보르도 와인이 담긴 잔을 옆에 두고 의미 없이 떠들거나 글만 써대는 사람들이다. 이들 중 대부분은 높은 교육 수준과 교양을 갖추었고, 문장력 또한 뛰어나서 예사롭지 않은 은유를 유려하게 늘어놓는다. 하지만 자신의 언어적 재능을 뜻깊게 사용하지는 못한다. 이들은 애초에 연구 결과에 관심이 없고, 자신의 명제를 체계적으로 고찰하지 않으며, 여러 내용을 연결해서 글을 쓰고, 더 이상 해야 할 일을 모를 때는 질문을 던진다. 이들 중 대부분은 '학교철학'을 공격하는 언론인인 경우가 많은데, 그 이유는 대개 이들이 전문 분야의 인정을 받지 못하기 때문이다. 이들은 문외한인 일반인들에게 가르침을 주는 역할을 한다. 늘 상황에 잘 들어맞는 명언을 들려주며 심오하고 거대한 명제보다는 개인이 관찰한 재치 있고 실용적인 내용을 제안하는 것이다. 레드 와인 유형의 철학자들은 그들이 말하는 내용이 아니라 스타일이나 연출로 알아볼 수 있다. 이들이 쓰는 글의 문장은 대개 아름답다. 그러나 그것을 끝까지 읽고 나서는 남는 내용이 없으면 그나마 다행이고 심지어는 이전에 알았던 내용까지 잊어버린 것 같은 기분이 든다.

세 번째 유형은 열기구 유형의 철학자들이다. 특히 프랑스 문화학자들은 언제나 착각에 빠져 문장의 다의성이나 학문의 '힘겨루기'를 발견하고는 세상은 그저 구조일 뿐이고 우리가 사용하는 말은 끝없이 많은 의미를 지니고 있으며 체계적인 진실의 추구는 불가능하다는 대범한 결론을 내렸다. 미국의 철학자 제리 포더Jerry

Fodor는 이를 두고 두통이 발생했을 때 아스피린을 먹는 것이 아니라 머리 자체를 잘라내는 행동이나 마찬가지라고 말했다. 열기구 유형의 철학자들은 미키 마우스 유형의 철학자들과 마찬가지로 자극적이고 극단적인 명제를 사랑하며 거기에서 방법론적인 결과를 이끌어낸다. 이들은 더 이상 학술적인 일을 하거나 명료하고 반론의 여지가 없는 글을 쓰거나 자신의 주장을 논증하려 하지 않는다. 대신 오로지 문학만을 하고자 한다. 그리고 문학을 위해 명제를 잔뜩 부풀린다. 이렇게 잔뜩 부풀어 오른 열기구를 타고 공기가 희박해진 고도까지 다다르면 이들은 환각과 진정한 판단력을 맞바꾼다. 이들은 레드 와인 유형의 철학자들과 마찬가지로 산소 부족을 은유적인 감미료로 대체한다.

진실이 중요하지 않기 때문에 열기구 유형의 철학자들 사이에서는 다른 어떤 조직에서보다 관심의 가치가 높다. 이들은 주목을 끌기 위해 더 큰 목소리로 외쳐야 한다. 이들이 주장하는 모든 명제는 그저 유행이기 때문이다. 마치 열기구가 바람에 휩쓸려 빨리 떠내려가버리듯이. 열기구 철학자들은 실질적으로 남을 가르치는 데 필요한 지식을 모으지 않기 때문에 어휘 선택이 제한된다. 이들은 하얀 토끼를 따라가는 대신 호랑이가 없는 굴에서 여우 노릇하기를 선호한다.


반면 분석철학자들은 누구보다도 글과 자연, 그리고 문화라는 세 개의 꼭짓점이 있는 삼각형의 중심에 위치한 사람들이다. 이들은 낡은 논쟁을 다시 끄집어내지 않으려고 관련 문헌을 숙지하고 있다. 게다가 분석철학자들은 경험에 근거한 연구에 대한 통찰력을 갖추고 있는데, 예전처럼 구시대적 안락의자에 편히 앉아 고개만 쏙 내밀고 있을 수는 없는 노릇이기 때문이다. 그 대신 이들은 이제 책상에 모여 앉아 다른 과학자들이 던지는 불편한 질문에 답해야 한다. 문화학자들과 마찬가지로 결국 분석철학자들도 유행과 힘겨루기, 자신이 속한 전문 분야의 사회적·문화적 차원에 민감해진다. 그러나 정확성과 현실주의, 그리고 학문적 방법을 희생하지는 않는다.

## 철학에 대한 편견

철학만큼 사람들이 편견 어린 시선으로 바라보는 학문 분야는 없다. 많은 사람들이 철학이란 주로 글을 다루는 학문, 즉 오래된 문헌을 읽고 해석하는 학문이라고 생각한다. 이들에게 철학이란 어떤 사상을 정신사적 순서에 따라 정리하는 것으로 충분하다. 하지만 철학은 어떤 주장의 근거가 타당한지 따져보는 데서 시작된다.

어떤 사람들은 화려한 미사여구와 함께 달력에 적힌 격언이 대단히 철학적이라고 생각한다. 특히 그 글귀에 '자유'나 '의미'와 같은 단어가 포함되어 있다면 말이다. 이런 글에서도 철학은 그 격언의 저자가 자신이 쓴 글이 본디 무슨 뜻인지 설명하는 데서부터 시작된다.

어떤 사람들은 자신이 모든 것을 의심한다며 스스로를 철학자라

여긴다. 누가 무엇을 물어보든 간에 "그게 왜 알고 싶은데?"라는 말이 튀어나온다는 것이다. 이렇게 반사적인 회의주의는 학문적인 의심을 풍자한다. 사실이 확인된 지식과 무오류성을 혼동하는 것이다. 아이러니하게도, 모든 것을 동시에 의심하기란 불가능하다는 사실을 철학적으로 증명할 수 있다.

의심과 같은 범주에 속하는 것이 비평이다. 거대한 사회적 질문에는 철학자들이 입장을 표명하는 것이 당연하다고 생각하는 사람이 많다. 철학자들이야말로 그럴 자격을 갖춘 이들이라고 여기기 때문이다. 그러나 우선 초미의 주제에는 누구나 전문적인 판단을 내릴 수 있다. 둘째로 폐해나 부당한 일을 공개적으로 비난하거나 문제를 보완할 책임은 누구에게나 있다. 물론 이런 일을 하는 데 철학 공부가 도움이 될 수는 있다. 하지만 철학이 정치적 성숙으로 가는 왕도는 아니다.

철학이라는 나무의 일부 가지에 속한 철학자들이 행복을 추구한다고 할지라도 이들은 우리에게 어떻게 하면 행복하고 충만한 삶을 살 수 있을지 이야기해주는 조언자가 아니다.

마지막으로 철학은 아직 '완결되지' 않았으며 다른 과학으로 대체되지도 않았다. 영국의 철학자 존 오스틴John L. Austin은 철학을 태양과 비교한 적이 있다. 태양이 행성으로서 자신의 한 부분을 떼어내 다른 행성들에게 발산하고 머나먼 마지막 단계에 이를 때까지 계속해서 발전하듯이, 철학 또한 자신의 일부를 떼어내 다른 과학 분야를 만들어내고 계속해서 발전했다. 어떤 사람들은 태양이 더 이상 빛나기를 포기한다면 다른 행성들만 덩그러니 남게 될 것이라고 말한다.

매력적인 이야기이지만 안타깝게도 조금 왜곡되었다. 예를 들어 아리스토텔레스는 어떤 존재를 살아 있도록 만드는 것이 무엇인지, 우리가 꿈을 꾸는 이유가 무엇인지 등에 대해 고찰했다. 이것은 경험적인 문제였다. 아리스토텔레스는 스스로 호칭을 대지는 않았으나 자연과학자이기도 했다. 하지만 그는 무엇보다도 진정한 철학적 문제, 예를 들어 자연이나 시간 혹은 원인 등에 대해 토론했다. 오늘날에도 별다를 바가 없다. 두 가지 예시가 있다. 자연법칙을 공식화하는 이들은 물리학자들이지만, 자연법칙이란 과연 무엇이냐는 질문은 자연과학 분야에 속하지 않는다. 또한 우리의 행동을 설명하는 이들은 심리학자들이지만, 그들은 뛰어난 심리학적 설명이 무엇인지는 고찰하지 않는다. 만약 그렇게 한다면, 그들은 철학을 하고 있는 것이다.


# 이 책을 읽으시라, 나는 철학자니까!

파티에 참석해서 철학을 전공했다거나 혹은 가르치고 있다고 말하는 사람은 늘 놀라움과 의아함이 뒤섞인 반응을 마주할 것이다. 인류의 거대한 수수께끼에 관심 있는 사람이 많다면 놀라움이 지배적일 테고, 어떻게 그렇게 삶과 동떨어진 터무니없는 학문을 연구할 수 있느냐고 궁금해하는 사람이 많다면 의아함이 이길 테다.

아무튼 어떤 반응이든 지나가고 나면 언제나 비슷한 질문이 날아온다. 예를 들어, "가장 좋아하는 철학자는 누구인가요?"라는 질문이다. 마치 철학자가 작가나 배우나 영화감독이기라도 한 것처럼. 여기에 맞는 답은 단 하나다. 바로 우디 앨런. 그는 작가이자 배우이자 영화감독이기 때문이다.

두 번째로 흔한 질문은 "왜 하필 철학을 배웠어요?"다. 솔직하게 말해볼까? 이건 나도 스스로에게 매일 묻는 질문이다. 여기에는 제리 포더가 가장 좋은 답변을 내놓았다.

"돈 벌기는 힘들고 발전이 늦은 편이지만 재미있는 사람들을 만날 수 있어서."

세 번째로 흔한 질문은 걱정스러운 눈빛과 함께 날아온다. "대체 철학으로 뭘 해요?"라는 질문이다. 나는 오랜 시간 동안 철학 연구소에서 상담자로 일했다. 이런 질문을 받으면 우선 녹음기처럼 정해진 문장을 읊는다.

"철학자들은 출판사, 언론사, 정치권, 기업 등에서 일합니다."

그러다가 점차 철학을 전공한 사람 중에 성공을 거둔 이들의 이름을 거론하는 것이 더 효과적이라는 사실을 깨달았다. 예를 들어 브루스 리, 마틴 루터 킹, 교황 베네딕토 16세 등이다.

언제나 인상적인 은유를 남긴 비트겐슈타인은 철학을 일컬어 '우리의 언어를 매개로 우리의 이해를 현혹시키는 것과 싸우는 일'이라고 말했다. 오늘날 철학자들은 이론적인 한계가 없는 의사나 마찬가지다. 철학자들은 언어의 혼란을 치료할 뿐만 아니라 모든 일상에서 발생하는 불합리를 폭로한다. 이들은 정치의 기만, 광고의 프로파간다, 영화의 클리셰, TV 프로그램이나 신문 기사의 그릇된 판단을 알아채고 경고음을 울리는 '사실 탐지기' 한 대를 손에 들고 일한다.

그럼에도 철학이 사회적인 기능을 충족하지 못한다는 주장이 만연하다. 심지어 철학자들 스스로도 이런 편견을 거들고 있다. 게오르크 빌헬름 프리드리히 헤겔Georg Wilhelm Friedrich Hegel은 철학이 더 이상 변화할 것이 없을 때가 되어서야 뒤늦게 나타난다고 말했다. 비유적으로 지혜를 뜻하는 '미네르바의 부엉이'가 '황혼녘에야 날개를 편다'는 것이다. 우리가 따라가야 할 하얀 토끼는 먼동이 틀 때쯤 이미 잠에서 깨어 해가 질 때쯤 깡충 뛰어오른다.

차 례

## 1장

# 느끼다

## 뱃속의 이성 理性

"우리 이제 그만 만나"라고 그녀가 말했다. 나는 도무지 이해할 수가 없었다. 그리고 그녀가 눈물을 흘리기 시작하자 갑자기 나는 모든 것을 이해하게 되었다. 나는 경악했다. 울고 싶었지만 눈물이 나지 않았다. 아무 말도 나오지 않았다. 속이 울렁거리기 시작했지만, 그것이 무슨 느낌인지 정확히 묘사하기가 어려웠다. 누가 내 명치를 때린 것도 아니었다. 하지만 심장박동이 잠시 멈춘 것처럼 가슴께가 약간 뻐근했다. 가장 먼저 그녀가 농담으로 한 말이기를 바랐다. 물론 이미 오래전부터 농담이 아니리라는 걸 알고 있었지만. 곧이어 화가 났다. 다른 남자라고 더 나을 것 같은가?

임상심리사에 따르면 상실을 경험했을 때, 사람들은 몇 가지 단계를 거친다. 충격, 부정, 분노, 슬픔, 그리고 수용이다. 그러나 마지막 단계까지는 절대 도달할 수 없다. 마지막에 남는 것은 갈망뿐이다. 그녀의 향기, 호기심 가득한 눈, 따뜻한 체온에 대한 갈망. 나는 상처받았고, 실망했고, 질투를 느꼈다. 이제 다른 남자가 그녀에게 키스할 것이다.

상대방에게 버림받은 사람들이 느끼는 전형적인 감정이 정해져 있는 것은 아니지만, 공통적으로 발생하는 감정이 몇 가지 있다. 경악, 두려움, 질투, 실망, 갈망, 그리고 무엇보다도 슬픔이다. 감정은 우리를 번개같이 움켜쥐고, 우리는 격렬한 감정에 사로잡힌다. 하지만 감정은 대개 짧은 시간 동안만 머무른다. 아주 가끔 분노나 기쁨이 길게 이어지는 경우도 있지만 말이다. 무엇보다도 감정은 뜻밖에 생겨나는 것이다. 우리는 평소 의도해서 감정을 불러일으키거나 차단할 수 없다. 감정이 우리를 습격하는 것이다. 그래서 고전 문헌에서는 감정을 '정열Leidenschaft'이라고 말하기도 했는데, 고전적인 감각에서 감정이란 우리가 수동적으로 '당하는erleiden' 것이기 때문이다. 우리는 스스로의 감정에 어떻게 대처해야 하는지 배운다. 내면에 분노가 차오르는 것이 느껴지면 심호흡을 하고 마음을 진정시켜야 하며, 두려움이 엄습한다면 그럴 이유가 없다고 생각하며 마음을 다잡아야 한다. 하지만 감정에는 원치 않는 요소도 존재한다. 카메라 앞에서 고통스러웠던 경험을 떠올리며 슬픈 연기를 할 수 있는 배우들도 정말 슬퍼질 때는 원치 않는 무언가에 사로잡힐 것이다.

감정이 신경학, 심리학, 그리고 철학 분야에서 빈번하게 논의된 지는 이제 겨우 20년가량 되었다. 감정이 얼마나 우리 삶을 좌지우지하는지 고려한다면 과학계가 감정에 열띤 반응을 보이기 시작한 시기가 놀라우리만치 늦었다고 할 수 있다. 많은 연구자들이 느낌보다는 감정에 대해 이야기한다. 나는 두 가지 표현을 같은 뜻으로 사용한다. 언어의 정확성은 매우 중요한데, 그 이유는 독일어에서는 '느끼다'라는 말을 적어도 세 가지 각기 다른 경험에 사용하기 때문이다. 예를 들어 우리는 속에서 분노가 차오르는 것을 느끼고, 우울을 느끼고, 코끝에 닿은 풀 줄기를 느낀다. 분노는 감정이자 느낌이며, 우울함은 정서이고, 간지러움은 신체감각이다.

간지러움, 배고픔, 고통 등의 감각을 느낄 때는 정서와 감정이 복합적으로 나타난다. 이런 정서나 감정은 늘 존재하지만 정확히 파악하기 쉽지 않다. 우리는 언짢음이나 짜증과 같은 정서를 예전부터 감정과 구별했는데, 감정은 그 원인과 직접적인 관계가 있기 때문이다. 예를 들어 우리는 다른 사람들을 질투하고, 해바라기를 보고 기뻐한다. 아무 원인도 없는데 질투하거나 화를 낼 수는 없다. 정서는 다르다. 하루 종일 우울하거나 스포츠를 하고 나서 활기를 느끼듯이 원인이 존재하지 않거나 지나간 다음에도 정서를 유지할 수 있다.

이웃집에서 키우는 버릇없는 도베르만이 입마개도 하지 않은 채 갑자기 나타나 으르렁거리며 여러분 앞에 서 있다고 상상해보라. 그러면 아마도 모든 감정 중에서 가장 일반적인 감정을 경험할 것이다. 바로 두려움이다. 몇몇 철학자들은 '두려움'이라는 단어와 '불안'이라는 단어 사이에 미묘한 차이가 있다고 주장하지만, 일상생활에서 우리는 두 단어를 구분하지 않는다. 다만 '불안'은 왠지 고풍스럽게 들리기도 한다. 두려움은 다른 여느 감정과 마찬가지로 최소한 다섯 가지 전형적인 특성을 갖고 있다. 우선 앞서 언급한 바와 같이 원인과의 관련성이다. 우리는 언제나 무언가에 대해 두려움을 느낀다. 예를 들어 이 경우에는 개에 대해 두려움을 느낀다. 둘째로 상황에 대한 자동적인 평가다. 두려움을 느낀 우리 눈에는 개가 위험해 보인다. 셋째로 경험이다. 두려움은 분노나 기쁨과는 조금 다른 감정이다. 넷째로 독특한 표정이다. 두려움을 느끼면 우리는 눈을 크게 뜨고, 입을 꾹 다물어 입꼬리를 당기고, 턱을 목으로 당긴다. 다섯째로 행동 준비다. 두려움을 느끼면 뇌로 아드레날린이 전달되고 주의력이 높아지며 다리의 혈관으로 피가 흘러 몸이 도망칠 준비를 마치고 심리적으로도 도망쳐야 한다는 압박을 받게 된다.

두려움과 다른 감정을 한 가지 이론으로 설명하고자 하는 사람은 두 가지 중요한 질문에 답해야 한다. 첫째, "감정이 발생하려면 본질적으로 무엇이 필요한가?"다. 본질은 없어서는 안 되는 특징이다. 도베르만을 다시 떠올려보자. 개는 동물이므로 당연히 유전인자(게놈)를 갖고 있을 것이다. 이때 게놈은 개라는 존재의 본질이다. 개의 다리 수는 본질이 아니다. 다리가 세 개인 개도 여전히 개이기 때문이다. 개의 털색 또한 본질이 아니다. 예를 들어 어떤 사람이 푸들의 털을 분홍색으로 염색했다고 하더라도 우리는 그 털색이 푸들의 핵심이라고 생각하지 않는다.

감정으로 이야기를 바꾸면 질문은 다음과 같이 변할 것이다. 감정의 다섯 가지 특성 중 감정의 상태를 설명할 때 없어서는 안 될 것은 무엇인가? 여자 친구가 나에게 이별을 고했을 때 나는 슬펐다. 이 경험의 본질은 무엇인가? 신체론에서는 다음과 같이 말한다. 본질이란 신체 경험의 한 형태다. 눈물이나 목멤 없는 슬픔은 슬픔이 아니다. 인지이론에서는 다음과 같이 말한다. 감정은 언제나 해석이나 판단과 관련이 있다. 예를 들어 연애 상대나 배우자, 조부모를 잃었다는 사실을 인지하지 못한 슬픔은 슬픔이 아니다. 혼합이론에서는 다음과 같이 말한다. 감정은 여러 요소로 이루어져 있다. 우리는 이렇게 감정과 관련된 이론을 세 가지로 나눌 수 있다.

두 번째 질문은 "감정은 어떤 기능을 하는가?"다. 두려움이라는 감정의 기능은 명확하다. 바로 도망칠 준비와 동기다. 반면 슬픔의 기능은 그리 명확하지 않다. 그녀가 나를 떠남으로써 나는 온몸이 마비된 것 같았지만, 그렇다고 어떤 행동을 준비하지는 않았다.

## 보이지 않는 뱀과 몸속의 알람시계

이쯤에서 짚어봐야 할 이론이 있다. 진화론의 창시자인 찰스 다윈Charles Darwin은 1870년에 원숭이들이 놀랍게도 눈썹을 높이 치켜들고 눈을 부릅뜨는 것을 관찰했다. 원숭이들이 그런 행동을 하는 까닭은 시야를 넓혀 먹잇감이나 위험을 더 잘 보고 반응하기 위해서였다. 명백하게 생존에 이익이 되는 행동이다. 고양이들은 두려움을 느끼면 등을 둥글게 구부린다. 몸집을 부풀려 보이기 위해서다. 공격해오는 포식자를 깜짝 놀라게 만들 수 있기 때문에 이는 진화 과정에서 유리한 행동으로 작용했을 것이다. 이쯤 되면 다윈이 인간의 감정 또한 깊이 연구했으리라고 추측할 수 있다. 인간은 다른 포유동물과 비슷한 감정을 느끼지만, 동물에게는 없는 몇 가지 감정, 예를 들어 수치나 질투도 느낀다. 놀랍게도 다윈은 인간의 감정 표현이 기능이 전혀 없는 진화의 잔재라고 생각했다. 그래서 인간의 감정에 대한 이론은 전개하지 않았다. 그럼에도 다윈은 일찍이 신체론을 주장한 학자로 분류되는데, 그 이유는 그가 감정이란 몸에서 읽어낼 수 있는 행동 패턴이라고 주장했기 때문이다.

신체론은 1900년에 두 명의 과학자가 각자 완성한 이론이다. 이들은 미국의 심리학자 윌리엄 제임스William James와 덴마크의 심리학자 칼 랑게Carl Georg Lange다. 훗날 제임스-랑게 이론[1]으로 합쳐진 두 사람의 이론에 따르면 신체적 반응이 선행해야 감정 인식이 일어난다. 얼핏 듣기에 그다지 놀라운 말은 아니지만, 자세히 살펴보면 역설적인 부분이 있다. 제임스의 이론에 따르면 우리는 두려워서 몸을 떠는 게 아니라 몸을 떨기 때문에 두려운 것이다. 슬프기 때문에 눈물을 흘리는 게 아니라 눈물을 흘리기 때문에 슬픈 것이다. 선행하는 신체적 반응을 인식하는 것이 감정에 앞서는 게 아니라 신체적 반응 인식이 곧 감정이다. 제임스는 우리를 사고실험으로 이끈다. 만약 불안이나 두려움 때문에 발생하는 모든 신체적 반응을 없애버린다면, 우리에게는 감정과는 전혀 관련이 없는 불분명한 생각의 자투리만 남게 될 것이다. 간단한 심리 실험이 그의 접근법을 입증한다. 자리에 앉아 얼굴 근육을 당기고 미소 짓는 표정을 만들어보시라. 그러면 곧 정말로 기분이 좋아진다. 또 방긋 웃는 사자나 깔깔대는 펭귄을 흉내 내는 '웃음 요가' 클래스에 참여하는 사람들은 모두 클래스가 끝난 후에 미소를 머금고 집으로 돌아간다. 이런 효과를 두고 보면, 행복이란 얼굴 근육 조직의 변화를 인식하는 것 그 이상도 이하도 아니라고 해석할 수 있을 테다.

그러나 이 이론에는 함정이 있다. 이 이론에 따르면 신체감각이 약할 때는 감정도 약해야 한다. 또한 이 이론은 사람이 신체감각 없이 감정을 느낄 수 있다는 의견과 반대된다. 이미 제임스도 이 문제를 눈치챘다. 몇몇 하반신 마비 환자들은 사고 이후에 자신의 감정생활이 훨씬 빈곤해졌다고 말했다. 하지만 모든 사람이 다 그런 것은 아니다. 이와 정반대 사례를 보여준 이가 저널리스트인 장-도미니크 보비Jean-Dominique Bauby다. 보비는 프랑스 잡지《엘르Elle》의 전 편집장인데, 뇌졸중 이후 락트-인 증후군Locked In Syndrome[2]을 겪었다. 그는 왼쪽 눈꺼풀을 제외한 신체 부위를 전혀 움직일 수 없었다. 그래서 임상심리사의 도움을 받아 왼쪽 눈의 깜박임만으로 알파벳을 나열하는 방법을 배워야 했다. 알파벳은 자주 사용되는 순서대로 정리되었다. 예를 들어 눈을 한 번 깜박이면 '네', 두 번은 '아니오'라는 뜻이었다. 이런 식으로 보비는《잠수종과 나비》라는 책을 썼고, 이 책은 미국의 영화감독 줄리안 슈나벨Julian Schnabel에 의해 2007년에 영화화되었다. 이 책에서 보비는 뇌졸중 이전과 이후의 삶에 대해 서술한다. 그리고 거의 전부 사라진 신체감각에 대해서도. 그가 느낄 수 있는 오직 한 가지 감각은 마치 오래된 잠수종 안에 있는 것처럼 머리부터 발끝까지 이어지는 지속적인 압박감이었다. 보비는 깊은 슬픔에 빠졌지만 다시 나아질 수 있으리라는 희망에 가득 찼다. 그는 아들과 딸이 자라는 모습을 보며 뿌듯해했다. 보비는 짧지만 인상적인 말로 자신이 느낀 감정을 설명했다. 제임스-랑게 이론을 지지하는 사람들은 보비에게는 신체감각이 없으니 이 모든 감정은 그가 지어낸 것이라고 주장해야 할 것이다. 하지만 이는 상상하기 어렵다. 무엇보다도, 현재 아무런 감정도 느껴지지 않는데 그것을 지어낼 도리가 있을까?

포르투갈계 미국인 신경과학자 안토니오 다마지오Antonio Damasio는 제임스-랑게 이론에서 영감을 받았다. 다마지오는 현대판 신체론을 주장했다. 그는 감정Emotion과 감정 체험느낌, Feeling을 구분했다. 그의 주장의 핵심은 우리가 감정을 의식적으로 체험하지 않더라도 감정이 우리의 행동을 규정한다는 것이다. 얼핏 특색 있는 주장처럼 들리지만 어쨌든 감정이라는 단어에는 '느낌'이라는 뜻이 포함되어 있다. 감정이 느껴지지 않을 수 있을까? 감정을 뜻하는 영단어 'Emotion'은 라틴어 'motio'에서 유래했는데, 이는 '움직임', '자극'이라는 뜻이다. 단어의 어원이 감정의 본질을 설명하는 것은 아니지만, 다마지오는 바로 이 두 가지 측면에 주목했다. 그는 우리가 느끼지 못한다고 하더라도 감정이 우리를 움직인다고 믿었다. 신경학 및 심리학 실험을 거쳐 내린 결론이었다.

한 가지 예시를 소개한다. 실험 참가자들에게 50밀리초, 그러니까 20분의 1초 동안 거미 사진을 보여준 다음 곧바로 집 사진을 보여주면 사람들은 집 사진만 인식한다. 그 누구도 거미 사진을 보았다고 말하지 않는다. 두 번째 사진으로 첫 번째 사진을 '덮어씌운' 셈인데, 이것을 '마스킹 실험'[3]이라고 한다. 그럼에도 실험 참가자들의 심장은 빠르게 뛰기 시작하고 손가락 끝에서는 땀이 배어나온다. 두려울 때 나타나는 두 가지 전형적인 반응으로, 참가자들이 거미 사진 또한 인식했음을 명확하게 보여주는 결과다. 그런데 대부분의 참가자들은 자신이 두려운 상태라는 사실조차도 인식하지 못한다. 다마지오에 따르면 두려움은 우리에게 선천적으로 존재하는 감정적인 경고 시스템으로, 우리가 언제든 도망칠 준비를 마치도록한다. 이 시스템은 우리가 비상벨 소리를 듣지 못해도 저절로 작동한다. 마치 우리 몸이 스스로를 위해 반응하듯이, 검고 거대한 무언가가 우리에게 다가오면 본능적으로 깜짝 놀라 몸을 움찔하듯이 말이다.

다마지오의 동료이자 신경심리학자인 조셉 르두Joseph LeDoux는 이 이론을 신경학적으로 정리했다. 뇌 속에는 두려움에 반응하는 짧은 그리고 긴 회로가 있다. 짧은 회로는 곧바로, 그리고 무의식적으로 반응하지만 실수가 잦아 비상벨을 잘못 울리기도 한다. 긴 회로는 진화 과정에서 비교적 후반부에 생겨난 대뇌 부위를 따라 이어진다. 이 느린 회로는 짧은 회로에 비해 신뢰도가 높으며 우리의 의식적인 판단을 기반으로 한다. 그래서 우리는 긴 회로로 짧은 회로에서 발생한 정보를 멈출 수 있다. 예를 들어 거대한 거미를 보고 깜짝 놀랐다가 곧 그것이 고무로 만들어진 장난감이라는 사실을 알아채고 곧바로 안정을 취할 수 있는 것이다. 때때로 이런 의식적인 '교정'은 제대로 작동하지 않는다. 가령 거미 공포증이 있는 사람들은 가짜 거미를 보고 위험하지 않다는 사실을 알면서도 두려워한다. 이런 경우에는 짧은 회로의 스위치가 너무 단단하게 고정되어 있어서 꺼버릴 수 없는 것이다.

다마지오와 르두의 귀중한 발견은 말하자면 감정이 무의식적으로 나타나 우리의 행동에 영향을 미칠 수 있다는 내용이다. 이들에 따르면 의식적인 감정은 특별한 경우다. 이것은 제임스가 주장한 신체 인식이 아니라, 말하자면 더 고차원적인 신체적 선행 반응, 더 정확하게는 뇌에서 발생한 과정을 묘사한 것이다. 다마지오의 설명에 따르면 우리는 기쁨이 따스하게 차오르는 경험이나 분노가 부글부글 끓어오르는 경험 외에는 의식적으로 아무것도 느끼지 못한다.

우리의 의식 너머에서도 감정이 자신의 기능을 충실하게 수행할 수 있다면, 우리가 어째서 감정을 의식적으로 느끼는 일이 잦은지 아직 설명할 수 없다. 어쨌든 우리가 두려움을 불편하게 여기고 그렇기 때문에 피하고 싶어 하는 것은 우연이 아닐 테다. 게다가 두려움은 단순히 자연스러운 도주 기능이라기에는 훨씬 중요해 보인다.

## 생각하는 감정, 느끼는 생각

두려움을 느끼면 우리는 동시에 생각을 하게 된다. 예를 들어 우리는 이빨을 드러내고 으르렁거리는 이웃의 도베르만을 위험하다고 생각한다. 이런 측면에서 인지이론에 따르면 감정은 생각의 한 형태, 즉 평가 혹은 판단이다. 인지이론을 주장하는 많은 학자들이 때때로 감정은 느끼는 것과 관련이 있지만, 그 관련성은 우연에 가깝다고 말한다.

예를 들어 미국의 철학자 마사 누스바움Martha Nussbaum이 이를 주장했다. 누스바움은 도베르만에 '대한' 두려움이 없다면, 그리고 할아버지의 죽음에 '대한' 슬픔이 없다면 사람이 어떻게 두려움이나 슬픔을 이야기할 수 있겠느냐고 물었다. 두려움과 슬픔의 이런 관련성으로 볼 때 누스바움은 이 감정들이 평가 혹은 판단을 포함하고 있다고 보았다. 누스바움은 제임스의 질문을 간단하게 비틀었다. 모든 생각과 평가를 제하면 분노에서 무엇이 남겠느냐고 말이다. 누스바움에 따르면 정확히 규정할 수 없는 신체 경험만큼 사람마다 다른 것은 없다. 예를 들어 미국인 남성들은 분노를 부글부글 끓어오르는 감정이라고 느낄 가능성이 높은 반면 여성들은 뒷골이 당기는 감정이라고 느낄 가능성이 높다. 이는 문화적인 근거 때문일 수 있다. 미국 중산층 남성들은 분노를 표출해야 한다. 반면 여성에게는 분노를 조절할 것이 요구된다. 하지만 우리가 여러 영화에서 목격했듯이 이탈리아인들은 그렇지 않다. 누스바움은 어떤 경우든 이런 차이가 분노와 같은 감정에 전형적인 심리가 담겨 있지 않다는 점을 보여준다고 말했다. 감정은 심리라기보다는 우리 삶에서 어떤 것이 의미 있고, 어떤 것이 자기만족을 결정하는지에 대한 판단인 셈이다.

그런데 누스바움은 한 가지 문제에 직면했다. 그렇다면 우리의 판단이 바뀌자마자 감정도 바뀌어야 하는데, 많은 사람들이 거미가 위험하지 않다는 사실을 깨달은 후에도 거미에 대한 두려움을 느낀다. 우리는 잘못된 판단에서 빠르게 벗어날 수 있지만 감정에서는 그럴 수 없다. 게다가 우리가 도대체 무엇이 무서운지 제대로 판단하기 전에 이미 두려운 감정이 발생하기도 한다. 그러니 신중한 판단이 두려움의 본질은 아니다.

어쩌면 감정에 대한 '판단'은 숙고를 거치지 않고 자연스럽게 발생하는 것인지도 모른다. 누군가가 내 어깨를 툭 치고 지나가면 어떤 생각이 들기도 전에 순간적으로 화가 난다. '아, 조심 좀 하지!'라고 말이다. 미국의 심리학자 리처드 라자루스Richard Lazarus는 자신이 세운 평가 이론에 따라 이런 현상이 누스바움의 접근법보다 생각에 비중을 덜 둔 것이라고 설명했다. 라자루스는 우리가 감정을 통해 주변 환경과 관계를 맺는다는 사실을 관찰했다. 우리가 인식을 통해 세계상을 구축하듯이, 감정은 우리에게 집단 내에서 함께 살아갈 때, 그리고 야생에서 살아남는 데 중요한 요소가 무엇인지 알려준다. 라자루스는 이런 요소를 '핵심 주제'라고 불렀다. '근본적인 인생의 주제'라고 부를 수도 있을 것이다. 뱀을 보고 느끼는 두려움은 우리가 뱀만 발견할 수 있도록 하는 것이 아니라 그 핵심 주제를 간파하도록 만든다. 즉 뱀과 비슷한 모양을 보면 두려움을 느끼도록 한다. 말하자면 두려움이 뱀을 위험의 원천으로 '판단'하는 것이다. 하지만 이런 '판단'을 우리는 의식적인 생각이라고 할 수는 없다. 이것은 자동으로 발생하는, 어떤 상황에 대한 빠른 평가다.

라자루스는 모든 감정에 맞는 핵심 주제를 기록했다. 예를 들어 슬픔은 상실을, 수치는 사회적인 규범 위반을, 분노는 모욕을 나타낸다. 이에 따라 우리는 위험을 피하고 안전하고 보호받을 수 있는 장소를 찾고 집단 내에서 자신의 역할을 다하며 살아남는다. 우리는 규범을 깨지 않으려고 한다. 라자루스의 이론은 혁신적이며 감정이 우리의 행동을 조종한다는 관찰 결과에도 부합한다. 비록 라자루스 자신은 늘 핵심 주제를 정확히 맞추지 못했지만 말이다. 한 가지 예시가 있다. 모욕이 분노를 불러일으키는 유발인자라는 설명은 지나치게 범위가 좁다. 우리는 컴퓨터가 갑자기 다운되어도 분노를 느끼기 때문이다. 그러니 분노의 핵심 주제는 목표에 도달하지 못하도록 우리를 방해하는 요소다.

게다가 핵심 주제만으로도 감정이 발생한다면, 우리가 신체 경험을 필요로 하는 이유가 설명되지 않는다. 신체론은 물론이고 인지 이론에도 구멍이 있는 것처럼 보인다. 양쪽 이론 모두 절반 정도만 옳은 걸까? 광범위한 토론에서는 진실이 정중앙에 놓인 경우보다 반대 의견을 적절히 조합한 결과물인 경우가 훨씬 많다. 이것이 바로 혼합이론이 등장한 이유다. 혼합이론은 감정이 여러 요소의 다발이라고 보는 시각이다.

## 혼합된 감정

어린 막스는 화가 났다. 안톤이 막스의 소방차 장난감을 빼앗아 갔기 때문이다. 막스는 힘껏 소리 질렀다. 고사리손으로 주먹을 쥐어 모래를 마구 때렸다. 곧 시뻘겋게 달아오른 얼굴로 달려가 안톤을 밀쳤다. 막스 내면의 분노는 안톤과 관련된 것이었고, 안톤을 훼방꾼으로 간주했으며 막스가 입술을 앙다물도록, 그리고 싸움을 원하도록 만들었다. 이 모든 요소는 분노에 포함된 것으로 보인다. 그러니 감정의 원인을 단 하나의 특정 요소로 제한하기는 어렵다. 이스라엘의 철학자 아론 벤지이브Aaron Ben-Ze'ev는 다음과 같은 명제를 제시했다. 감정은 그 안에 모인 특징으로 묘사된다. 분노나 두려움 같은 전형적인 감정에는 관계, 평가, 경험, 표현, 행동 조절 등 모든 특징이 속해 있다. 다른 감정은 그렇지 않다. 예를 들어 좋은 기분에는 관계가 없고, 무의식적인 감정에는 경험이 없고, 질투에는 전형적인 표정이 없다. 어쩌면 사람이 감정으로 인식할 수 있는 특징을 오직 하나로 제한한 것이 전통적인 이론의 실수일지도 모른다. 그래서 벤지이브의 접근법에는 강점이 있다. 그는 우리 경험의 여러 측면을 반영했다. 하지만 철학적인 관점에서는 그의 다원론적인 해결책이 환영받지 못했는데, 한 가지 의문이 풀리지 않았기 때문이다. 바로 "각각의 요소는 어떤 기능을 하며, 경험과 평가는 어떤 관련이 있는가?"라는 점이다.

이 질문에 대해 미국의 철학자 제시 프린츠 Jesse Prinz 는 자신이 주장한 '체화된 평가' 이론에 따라 답을 내렸다. 프린츠에 따르면 감정은 신체 변화의 인식이고, 이를 통해 위험이나 상실과 같은 핵심 주제를 더 확실하게 나타낸다. 감정의 신체 경험은 말하자면 표지판이다. 동작을 완전히 멈춰야 함을 나타내는 표지판은 직관적이다. 예를 들어 파란색 바탕에 빨간 원이나 X자가 그려져 있다. 하지만 이런 표시 안에 담긴 내용은 복잡하다. 예를 들어 '이 장소에서는 정체나 비상 상황으로 인한 경우를 제외한 주정차를 일체 금지한다'는 정보 혹은 '이곳에 주정차한 것이 목격되면 딱지를 떼인다'는 정보일 수 있다. 프린츠에 따르면 감정은 이런 교통 표지판과 같다. 두려울 때 발생하는 심장박동과 흥분은 위험을 감지하고 우리에게 복잡한 정보를 전달한다. 물론 직접 "위험이 있으니 피해야 해. 그렇지 않으면 머리와 목을 다칠 거야"라고 말하지는 않지만 말이다.

　프린츠는 양측의 사상을 통합했다. 제임스와 다마지오처럼 그는 감정이란 경험한, 그리고 인식한 신체 변화라고 말했다. 그리고 누스바움과 라자루스처럼 그는 감정이 우리에게 주변 환경과 관련된 정보를 전달하고 우리의 생활방식 내에서 특정한 기능을 수행한다고 믿었다. 프린츠의 해답은 기막힐 정도로 간단하다. 신체적인 경험이라는 감정으로 우리는 주변 환경에 대한 평가를 자동으로 내린다. 마치 우리가 생각할 필요도 없이 몸이 저절로 우리에게 "주의! 위험!"이라고 말하는 것처럼.

　이런 접근법에서 보면 잘못된 판단이 문제를 일으킬지도 모른다. 만약 전혀 해롭지 않은 쥐를 보고 공포를 느끼거나, 반대로 대단히 해로운 방사성 폐기물이 가득 담긴 컨테이너를 보고도 미동도 하지 않는다면 어떤 일이 벌어질까? 이에 대해 프린츠는 간단한 답변을 내놓았다. 어떤 이론이든 이런 문제를 감수해야 한다. 이런 문제가 실제로 발생하기 때문이다. 예를 들어 설명하자면, 모든 정지 표지판은 없어야 할 곳에 있거나 있어야 할 곳에 없을 수 있다. 혹은 우리가 표지판을 못 보고 지나칠 수도 있다. 때때로 감정이 우리를 잘못된 길로 이끌거나, 우리가 감정을 알아채지 못할 수도 있다. 물론 대부분의 경우 감정은 우리에게 주변 환경에 대한 믿음직스러운 평가를 전달한다.

# 감정은 선천적인 것일까?

그 사건은 1980년대에, 전 세계에서 몇 안 되는 전문가들만이 이메일이라는 것을 알고 있던 시절에 발생했다. 이메일을 통한 의사소통 과정에서 때때로 오해가 발생했기 때문에, 미국의 정보학자인 스콧 팔먼Scott Fahlman이 동료에게 앞으로 농담에는 세 가지 기호를 추가하자고 메시지를 보냈다. 그 기호란 바로 쌍점과 줄표, 괄호다. 이렇게 웃는 표정을 나타내는 스마일 이모티콘이 탄생한 순간은 1982년 9월 19일, 정확히 11시 44분이었다. 이 기록은 오래된 저장 테이프에 그대로 남아 있었다. 러시아의 작가인 블라디미르 나보코프Vladimir Nabokov는 그 전에 이미 같은 아이디어를 떠올렸다. 그는 1969년에 〈뉴욕타임스〉와의 인터뷰에서 농담에 타이포그래피 기호를 사용할 것을 제안했다. 다만 팔먼의 제안이 먼저 실현되었다. 그 이후 스마일 이모티콘은 사람들의 머리에서 사라지지 않았다. 시간이 지나면서 사람들은 이모티콘을 실제 미소와 같은 용도로 농담, 풍자, 기쁨, 행복, 상냥함 등을 나타내는 데 사용했다.

모든 행복한 사람들은 저마다 비슷하지만, 모든 불행한 사람들은 저마다 다른 방식으로 불행해 보인다. 그래서 스마일 이모티콘이 그토록 빠른 속도로 전 세계에서 인기를 얻을 수 있었다. 우리는 태어나면서부터 타인의 얼굴을 인식하는데, 이는 아기들이 눈이 있는 얼굴 표정을 그렇지 않은 것보다 더 오래 바라보는 데서 알 수 있다. 인간에게 장착된 얼굴 식별 기능은 매우 뛰어나서, 우리는 구름이나 암벽, 코르크 벽지 등에서 일그러졌거나 찡그린 얼굴을 찾아낸다. 컴퓨터로 표정을 나타낼 때 필요한 요소가 매우 적다는 것은 삼척동자도 알고 있다. 점, 점, 반점, 그리고 선만 있으면 된다. 감정적인 얼굴 표정은 전 세계 어디를 가나 똑같다. 미소 짓거나 방긋 웃거나 박장대소할 때 우리의 얼굴은 거의 비슷하게 변한다. 광대근이 입꼬리를 위로 잡아당기고, 눈둘레근이 잔주름을 만들어낸다. 물론 우리는 일부러 웃는 표정을 지어 상대방이 속아 넘어가게 만들 수도 있지만, 웃음을 완벽하게 가장하지는 못한다. 눈둘레근을 의도적으로 완벽하게 조종하지 못하기 때문이다.

좋은 일이 생기면 사람은 기뻐하고, 그 감정은 만면의 웃음으로 드러난다. 그 말은 기쁨이라는 감정은 선천적인 것이며, 다른 표정으로 나타나는 수많은 감정, 어쩌면 모든 감정이 타고났다는 뜻이다. 이런 '선천성 명제'에 반대하는 많은 이들이 선천적이라는 말을 불변이라는 단어와 혼동하며 오류를 일으킨다. 그러나 판단 기준은 다르다. 어떤 능력이나 개성은 만약 그것이 개인의 특징과는 별개로 발전된 경우 선천적이라고 여겨질 수 있다. 이는 감정 또한 모든 사람에게 날 때부터 주어졌다는, 더 나아가서 학습될 수 없는 것이라는 확실한 증거다. 이를 명료하게 보여주는 예시를 소개한다. 색인식은 선천적인 것으로 여겨진다. 우리는 누가 보여주거나 가르쳐주지 않아도 이 세상을 여러 색으로 본다. 색을 어떻게 보는지 타인에게 가르쳐주는 방법 따위는 없다. 그렇다고 해서 아무런 조정이나 간섭이 발생하지 않는다는 뜻은 아니다. 모든 능력에는 기초가 있기 때문이다. 만약 그 기초가 무너진다면 우리는 능력을 잃는다. 예를 들어 우리는 눈이 멀 수도 있고, 남태평양의 외딴섬인 핀지랩

Pingelap Atoll의 주민들처럼 유전자 돌연변이 때문에 색맹이 될 수도 있다. 핀지랩의 주민들은 세상을 흑백으로 본다. 물론 유전자 돌연변이도 당연히 선천적인 것이다.

개성이나 능력이 선천적이라면, 발달을 조종하는 유전자가 분명 존재할 것이다. 그리고 만약 유전자가 복잡한 기능을 하는 요소로서 조상으로부터 물려받은 물질에 뿌리내리고 있다면, 생존에 이득이 되는 장점을 갖추고 있었을 가능성이 대단히 높다. 몇몇 동물들은 자손을 아주 많이 낳아서 종족의 생존을 보호한다. 곤들매기가 개구리 알을 아무리 많이 먹어치운다 한들 언제나 충분한 알이 남아 있고 그 알에서부터 올챙이가 깨어난다. 대부분의 포유동물은 자손을 적게 낳는다. 그래서 포유동물들은 새끼를 지키기 위한 행동의 지혜를 다수 깨우치고 있다. 인간은 모든 포유동물 중에서 생존 기간이 가장 길 뿐만 아니라 평균적인 기대 수명도 가장 길다. 우리는 모든 선천적인 재능이 그 소유자와 자손을 보호하는 데 어떤 장점이 있는지 탐구할 수 있다.

그런데 과학자들은 감정이 인간의 진화에서 어떤 기능을 했는지 연구하기도 전에 우선 모든 사람들이 똑같은 감정을 알고 있다는 점을 증명해야 했다. 지난 세기 가장 중요한 감정 연구자 중 한 명인 미국의 심리학자 폴 에크만Paul Ekman은 1960년대 말에 감정이 보편적인 것인지 검증하고자 했다. 이것은 학계를 뒤흔든 도발이나 다름없었는데, 당시에는 사회구성주의[4]가 지배적인 입장이었기 때문이다. 이 사조에 따르면 감정은 선천적인 것이 아니라 '사회적 구성물'이며, 그러므로 문화와 시대 사이에서 세차게 흔들린다. 오늘날에도 '선천적'이라는 말은 그 누구보다 문화학자들에게는 자극적인 말이다. 일부 컨퍼런스에서는 이 말을 입에 담는 즉시 야유를 받거나 '프로토 파시스트'[5]라고 불리기까지 한다. 선천적 개성을 주장하는 사람은 사회적인 폐해를 정당화하고자 한다거나 혹은 더 끔찍한 사상을 갖고 있다는 광범위한 의심을 사게 된다. 그럼에도 선천적인 개성에 대한 의문은 정치적 올바름의 문제가 아니라 사실의 문제였다.

아무튼 에크만의 프로젝트는 지극히 단순한 아이디어였음에도 도발에 가까웠다. 다윈의 접근법과 관련해 에크만은 각기 다른 문화권에서 모인 실험 참가자들에게 특정한 감정과 관련된 표정이 찍힌 사진을 보여주었다. 참가자들이 문화권에 관계없이 사진을 올바르게 정리한다면, 감정이 선천적인 것이라는 강력한 근거를 얻을 수 있다. 에크만은 파푸아뉴기니의 포어 부족이 사는 곳으로 날아갔다. 당시 포어 부족은 다른 문명과 교류가 거의 없었으며 에크만에 따르면 마치 '석기시대' 사람들처럼 살고 있었다. 포어 부족민들은 풀로 만든 치마 같은 옷을 입고 있었고 카메라가 무엇인지도 몰랐다. 에크만은 이들에게 두려움, 슬픔, 혐오, 즐거움, 놀라움, 분노 등의 감정이 확연하게 드러난 서양인들의 얼굴 표정 사진을 보여주었다. 포어 부족 사람들은 아무런 문제없이 모든 표정을 구분할 수 있었다. 그다음에 에크만은 부족민들에게 긴장감이 넘치는 이야기를 들려주고 그들의 표정을 사진 찍었다. 샌프란시스코로 돌아온 그가 낸 결론은 다음과 같았다. 미국인들 또한 포어 부족민들의 표정을 정확하게 분류할 수 있었다.

에크만과 다른 과학자들은 이 선구적인 작업을 조직적으로 넓혀 나아갔다. 그 범위는 곧 거의 모든 선천적인 '기본 감정'으로 확장되었다. 다만 학자들은 감정의 정확한 수가 얼마인지를 두고 논쟁했다. 에크만은 오랫동안 감정이 앞서 언급된 여섯 가지라는 주장을 고수했다. 그러다가 모든 감정이 기본적이라는 것을 받아들였다. 그가 주장한 감정 목록은 기쁨, 분노, 경멸, 만족, 혐오, 수치, 고통, 흥분, 두려움, 죄책감, 자부심, 긴장, 슬픔, 충만, 그리고 감각적인 만족이다. 다만 그는 놀라움을 더 이상 감정으로 보지 않았다. 에크만에 따르면 모든 다른 측면은 이 기본 감정의 변형 혹은 조합이다.

전 세계적으로 표정이 똑같다는 점 외에도 감정이 선천적이라는 다른 증거가 있다. 시각장애인으로 태어난 사람도 비장애인과 똑같은 감정적 표정을 보인다. 눈이 보이지 않으니 타인을 보고 배웠을 리는 없다. 학자들은 표정뿐만 아니라 감정을 불러일으키는 유발인자도 자세히 연구했다. 스웨덴의 심리학자 아르네 외만Arne Öhman은 어린아이들이 이전에 뱀을 본 적이 없음에도 그림 속에서 잔디밭에 있는 뱀을 도마뱀보다 빨리 찾아낸다는 점을 알아냈다. 즉 머릿속에 '뱀'이라는 존재에 대한 정신적인 범주가 선천적으로 존재한다는 뜻이다. 외만은 또 다른 실험에서 원숭이들에게 꽃과 뱀 등을 보여주며 약한 전기충격을 함께 전달했다. 그러자 곧 원숭이들은 꽃을 보든 뱀을 보든 두려움을 드러냈다. 그러나 꽃에 대한 불안 반응은 금방 다시 사라진 반면, 뱀에 대한 불안 반응은 계속 남아 있었다. 어떤 자극이든 원칙적으로는 두려움을 야기할 수 있지만, 뱀과 같은 위험인자에 대한 반응은 원숭이나 사람의 뇌에 원래부터 존재한다. 다만 올바른 유발인자가 나타나기를 기다릴 뿐이다.

감정은 각기 다른 전형적인 표정으로 드러나고, 똑같은 유발인자를 갖고 있다. 신경망도 마찬가지다. 두려움은 우리 뇌의 대뇌변연계Limbic system[6]에서 발생하는데, 이는 비둘기나 고양이, 쥐와 같은 동물들도 똑같다. 요컨대 우리의 감정이 선천적이라는 뜻이다. 진화심리학자들은 두려움이라는 감정이 약 5억 년 전에 살았던 초기 척추동물에서도 발견될 것이라고 추측한다. 그렇다면 두려움과 다른 감정은 치열한 생존 싸움에서 어떤 기능을 할까?


## 감정이 가장 풍부한 자가 살아남는다


나는 열여섯 살 여름에 양로원에서 일한 적이 있다. 한번은 주방의 뒷문으로 빠져나가 창고에 가야 할 일이 있었다. 그곳에 있던 쓰레기통 앞을 지나쳐갈 때 이유는 알 수 없었지만 갑자기 구역질이 났다. 잠시 후 그 이유를 깨달았는데, 남은 고기가 쓰레기통 안에 버려져 있었던 것이다. 무척이나 더운 날이었다. 다시 주방으로 돌아올 때는 그 사실을 알고 미리 대비했지만 아무런 도움이 되지 않았다. 곧바로 구토반사가 일어났기 때문이다. 보호사 한 분이 나를 보고 걱정하며 괜찮으냐고 물었다. 당시 내가 느낀 구역질에는 적어도 세 가지 기능이 있었다. 우선 첫째로 내 행동에 영향을 미쳤다.

둘째로 나에게 자동으로 내 주변 환경에 관한 정보를 전달했다. 내가 주변 환경을 살피고 생각할 겨를도 없이 말이다. 마지막으로 내 표정을 만들어내 다른 사람들에게 이곳에 냄새가 고약한 것이 있다는 사실을 알렸다. 감정은 이처럼 최소한 세 가지 기능을 한다. 즉 감정은 자동적인 행동, 정보, 의사소통 체계다.

감정이 행동을 조종한다는 몇 가지 예시가 있다. 분노는 순식간에 팔과 머리로 혈액을 보낸다. 분노가 차오르면 우리는 말 그대로 핏대가 선 목과 새빨개진 얼굴을 한 채 어찌할 바를 모르게 된다. 우리는 고전 애니메이션인 〈벅스 버니Bugs Bunny〉의 등장인물을 통해 더 이상 잘 표현될 수 없는 분노를 볼 수 있다. 다른 유인원과 마찬가지로 우리 인간들도 화가 나면 콧구멍을 부풀린다. 콧구멍이 커지면 뇌로 가는 산소 흐름이 좋아진다. 또 팔로 가는 혈류가 늘어나면 싸움에 유리해진다. 한편 구역질은 우리로 하여금 상하거나 썩은 음식, 시체, 배설물이나 체액, 병든 사람 등으로부터 멀어지게 만든다. 이런 행동은 질병의 병원체가 우리 몸에 옮는 것을 막는다. 감정은 우리가 일단 행동에 나서도록 만든다. 두려움, 분노, 혐오는 직접적으로 기능한다. 이런 감정을 느끼면 우리는 도망치거나, 맞서 싸우거나, 그 자리를 피하고 싶어 한다. 다른 감정은 간접적으로 기능한다. 수치나 슬픔은 우리를 불편하게 만들기 때문에 우리는 이런 감정을 피하려고 애쓴다. 반면 기쁨은 아무리 느껴도 부족하기 때문에 우리는 계속해서 즐거워지려고 노력한다.

감정적인 기억 또한 우리의 행동에 영향을 미친다. 신체론자인 다마지오는 무의식적인 감정이 존재한다고 주장했을 뿐만 아니라 널리 알려진 기억 실험을 진행했다. 그는 사고 이후 새로운 정보를 기억할 수 없게 된 환자들, 즉 전향성 기억상실증Anterograde amnesia[7]을 겪는 사람들을 조사했다. 이들은 사고 이후 매일 새로운 하루를 겪는다. 크리스토퍼 놀란Christopher Nolan 감독이 2000년에 발표한 영화 〈메멘토〉의 주인공이 바로 전향성 기억상실증을 정확하게 보여주는 예시다. 이 주인공은 새로운 정보를 기억할 수 없어서 중요한 정보를 자신의 몸에 문신으로 새겼다.

다마지오는 전향성 기억상실증 환자들을 대상으로 '좋은 의사, 나쁜 의사' 실험을 진행했다. 두 명의 실험 진행자 중 한 사람은 환자들에게 진심으로 공감하고 그들이 바라는 것을 전부 들어주었다. 다른 한 진행자는 만나자마자 환자의 손을 따끔하게 찌르거나 지루한 과제를 지시했다. 다음 날 환자들은 의사도, 그리고 자신들이 한 경험도 기억하지 못했다. 하지만 연구진이 환자들에게 두 실험 진행자 중 누가 그들의 친구인지 묻자, 거의 대부분의 환자들이 '좋은 의사'를 선택했고 '나쁜 의사'는 선택하지 않았다. 환자의 직감이 그들을 움직인 것으로 보인다. 즉 우리의 경험은 감정적인 기억에 흔적을 남기고, 감정적인 기억은 우리의 행동을 유발한다. 우리가 그 이유를 전혀 알지 못하더라도 말이다.

직감을 믿는다면 우리는 스스로에 대해, 그리고 주변 환경에 대해 많은 것을 경험할 수 있다. 이것이 감정의 두 번째 기능이다. 감정은 정보 체계이자 조기 경보 체계다. 초콜릿을 먹고 싶다는 욕망은 저혈당을 나타내고, 고통은 부상을 나타내는 식으로 감정은 잠재적인 보상이나 위험을 알려준다. 썩은 고기 냄새를 맡고 욕지기를 느꼈을 때 나는 그것이 유독한 것인지 오래 생각할 필요가 없었다. 이미 몸이 나보다 먼저 판단을 마쳤기 때문이다. 여기서 질문 하나. 방금 전에 여러분이 침을 뱉은 물을 마실 수 있는가? 아마도 그럴 수 없을 것이다. 대부분의 사람들은 자신의 타액이 몸을 떠나고 나면 곧바로 혐오를 느낀다. 방금 전까지 자신의 입안에 있던 침에도 혐오를 느낀다니, 어떻게 보면 참 이상한 현상이다. 하지만 우리 몸에서 나오는 분비물의 대부분은 병균을 포함하고 있으므로, 몸에서 나온 혈액, 대변, 고름, 땀, 귀지, 침 등이 유해하지 않다는 사실을 알고 있더라도 혐오를 느끼는 것이 살아남는 데 도움이 된다. 다시 말해 혐오는 우리에게 병균에 대해 경고한다.

그뿐만이 아니다. 다른 사람들이 우리의 표정을 보고 혐오를 읽어낼 수 있다. 그러면 그들은 스스로 맛보지 않더라도 음식이 상했다는 사실을 알 수 있다. 이것이 감정의 세 번째 기능이다. 표정과 몸짓은 우리의 감정을 자동으로 타인과 공유한다. 여태까지 수많은 이론이 이런 측면을 뒷받침했다. 그러므로 감정은 나 자신에게만 정보를 전달하는 것이 아니다. 물론 슬픔이 나에게 마음 깊이 사랑하던 누군가를 잃었다는 정보를 전달할 필요조차 없다. 이미 인지하고 있는 사실이니까 말이다. 그런데 슬픔은 더 나아가서 다른 사람들에게 나에 대해 알려준다. 엄마가 다른 곳에 있을 때 아기가 우는 이유는 엄마에게 돌아오라는 신호를 보내기 위해서다. 여러 사람이 모여 있을 때 누군가가 내보이는 슬픔이라는 감정은 그가 도움, 걱정, 보호를 필요로 한다는 신호다.

몇몇 심리학자들은 사람이 눈물을 흘리면서 긴장을 푼다고 말한다. 눈물이 스트레스 호르몬을 줄여주기 때문에 울고 나면 마음이 다소 가벼워지는 것이다. 다만 더 정확한 설명은 눈물이 무엇보다도 곤경을 나타내는 신호라는 사실이다. 인간의 진화 과정에서 눈물은 그것이 곤경을 뜻하도록 하는 우리의 능력과 함께 발달했다. 예를 들어 웃음은 우리의 행동이나 자기 위안을 눈에 띄게 조종하는 기능을 하지는 않지만, 다른 사람들에게 우리의 기분 상태를 알려준다. 감정적인 의사소통에서 중요한 것은 눈물이나 웃음과 같은 신호가 아주 솔직하며 우리가 그것을 꾸며내기가 어렵다는 점이다. 사람은 협력에 의존한다. 그래서 누군가를 속이면 상대방의 선의를 나에게 이득이 되도록 이용할 수 있고, 반대의 경우도 발생한다. 모두가 솔직하지 않고 남을 의심한다면 협력이 이루어지지 않는다. 이미 인간의 협력에 대한 여러 실험 결과가 보여주듯이 솔직함과 타인에 대한 관심은 계속해서 유지할 가치가 있는 습성이다.

감정의 세 가지 기능은 다음과 같은 순서로 진화했을 가능성이 높다. 처음에는 행동만 유발했을 것이다. 예를 들어 혐오스러운 것을 보고 깜짝 놀라 뒤로 물러서는 행동 말이다. 그런 다음 우리의 선조들은 타인의 행동 표현을 신호로 해석하는 방법을 배웠을 것이다. 코 근처의 근육을 위로 당겨 올리는 사람은 혐오를 느낀 것이다. 마침내 생각할 수 있게 되었을 때 사람들은 감정을 통해 스스로에 대해, 그리고 주변 환경에 대해 배웠을 것이다. 오직 인간만이 음식이 상했으며 그 안에 병균이 있다는 사실을 안다. 원숭이들은 썩은 음식을 보고 피해갈 뿐이다. 감정이 있는 존재는 일찍부터 야생에서, 그리고 조직 내에서 살아남을 수 있었다. 그리고 감정을 드러낼 수 있는 존재는 살아남을 가능성이 더 높았다.


## 공감, 타인의 감정을 읽다


　작은 삼각형과 큰 삼각형, 그리고 작은 동그라미가 각각 하나씩 등장해 이리저리 움직이는 아주 단순한 애니메이션이 있다. 오스트리아의 심리학자 프리츠 하이더Fritz Heider와 마리안네 짐멜Marianne Simmel은 1944년에 실험 참가자들에게 이 애니메이션을 보여주고 느낀 점을 서술하라고 부탁했다. 놀랍게도 실험 참가자들은 단순한 도형을 마치 사람처럼 여겼다. 참가자들은 예를 들어 "작은 동그라미와 작은 삼각형은 사랑에 빠졌다"라거나, "동그라미는 큰 삼각형을 무서워한다"라고 서술하는 등 도형에 감정이 있는 것처럼 생각했다. 아마 이 애니메이션을 보면 당신은 참가자들이 한 말에 동의할지도 모른다. 다른 사람의 입장을 느끼고 이해하는 능력을 과학자들은 '마인드 리딩Mind reading', 즉 생각을 읽는다고 표현한다. 텔레파시가 아니라, 오로지 행동만으로 타인의 생각, 감정, 의도 등을 알아내는 인간의 선천적인 재능이다. 이것을 '사회적 지능Social intelligence'이라고도 한다. 우리는 사회적 재능이 매우 뛰어난 나머지, 사람이 없는 환경에서도 어떻게든 인간적인 무언가를 찾는 경향이 있다. 그 근거는 우리가 이미 어릴 때부터 말하는 혹은 생각하는 돌, 나무, 동물 등을 상상한 것을 보면 알 수 있다.

하이더와 짐멜의 실험에서 도형에는 어떤 표정도 그려져 있지 않았다. 우리는 타인의 신체 움직임과 더불어 무엇보다도 표정에서 자동으로 정보를 읽어낸다. 타인의 표정을 이해하기가 어려운 환자들의 사례에 비추어 보면 이 점을 잘 알 수 있다. 예를 들어 자폐증 환자는 각기 다른 표정을 구분하는 데 어려움을 겪는다. 자폐증이 없는 사람들은 보자마자 상대방이 화가 났는지, 아니면 그저 깜짝 놀랐을 뿐인지 구분할 수 있다. 하지만 자폐증이 있는 사람들에게는 타인의 표정을 이해하는 것이 도저히 풀 수 없는 과제다. 특히 아스퍼거 증후군Asperger syndrome[8] 환자들은 사회적 규범을 공식처럼 만들어 타인을 이해하는 법을 배워야 한다. 예를 들어 "내가 누군가가 주차하려던 자리를 가로채면, 상대방은 깜짝 놀라는 게 아니라 화가 난다"라고 기억하는 식이다. 많은 아스퍼거 증후군 환자들이 규범을 잘 외우고 있기 때문에 일상생활에서 눈에 띄지 않는다. 다만 반사회적 인격 장애Antisocial personality disorder를 앓고 있는 사람들, 예를 들어 사이코패스나 소시오패스 같은 사람들은 조금 다른 행동 양상을 보인다. 소시오패스는 충동을 잘 제어하지 못하고 죄책감을 느끼지 못하며 공격적이고 쾌락과 재미를 추구하는 성향이 있어 위험한 일이나 스릴을 즐긴다. 이들은 매력적이고 인기가 많은 편이지만, 타인을 방해물 혹은 자신의 계획을 이루기 위한 도구 정도로밖에 생각하지 않는다. 소시오패스는 타인이 어떤 일을 겪고 있는지는 알지만 공감하지 않으며 측은지심이 없다.

추정에 따르면 전체 인구의 3퍼센트 정도가 이런 반사회적 성향을 타고났다고 한다. 그리고 거의 대부분은 남성이다. 소시오패스는 전두엽의 구조가 덜 발달되어 있는데, 전두엽은 우리 뇌에서 공감 능력을 담당하는 부위다. 그러나 소시오패스 중 극소수만이 연쇄살인자가 된다. 그렇다면 다른 사람들은 무엇이 될까? 심리학자들은 말한다.

"대부분의 소시오패스들은 익스트림 스포츠 선수가 되거나 투자 은행가가 된다."

우리 몸에서 '영혼의 문' 역할을 하는 부위는 눈뿐만이 아니다. 얼굴 근육 또한 '영혼의 문'이다. 얼굴 근육을 잘 해석하는 사람만이 타인을 이해할 수 있다. 전 세계적인 감정 표현 방식을 발명한 에크만은 기본 감정만을 연구한 사람이 아니다. 그는 사람의 얼굴 근육으로 대략 1만 가지 이상의 각기 다른 표현을 만들어낼 수 있다고 추정했다. 이 모든 표정을 잘 알고 있다면 타인의 얼굴을 보는 것만으로도 그 사람의 생각을 알 수 있을 것이다. 그래서 에크만은 동료 연구진과 함께 수년에 걸쳐 모든 표정을 연구하고 체계화했으며 스스로 각각의 표정을 만드는 연습을 했다. 이렇게 습득한 지식으로 그는 살아 있는 '거짓말 탐지기'가 되었다. 사람은 거짓말을 하거나 남을 속이려 들 때 아주 미세한 차이가 있는 여러 가지 표정을 짓는데, 훈련 없이는 이런 '미세표정'을 구분하기 어렵다.

심리학자 에크만은 여러 번 자살 시도를 한 적이 있는 여성 환자를 지켜보았다. 이 환자는 녹화된 상담 화면에서 자신이 행복하며 잘 지내고 있다고 말했다. 모든 요소가 그녀가 완쾌했다는 사실을 가리키고 있었다. 에크만이 그 영상을 느린 속도로 돌려보기 전까지는. 영상은 1초에 24프레임으로 찍혀 있었다. 그중 단 두 프레임에만 환자의 표정이 절망으로 일그러진 모습이 찍혀 있었는데, 훈련받지 않은 일반인의 눈으로는 알아볼 수 없는 수준이었다. 환자는 진짜 감정을 숨기고자 했다. 하지만 대부분의 사람들과 마찬가지로 성공하지 못했다. 거짓말의 신호를 간파할 수 있다면 심문에 유용하리라는 점이 쉽게 짐작된다. 에크만은 미국 경찰과 세관원, 그리고 비밀 요원 등을 훈련시켰다. 또한 사람들이 미세표정을 알아보는 법을 배울 수 있도록 훈련시키는 독자적인 소프트웨어를 개발했다.

## 사회적 감정

유럽인들은 민망할 때 바닥을 내려다보거나 다른 쪽으로 몸을 돌린다. 한편 일본인들은 웃음을 터뜨리거나 양손으로 얼굴을 가린다. 상사나 웃어른이 곁에 있을 때는 유럽인들보다 일본인들이 자신의 감정 표현을 훨씬 더 자제한다. 이 또한 에크만이 동료들과 함께 알아낸 사실이다. 특히 사회적 감정으로 꼽히는 수치, 질투, 시기, 죄책감 등에서 이런 문화적 다양성이 발견된다. 그렇다면 사회적 감정은 선천적인 것이 아니라 나중에 학습되는 것일까?

이에 대해 적어도 세 가지 의견이 있다. 첫째, 기본 감정과 사회적 감정은 명확하게 구분된다. 두려움과 혐오는 타고난 것이지만, 수치와 질투는 배워야 알 수 있는 감정이다. 이 의견이 옳다면, 우리는 수치나 질투가 존재하지 않는 문화권이나 혹은 그 반대로 낯설고 새로운 감정을 느끼는 문화권을 찾을 수 있어야 한다. 수많은 학자들이 논의한 예시가 있다. 파푸아뉴기니의 구루룸바Gururumba 부족 남자들은 '야생 멧돼지가 된 감정'[9]을 느낀다. 그들은 야생 멧돼지가 돌진하듯이 내달리며 다른 사람들을 공격한다. 사회적 감정이 학습되는 것이라고 주장하는 사람들은 이 증후군이 강력한 증거라고 말한다. 다만 여기서 드는 의문 하나는 구루룸바 부족 남성들의 행동이 과연 정말로 특정한 감정으로 분류될 수 있느냐는 점이다. 구루룸바 부족 사람들은 자신들이 이런 상태에 꼼짝없이 붙잡혀 수동적으로 움직인다고 느끼지만, 이런 행동은 오히려 의도적으로 스스로를 제어하지 않는 것처럼 보인다. 이를 관찰하려면 멀리 갈 필요도 없다. 쾰른 카니발[10]이나 옥토버 페스트[11]에 가본 적이 있는 사람들이라면 서유럽인들도 의도적으로 고삐를 풀고 날뛴다는 사실을 익히 알 것이다.

두 번째 의견은 사회적 감정이 기본 감정의 혼합이라는 것이다. 예를 들어 에크만이 찾아낸 바에 따르면, 혐오와 분노는 극심한 경멸을 불러일으키고, 이 감정은 대개 폭력이나 공격성으로 이어진다. 한편 에크만은 경멸을 독립적인 감정으로 보았지만, 이것은 혼합감정이라고도 할 수 있다. 만약 혐오와 분노가 선천적인 감정이라면 경멸도 그러하다. 미국의 진화심리학자 로버트 플루칙Robert Plutchik 또한 이 접근법에 동의했다. 그는 여러 가지 색으로 감정의 바퀴를 그려냈다. 각기 다른 색을 섞어 새로운 색을 만들어내듯이, 혼합감정이 존재한다고 주장한 것이다. 플루칙에 따르면 공포는 두려움과 놀라움의 혼합이고, 양심의 가책(회한)은 슬픔과 혐오의 혼합이다. 흥미로운 아이디어였지만 구체적인 가설에 설득력이 별로 없었다. 인간은 스스로에게 혐오를 느끼지 않으면서 양심의 가책을 경험할 수 있다. 양심의 가책을 느낀 사람이 자신이 저지른 일을 후회할 수는 있지만 그렇다고 반드시 슬퍼하는 것은 아니다.

세 번째 의견은 가장 그럴듯하다. 사회적 감정이 기본 감정과 구분되는 근거는 사회적 감정으로 인한 행동 표현이 문화에 의존한다는 사실이다. 모든 아이들은 선천적인 언어능력을 지니고 태어나지만 독일어나 일본어를 배우듯이, 감정능력 또한 국가에 따라 존재한다는 것이다. 독일어와 일본어의 단어나 문장 구성이 서로 다르듯이 민망함이나 부끄러움을 나타내는 행동 또한 웃기 혹은 바닥 내려다보기로 구분된다. 이처럼 어린이들은 각기 다른 감정 표현 방식을 배우지만, 근본적인 '문법'은 비슷하다. 계통발생론의 시각에서 오래된 감정인 두려움이나 분노, 혐오는 항구적인 것이지만, 비교적 새로운 사회적 감정인 수치나 질투는 표현함으로써 더 강해진다. 감정을 나타내는 단어는 비슷한 감정 그룹을 표현한다. 분노에는 수많은 변종이 있다. 예를 들어 노여움, 짜증, 공격성, 도발, 분개, 복수심 등이다. 두려움도 마찬가지로 공황, 자극, 흥분, 긴장, 무대 공포증, 경악, 신경과민 등으로 변한다. 근본적으로는 모두 같은 기분이며, 핵심 주제 또한 똑같다. 하지만 원인, 평가, 그리고 경험의 집약성에 따라 뉘앙스가 달라진다. 그렇다면 모든 감정 중에서 가장 사회적인 감정인 사랑도 마찬가지일까?

# 사랑은 누가 발명했을까?

기사가 감히 넘볼 수 없는 귀족 여인에게 구애한다. 그는 여인을 위한 시를 쓰고, 발코니 아래서 노래를 부르고, 영원한 헌신을 맹세한다. 이런 로맨틱한 사랑은 대개 이루어지지 않는다. 늘 그렇지 않았던가?《나니아 연대기》로 세계적인 명성을 얻은 아일랜드 출신의 문학 교수이자 작가인 C. S. 루이스C. S. Lewis는 1930년대에 로맨틱한 사랑이라는 감정이 중세 시대에 발명된 것이라고 주장했다. 호메로스Homeros나 베르길리우스Vergilius와 같은 고대 문인들의 작품에는 사람들이 사랑에 빠지는 이야기가 담겨 있지 않다는 것이다. 그러나 중세 시대에는 완전히 달랐다. 감정을 사회적 구성물로 보는 수많은 문화학자들이 이 근본 사상을 다시 받아들였다. 그들에 따르면 중세 시대의 연가문학이 서구 사회의 구애 의식에 스며들었다. 오늘날까지도 남성들은 감상적인 문자 메시지를 쓰고 자신이 좋아하는 음악 플레이리스트를 애정의 징표로 보낸다. 지금도 우리는 진정한 사랑이란 무엇인지 문화적으로 성립된 표상을 받아들이려고 한다. 프랑스의 작가 프랑수아 드 라로슈푸코François de La Rochefoucauld는 다음과 같은 발언으로 유명하다.

"사랑에 대해 들어보지 않았다면 결코 사랑에 빠지지 않았을 사람들이 있다."

사회구성주의자들은 이 잠언을 문자 그대로 받아들이고 일반화했다. 즉 감정을 문화 속에서 관찰하지 않았다면 인간에게는 감정이 없었으리라고 주장한 것이다.

먼저 살펴봐야 할 것이 있다. 애초에 사랑은 감정일까? 우리는 대개 감정을 의식적으로 경험하며 감정은 보통 몇 분 동안 유지된다. 사랑 혹은 연모 또한 의식적으로 경험하는 것이지만 이것은 그 안에서 여러 다른 감정들이 발생하는 감정적인 사건에 가깝다. 우리는 가장 사랑하는 사람과 함께 있을 때나 그 사람을 떠올릴 때 그리움, 욕망, 쾌락, 행복, 안도감 등의 형태로 사랑을 느끼는데, 자고 있을 때나 이웃 때문에 짜증이 났을 때도 사랑하는 사람에 대한 애정은 유지된다. 사랑이라는 감정적인 사건은 몇 주, 몇 달 혹은 몇 년 동안 이어진다. 또 사랑은 우리가 다른 감정을 갖도록, 예를 들어 걱정하거나, 질투하거나, 실망하거나, 기뻐하도록 만든다. 사랑에 빠지면 평소의 분위기도 물든다. 마치 무언가에 취한 상태가 되는데, 그 이유는 우리 뇌에서 '행복 호르몬'이라고 불리는 도파민, 세로토닌, 그리고 나중에는 마음을 평온하게 만드는 옥시토신이 분비되기 때문이다. 하지만 흥분은 곧 백색소음처럼 거의 알아챌 수 없는 존재로 바뀐다. 사랑과 연모는 슬픔이나 증오처럼 연속적으로 이어지는 감정의 경향이다. 사랑과 연모는 뜻밖에 우리를 습격하는 것이며 다른 감정보다 오래 지속되기 때문에 우리의 행동에 더 강한 영향력을 행사한다.

사회구성주의자들은 감정과 감정의 경향을 행동 표준으로 보았다. 이들의 주장에 따르면 사랑은 전형적인 사랑 이야기를 담은 미니시리즈의 대본이다. 문학, 영화, 광고 등이 우리의 행동에 미치는 영향을 간과하기는 어렵다. 수많은 로맨틱 코미디 작품에서 사랑에 빠진 남자가 얼이 빠진 채 여자의 마음을 얻기 위해 무슨 짓이든 하며 그 과정에서 관객들에게 '귀엽고 사랑스럽다'는 인상을 남긴다. 실제 삶에서도 다를 바가 없다. 촛불이 일렁이는 저녁 식사 자리에서 냉동피자 광고의 한 장면이 떠오르는 것도 자연스럽다.

하지만 사회구성주의자들의 판단은 잘못되었다. 감정은 대본이 아니라 우리 몸이 경험한 평가이며, 행동이 변덕스럽다거나 각기 다른 이미지가 머릿속에 있다는 이유만으로 변하지 않는다. 물론 그렇다고 하더라도 사회적인 정보의 입력 없이는 감정을 느낄 수 없다. 이것은 우리가 음식물 없이는 자랄 수 없다는 말처럼 이론의 여지가 없는 말이다. 어쨌든 사회구성주의자들은 문화 사이의 미세한 차이만 주장하다가 사람들 사이의 커다란 공통점을 놓치고 있다. 게다가 한 가지 의문이 더 있다. 과연 이야기가 진정으로 우리 시대를 반영할까? 가상의 주인공들이 등장하는 이야기는 대개 우리의 일상생활을 극단적으로 과장한 것들이다. 문학작품이나 영화에 평범한 인물이 등장하는 경우는 드물다. 평범한 인물이 등장한다고 하더라도, 그 인물이 겪는 일은 평범하지 않다.


또한 중세의 시가 처음으로 사랑을 노래했다는 명제도 틀렸다. 서구 문학에 사랑이 등장한 증거는 훨씬 오래되었다. 바로《구약성서》다.《솔로몬의 노래》는 최소 기원전 500년경, 실질적으로는 그보다 훨씬 이전에 쓰였다. 이 책에서 한 여자가 말한다.

"그대의 사랑은 포도주보다 달콤하오. 그대의 내음이 향기롭고, 그대의 이름은 쏟아진 향유처럼 싱그러우니, 모든 여인들이 그대를 사랑하오. 그대와 함께 달려가고 싶으니 나를 데려가주오."

남자가 말한다.

"베일 뒤 그대의 눈은 마치 비둘기와 같소. 그대의 머리카락은 길르앗 산기슭의 염소 떼와 같소. 그대가 내 마음을 빼앗아 갔다네, 내 여인, 내 신부여, 그대의 눈길 한 번이 내 마음을 빼앗아 갔소."

두 사람의 묘사 방식은 낯선 문화권의 것이지만 우리는 이들이 사랑에 빠졌다는 인상을 받는다. 머리카락을 염소의 털에 비유하는 것이 오늘날에는 마음에 드는 상대방에게 호감을 표시하는 가장 좋은 방법이 아닐지라도, 우리는 두 사람이 어떻게 느끼는지 이해할 수 있다. 우리가 느끼는 감정을 그들이 똑같이 느끼고 있기 때문이다.

루이스는 호메로스나 베르길리우스의 작품에서 사람들이 사랑에 빠지지 않았다고 말했다. 얼핏 보기에는 그런 것 같지만, 독자들은 이미 완결된 사실을 마주하고 있을 뿐이다. 고전 속 커플들은 이미 이어졌거나 서로를 빠르게 찾는다. 파리스와 헬레나, 오디세우스와 페넬로페, 아에네아스와 디도를 보면 알 수 있다. 이런 서사시의 주제는 연애 과정이 아니라 전투와 모험이다. 그렇다고 해서 이런 작품에 사랑이 없다고 결론지을 수는 없다. 호메로스는 오디세우스가 트로이로 가기 위해 그의 아내와 어린 아들을 떠나야만 했던 이야기를 그렸다. 10년에 걸친 포위 공격과 3년에 걸친 방황 이후 섬에 좌초한 오디세우스는 아름다운 님프 칼립소를 만난다. 칼립소는 영웅 오디세우스와 사랑에 빠져 그를 7년 동안 섬에 붙잡아둔다. 칼립소가 불멸과 영원한 젊음을 약속했지만 오디세우스는 매일 해변에 앉아 먼 바다를 바라보며 페넬로페를 그리워했고 결국 나중에 아내에게 돌아간다. 오디세우스가 페넬로페를 사랑한 게 아니라면 대체 누가 사랑이라는 걸 했단 말인가?

거의 모든 문화권의 민속 문학에도 우리가 '유럽적'이라고 말하는 사랑과 관련된 모티프나 행동이 등장한다. 예를 들어 그리움, 친밀함, 욕망, 꼭 지켜야 하는 약속 등이다. 즉 문화적 이론이 중세 시대의 문학 트렌드로 미루어 실제 삶을 잘못 판단한 것이다. 그러면서 사람들은 사랑을 서구적인 파트너십의 전개 방식과 혼동하게 되었다. 서로 만나고, 의례적인 말로 호감을 사고, 영화를 보고, 요리하고, 촛불을 켠 분위기 있는 장소에서 식사하고, 키스하고, 성교하고, 교회에서 결혼하고, 아이를 낳고, 가족을 이루는 과정 전부가 사랑인 양 착각하는 것이다.


## 직감으로 생각하기


소시오패스는 사랑을 느끼지 않으며 타인에게 공감하지도 않는다. 신체론자인 다마지오와 동료 연구진이 이미 보여주었듯이, 소시오패스는 전두엽이 덜 발달되었거나 부상으로 제 기능을 못하는 환자들과 마찬가지로 분별력 있는 결정을 내리지 못한다. 한 실험에서 공감 능력이 떨어지는 환자들에게 두 개의 카드더미에서 카드를 고르도록 했다. 각 카드는 승리와 패배를 나타냈지만 실험 참가자들은 규칙을 알 수 없었다. 예측하지 못한 어느 순간에 놀이가 갑자기 끝나고, 참가자들은 승리 카드만큼 현금을 받았고 패배 카드만큼 벌금을 냈다. '좋은' 카드더미에서는 확실한 승리 카드와 그다지 나쁘지 않은 패배 카드를 뽑을 수 있었다. '나쁜' 카드더미에서는 엄청난 승리 카드를 뽑을 수 있었지만 그만큼 엄청난 패배 카드를 뽑을 가능성이 있었다. 건강한 사람들이라면 이를 굳이 계산하지 않아도 어떤 카드더미가 더 나은지 빠른 판단을 내릴 수 있지만, 소시오패스나 전두엽 손상 환자들은 늘 더 나쁜 카드더미를 선택했다. 연구진이 그들에게 해당 카드더미를 선택할 경우 계속해서 패배할 것이라고 일러주었는데도 말이다.

다마지오와 그의 동료 연구진 중 많은 사람들이 우리의 감정이 판단을 이성적으로 조종한다는 결론을 내렸다. 감정을 이렇게 긍정적인 시선으로 바라본 것은 혁신적인 결론이었는데, 전통적으로 사람들은 감정이 이성을 가로막고 방해한다고 생각했기 때문이다. 우리는 이미 '이성과 감정의 대립', '직감과 이성', '심장과 머리'가 갈등을 겪는 모습을 숱하게 보았다. 이성적인 판단이 필요한 상황에서는 "넌 너무 감정적이야"라는 말이 비난이 되고, 인간미나 인간적인 따스함이 필요한 상황에서는 "넌 너무 이성적이야"라는 말이 비난이 되었다. 그러나 새로운 깨달음이 있고 나서는 "넌 너무 감정적이야"라는 비난이 쏙 들어갔다. 인간의 긍정적인 감정 능력이 '감정지능EQ'이라는 말로 유명해졌기 때문이다. 다만 감정지능이라는 명칭은 사람들을 오도하는 경향이 있는데, 훈련을 거친다고 해서 지능이 높아지는 것이 아니라 더 정서가 풍부해지거나 민감해질 뿐이기 때문이다. 하지만 이와 관련된 근본 사상은 점차 견고해졌다.

몇몇 심리학자들은 자신의 연구 성과를 지나치게 과장하며 사람들이 언제나 자신의 직감을 믿어야 한다고 말했다. 감정이 진화 과정에서 한때 경고와 정보 전달 체계로서 인간에게 이로운 것이었다는 이유만으로 그것이 오늘날에도 장점이 될 수 있다고 생각한다면 오산이다. 우리는 맹목적으로 감정적인 예측을 믿어서는 안 된다. 그것이 때로는 도움이 되지만 대개는 그렇지 않기 때문이다. 우리는 어떤 사람의 향수 냄새가 못된 시어머니를 떠올리게 한다거나 어떤 이의 표정이 끔찍하게 싫어하던 체육 선생님을 떠올리게 한다는 이유만으로 그 사람을 싫어하곤 한다. 또 잘못된 근거 때문에 질투를 느끼거나, 아무 짓도 하지 않는 거미를 보고 두려움을 느끼기도 한다. 특히 젊은 남성들의 공격성은 오늘날 아무런 기능을 하지 못하며 오히려 전 세계적으로 큰 우려를 불러일으킨다. 과거에는 테스토스테론에 의한 분노가 사냥이나 가족을 보호하는 데 도움이 되었다. 하지만 현대 민주주의 사회에서 싸우고자 하는 욕구는 쓸데가 없다. 스스로를 제어하지 못하는 공격적인 젊은 남성들이 이제는 길에서 사람을 때리거나 골목길에서 서로 싸운다. 폭력을 다룬 연구 결과에 따르면 폭력 사건이나 전쟁이 자주 발생하는 지역에서는 15~24세 사이 젊은 남성들의 수가 인구 대비 매우 많은 수준이라고 한다.

버려졌다는 슬픔 또한 큰 도움이 되지 않는 감정이다. 누군가에게 버림받았다는 슬픔 뒤에는 분노가 따라오는 경우가 잦은데, 이 분노가 대체 무슨 기능을 한단 말인가? 이 두 가지 감정은 모두 앞으로 느낄 상실감을 받아들이고 극복하는 데 아무런 도움이 되지

않는다. 우리는 자신이 왜 슬픈지 알지만, 그럼에도 아무 대처도 할
수 없다.


## 감정 조작

우리의 직감은 신뢰도가 낮고 때로는 아무런 기능도 하지 못할
뿐만 아니라 조작되기도 쉽다. 감정 조작이 가장 공공연하게 일어
나는 곳이 바로 광고 분야다. 석양을 바라보며 피우는 담배, 캠프
파이어를 하는 카우보이들, 안개가 잔뜩 낀 산악 지대의 풍경에 도
대체 무슨 의미가 있다는 말인가? 아무것도 없다. 이렇게 분위기
있는 이미지를 만들어낸 광고 전문가 미하엘 콘라트Michael Conrad
는 19세기의 독일 미술가 카스파르 다비트 프리드리히Caspar David
Friedrich의 그림에서 영감을 얻었다. 자연 경관과 안개, 그리고 먼 곳
을 바라보는 남자들이 자주 등장하는 그림이었다. 광고에서 우리는
사실을 거의 접하지 않는다. 솔직히 말하자면 우리가 광고에서 더
보고 싶어 하는 장면은 4기통 엔진의 밸브 시스템보다는 SUV 차량
이 거칠고 꼬불꼬불한 산길을 내달리거나 모래밭과 진흙탕을 뚫고
들판을 가로지르는 모습이다. 나중에 그 차로 기껏해야 쇼핑만 가
게 되더라도 말이다.

우리는 미디어를 통해 조작되지만, 동시에 감정적으로 이끌리기
를 원한다. 이것은 할리우드의 전매특허다. 할리우드 영화의 마지막
장면을 보면 모두가 대성통곡한다. 〈타이타닉〉에서 잭이 로즈를 위

해 희생하는 장면에서는 스스로를 '진정한 남자'라고 자부하는 사람들조차도 뺨을 타고 흐르는 눈물을 막지 못했을 것이다. 우리 감정에 핵심 주제가 있듯이, 영화 장르 또한 목표로 하는 핵심 감정이 있다. 스릴러 영화는 두려움을, 호러 영화는 두려움과 혐오를, 코미디 영화는 즐거움과 놀라움을, 청소년 코미디 영화는 재미, 놀라움, 혐오 등의 감정을 노린다. 오늘날까지도 우리가 부정적인 감정을 재미있어 하는 이유는 정확히 밝혀지지 않았다. 아마도 근본적인 경험 때문인 것으로 보인다. 우리는 강렬한 감정을 느낄 때에야 비로소 스스로가 인간이라는 점을 새삼 깨닫는다. 그래서 우리는 제어된 환경에서 적당한 수준의 부정적인 감정을 느끼려고 돈을 지불한다. 영화표를 구입하면서도 그 이유는 정확히 알 수 없을 것이다. 직감이 우리 대신 영화를 선택하고 표를 구입하니 얼마나 편리한가?

## 2장

# 말하다

## 게임의 의미

"엄마 빨 띠어, 까자 집어."

어린 내가 말했다. 당시 나는 내가 뭘 원하는지 정확히 알고 있었다. 다만 여느 다른 어린아이들과 마찬가지로 어린 나는 혀와 입술을 자유자재로 움직여 말을 정확하게 발음할 수 없었다. 그래서 '빨리'를 '빨'로, '뛰어'를 '띠어'로, '과자'를 '까자'로 발음했다. 겸손하게 부탁하는 문법을 구사할 줄도 몰랐기 때문에 다소 버릇없는 말투를 사용했다. 하지만 내 말의 의미는 명확했다. 나는 엄마가 지금 당장 과자를 집어주기를 바랐다. 내가 한 말의 기능 또한 명확했다. 그것은 질문도 주장도 아닌 요구였다.

어린 내가 했던 말의 이 네 가지 측면은 언어학 분야의 주요 영역이다. 음성론은 문장의 물질적인 형태에 대해 탐구하는데, 그 이유는 우리가 알파벳이나 몸짓언어, 표정이 아닌 무엇보다도 음성으로 의사소통하기 때문이다. 문법론은 문장의 구조를 탐구하고, 의미론은 문장의 의미를, 그리고 화용론話用論은 문맥 속에서 발화된 문장의 기능을 탐구한다.

어느 시대든 철학자들은 우리가 사용하는 말의 의미에 관심을 보였다. 그러니 오늘날 존재하는 언어학 분야의 수많은 이론이 철학에서 파생된 것도 놀라운 일은 아니다. 놀라운 건 오히려 오늘날 언어학 분야의 이론 중 대다수가 형식적인 논리학과 컴퓨터 이론 없이는 더 이상 이해하기 어렵다는 사실이다.

## 언어와 말하기

무엇보다도 당연한 의문을 먼저 파헤쳐야 한다. 언어란 무엇인가? '언어'란 애매모호한 단어다. 우리는 꽃과 벌의 언어는 물론이고 컴퓨터 언어나 괴테Johann Wolfgang von Goethe가 쓴 독일어, 그리고 이미 사멸된 언어까지 알고 있다. '언어'라는 단어를 사용할 때 우리는 그와 관련된 모든 현상을 아우르지만 그 의미가 늘 똑같지는 않다. 어떨 때는 감정적인 표현을, 때로는 동물들의 의사소통이나 프로그램 코드, 독일어나 중국어, 스와힐리어 같은 자연언어 혹은 좋거나 나쁜 문체를 모두 언어라고 칭한다.

철학자와 언어학자들은 특히 인간의 언어능력, 그러니까 자연언어를 습득하고 자유자재로 사용하는 천부적 재능을 탐구한다. 학술 분야에 속하지 않은 일반인들은 언어를 두고 논의할 때 대개 단어나 맞춤법, 문체 비평 등을 주제로 삼는다. 다소 어색한 영어 번역 어투 문장이나, 그다지 아름답지 않은 줄임말, 정치인들의 허울뿐인 말, 에크하르트 헨샤이트Eckhard Henscheid[1]가 멍청한 독일어라고 부르던 이상한 합성어 같은 것들 말이다.

각각의 단어나 맞춤법, 어투가 학술적으로 매우 풍요로운 연구 분야라고 생각하는 연구진이 얼마 되지 않는 것은 사실이다.

우선 전 세계 언어 중 대부분이 활자화되지 않았다는 점을 알아야 한다. 독일인들은 대부분 학창 시절에 문법 때문에 골머리를 앓았지만, 언어의 문자화는 언어학에 속한 한 분야일 뿐이다. 예를 들어 잉글랜드와 같은 수많은 활자 문화권에는 맞춤법을 전문으로 하는 위원회가 없다.

둘째로 수많은 언어에 우리가 아는 단어가 존재하지 않는다. 이것은 언어 고유의 특성이다. 북미 원주민인 쇼쇼니Shoshone 부족의 언어 체계에서는 "로미오가 줄리엣을 감싸 안았다"라는 문장을 "감싸 로미오가 팔로 줄리엣을"이라고 말한다. 이렇듯 북미와 남미는 물론 이 지구상에서 독자적으로 생겨난 언어들은 각기 다른 방식으로 작동한다.

셋째로 단어는 빠르게 학습되고 또 빠르게 잊힌다. 우리는 아주 간단하게 단어를 교체하거나 다른 언어에서 가져올 수 있다. 예를 들어 '탱고'를 추고, '오렌지'를 먹고, 'DVD'를 보고, 어깨에 '숄'을 걸친다는 식으로 다른 언어권의 단어를 문제없이 받아들인다. 어떤 언어에서 가장 두드러지는 것은 그 언어의 문법적 구조, 즉 구문론(통사론)이다. 한자를 수천 개 안다고 하더라도 중국어로 말하지는 못한다. 즉 단어만 안다고 다가 아니라, 그 단어를 어떻게 조합해야 하는지를 알아야 한다.

넷째로 어투를 조정하는 사회적 역할은 언어능력의 부산물이다. 의사들은 남들이 알아볼 수 없는 라틴어로 차트를 작성하고, 청소년과 젊은이들은 자신이 속한 그룹 내에서 통용되는 말을 쓰고, 사회 중산층은 스스로를 하류층과 구분하기 위해 자신의 계급의식을 '올바른' 어투에 투영한다. 언어학자들은 사람들이 실제로 현실에서 어떻게 말하는지 연구하는 이들이지, 사람들이 뉴스 리포터처럼 말하려면 어떻게 해야 하는지 연구하는 이들이 아니다. 언어학자들은 문법 규정이나 올바른 언어 습관을 지시하는 사람들이 아니라 물리학자나 생물학자처럼 언어를 설명하고 언어의 세계가 어떻게 만들어져 있는지 탐구해 밝히는 사람들이다.

꾸밈없고 소박한 언어 사용에 시선이 모아진 이유는 아주 간단한 생각 때문이었다. 각 언어를 연구하는 사람들은 그 과정에서 간접적으로 사람을 있는 그대로 드러내는 정신적 능력, 즉 언어능력도 연구한다. 이 환상적인 재능은 우리의 삶에 풍성한 변화가 일어나도록 만들었다. 이 능력은 동물의 왕국에서 오직 인간만이 갖고 있다. 물론 동물들도 의사소통을 하지만, 문장을 구성해 말하지는 못한다. 개는 눈을 동그랗게 뜨고 쳐다보는 것으로 배고프다는 말을 대신하지, "사료 먹어도 돼요?"라거나 "나 배고파요"라고 말하지는 않는다. 수컷 나이팅게일[2]은 100여 가지 멜로디를 노래할 수 있지만 그 뜻은 늘 똑같다. "이리 와서 나의 짝이 되어줘!" 반면 사람은 어떤 주제로든 이야기할 수 있다. 과거의 것과 미래의 것, 가까운 것과 먼 것, 구체적인 것과 추상적인 것, 불가능한 것은 물론이고 자신의 내면에 대해서까지. 언어능력은 곧게 뻗는 걸음걸이나 색채 인식처럼 보편적이다.

사람들은 수 세기 동안 원초적이고 완성된 언어가 존재할 것이라고 믿어왔지만 이에 반박하는 사람도 많다. 밀림, 산촌, 저지 바이에른[3]과 같은 황야 등에서 직접 수년간 연구한 언어학자들은 모든 언어에 동일한 수준의 표현력이 있다고 말했다.

독일인들 입장에서는 영어가 일본어보다 배우기 쉽다. 이는 단순히 독일어와 영어가 같은 게르만 어족에 속한 사촌지간이어서 기초지식이 있기 때문에 가능한 일이다. 동시에 영어는 독일인들이 가장 쉽게 잘못 배울 수 있는 언어다. 영어를 배울 때 독일인들은 동사의 시제 중 현재형만 잘 활용하면 되고 독일어처럼 단수 2격이나 복수형 어미변화 등을 따로 외우지 않아도 된다고 생각한다. 그러나 영어의 구문론은 너무 복잡해서 감히 통달할 생각조차 말아야 한다고 영국인 친구 한 명이 말한 바 있다.

'이 세상에는 얼마나 많은 언어가 존재하는가'라는 질문에는 두 가지 답이 있다. 짧은 답변은, 약 6,000개 정도라는 것이다. 긴 답변은, '언어'를 어떻게 정의하느냐에 따라 다르다는 것이다. 우선 방언을 정확하게 나누기조차 어렵다. 언어학자인 막스 바인라이히Max Weinrich는 특히 유대어 전문가인데, "언어란 육군과 해군을 가진 방언이다"라는 말을 남겼다. 바인라이히는 우연과 힘의 관점을 강조했다. 말하자면 아주 오래전에 힘 있는 약탈 기사가 어떤 지역의 땅을 차지하고 자신이 고귀한 신분이라고 선언한 것처럼 어느 권력자가 자신이 사용하는 방언을 해당 지역의 표준어로 선포한다면 그 누구도 다른 방언을 사용해 반항할 수 없었을 것이다.

그렇다면 도대체 어디에서 언어가 사라지고, 또 다음 언어가 시작될까? 우리는 언어를 어떻게 묶어 분류해야 할까? 어떤 사람들은 서로 비슷한 이해도에 따라 분류해야 한다고 말하고, 다른 사람들은 문법의 유사성에 따라 분류해야 한다고 말한다. 그러나 어떤 식으로 분류하든 문제가 있다. 바이에른 지방의 방언과 스위스 독일어는 문법적으로는 뉴 하이 독일어[4]에 속하지만 제아무리 언어능력이 뛰어난 하노버 사람이라고 하더라도 이 두 언어를 이해할 수 없다.[5] 한편 스페인어는 이탈리아어보다는 포르투갈어와 더 가까운 친척이다. 그럼에도 스페인 사람들은 포르투갈 사람보다 이탈리아 사람을 더 잘 이해한다.

그래서 많은 언어학자들이 '독일어' 혹은 '베를린어' 등을 나누어 생각하는 것이 애초에 타당한지 의문을 품는다. 그보다는 개인어, 즉 각 개인 고유의 언어 습관을 연구하는 편이 더 유용하고 보람 있을지도 모른다. 모든 사람은 각기 다른 방식으로 말한다. 두 사람이 거의 비슷하게 말한다고 하더라도, 뭉뚱그려서 "두 사람은 독일어로 말하고 있다"라고 할 수는 있겠으나 그 이상의 정보는 도출하지 못한다. 얼핏 과장되어 보이는 이 주장은 세상에 만연한, 하지만 불확실한 의미론에 대항하는 예방책이다. 의미론에 따르면 언어는 추상적인 '기호 체계'로서 독자적으로 활약한다. 이 문제에 대해 자세히 살펴보려면 우선 언어적 의미란 무엇인지 알아야 한다.

# 의미

이상한 나라에 간 앨리스는 높은 담벼락 위에 앉아 말을 하는 달걀 캐릭터 험프티 덤프티와 만난다. 험프티 덤프티는 앨리스에게 생일선물보다 더 좋은 것은 생일이 아닌 날에 받는 '생일 아닌 날 선물'이라고 알려준다. 그러면서 험프티 덤프티는 다음과 같은 말로 짧은 독백을 끝맺는다.

"너에게 영광이 있군!"

'영광'이 무슨 뜻인지 묻는 앨리스의 질문에 그가 대답했다.

"그 말은 '네가 논쟁에서 완전히 이겼다'는 뜻이야."

앨리스는 험프티 덤프티가 말한 단어의 의미를 의아하게 생각했다. 그러자 그가 말했다.

"내가 어떤 단어를 말하면, 그 단어는 내가 선택한 의미를 갖게 돼. 더도 말고, 덜도 말고 말이야."

이처럼 사용하고자 하는 단어의 의미를 스스로 결정한다는 언어학 분야의 이론을 두고 철학자들은 때로 놀리듯이 '험프티 덤프티 의미 이론'이라고 부른다. 이 이론은 여러 근거에 따라 불확실한 것으로 간주되지만, 본질은 있다. 어떤 단어와 그 의미 사이의 관련성은 임의의 것이다. 단어와 의미 사이의 관련성이 임의이기 때문에 '영'과 '광'이 '논쟁에서 완전히 이기다'라는 의미가 될 수 있는 것이다.

이 현상을 '의미'의 두 가지 의미에 근거해 설명할 수 있다. 예를 들어 우리는 "연기는 불을 의미한다" 혹은 "이 반점은 홍역을 의미한다"라고 말할 수 있다. 또한 우리는 "'시작하다'와 '첫 발걸음을 내딛다'는 똑같은 의미다"라고 말할 수도 있다. 어떤 경우든 우리는 정보를 얻는다. 불이 났다는 정보, 질병에 대한 정보, 그리고 단어의 뜻에 대한 정보다.

앞서 언급한 각 사건은 중요한 지점에서 서로 구분된다. 미국의 철학자 H. 폴 그라이스H. Paul Grice가 설명한 바에 따르면, 불과 홍역은 자연적인 기호, 즉 징조와 증상이다. 한편 단어의 뜻에 대한 정보는 상징적인 기호다. 단어의 뜻과 관련된 정보는 언제나 그것을 의미하는 화자가 있다. 반면 화재 사건은 사람이 없어도 발생하며, 이때 화재를 의미하는 것은 연기이고, 연기는 불이 났을 때 발생하는 자연스러운 현상이다.

그러므로 문자와 단어, 그리고 문장은 기호가 아니라 상징이다. 이것들은 그 원천과 아무런 자연스러운 연관성이 없으며 그림과도 다르다. 예를 들어 집이 그려진 그림은 보이는 그대로 집을 뜻한다. 아래쪽에는 문이, 위쪽에는 지붕이 있다. 하지만 집이라는 글자를 구성하는 'ㅈ', 'ㅣ', 'ㅂ'은 실제 집과 아무런 공통점이 없다. 이처럼 어떤 단어의 발음(소리)과 의미의 관련성은 임의적이다.

상징은 추상적이며, 이것이 어떻게 그렇게 탁월한 저장 매체가 되는지를 보여주는 근거가 있다. 방대한 정보를 관리하는 데는 내용과 전혀 상관없이 발음과 단어에 아주 작은 역할을 부여하는 것만으로도 충분하다. 언어가 매우 명료하게 드러나는 몇 안 되는 예시가 바로 의성어다. 윙윙, 아삭아삭, 삐걱삐걱 등의 단어는 그 단어만으로도 상황을 연상케 한다. 하지만 이런 예외를 제외하면 언어는 상징적이다. 험프티 덤프티에게 '영광'이 있다는 뜻이다. 즉 험프티 덤프티가 논쟁에서 완전히 이겼다. 그렇다고 해서 험프티 덤프티가 자신만의 언어를 만들어낼 수 있을지는 미지수다. 자신만의 언어를 만들어내는 데 성공한다고 하더라도, 아무도 그의 말을 이해하지 못할 것이다. 모든 단어를 자신의 입맛대로 사용할 수는 없다. 그랬다면 험프티 덤프티는 앨리스에게 '영광'이 무슨 뜻인지 설명하지 못했으리라.

비트겐슈타인이 이런 연구를 주제로 삼았다. 비트겐슈타인에 따르면 단어 사용이 그 의미를 고정한다. 말하자면 단어는 악기와 같다. 만약 미래에 모든 사람들이 '곰돌이 젤리'라는 단어를 자동차를 묘사할 때 사용한다면, '곰돌이 젤리'가 현재 우리가 '자동차'를 의미할 때 사용하는 단어를 대체하게 될 것이다. 비트겐슈타인은 '사용론'을 '의미 그림이론'에 반박하는 데 사용했다. 의미 그림이론은 사람이 예를 들어 '자동차'라는 단어를 배우면 머릿속에서 그 단어와 자동차의 이미지를 연결한다는 것이다. 미국의 철학자 윌러드 밴 오먼 콰인Willard Van Orman Quine은 이것을 '박물관의 신화'라고 불렀다. 즉 단어는 유리 진열장 앞에 붙은 이름표고, 의미는 진열장 안에 있는 전시품이라는 것이다.

명사나 동사를 떠올리면 의미 그림이론의 설득력이 높아지는데, '자동차', '태양', '웃음'이라는 단어를 들으면 실제로 그 이미지가 머리를 스치기 때문이다. 다만 언어의 기능적 단어는 이런 이미지 연상을 흐릿하게 만든다. '그러나', '이, 그, 저', '그 사이' 같은 말을 듣는다고 해서 무슨 이미지가 떠오르겠는가? 게다가 우리가 연상하는 이미지는 지극히 개인적이어서 체계적이고 성공적인 의사소통을 진행하기 어렵다. "해가 비친다"라는 말을 들으면 모든 사람들이 거의 비슷한 이미지를 연상할 것이다. 그러나 "내 삼촌은 변호사다"라는 말을 들으면 저마다 연상하는 바가 다를 것이다. 이 문장이 무슨 뜻인지는 누구나 이해할 수 있지만, 언어를 이해할 때 눈꺼풀 안쪽으로 여러 이미지가 마치 영화처럼 지나가지는 않는다는 뜻이다. 즉 의미는 이미지 형태로 부호화할 수 없다.

콰인과 비트겐슈타인은 의미 그림이론을 비판하면서 추세를 따랐지만 정신적 그림이나 '머릿속의 의미'에 대한 두려움 때문인지 목표에서 벗어났다. 언어를 사용하면 분명 의미를 넘어서는 해석이 발생한다. 내가 '루콜라'라고 부르는 식물을 가리키며 어떤 농부가 '겨자'라고 말한다면, 그는 내가 말하는 '루콜라'와 똑같은 의미로 '겨자'라는 말을 사용한 것이다. 어떤 단어의 발음과 의미는 우리의 기억 속에 저장되어 있어야 한다. 그렇지 않으면 우리가 쓴맛이 나며 잎이 삐죽한 이 식물과 관련된 단어를 다시 불러내지 못할 것이기 때문이다. 이에 대해서는 이미 1900년에 현대 언어학의 선구자인 페르디낭 드 소쉬르Ferdinand de Saussure 또한 분명이 언급한 바 있다. 의미는 정신적인 그림이 아닌 다른 무언가로서 저장된다. 그것이 어떤 방식인지 찾아내는 것이 의미론의 과제다.

비트겐슈타인은 사용론을 주장하며 의미가 언어공동체의 행동과 언어 사용방식에 따라 결정된다고 말했다. 비트겐슈타인에 따르면 '루콜라'라는 단어는 내 머릿속 사전에 존재하는 단일 단어가 아니라 이 단어를 사용하는 모든 사람들의 사용방식에 따라 드러나는 것이다. 그에 따르면 한 언어는 규칙과 언어 사용으로 구성된다. 때때로 우리는 이런 규칙을 관습이라고 부르는데, 그것이 무슨 뜻인지는 불분명한 경우가 많다. 어떤 경우든 언어는 사람들이 의미를 합의해야 하는 식으로 관습적인 것이 아니다. 우리 조상들이 모닥불 주위에 가만히 둘러앉아 있다가 갑자기 누군가가 벌떡 일어나 "오늘부터 이것을 '불'이라고 부르자!"라고 말하고 나서야 불을 불이라고 부른 것은 아니다. 만약 이런 식으로 사람들이 단어의 의미를 통일했다면 지금쯤 지구는 오로지 한 가지 언어에 지배당하고 있어야 한다.

그래서 오늘날 사용론자들은 '암시적 규범'에 대해 이야기한다. 이는 특히 미국의 언어철학자 로버트 브랜덤Robert Brandom이 주장한 것이다. 브랜덤에 따르면 언어는 규칙적이며 규범적이다. 언어 사용에 '옳음'과 '그름'이 있기 때문이다. 예를 들어 "함부르크는 뮌헨보다 북쪽에 있다"라고 말하는 사람은 "뮌헨은 함부르크보다 남쪽에 있다"라고도 말할 수 있다. 브랜덤은 또한 언어의 필수 구성요소로 모든 언어 사용이 화자에게 계속해서 행동방식을 의무화하는 것을 꼽았다. 이 말은, 언어의 규칙, 즉 어법은 규정이고 우리는 그에 따라 다른 사람들이 잘못된 어법을 구사하면 당연히 오류를 고쳐야 한다는 뜻으로 이해할 수 있다.

하지만 이런 접근법에는 문제가 있다. 자세히 살피면 이것은 문자문화의 사회적 현상으로 보인다. 우리는 타인의 어법 오류를 고쳐주고 스스로도 더 나은 어법을 구사하려고 하지만, 어린이들의 언어 습득을 연구하는 전문가들에 따르면 이는 체계적이지 않다. 게다가 브랜덤은 암묵적으로 '규범'이 기억에 저장되어 있다고 생각했다. 그렇지 않으면 어떻게 규범을 따를 수 있겠는가? 그러나 그렇다면 그는 동시에 정신적인 사전에 대해서도 말할 수 있어야 하며, 언어학 분야에서 일반적으로 그러듯이 '정신적인' 대신 '사회적인' 관점을 취할 수 있어야 한다.

사용론은 진정한 의미에서 의미론의 후보로 간주된다. 또 한 가지 잘 알려진 접근법이 있는데, 다만 설득력은 별로 없다. 바로 어떤 단어의 표상이나 역사, 그리고 어원이 그 단어의 의미를 드러낸다는 접근법이다. 고대에는 끝까지 탐구한 사람만이 어떤 단어의 어원 혹은 어근, 즉 단어의 진정한 의미를 찾을 수 있다고 생각했다. 어원, 어원학을 뜻하는 영단어 'Etymology'가 '어떤 단어의 참된 뜻'이라는 뜻의 고대 그리스어인 'etumon'에서 파생된 것을 보면 알 수 있다. 하지만 이것이 맞는 말일까?

학자들 사이에서 생활하다 보면 '관심 있다, 흥미롭다interest'가 실제로는 '그 사이에 있다'는 뜻이고, '아마추어amateur'는 말 그대로 '애호가'라는 뜻이라는 말을 자주 듣는다. 라틴어 '아마레amare'가 '사랑하다'라는 뜻이기 때문이다. 하지만 '관심 있다', '흥미롭다'는 말은 말 그대로 관심이 있고 흥미를 느낀다는 뜻이고, 아마추어는 아마추어다. 물론 이런 말을 처음 들으면 우리는 재빨리 관련성을 찾아내기 때문에 귀가 솔깃한다. 그러나 곰곰 생각하면 셀 수 없이 많은 반대 예시가 있다. 독일어로 '조금bisschen'이라는 단어는 언어사적으로 '묾' 혹은 '물린 상처Biss'의 축소형이다. 그래서 "정열적인 무언가를 조금 원한다"라는 말을 연관성에 따라 "정열적인 키스는 때때로 물린 상처와 비슷하다"라는 문장으로 구성할 수 있다고 끼워 맞출 수 있다. 하지만 "물을 조금 마시고 싶다"라는 문장이 등장하는 순간 이 접근법은 의미를 잃는다.

어원이론에 대해 더욱 전반적으로 반박해보자. 각 단어의 역사를 모두 꿰고 있는 사람은 거의 없지만, 우리는 모두 그 단어가 무슨 뜻인지 안다. 즉 어학적 지식이 없어도 언어를 이해하는 데는 아무런 어려움이 없다. 게다가 조상들이 같은 단어를 어떤 의미로 사용했는지도 상관없다. 그들이 사용했던 단어를 현재 우리가 전혀 다른 뜻으로 사용하는 경우도 적지 않기 때문이다.

어원이론자들은 극단적인 '박물관의 신화'에 빠져든다. 이름표가 그 의미인 전시품과 영원히 하나로 묶여 있다는 것이다. 지금까지도 문화학자들은 어원학자들과 논쟁한다. 의미가 단어에 '충전되기' 때문에 함축적 의미, 즉 부수적 의미가 '달라붙을' 수 있다는 것이다. 언어는 기호의 전류로서 독립적으로 존재하고, 어떤 식으로든 우리들 사이를 '통과해 흘러간다.' 그러나 이 접근법은 사실을 오해한 것이다. 단어는 스스로 살아 움직이는 불가사의한 존재가 아니다. 생각을 갖춘 인간이 없다면 단어는 아무런 의미가 없는, 그저 화자가 내뱉고 이해하는 어떤 것일 뿐이다. 게다가 이 접근법에 따르면 대부분의 단어가 사람의 기억 속에 저장되어 있어야 한다.

언어의 쇠퇴에 대한 우려 뒤에도 이와 비슷한 설명이 숨어 있다. 그 어떤 세대도 이전 세대와 똑같이 말하지 않는다. 자연스러운 언어 변화를 직접 경험한 사람이라면 단어와 표현 가능성이 사라지고 있으므로 독일인들이 내리막길을 걷고 있다고 결론지을 수 있다. 많은 이들이 이렇게 판단하는 이유는 사실을 알지 못하며 늘 추측에만 매달려 있기 때문이다. '가장 뛰어난' 독일어를 찾아보려면 얼마큼 시간을 거슬러 올라가야 할까? 토마스 만Thomas Mann의 시대까지? 아니면 괴테나 마르틴 루터Martin Luther, 발터 폰 데어 포겔바이데Walther von der Vogelweide[6]의 시대까지? 카롤루스대제[7]의 시대까지?

언어는 우리와 독립적으로 존재할 수 없다. 또한 의미는 스스로 드러나는 것이 아니며, 내재된 이미지나 어원, 단어 사용과 동일시되지 않는다. 그렇다면 의미란 도대체 무엇일까?


## 가바가이!


이국땅을 여행 중인 연구자를 상상해보자. 연구자는 곧 자신이 이해하지 못하는 언어로 말하는 주민들을 만난다. 사전도 없고 통역사도 없다. 연구자는 마을 사람들에게 환영받는다. 저녁에 모닥불을 지피고 있는데 갑자기 나타난 토끼가 깡충거리며 앞을 지나간다. 이때 마을 사람 중 누군가가 "가바가이Gavagai!"라고 외친다. 가바가이는 무슨 뜻일까? 가장 유력한 명제는 "토끼다!"라는 뜻이다. 하지만 이 말은 "저녁거리다!"라는 뜻일 수도 있고, "정말 웃긴 동물이네!"라는 뜻일 수도 있고, 아니면 단순하게 "저기 봐!"라는 뜻일 수도 있다.

콰인은 이 이야기를 들려주며 외국어를 이해한다는 것이 무슨 뜻인지 설명하고자 했다. 이 이야기의 연구자는 보조수단이 없기 때문에 극단적인 번역, 즉 '원초적 번역'을 시도하게 된다. 예를 들자면 이렇다. 우선 그는 "네" 혹은 "아니오"라는 표현을 찾아내야 한다. 토끼를 보고 "가바가이"라고 부른다. 그때 마을 사람이 늘 "보보"라고 말한다면 '보보'가 '네'라는 뜻이다. 어쩔 때는 "보보"라고 말하고 어쩔 때는 "미"라고 말한다면 '미'가 '아니오'라는 뜻일 테다. "미"라는 대답을 듣는다면 "가바가이"는 "토끼가 있다!"는 뜻이 아닐지도 모른다.

'네', '아니오'라는 표현은 '진실'과 '거짓'이라는 표현이나 마찬가지다. 콰인이 말했듯이 이 보조수단 덕택에 연구자는 미지의 언어 세계의 문을 열고 발을 들일 수 있었다. 문장 구조에 대한 명제를 실험할 수 있게 되었기 때문이다. 단어는 고립되어 있을 때 아무런 의미를 갖지 못하며, 완전한 문장 속에 있어야만 의미를 갖는다. 이에 대해서는 이미 독일의 논리학자 고틀로프 프레게Gottlob Frege가 설명한 바 있다. 이 현상을 실험하려면 대화를 나눌 때 '해변'이라는 단어 대신 '스피노자'라고 말해보면 된다. 그러면 상대방은 분명 "무슨 말이야?"라고 물을 것이다. 한편 "불!" "파티!"처럼 단어 하나로도 문장이 되는 말이 있다. 하지만 이것은 "불이야!"라는 문장이나 "파티 재밌겠다!"는 문장을 줄인 것일 뿐이다.

가바가이 예시의 명제는 어떤가? 마을 주민들이 동물을 볼 때마다 "가바가이"라고 말한다면 연구자는 '가바'는 '~가 있다'는 뜻이고 '가이'가 동물이라는 뜻이라고 이해할 수 있다. 연구자가 이런 방식으로 낯선 언어를 완전히 파악한다면 그는 마침내 번역 안내서를 작성할 수 있다.

　콰인은 '번역의 불확정성Indeterminacy of translation'이라는 명제로 유명해졌다. 두 명의 연구자가 독립적으로 개요서를 쓴다면 두 책은 모두 옳을 수 있지만 한편으로 일치하지 않는 부분이 있을 것이다. 예를 들어 각 단어의 관계가 늘 불일치할 수 있다. '가바가이'가 토끼를 가리키는 말은 맞지만, 오로지 살아 있는, 아는, 작은 혹은 하얀 토끼만을 가리키는 말일 수도 있다. 마찬가지로 연구자가 아무리 오래 관찰하더라도 미래에 발표될 견해가 그의 번역 명제를 반박할 것이다. 이 또한 콰인이 설명한 내용이다.

　두 연구자 중 한 명이 '네'와 '아니오'를 반대로 이해해 기호를 완전히 거꾸로 번역하는 것보다 더 많은 일들이 숨어 있을 수 있다면 번역의 불확정성을 관철할 결정적 논증을 찾아내기란 매우 어렵다. 이에 반대되는 것이 콰인의 의미의 전체론이다. 전체론자는 말한다. "모든 것은 다른 모든 것과 관련이 있다." 혹은 "모든 것은 중요하다." 보통 이런 명제는 과학의 좌초를 부표로 표시하는 것이나 마찬가지다. 과학자들은 늘 중요한 사실을 중요하지 않은 것과 분리하려고 노력하는 사람들이다. "모든 것은 중요하다"라고 말하는 사람은 사실 "아무것도 중요하지 않다"라고 말하는 것이나 마찬가지다.

　언어의 이해 측면에서는 콰인의 명제가 결정적이다. 우리는 타인이 말하는 단어의 의미를 알고 있는 동시에 확신해야만 그 사람을 이해할 수 있다. 언어를 이해하는 것과 세상을 이해하는 것은 서로 속해 있다.

콰인은 '의미'라는 단어를 사용하지 않고 의미를 설명하자고 제안했다. 필요한 것은 찬성과 반대뿐이다. 더 보편적으로 말하자면, '진실'과 '거짓'이다. "눈이 온다"라는 문장과 "It is snowing"이라는 문장은 똑같은 뜻이다. 두 문장 모두 같은 상황에서 진실 혹은 거짓이 될 수 있기 때문이다. 이런 생각은 비트겐슈타인이 제1차 세계대전 당시 참호에서 작성한 초기 작품에서도 드러난다.

"어떤 문장을 이해한다는 건 그것이 사실일 때가 어떤 경우인지 아는 것이다."

비트겐슈타인에 따르면 우리가 단어를 보고 알아낼 수 있는 내용은 오로지 그 단어가 전체 문장의 사실성에 어떻게 기여하는지 뿐이다. 그것이 그 단어의 의미다.

## 의미 대신 진실

콰인의 제자이자 철학자인 도널드 데이비슨Donald Davidson은 이 생각을 더 자세하게 전개했다. 그가 제시한 다소 별난 예시는 다음과 같다. 누군가가 말한다.

"난 하마를 좋아해. 피부가 아주 쪼글쪼글하거든. 아침마다 세 개씩 짜서 마셔."

데이비슨에 따르면 우리에게는 오직 두 가지 가능성이 있다. 화자가 하마로 아주 특이한 일을 하고 있다고 생각하거나 아니면 화자가 '오렌지'를 '하마'라고 잘못 말했다고 생각하는 것이다. 데이비슨은 콰인의 원초적 번역의 예시를 더 첨예하게 만들면서 우리가 늘 그 연구자의 상황에 빠진다고 말했다. 모든 사람은 각자의 관점에서 낯선 언어로 말하는 것이나 마찬가지다.

이 이론을 데이비슨은 '원초적 해석Radical interpretation'이라고 칭했다. 우리는 평소 다른 사람들이 진실을 말한다고 믿고자 한다. 그래서 타인을 올바르게 이해하려면 마치 줄타기를 하듯이 균형 감각이 필요하다. 게다가 우리는 근본적으로 호의적이다. 그래서 우리는 상대방이 아침마다 하마의 피를 짜서 마신다고 생각하기 전에 그가 단어를 잘못 말했다고 짐작한다. 보편적으로 우리는 타인을 이성적이며 우리와 같은 이해력을 갖춘 존재로 여긴다.

화자의 말을 해석하는 것은 두 가지 속성으로 나뉜다. 하나는 그가 사용한 단어의 의미에 대한 해석, 다른 하나는 설득력에 대한 해석이다. 그 이상도, 그 이하도 아니다. 폴란드 출신의 논리학자 알프레드 타르스키Alfred Tarski에게 영감을 받은 데이비슨은 타르스키의 의미론을 더욱 파고들었다. 그 또한 '의미'는 포기하고 논리학의 도움으로 설명할 수 있었던 '진실의 조건'에 대해서만 이야기했다.

몇몇 단어와 문장은 해독하기 쉽다. "골리앗은 크고 다윗은 똑똑하다"라는 문장을 보자. 여기서 '고'는 '그리고'라는 뜻으로 두 문장을 연결해 새로운 문장을 만들어내는 역할을 한다. 이때 새로운 문장은 두 문장이 모두 진실일 때만 진실이다. 그렇다면 '그리고'라는 단어가 어떤 문장에 기여하는 바가 바로 그 단어의 의미다.

데이비슨이 의미와 진실이 연관되어 있다고 강조했음에도 그의 이론은 현실적인 언어 처리 모델을 제시하지 못했고 그래서 우리는 아무리 주의를 기울여 들어도 도대체 어떤 조건에서 상대방이 내뱉은 문장이 진실인지 파헤치지 못한다. 그렇지만 데이비슨과 다른 의미론자들은 점점 더 많은 자연언어를 논리학의 형식적인 부호로 번역했다. 이 접근법은 특히 수나 양을 표현하는 '셋', '모든', '하나의' 등의 말에 잘 어울렸다. 시간 또한 형식적으로 표현할 수 있다. "내가 집에 도착했을 때는 이미 어두웠다"라고 누군가가 말했다고 치자. 그가 말한 시점이 현재라면 어두워진 것은 그가 집에 도착하기 전이고, 그가 집에 도착한 것은 그가 말하기 전이다.

철학자와 언어학자들은 오늘날까지도 수많은 언어 현상 때문에 골머리를 앓고 있다. 그중 하나가 바로 비현실적 서법이다. 미국의 전 대통령인 빌 클린턴의 일화를 살펴보자. 그는 아내인 힐러리 클린턴과 함께 힐러리의 어린 시절 남자 친구를 만났다. 그는 당시 주유소에서 일하고 있었다고 한다. 빌은 힐러리에게 말했다.

"당신이 그 남자와 결혼했다고 상상해봐. 그랬다면 지금 당신은 주유소 사장 아내가 되어 있었을 거야."

힐러리가 대답했다.

"아니, 그랬다면 그 남자가 지금 대통령이 되었겠지."

이들이 말한 내용은 모두 사실일 수 있다. 그렇다면 누가 옳은가? 전문가들 사이에서 지난 세기 가장 날카로운 철학자로 꼽히는 미국의 철학자 데이비드 루이스David Lewis는 이런 종류의 문장을 가능세계Posssible worlds로 분석할 것을 제안했다. 힐러리 클린턴의 "그 남자가 지금 대통령이 되었겠지"라는 말은 "그 남자가 지금 대통령을 하고 있는 또 다른 가능세계가 존재한다"라는 말과 같다. 이제 우리는 빌과 힐러리의 가능세계를 비교하면 된다. 현재 우리가 경험하고 있는 세상과 더 비슷한 가능세계가 이긴다. 현실과의 차이가 지나치게 크다면 실현 가능성이 적다는 뜻이고 현실세계가 그렇게 전개되었을지 확신하기 어렵다는 뜻이다. 즉 실현 가능성이 더 높은 세상을 묘사하는 사람의 말이 맞다. 루이스는 이 접근법을 기술적으로 아주 상세한 부분까지 설명했다. 다만 현실세계와 가능세계의 유사점을 어디에서 찾아야 하는지 여부는 오늘날까지 도마에 올라 있다.

활발한 논쟁이 이어지고 있는 또 다른 문제는 우리가 정한 개념이 정확하지 않다는 것이다. 예를 들어보자. 해리에게는 머리카락이 있고, 칼에게는 없다. 그러므로 "해리는 대머리다"라는 문장은 거짓이고 "칼은 대머리다"라는 문장은 반대로 진실이다. 그런데 시간이 지날수록 해리의 머리카락이 점점 빠진다면 그도 언젠가 칼과 같이 대머리가 될 것이다. 그 과정에는 우리가 해리를 대머리라고 불러도 좋을지 도무지 알 수 없는 어느 순간이 있을 것이다. 이때 우리는 개념의 정확한 한계를 정할 수 없다. 예를 들어 "머리카락이 4,135개보다 적으면 대머리다"라고 말이다. 이렇게 경계가 모호한 경우에도 "해리는 대머리다"라는 문장이 명백하게 진실이거나 거짓일 수 있을까? 어떤 이들은 애매하다고 말할 테고, 어떤 이들은 더 엄밀하게 표현해야 한다고 말할 테고, 또 어떤 이들은 언제나 우리가 모르는 답이 존재할 것이라고 말할 것이다. 이런 문제를 두고 '개념의 모호성'이라고 한다. 앞선 예시가 쓸데없이 꼬치꼬치 따지는 것처럼 보이지만, 학자들은 오늘날까지도 이 문제를 어떻게 해결해야 할지 다투고 있다.

말하자면 형식적인 의미론은 언젠가 경계를 맞닥뜨린다. 어쨌든 의미론에서 중요한 것은 단어적인 의미다. 각각의 단어의 의미가 문장의 의미에 기여한다. 하지만 우리가 사용하는 언어에는 더 많은 것이 담겨 있다. 서로의 의사소통을, 그리고 무엇보다도 문학과 창작을 더 풍요롭게 만드는 암시와 풍자, 은유, 다의어, 유머, 말장난 등을 생각해보라. 이런 현상은 화용론, 즉 언어 사용 이론과 관련이 깊다.

## 의사소통의 장난

영국의 언어철학자인 존 오스틴이 뉴욕주에 있는 컬럼비아대학에서 발표했을 때의 일이다. 그는 대부분의 현대 언어에서 이중부정은 긍정을 뜻하지만, 그 반대인 이중긍정은 부정을 뜻하지 않는다고 말했다. 그러자 청중 중 한 명이던 미국인 철학자 시드니 모젠베서Sidney Morgenbesser가 말했다.

"암요, 그렇죠Yes, yes."

모젠베서의 유머는 의미론과 화용론 사이의 차이를, 다른 말로 하면 단어의 의미와 표현의 의미를 아주 잘 드러낸 것이다. 단어의 뜻만 놓고 본다면 두 번의 'yes'는 긍정이다. 하지만 대부분의 문맥에서 두 번 긍정하는 것은 부정의 의미다. 모순적이게도 모젠베서는 오스틴의 무기로 오스틴 본인을 공격했다. 오스틴은 늘 단어의 의미와 대화 내 기능의 차이를 주장한 바 있다. 심지어 그는 화용론의 창시자 중 하나다.

화용론적 현상에 대한 연구는 지난 세기 중반부터 특히 분석철학 분야에서 시작되었는데, 분석철학 분야는 다른 사조와 달리 더 체계적이고 정확하며 논거에 따르는 방식으로 화용론을 파고들었다. 약 100년 전 화용론 연구가 처음 시작되었을 때만 하더라도 정확한 과학용 언어를 구성하는 것이 최우선 과제였다. 그러다가 논리를 활용해 자연언어를 명시하자는 아이디어가 생겨났다. 오늘날 연구 과제도 많이 바뀌지는 않았지만, 시야가 더 넓어졌다. 연구진은 오랜 시간 동안 평서문에만 집중했다. 초창기부터 화용론에 관심을 보인 연구자 중 한 명으로서 비트겐슈타인은 자신의 후기 작품에서 우리 언어에는 수많은 측면이 있다는 예시를 다수 제시했다. 단어를 가지고 우리는 아주 많은 일을 할 수 있다. 기도하거나, 저주하거나, 유혹하거나, 인사하거나, 맹세하거나, 창작하거나, 랩을 하거나, 숫자를 노래로 만들어 세거나, 농담을 할 수 있다.

비트겐슈타인은 언어를 다루는 이 모든 행동을 '언어게임Language game, Sprachspiel'이라고 부르며 자기비판과 연결했다. 비트겐슈타인의 전기 작품을 보면, 그는 다른 많은 동료 연구진과 마찬가지로 아주 특별한 언어게임인 생각과 신념의 표현에만 집중하고 언어게임의 수많은 다른 측면에는 관심을 보이지 않았다. 오스틴 또한 비숫한 점에 주목했지만 언어게임 대신 '언어행위Speech act'라는 말을 사용했다. 문장은 그 자체로 낱말에 충실한 의미를 갖지만, 우리가 문장을 말할 때는 언제나 그보다 더 많은 의미가 포함된다는 것이다. 우리는 문장을 사용해 무언가를 주장하거나 알아내거나 명령하고, 세례식을 하고, 계약서에 사인을 하고, 사람들을 서로 소개시킨다.

언어행위가 따르는 논리는 다음과 같다. 예를 들어 무언가를 주장하는 상황에서 화자는 암묵적으로 사실을 말해야 한다는 의무를 진다. 화자가 그 조건을 거짓말하는 데 이용한다고 하더라도 말이다. 이때 문장의 형태로는 언어행위를 정확히 알아낼 수 없는데, 언어행위가 문법과는 상관없이 이루어지기 때문이다. 예를 들자면 의문형 문장으로도 자신의 의견을 주장하는 문장을 만들 수 있다.

"너 미쳤어?"

우리는 서로 의사소통할 때 그 조건을 기록해둘 수 없음에도 언어행위를 시행한다. 언어행위를 부각시키고 하나의 이론으로 정리하는 것은 그 명제가 마지막에는 당연하게 들릴지라도 무척 어렵고 시간이 오래 걸리는 일이다. 오스틴과 그라이스, 비트겐슈타인, 그리고 동료 연구자들의 작품은 그 사이 설립된 학업 과정과 관련이 있다. 그것은 바로 의사소통학(커뮤니케이션학)이다. 이 학문에서는 의사소통의 개념을 매우 넓게 잡는다. 여기서는 의사소통을 '정보의 교환', 즉 정보통신으로 본다. 가장 유명한 것은 오스트리아의 의사소통이론학자 파울 바츨라비크Paul Watzlawick가 한 말이다.

"사람은 의사소통을 하지 않을 수 없다."

바츨라비크는 나무 아래 앉아 책을 읽는 행동은 의사소통이 아니라고 보는 것은 고지식하다고 말했다. 은연중에, 그리고 무의식적으로 사람은 언제나 다른 사람과 무언가를 나누고 있다. 나무 아래서 책을 읽고 있는 사람은 다른 사람들에게 "나는 방해받고 싶지 않다"라는 무언의 의사를 전달하고 있는 셈이기 때문이다.

이렇게 주장함으로써 바츨라비크는 아주 중요한 차이를 지워버렸다. 실질적인 언어게임과 우리가 단순히 타인을 잘못 이해하는 것의 차이를 말이다. 그라이스는 언어행위를 할 때 늘 의도가 필요하다고 말했다. "비가 온다"라는 말을 하는 것만으로는 상대방이 정보를 얻도록 하는 데 충분하지 않다. 그래서 커튼을 열어 보여 상대방이 밖에 비가 온다는 사실을 알도록 할 수 있다. 이때 비가 온다는 말은 아직 하지 않는다. "밖에 비 와"라고 말하고 나서야 상대방은 내 행위의 정보를 읽어낸다. 나에게 이중의도가 있다고 이해하기 때문이다. 하나는 정보를 전달하겠다는 의도이고, 다른 하나는 실제로 보여줌으로써 정보를 전달한다는 의도다. 내가 만약 아무 생각 없이 나무 아래 앉아 있다면, 나에게는 의도가 없는 것이므로 나는 의사소통을 하고 있지 않다. 나를 발견한 관찰자가 내가 "방해하지 마시오"라고 표현하는 중이라고 이해할지라도, 그것이 맞는지는 전적으로 나의 의도에 달렸다. 내가 여봐란 듯이 몸을 돌리거나 의도적으로 남을 무시할 때만 나는 상대방에게 무언의 언어행위를 시행 중이라는 것을 알릴 수 있다.

# 암시의 예술

우리는 늘 다른 사람이 외국어 화자라고 간주해야 하며 그렇기 때문에 상대방의 말을 원초적으로 해석해야 한다. 그런데 도대체 우리는 왜 그렇게 끊임없이 서로 의사소통하는 것일까? 이에 대해서는 그라이스가 답을 내놓았다. 그라이스는 화자 또한 호의적인 태도를 취하는 데 익숙하다고 말했다. 즉 화자는 최소 네 가지 격률Maxim로 구성된 협력의 원리Co-operative principle에 따른다. 이 네 가지 격률은 정보를 전달하는 것, 사실을 말하는 것, 관련성 있는 정보만을 전달하는 것, 그리고 명확하고 간략하게 표현하는 것[8]이다.

이와 관련된 고전적인 예시가 있다. 운전자가 조수석 탑승자에게 말한다.

"기름통이 거의 비었어."

이 말은 "계속 가려면 연료가 필요해"라는 뜻이다. 조수석 탑승자는 운전자가 관련성 있는 정보를 말했다고 이해하고 이렇게 대답한다.

"다음 교차로 지나면 주유소가 있어."

이 말은 "거기서 주유하면 돼"라는 뜻이다. 이처럼 우리는 암묵적으로, 그리고 자동으로 발화되지 않은 정보를 추가해 상대방의 말을 이해한다.

화자가 이 격률 중 하나라도 따르지 않으면 청자는 암시나 풍자 혹은 그라이스가 말한 대로 함축Implicature이 숨어 있다고 해석한다. 화자는 자신이 직접 내뱉지 않은 내용을 상대방이 이해하길 바라며 말한다. 한 가지 예시가 있다. 한 남자가 바에 있던 한 여자에게 말을 건다.

"이 음악 어떻게 생각해요?"

여자는 대답한다.

"끔찍하네요. 하지만 제 남자 친구가 정말 좋아하는 곡이에요."

여자의 대답은 관련성의 격률을 무시했다. 남자의 질문은 여자의 음악 취향에 관한 것이지 남자 친구에 관한 것이 아니기 때문이다. 하지만 남자는 여자의 격률을 무시한 대답에서도 힌트를 찾을 수 있다.

"나한테 수작 걸어봐야 헛수고니 시도조차 하지 마세요."

암시가 가득한 문서의 예로는 직장 내 평가서나 추천서가 있다. 평가서나 추천서에 들어가는 문장은 사실을 조금 더 포장하는 방식으로 구성되는 것이 일반적이다. 사실과 칭찬을 동시에 늘어놓기는 언제나 어려운 일이기에 이런 문서의 문장은 대개 다음과 같이 구성된다.

"그는 시간 약속에 늦은 적이 없으며 늘 옷차림이 깔끔합니다."

이 말은 "이를 제외한 나머지는 다 끔찍한 수준이었습니다"라는 뜻이다. 이와 같은 평가 방식이 이미 여러 기업에서는 구식으로 통하기 때문에 신중한 상사라면 다음과 같이 작성할 것이다.

"그는 시간 약속에 늦은 적이 없습니다. 그렇다고 해서 그가 창의적이지 않고, 믿음직스럽지 않고, 수행 능력이 없다는 뜻은 아닙니다."

함축의 중요한 특성 중 하나는 그것을 '지울' 수 있다는 것이다. 단어 그대로의 의미로 문장이 완결된다면 함축이 아니다. 예를 들어 "시저가 살해당했다"라는 말 안에는 "시저는 죽었다"라는 뜻이 포함된다. 따라서 "시저가 살해당했지만 그가 죽었다는 뜻은 아니다"라는 문장은 성립하기 어렵다.

데이비슨이 이미 보여주었듯이, 화자뿐만 아니라 청자 또한 협력적이어야 한다. 사람들이 의도적으로 협력을 거부하면 그 사실이 잘 드러난다. 오래된 유머 중에 이런 것이 있다. 내가 누군가에게 묻는다.

"광장이 어디인지 아시나요?"

그가 대답한다.

"네, 알아요."

그러고는 제 갈 길을 간다. 그는 내가 정확히 무엇을 원하는지 알았음에도 일부러 내 말을 문자 그대로 받아들였다. 또 다른 전형적인 예는 건축자재상에서 찾을 수 있다.

"드라이버 어디 있나요?"

"그런 건 없는데요."

"나사 돌릴 때 쓰는 도구 어디 있나요?"

"스크루드라이버 말씀이군요."

이쯤에서 전문용어론적인 논쟁에서 벗어나도록 하자. 가볍게 고개를 끄덕이고 스크루드라이버를 구매하면 된다.

서로 의사소통할 때 우리는 모든 지식을 동원한다. 의미, 협력, 다른 사람들, 이 세상에 대한 모든 지식 말이다. 그래서 우리가 아무리 암시적이고 함축적으로 말해도 대화가 순조롭게 이어지는 경우가 많다. "난 아직 뷔페에 간 적이 없어"라는 문장과 "난 아직 히말라야에 간 적이 없어"라는 문장을 비교해보자. 이 말을 듣는 즉시 우리는 첫 번째 문장에는 '오늘'이라는 단어를, 그리고 두 번째 문장에는 '내 인생에서'라는 문장을 끼워 넣는다. 원래 문장에 포함된 것이 아니라 우리의 경험적 지식으로 알 수 있는 내용이다.

효율적이고 뛰어난 해석 능력 덕분에 우리는 문법 오류나 실언, 완전하지 않은 문장을 거의 눈치채지 못한다. 심지어는 스스로의 오류도 알아채지 못한다. 자신이 연설한 내용의 녹취록을 읽어본 적이 있는 사람이라면 수많은 오류와 빈틈에 깜짝 놀랐을 것이다. 우리는 빈칸이 있는 문장을 만들어내고 또 이해할 수 있다. 빈칸이 있는지조차 모르는 채로 말이다. *우ㄹ는 단ㅇ에서 ㅁ음이 몇 ㄱ빠ㅈ도 문장을 이ㅎ할 수 있다. 혹은 문자의 서순가 뀌바어 어있도 이말다.*


# 언어는 선천적인 것인가?


헬렌 켈러Helen Keller는 19개월 때 이름 모를 병에 걸려 눈과 귀가 멀었다. 그녀는 19세기에 미국 앨라배마에서 살았다. 여섯 살 때 다른 사람의 도움 없이도 독자적인 수화를 만들었지만 아무도 그것을 이해하지 못했다. 가정교사인 앤 설리번Anne Sullivan이 손으로 단어의 철자를 표현하는 법을 알려주자마자 켈러의 삶이 완전히 바뀌었다. 켈러는 이 방법으로 순식간에 영어를 익혔다. 나중에는 손을 상대방의 입술이나 후두에 대는 방식으로 단어를 파악했다. 켈러는 대학에 입학했고, 시청각장애인으로서는 처음으로 학사 학위를 받았다. 켈러는 말하는 방법을 배웠고 세계적으로 유명한 연설가가 되었으며 열두 권의 책을 썼고 미국 여성의 투표권을 위해 싸운 정치 운동가로 활동했다.

켈러가 걸어온 인생은 물론이고 그녀가 영어를 소리나 단어가 아니라 스스로 느낀 알파벳으로 배웠다는 사실은 전례 없는 사건이었다. 보고 들을 수 있는 아이들이 언어의 소리를 알파벳으로 기억하는 데 상당한 시간과 노력을 들이는 현실을 생각하면 거의 불가능한 일이다. 소리를 알파벳으로 바꾸어 기억하는 것이 간단했다면 맞춤법 오류가 이렇게 많지 않을 것이다. 켈러의 예시는 우리의 언어능력이 선천적이라는 증거다. 어린아이의 뇌는 매우 유연해서 입력된 언어를 소리뿐만 아니라 간접적인 표현이나 촉감 등으로 기억할 수 있다.

선천성 명제를 처음으로 명확하게 구성한 사람은 지난 세기 중반에 활약한 미국의 언어학자 놈 촘스키Noam Chomsky다. 촘스키의 인생사 또한 매우 인상적이다. 그는 스물아홉 살 때 발표한 박사 학위 논문으로 언어학계는 물론 심리학계 전반에 혁명을 일으켰다. 촘스키가 쓴 언어학, 철학, 그리고 정치학적인 책들은 오늘날까지도 엄청난 영향력을 행사하고 있고, 그는 현재 살아 있는 작가 중 가장 많이 인용된 인물이자 전 시대를 통틀어 가장 많이 인용된 인물 중 7위를 차지하고 있다. 그보다 앞자리를 차지한 인물로는 아리스토텔레스, 플라톤, 카를 마르크스Karl Marx 등이 있고 그보다 뒤로는 헤겔과 키케로Cicero가 있다.

촘스키의 명제는 다음과 같다. 우리는 모두 보편문법Universal grammar을 선천적으로 타고났으며 보편문법은 각각의 언어의 습득을 조절한다. 이 명제가 왜 혁명적이었는지는 1950년대 심리학 분야의 배경지식이 있어야만 이해할 수 있다. 당시 학계에서는 행동주의Behaviorism가 지배적이었는데, 이것은 학문적인 심리학이 인간의 의식이 아닌 오로지 행동만을 대상으로 해야 한다는 생각이었다. 행동주의에서 가장 잘 알려진 것이 고전적 조건형성Classical conditioning으로, 우리가 익히 알고 있는 파블로프의 개 실험이다. 러시아의 심리학자 이반 파블로프Ivan Petrovich Pavlov는 동물의 반응과 새로운 자극을 연결할 수 있다는 점을 증명했다. 개에게 먹이를 주면 개는 침을 평소보다 더 많이 흘린다. 개에게 먹이를 줄 때마다 종소리를 들려주면 나중에는 종소리만 들려주어도 침을 흘린다. 파블로프는 실험에서 종소리라는 자극을 강화해 자신의 개를 대상으로 조건을 형성했다.

행동주의자들은 우리 인간도 이런 식으로 감정 표현이나 언어는 물론이고 자전거 타기, 예의범절이나 사교 등 모든 것에 조건을 형성할 수 있다고 믿었다. 그들에 따르면 인간이 선천적으로 타고난 단 한 가지 학습 메커니즘이 바로 강화다.

강화 명제에 반박하고자 촘스키는 독일의 철학자인 빌헬름 폰 훔볼트Wilhelm von Humboldt의 아이디어를 빌려왔다. 우리는 말할 때 한계가 있는 도구를 무한하게 사용한다. 여기서 한계가 있다는 것은 우리 생각이 제한되어 있고 우리가 학습할 수 있는 단어의 수나 문법이 제한되어 있다는 뜻이다. 무한하다는 것은 우리가 알고 있는 단어와 문법으로 여태 들어본 적이 없는 문장을 만들어내고 또 이해할 수 있다는 뜻이다. 예를 들어 "우울한 왕자는 홍백색 그리핀의 등에 올라타 산악 지대의 안개가 가득한 숲 위를 날았다"라는 생소한 문장을 마주하더라도 우리는 이 문장이 문법적으로 올바르다는 것을 단박에 알 수 있다.

우리가 사용하는 언어는 이렇게 창의적이고 생산적이다. 언어는 반복적이기 때문이다. 우리는 언어의 한 부분을 다른 상황에서 사용하거나 바꿀 수 있다. 예를 들어 '왕자'는 '우울한 왕자'가 될 수 있고, 다시 '우울하고 세상 모든 사람들의 존경을 받는 왕자' 혹은 '우울하고 세상 모든 사람들의 존경을 받지만 이해받은 적은 없는 왕자'가 될 수 있다. 말하자면 우리 머릿속에서 언어를 담당하는 부위는 마치 프로그램처럼 기나긴 문장을 만들고 가공한다. 촘스키의 혁신적인 아이디어는 모든 언어의 문법이 똑같은 구조를 기반으로 한다는 점을 보여준다. 바로 우리가 선천적으로 타고난 보편문법이다.

만약 보편문법이 없고 행동주의자들이 주장하는 자극 강화만을 받은 어린이는 부모와 친척들의 언어 데이터를 근거로 셀 수 없이 많은 문법 오류를 익혔을 것이라고 촘스키는 말했다. 하지만 현실은 그렇지 않다. 지능이나 주의력, 관심 등과 별개로 모든 어린이들이 초등학교에 들어갈 나이가 되면 이미 모국어의 본질적인 구조를 전부 파악하고 있다. 모든 아이들이 각기 다른 문장을 들으며 자라기 때문에 언어 데이터에 대한 접근이 지극히 개인적이라는 점을 생각하면 이는 더 놀랍다. 심지어 언어 데이터는 완전하지 않거나 오류투성이인 경우가 많다. 또 모든 사람들이 어린이의 문장을 논리정연하고 체계적으로 고쳐주는 것은 아니다. 즉 어린이들은 "비치 해가 다"라는 문장이 문법적으로 잘못되었다는 사실을 따로 배우지 않는다. 오히려 어린이들의 문법 오류를 보면 이들이 문법 규칙을 이해했다는 사실을 알 수 있다. 어린이가 "말을 타고 가다"라고 말하는 대신에 "말을 타다 가다"라고 말한다면 언어를 더 규칙적으로 사용한다는 뜻이다.

촘스키가 주장한 '자극의 빈곤'은 행동주의가 몰락하게 된 결정적인 논쟁이었다. 그의 주장은 질문으로도 바뀔 수 있다. 그토록 데이터가 적은데 우리는 어떻게 그렇게 많은 것을 알 수 있을까? 문법적인 지식이 습득 불가능한 것이라면 우리는 애초부터 그것을 갖추고 있어야 한다. 다시 말하면, 문법적 지식은 선천적인 것이다. 우리는 머릿속 언어중추를 심장이나 간과 같은 장기로 볼 수 있다. 언어중추는 다른 능력과 협력해 일하는 한편 독자적이고 자율적으로 기능한다. 촘스키의 동료이자 진화심리학자인 스티븐 핑커Steven Pinker는 언어본능Language instinct을 주장했다. 우리가 선천적으로 갖고 태어난 장기가 컴퓨터 프로그램처럼 작동한다는 아이디어를 심리학자들은 곧 다른 정신적 기능, 예를 들어 대상이나 얼굴을 인지하는 능력에 적용했다.

촘스키가 말한 '언어 장기'는 전반적인 언어능력이 아니라 정신적인 문법에 관한 것이었다. 문법적인 직감은 견고하고 믿음직스럽다. 우리는 수많은 문장을 접함과 동시에 그것이 통사론적으로 올바르게 구성되었는지 아닌지 곧장 알 수 있다. 그 이유는 정확히 말할 수 없을지라도. 정신적 문법의 자율성을 언급하자면 우선 이것이 언어를 이해하는 나머지 부위와는 독립적으로 작동한다는 점을 알아야 한다. 두 가지 예시가 있다. 동유럽 출신 지인의 자동응답기에서 다음과 같은 말이 흘러나왔다.

"자동응답기입니다. 이것은 녹음된 음성, 메시지는 삐 소리 후에."

문법적으로 올바르지 않지만 우리는 이 문장을 아주 잘 이해할 수 있다. 반대의 경우도 마찬가지다. "치즈를 훔친 쥐를 잡아먹은 고양이를 쫓아낸 개가 자고 있다"는 문장은 문법적으로 올바르지만 이해하는 데 다소 시간이 걸린다.

선천성 명제의 근거는 더 있다. 우선 언어능력은 보편적이라는 것이다. 아무런 장애가 없는 사람은 적어도 하나의 언어를 말할 수 있다. 둘째로 헬렌 켈러의 예시에서 알 수 있듯이 언어 학습은 인식 방법과 관련이 없다. 셋째로 어린아이들은 한 가지 언어를 별다른 어려움 없이 배울 수 있다. 아이들은 연습하지 않고도 새로운 단어와 문장의 구조를 마치 스펀지처럼 흡수한다.

넷째로 질병이나 뇌 상해, 발달장애 등은 지능이나 문법과는 관련이 없다. 이 세상에는 아직도 카스파르 하우저Kaspar Hauser[9]와 같은 아이들이 있다. 이 아이들은 언어 입력과 접촉할 수 없는 곳에서 자란다. 언어가 차단된 채 자란 어린이의 안타까운 예시로는 미국의 지니Genie가 있다. 지니는 태어난 직후부터 부모에 의해 방에 갇혀 자랐다. 열세 살에 자유로워진 지니는 마치 개처럼 짖는 소리를 내는 아이였다. 이렇게 끔찍한 취급과 상상도 할 수 없는 학대를 받고 자랐음에도 지니는 기본적인 지능을 갖추고 있었다. 치료 과정에서 지니는 빠른 속도로 영어 단어를 배웠고 복잡한 장난감 블록을 조립할 수 있었다. 하지만 지니가 말하는 문장은 문법을 무시한 단어의 나열일 뿐이었다. 또래 아이들이 그 나이대에 아무런 어려움 없이 배울 수 있는 통사론을 지니는 절대 습득할 수 없었다. 뇌의 구조 내에서 정신적 문법을 완성할 수 있는 시기가 따로 있는 셈이다.

아주 드물지만 윌리엄스 증후군Williams syndrome[10]이 있는 사람들은 이와 정확히 반대다. 이들은 기본적인 지능을 갖추지 못했기 때문에 사는 동안 타인의 도움이 꼭 필요하다. 하지만 이들은 대부분 어릴 때부터 사람들과 사귀기를 좋아하고 음악적인 재능이 있으며 일상생활에서 흔히 쓰지 않는 단어를 좋아한다. 나중에는 언어 표현력이 발달해 시적인 문장을 구사한다. 이 예시 또한 문법이 지능과는 상관없다는 주장을 뒷받침한다. 즉 보편적인 학습지능이 언어 습득에 관여하는 것은 아니다.


물론 촘스키의 이론 또한 반박당했다. 유명한 촘스키 비평가 중한 명은 미국의 인류학자이자 영장류학자이며 막스 플랑크 연구소에서 진화인류학을 연구한 마이클 토마셀로Michael Tomasello다. 토마셀로는 촘스키와 마찬가지로 행동주의를 거부했지만, 독자적인 언어 장기가 존재한다는 주장에는 의문을 제기했다. 토마셀로는 인간이 협력할 수 있는 능력을 갖췄기 때문에 동물보다 언어능력이 훨씬 뛰어나다고 믿었다. 그는 보편문법 대신 보편적인 사고 구조, 특히 선천적인 모방원리를 주장했다.

어린아이들은 아주 어린 나이부터 행동반경 밖의 물체에 다가갈 수 있고, 다른 사람들에게 무언가를 보여줄 수 있다. 원숭이들은 서로 쫓기 놀이를 하고 먹이를 같이 먹고 의사소통을 하고 서로의 행동에 영향을 미친다. 하지만 손을 이용해 먹이가 있는 곳을 가리키거나 다른 원숭이들이 먹이 쪽으로 주의를 돌리도록 만들지는 않는다. 또한 원숭이들은 어떤 물체를 다른 원숭이들이 볼 수 있도록 높이 들어 올리지 않는다. 간략하게 말하자면 사람과는 달리 원숭이들은 동료들에게 무언가를 알려주겠다는 목표를 갖고 의사소통하지 않는다. 비전문가들의 눈에는 동물 다큐멘터리의 내용이 마치 동물들이 협력하는 것처럼 보이겠지만 말이다.

토마셀로는 또한 언어 습득이 오직 협력이라는 맥락 안에서만, 즉 우리가 행동의 의도와 관심을 서로 조율하고 나눌 때만 기능할 수 있다고 주장했다. 그는 이에 따라 인간의 언어능력이 발생하는 데 결정적인 역할을 한 것은 목소리가 아니라 몸짓이라고 말했다. 어법을 포함해 인간의 모든 규범은 목표지향적인 일반화를 통한 협력에서 탄생한다.

인간의 협력을 이해하는 데 매우 중요했던 토마셀로의 연구는 곧 촘스키의 선천적인 언어 장기 이론에 가로막혔는데, 그 이유는 토마셀로의 이론으로는 문법이 반복적인 이유와 그로 인해 생산적인 이유, 그리고 무엇보다도 특정한 문장 구성이 불가능한 이유를 설명할 수 없었기 때문이다. 한 가지 예시가 있다. 독일어에서는 강조하고자 하는 부분을 문장의 앞으로 가져온다. "그는 네 아버지다"라는 말은 그가 아닌 다른 사람은 너의 아버지가 아니라는 뜻이다. "너의 아버지는 그다"라는 말은 네가 아닌 다른 사람의 아버지는 그가 아니라는 뜻이다. 한편 〈스타워즈〉에서 제다이 그랜드 마스터 요다가 한 말인 "너의 아버지다 그는Your father he is"은 엄밀하게 말하면 문법이 잘못되었지만, 이런 현상은 촘스키의 문법이론으로 설명된다. 토마셀로와 그의 동료들의 이론은 원칙적으로 마스터 요다의 말을 설명할 수 없는데, 그들의 이론에 따르면 정신적 문법은 독립적으로 존재하지 않기 때문이다.

이를 토대로 보자면 최소한 문법은, 그리고 우리의 언어능력의 더 많은 부분은 선천적이다. 마스터 요다라면 이렇게 말할 것이다.

"우리는 똑똑하다 선천적으로 부여받은 언어 덕분에."

## 언어치료로서의 철학

언어학자들과 철학자들은 수학적인 도구를 활용해 언어를 탐구했다. 철학은 오늘날까지도 언어이론의 근본 연구를 규정하고 있다. 한편 언어는 철학적 연구에서 매우 중요한 역할을 한다. 언어는 대상일 뿐만 아니라 동시에 연구 매개물이기 때문이다.

비트겐슈타인은 영향력이 대단한 언어철학자였을 뿐만 아니라 오랜 시간 동안 근본적인 질문을 고찰한 사람이기도 했다. 바로 "철학적인 문제란 과연 무엇일까?"라는 질문이다. 그는 자신의 후기 작품에서 철학은 무엇보다도 일상생활 언어를 철저히 조사하는 데서부터 시작되어야 한다고 주장했다.

이 새로운 충격은 '언어론적 회전Linguistic turn'[11]이라고 불린다. 하지만 이 또한 진정한 전환점은 아니었는데, 훌륭한 철학자들은 이미 일상생활에서 흔히 쓰이는 개념을 탐구하느라 바빴기 때문이다. 이런 개념은 현대적인 해석에 따르면 생각의 범주라고 할 수 있다. 철학자들은 개념과 단어를 구분한다. 예를 들어 '배고프다'라는 말의 반대는 '배부르다'지만, '목마르다'라는 말의 반대는 없다. 그럼에도 우리는 그 개념이 무엇인지 안다. '목마르다'의 반대는 더 이상 목이 마르지 않다는 것이다. 개념에 대해 논의하려면 단어가 필요하고, 그렇기 때문에 철학은 언제나 언어를 바라보고 있었다. 그럼에도 우리가 사용하는 단어가 명확한 생각을 가로막고 우리를 잘못된 길로 인도할 수도 있다는 비트겐슈타인의 통찰력은 새로운 것이었다.

전통적으로 철학자들은 개념이 곧 정의Definition라고 생각했다. 사전과 마찬가지로 우리의 기억 속에 '총각'이라는 단어가 '결혼하지 않은 젊은 남자'로 저장되어 있다고 본 것이다. 이에 따라 철학의 과제는 이런 정의를 분류 및 해석하는 것이었다. 예를 들어 '공평함'을 '균형'으로 분석하거나 '지식'을 '타당하고 정당한 논증'이라고 분석하는 식이다. 그러나 철학적, 심리학적 연구에 따르면 정의로서 우리의 기억 속에 정확히 남아 있는 개념은 얼마 되지 않는다. 그래서 철학 분야의 새로운 과제는 개념의 내면 구조를 탐구하고 서로 연관이 있는 개념, 예를 들어 '시간', '변화', '원인' 등을 관련짓는 것이다.

비트겐슈타인은 개념 분석 외에도 철학의 두 번째 과제, 즉 치료를 강조했다. 그의 은유에 따르면 나쁜 철학은 질병과 같아서 일상 언어의 재수용을 통해 치료해야 한다.

특히 광범위한 명사인 '나'나 '차이'와 같은 단어는 마치 바이러스처럼 수많은 철학자들의 사고 과정을 방해한다. 한 가지 예시가 있다. 마르틴 하이데거Martin Heidegger에 따르면 철학은 '존재의 의미'를 물어야 하는데, 이때 '존재Sein'라는 것은 우리가 묘사하거나 분류할 수 있는 그 어떤 것도 아니다. 우리 주변에는 존재자Seiendes(존재하는 것), 그러니까 박테리아, 자동차 같은 사물이나 크리스마스 축제 같은 사건만 존재한다. 하이데거는 표현 불가능성을 매우 진지하게 고찰했고, 세미나에 참여한 학생들이 도대체 '존재'란 정확히 무슨 뜻인지 물어보면 강의실 밖으로 내쫓았다. 이 질문은 결정적인 것이었다. 독일어에서 'sein'[12] 은 조동사로서 세 가지 기능을 한다. 우선 "잔디는 녹색이다Das Gras ist grün"라는 문장에서처럼 명사와 형용사를 연결한다. 그리고 "정원사는 살인자다Der Gärtner ist der Mörder"라는 문장에서처럼 정체성을 밝히고, "할아버지는 더 이상 안 계신다Großvater ist nicht mehr"라는 문장에서처럼 실존적 존재를 밝힌다. 특히 이 마지막 문장에서 사용된 것과 같은 동사 형태를 보고 하이데거는 자신의 철학을 전개했다.

하이데거는 다음과 같은 문장을 구성했다.

"장소란 언제나 어떤 물체가 속해 있는 '그곳Dort' 혹은 '거기Da' 다."

'모든 것에는 저마다 자리가 있다'는 말을 고차원적으로 표현한 것이지만 내용은 똑같다. 그는 후기 작품에서 더욱 창의적인 모습을 보였다. 그는 통찰이 번쩍임이 되고 사건이 눈앞에서 벌어져 목격되는 것이 된다고 말했다. 기술의 위협에 대해서는 몰아세움 Gestell[13]이 위험으로서 존재하게 된다고 말했다. 이것은 하이데거에게 친숙하지 않은 유머나 아이러니와 같은 언어유희가 아니다. 비트겐슈타인은 이 견해에 덧붙여 이야기를 꾸며내는 유희에서는 나쁜 철학만이 탄생한다고 말했다. 하이데거를 겨냥하지 않았더라도, 비트겐슈타인의 생각은 다음과 같았다.

"언어가 '휴가를 떠나면' 철학적 문제들이 발생한다."[14]


다른 철학적 흐름 또한 공허한 전문용어에 면역이 없었다. 오스트리아의 철학자 칼 포퍼Karl Popper는 특히 사회적, 정치적 주제에 주목하던 프랑크푸르트학파[15]의 의견을 분석하고 알기 쉬운 독일어로 옮겨 적었다. 예를 들어 테오도르 아도르노Theodor Wiesengrund Adorno가 말한 "사회적 총체성은 그것이 생겨난 것들이 집약된 것과 독립적으로 존재하지 않는다"라는 말을 "사회는 사회적인 관계에서 생겨난다"라고 옮긴 식이다. 또 위르겐 하버마스Jürgen Habermas의 명제인 "특정한 대상 범위에서 진정한 다양성이 갖춰졌다면 유용하다는 증거가 제시된다"라는 말은 "응용 가능하다면 특정한 분야에서 사용 가능하다"라고 옮겼다.

내가 직접 경험한 바에 따르면 특히 젊은 학생들에게는 이런 낯선 단어 선택으로 인한 강력한 유인 효과가 발생할 수 있다. 엘리트들만의 은어에 통달하거나 이미 알고 있던 내용, 통속적인 내용에서부터 작은 '아하 모멘트Aha momemt'[16]를 다시 발견하기란, 이해할 수 없으며 일부분은 불합리하기까지 한 잉여 속에 깊은 지식이 잠들어 있다는 확고한 기대와 연결된다.

이런 유인에 저항하기까지는 다소 시간이 걸린다. 때로는 부자연스러운 표현 방식이 마치 가짜 틀니처럼 제대로 맞물리지 않는다는 사실을 눈치챌 때까지 시간이 걸리기도 한다. 이때 비트겐슈타인과 포퍼가 몇몇 철학의 거인들의 실체를 폭로하고 그들의 정체가 사실은 가짜 거인[17]이라고 밝히는 데 도움을 줄 것이다. 우리는 가짜 거인들의 위협적인 글의 마수에서 벗어나면 된다.

언어의 마법은 다른 지점에 있다. 우리가 기억하는 단어, 의미, 그리고 문법의 수에는 한계가 있지만 우리는 그것들로 무한한 말을 하고 또 이해할 수 있다는 점이다. 우리의 언어능력은 선천적이며 우리를 동물과 구분한다. 우리는 의사소통할 때 소유한 모든 능력을 사용한다. 언어능력은 물론이고 다른 사람이나 이 세상에 대해 알고 있는 모든 지식을 동원한다. 이런 능력은 우리가 소소한 일에서부터 재미를 느끼도록 만든다. 바로 언어로 게임을 하는 것이다.

## 3장

# 믿다

## 뇌 속의 신

나는 열세 살 때 깨달음을 얻었다. 그때 나는 여느 때처럼 하굣길을 걷다가 뜬금없이 나무에서 떨어진 가을 나뭇잎들이 절대 밟아서는 안 되는 지뢰라는 상상을 했다. 길을 지그재그로 가로지르고 있자니 내 영혼 또한 유랑하기 시작했다. 당시에 나는 신이 모든 사람들의 생각을 들을 수 있다고 믿었다. 그래서 신에게 들리지 않게 소리 없이 생각을 읊조리곤 했다. 어느 순간부터 소리를 내지 않고 생각하면 신에게 들키지 않으리라고 기대한 것이다. 그러다가 생각의 공간 깊숙한 곳에서 소리 없이 말하는 방법을 개발했다. 예를 들어 영화 속 스파이들이 비밀스러운 대화를 도청당하지 않으려고 음악을 크게 켜듯이, 생각의 공간 밖에서는 시를 암송하면서 그 안에서는 아무런 방해도 받지 않으면서 나의 진짜 생각을 이어가는 방법이었다. 그러나 나는 곧 이런 모든 속임수가 헛수고라는 것을 깨달았다. 신이 전능하다면 내 머릿속의 배경 소음에 가려진 진짜 생각 또한 읽어낼 수 있을 터였다. 그때 갑자기 다른 생각이 떠올랐다. 도대체 왜 누군가가 내 생각을 들을 것이라고 생각하며 살아야 하지? 이에 대한 답은 없었다. 그렇게 나는 무신론자가 되었다.

어쩌면 내가 무신론자가 된 데에는 종교적이지 않은 가정에서 자란 배경이 도움이 되었는지도 모른다. 대부분의 종교인들이 자신의 부모가 믿는 종교를 그대로 믿기 때문이다. 한 번도 기도를 한 적이 없다거나 일요일에 교회에 가지 않는다는 이유만으로 이웃들에게 의아하다는 시선을 받지 않으면 믿음 없이 지내기 쉽다. 물론 저 위에 있는 누군가가 내 생각을 듣고 있으리라는 생각을 의심하는 것만이 성숙한 무신론의 전부는 아니다. 그러나 "내가 왜 누군가가 내 생각을 듣는다는 가정을 해야 하지?"라는 의문은 무신론적인 회의의 근본 동기다. 사실 이 의문은 훨씬 더 복잡하다. 왜 그토록 많은 사람들이 어떤 숭고한 존재 혹은 힘을 믿는 걸까? 이는 오래전의 대가들도 설명하지 못한 문제다. 무엇보다도 가장 중요한 의문은, 신이란 도대체 누구냐는 것이다.

## 신과 신들

오직 한 명의 신을 믿는 일신론은 최소한 세 가지로 분류된다. 우선 유신론에 따르면 신은 세상을 창조했고 세상이 돌아가는 데 관여한다. 이신론에 따르면 신은 세상을 창조하기는 했으나 세상이 돌아가는 데는 관여하지 않는다. 범신론에 따르면 신은 세상을 창조했거나 그렇지 않을 수도 있지만 어쨌든 온 우주에 존재한다.

신앙이 있는 대부분의 사람들은 좁은 의미의 유신론자다. 자신의 기도가 때때로 통할 것이라고 믿든 혹은 기도가 통한다면 기적이라고 믿든 이들은 암묵적으로 신이 인간 및 우주와 상호작용한다고 받아들인다. 즉 신이 우리를 엿보고, 우리에게 개입하고, 자신이 선택한 이들에게 말을 건다는 것이다. 유신론자들이 논의하는 의문은 다음과 같다. 신은 왜 가끔씩만 우리에게 개입할까? 신은 왜 어떤 이들의 기도는 들어주고 다른 이들의 기도는 들어주지 않을까?

무엇보다도 중요한 의문은, 신이 왜 애초에 세상을 완벽하게 창조하지 않고 계속해서 조정해야 하느냐는 것이다. 이신론자들은 이 의문을 유신론자들에 대한 항변이라고 여긴다. 이를 시계로 비유해 보면 더 명확하게 알 수 있다. 고대 사람들은 세상만사의 조화, 특히 별자리에 푹 빠져 있었다. 고대 그리스어 '코스모스Kosmos'는 질서, 장식품, 우주라는 뜻이다. 컴퓨터가 발명되기 전까지는 시계가 아주 오랜 시간 정교하고 경이로운 기술로 여겨졌다. 시계는 질서인 동시에 장식품이었다. 사람들은 온 세상을 마치 거대한 시계처럼 보았다. 이신론자인 고트프리트 라이프니츠Gottfried Wilhelm von Leibniz 또한 이런 시각에서 뉴턴Isaac Newton의 유신론자적인 태도를 비판했다. 라이프니츠는 우주를 조정하거나 새로 바꿀 필요가 없는 아주 정밀한 스위스 시계와 같다고 보았다. 그런 의미에서 라이프니츠는 뉴턴에게 신이 그렇게 전능하다면 왜 건전지로 작동하면서 방수조차 되지 않는 수정시계나 마찬가지인 세상밖에 창조하지 못했는지 물었다.


물론 이신론에도 문제는 있었다. 기도도 들어주지 않고, 기적도 행하지 않는다면 신이 하는 일은 무엇인가? 신앙이 있는 많은 사람들에게 라이프니츠나 볼테르Voltaire, 레싱Gotthold Ephraim Lessing의

이신론은 충분하지 않았다. 신이 직접 나타나지 않는다면 기도는 그저 사적인 명상일 뿐이기 때문이다. 이신론은 유대인들이든 기독교인들이든 이슬람교도들이든 대다수 신앙인들의 경험 및 생각과는 일치하지 않는 신학의 싸구려 버전이다.

범신론은 얼핏 들기에는 매우 거창한 대안으로 들린다. 신이 모든 것이거나 모든 곳에 있는 존재라니. 하지만 조금 더 자세히 들여다보면, 그것이 도대체 어떤 위치인지 의문이 생긴다. 모든 것에 대해 이야기할 때 우리는 삼라만상, 세상, 우주라고 말한다. 우주와 신이 동일하다고 말하는 사람이 있다면, 언어 개혁Language reform을 원하는 것인지 묻고 싶다. '우주'라는 단어를 '신'이라는 단어로 대체하기를 원한다는 말인가? 그렇다고 하더라도, 스스로가 전지전능하다는 생각은 갸륵한 이야기다. 인간은 이 세상의 한 부분이므로 신앙이 있는 사람들이 스스로를 신격화하는 것은 이상한 일이다. 범신론자들은 때때로 다른 방향으로 나아간다. 신이 우주의 질서 원칙이자 근본적인 힘이라고 주장하는 것이다. 하지만 이것은 신을 믿는 것과는 별로 관련이 없는 주장이다. 종교인들이 중력 법칙이나 원소의 주기율표에 대고 기도하지는 않기 때문이다. 범신론은 말하자면 우주의 끝없는 광활함에 대한 경외심이자 현혹이지 진정한 믿음은 아니다.

또한 모든 종교가 실질적으로는 똑같은 신을 각기 다른 방식으로 섬긴다고 말할 수 있다. 어쩌면 인간이 보편적으로 모닥불을 보고 낭만적이라고 여기듯이, 모든 종교에도 보편성이 있다. 다만 브라만은 보단이 아니고, 제우스는 알라가 아니고, 야훼는 마니투[1]가 아니다. 또 아브라함파 종교와 아무리 가까운 종파라고 할지라도 신도들이 신과 자신을 동일시하지 않는다. 기독교인들은 신이 당신의 아들을 지상으로 보내 우리의 죄 대신 죽게 했다고 믿는다. 그러나 이슬람교도들에게 있어 예수는 수많은 예언자들 중 하나일 뿐이고, 유대인들에게 있어서는 예언자도 신의 아들도 아니다. 신에게 아들이 하나 있는 동시에 한 명도 없을 수는 없다. 그러니 신의 지위에 대한 종교인들의 시각 중 적어도 하나는 틀린 것이다. 그렇다고 나머지 다른 것이 진실이라는 뜻은 아니다. 서로 모순되는 두 가지 지위가 동시에 진실일 수 없다고 해서 동시에 거짓일 수도 없다.

일신론자들은 신을 두 가지로 분류한다. 하나는 초인超人, 다른 하나는 추상적이고 설명할 수 없는 존재다. 화를 내고 귀 기울여 듣고 용서하기도 하는 인격적인 신은 인간이라는 견본을 무궁한 존재로 확장한 것이다. 그는 무한한 감각기관, 무한한 지식, 무한한 힘을 갖고 있다. 다만 한 가지 문제가 있다. 이 세상의 일부분도 아닌 존재가 어떻게 세상에 자신의 의지를 떠맡길 수 있을까? 우리 인간들의 행동과 인식은 이 세상에서 벌어지는 인과적인 과정의 기초가 된다. 우리가 무언가를 보면 광선이 망막에 부딪친다. 그러나 신은 이 세상의 존재가 아니다. 신에게는 거대한 망막이 필요할까? 아니면 필요 없을까? 이쯤에서 신에 대한 첫 번째 생각이 두 번째 생각으로 은근히 바뀐다. 즉 신은 추상적인 존재이자 권능이자 광대한 정신이라는 것이다. 다만 여기에도 문제는 있다. 기하학적인 형태와 같이 추상적인 개념들은 공간과 시간 안에 깔려 있지 않기 때문에 실체적인 세상에 아무것도 일으킬 수 없다. 그러니 신이 어떻게 추상적인 존재이면서 동시에 우리가 사는 구체적인 세상에 영향력을 행사할 수 있다는 말인가?

《구약성서》의 신을 그의 지극히 인간적인 복수심과 허영심을 고려하지 않고 생각한다면 이 의문은 초미의 관심사로 남는다. 수많은 현대 기독교인들의 해석에 따르면《신약성서》의 신은 전지전능하고 모든 것을 알고 있으며 모든 이들에게 자비롭다. 이런 세 가지 특성에도 불구하고 변신론이라는 문제가 발생한다. 즉 이 세상에 존재하는 악을 고려해 신을 정당화하는 것이다. 만약 신이 아무런 제한 없이 선한 일을 하고자 하고 또 할 수 있다면, 그리고 그것이 어떻게 이루어질지 알고 있다면 이 세상에는 아무런 해악이 발생하지 않아야 한다. 어쩌면 인간이 자유롭게 창조되었기 때문에 자신에게 일어나는 불행에 스스로 책임을 져야 하는지도 모른다. 하지만 이런 고찰은 자연재해나 아무런 죄가 없는 어린아이의 죽음에는 적용하기 어렵다. 몇몇 신학자들이 인간을 자유로운 존재라고 생각할지라도, 그렇다면 신은 왜 인간에게 모든 재해를 미리 내다보고 선의에서 우러난 정직하고 성실한 행동만을 하도록 충분한 이성을 부여하지 않았을까? 이쯤 되면 신이 전혀 전지전능하지 않다고 생각하는 것이 자연스럽다. 신학자들이 변신론 문제에서 도출된 이와 같은 해답을 제안하는 경우는 매우 드물다. 이미 중세 철학자들이 전능이라는 개념이 모순적이라고 짐작했음에도 말이다. 과연 신은 스스로 들어 올릴 수 없을 정도로 무거운 돌도 창조할 수 있을까? 우리가 이 질문에 '예'라고 답하든 '아니오'라고 답하든 상관없이 이 질문은 하늘의 절대적 권력을 뒤흔들었다.

수많은 유일신 종교에서 신은 여러 측면이 조화된 존재다. 신은 이 세상의 창조자이자 도덕적 권위자이자 광대하고 인간으로서는 이해할 수 없는 정신이자 인간의 삶에 의미를 주는 존재이자 현명한 아버지로서 아무도 들어주지 않는 우리의 말을 귀 기울여 들어주는 존재다. 종교인이 되려면 이런 존재가 필요한 걸까? 신을 자세히 들여다보기 전에 우리는 과연 종교를 갖는다는 것이 무슨 뜻인지 먼저 탐구해야 한다.


## 영성과 이 세상에 대한 설명


다음과 같은 요소들이 한데 모여 있는 세계관은 종교라고 할 수 있다. 그 요소란 초감각적인 힘이나 신처럼 초월적인 존재, 영혼이나 악마, 영적인 느낌, 신화, 성스러운 건축물이나 물체, 도덕규범, 영적인 지배자에 대한 믿음, 의식주의적인 삶의 방식 등이다. 유대교와 기독교, 이슬람교는 이 모든 요소들을 갖추고 있는, 이른바 전형적인 종교들이다. 하지만 이에 해당하는 특징이 없는 체계 또한 많은 이들에게 종교로 여겨진다. 예를 들어 불교에는 초월적인 존재가 없고 그 대신 몇몇 사조가 달라이 라마라는 신성한 지도자를 모신다. 일본의 신도는 정신적인 지도자 대신 신을 모신 사당에서 보내는 영적인 순간을 중요시한다. 신도는 창조신이 존재하지 않으며 신성이 수없이 다양한 방식으로, 예를 들어 동물이나 인간 등 모

든 것에 깃들어 드러날 수 있다고 본다. 영국의 퀘이커교인들에게
는 신성한 물건이나 종교 의식, 예배 등이 매우 낯설다. 퀘이커교인
들은 성경조차 진지하게 받아들이지 않는다. 이들에게는 영적인 경
험이 무엇보다 중요하다.

종교론의 큰 틀에서 보면 종교의 중심적인 특징이 신을 믿는 것
이기 때문에 일부 사람들은 예를 들어 불교는 종교가 아니라고 생
각한다. 물론 이는 어디까지나 서양인들의 시각에서 생각한 것이다.
서양인들은 하나의 전지전능한 존재에 대한 믿음이 종교의 전형적
인 특징이라고 여기는 문화권에서 자랐다. 그러나 그것이 종교의
표준일 필요는 없다. 미국의 스콧 애트런Scott Atran이나 프랑스의 파
스칼 보이어Pascal Boyer와 같은 진화인류학자들은 이 세상의 대부
분의 종교가 추상적인 창조신을 섬기지 않으며 오히려 장소에 국한
된 영혼이나 마녀, 죽은 조상들을 믿고 그들과 의사소통하고 그들
의 구체적인 행위를 기록해두었다고 증명했다.

믿음의 체계가 문화와 동떨어질수록 우리는 종교 대신 미신이나
신화를 이야기하는 경향이 있다. 성경에 나오는 날개가 여섯 개 달
린 천사 세라핌은 스핑크스나 힌두교의 기묘한 코끼리 머리를 한
신 가네샤처럼 인간과 동물이 합쳐진 상상의 존재 못지않게 신화를
필요로 한다. 그래서 많은 사람들은 용어로 논쟁을 해결했다. 종교
를 신이 있는 것과 없는 것으로 구분한 것이다.


종교를 이해할 때는 무엇보다도 영적인 기본 감정과 세계를 이르
는 설명을 구분하는 것이 중요하다. 영성, 영적인 혹은 신비로운 감

정이란 위대한 힘이나 하늘에서부터 내려오는 원칙이 존재한다는 확신에서 나온 말이 아니라 언어나 개념적으로 서술할 수 없는 예감이나 추측을 뒤늦게 단어로 만들어낸 결과물이므로 "그뿐만이 아니라 모든 것이 의미 있는 것이며 이것은 고차원적인 질서를 지배하는 것이고 나 스스로가 편안해지는 것이다"라고 정리할 수 있다. 우리가 영적인 체험이라고 생각하는 다른 경험도 있다. 칸트는 많은 사람들이 별이 가득한 밤하늘을 올려다보고 깊은 경외심을 느낀다고 말했다. 또 많은 사람들이 대양감Oceanic feeling을 느끼는데, 이것은 자신의 신체와 이 세상의 나머지 사이에 어떤 경계도 없이 모든 것이 하나로 융합되는 기분을 일컫는다.

사회학자 막스 베버Max Weber는 어떤 편지에 다음과 같은 글을 썼다.

"나는 종교적 음치[2]이고 나의 내면에 종교적인 품성을 갖춘 정신적 '건축물'을 세우고자 하는 영적인 욕구나 능력도 없다."

이 문장은 종교에 대한 전반적인 설명 모델처럼 들린다. 종교적 음악성과 비슷하게 영적 감수성, 즉 영적인 감정을 받아들이는 경향을 이야기할 수 있다. 영적인 사람들은 그들의 감정에 부합하는 종교적인 설명 모델을 받아들이는 경향이 강하다. 여기서 종교적인 설명 모델이란 이 세상을 종교적으로 해석하고 설명하는 것을 말한다. 이것이 영적이지 않은, 즉 종교적이지 않은 사람들에게는 전혀 논리적으로 들리지 않더라도, 영적인 사람들에게는 박자가 정확하게 맞는 멜로디처럼 들리는 셈이다.

영성은 모든 종교의 핵심 요소다. 이 세상에 대한 설명 모델과 도덕 체계는 영성과는 무관하다. 영적인 감정은 그때그때의 믿음 체계와 하나가 된다. 그래서 영적이지 않은 사람들이 종교 문화를 불쾌해하듯이 영적인 사람들은 현대 자연과학 사회를 불쾌해한다. 어떤 이들이 종교적 설득력을 의심할 때, 다른 이들은 자연과학적인 세계상에서 자신들의 특별한 감정이 어울릴 만한 빈틈을 찾아내기를 원한다.

## 뇌 속의 영성

영적인 혹은 신비로운 경험의 토대를 찾고자 과학자들은 최근 수십 년 동안 뇌피의 나선형 융기 연구에 더 깊이 파고들었다. 미국의 신경과학자 마이클 퍼싱어Michael Persinger는 한 환자가 위대한 존재를 느꼈다고 보고했다. 성공한 학자였던 이 환자는 어느 깊은 밤, 자신의 자궁을 자극하는 어떤 존재를 계속해서 느꼈다. 때로는 자신의 왼쪽 어깨 윗부분으로 아기의 윤곽을 느끼기도 했다. 이 환자는 자신이 운명에 따라 선택되었다고 확신했다. 그 어떤 정신과 의사도 그녀를 도울 수 없었다. 퍼싱어와 동료들은 이 사건에서 영혼이니 신이니 하는 존재가 아니라 단순하게도 침실용 탁상시계가 문제였다는 사실을 밝혀냈다. 이 전자시계에서 나온 약한 자기장이 환자의 뇌의 멜라토닌 분비를 억제하고 뇌전증(간질)성 발작을 일으킨 것이다. 이 발작이 환자가 겪은 기괴한 신체적 환각의 토대였다.

뇌전증성 발작은 뉴런 다발에서 동기화된 전기 방전에 의해 발생하며 아무런 제지도 받지 않고 빠르게 퍼진다. 그러나 모든 뇌전증 환자가 환각을 경험하는 것은 아니다. 방전의 진원지가 측두엽에 있는 환자들은 다른 환자들보다 영적인 혹은 신비로운 경험을 더 자주 겪는다. 뇌전증이 없는 건강한 사람이라고 할지라도 평균 이상으로 측두엽이 민감하다면 자기장의 변화에 따라 끔찍한 경험을 할 수도 있다. 퍼싱어는 한 젊은 커플의 사례를 보고했다. 이 커플은 함께 쓰는 침실에서 밤마다 낯선 사람의 숨소리를 들었고, 결국 침대의 위치를 옮기기로 결정했다. 퍼싱어와 동료 연구진이 찾아낸 바에 따르면 이 집의 전선은 제대로 매립되지 않아서 복잡하게 겹친 자기장이 만들어졌다. 전선을 제대로 매립하고 나자 폴터가이스트Poltergeist 현상[3]도 사라졌다. 많은 관객들이 호러 영화 주인공들을 위해 바라는 해피엔딩이었다.

자기장과 뇌전증의 연관성은 이미 수십 년 전부터 알려졌다. 지구자기장은 매일 요동친다. 만약 지구자기장이 특정한 중간 범위 내에 머물면 뇌전증 발작이 명백하게 증가한다. 그래서 퍼싱어는 자기장을 연구실 환경에서 인공적으로 만들어내기로 결정했다. 그는 '하나님 헬멧God helmet(신 헬멧)'이라는 장치를 개발했다. 노란색 오토바이 헬멧에 전압을 가해 약한 자기장을 만들어낸 것이다. 퍼싱어는 수백 명의 실험 참가자들을 자신의 연구실 내에 설치된 '영적인 길'로 보냈다. 몇몇 사람들은 악마가 나타났다고 보고했고, 또 몇몇 사람들은 조상의 영혼을, 외계 생명체를, 그리고 신을 느꼈다. 유명인들 중에도 이 헬멧을 써본 사람들이 있다. 과학이론가인 마이클 셔머Michael Shermer는 점점 싹트는 신비로운 감정을 가까스로

억누를 수 있었던 방법을 보고했다. 영국의 진화생물학자이자 열정적인 무신론자인 리처드 도킨스Richard Dawkins에게는 헬멧이 아무런 효과가 없었다. 퍼싱어는 도킨스의 경우 측두엽의 민감도가 낮다고 설명했다.

인도의 신경과학자 라마찬드란Vilayanur S. Ramachandran는 측두엽이 민감한 사람들이 그렇지 않은 사람들에 비해 종교적인 자극은 물론 성적인 자극이나 신호에 훨씬 강력하게 반응한다고 말했다. 측두엽이 그다지 민감하지 않은 대조군은 그 반대였다. 연구진이 가르멜 수도회[4] 수녀들을 대상으로 실험한 결과, 수녀들은 명상을 할 때도 측두엽 부위의 활동이 증가했다.

이 연구 결과에 따라 신이 측두엽에 깃들어 있다는 결론을 내릴 수는 없다. 그보다는 다양한 형태의 영성 중 하나가 측두엽에 존재할 가능성이 훨씬 높다. 실험 참가자들은 낯선 존재를 느끼고 그것을 신이라고 생각했으며, 이 경험을 자동으로 자신의 세계상에 끼워 맞췄다. 이때 세계상에 대한 적응이 순조롭게 이루어지는지 여부는 문화적인 특징에 따라 다르다. 독실한 남부 이탈리아인이라면 기도할 때 겪은 경험이 성모마리아를 가까이 느낀 것이라고 말할 테고, 예멘에 사는 수피교도[5]라면 내면화 과정에서 알라의 현존이라고 묘사할 무언가를 느낄 것이다. 악마나 외계인 같은 존재는 할리우드의 영향을 받은 것이 틀림없다. 하나님 헬멧은 이른바 영성강화 기계다. 다만 퍼싱어가 내놓은 결과에 대해서는 아직도 의견이 분분하다. 스웨덴의 한 연구진은 실험 과정을 동일하게 반복하지 못했고 이에 따라 원래 실험에서 플라세보Placebo 효과[6]가 나타난 것이라고 추정했다. 어쨌든 플라세보 효과도 효과는 효과다. 한편 많은 실험 참가자들이 실험 내내 엄청난 공포를 느꼈다. 몇몇 사람들은 생생한 악마의 등장을 경험하고는 깜짝 놀라 자리에서 이탈하기도 했다. 플라세보 효과를 주장하는 사람들이나 하나님 헬멧을 비판하는 사람들은 그렇다면 오로지 상상력만으로 이런 체험이 발생했다고 주장하는 것일 테다. 생각이 이끌어낸 결과든 자기장이 이끌어낸 결과든, 아무튼 효과는 놀라웠다.

어쩌면 사람들은 완전히 다른 체험을 자신의 종교적인 세계를 설명하는 버팀목으로 받아들이는 경향이 있는지도 모른다. 퍼싱어는 영적인 경험의 한 가지 측면만을 묘사했는데, 그것은 바로 숭고한 존재의 위압적인 '현존'이었다. 그러나 수많은 신비주의자와 불교 승려들은 오히려 위대한 힘과 편안하고 안정적인 '합일'을 이루거나 자신의 신체적 한계를 '해체'하는 것을 느꼈다. 미국의 신경과학자 앤드류 뉴버그Andrew Newberg는 다른 접근법을 시도했다. 그는 이미지 기법을 활용해 불교 승려들이 명상을 할 때 뇌의 다른 부위, 즉 두정엽(마루엽)의 활동이 변한다는 결론을 내놓았다. 두정엽은 학자들이 신체 부위의 위치 등 신체의 한계와 관련된 감각을 느끼는 곳이라고 보는 부위다. 기도나 명상을 할 때 이 부위의 활동이 눈에 띄게 줄어들고, 이에 따라 신체적인 환각이 발생한다. 명상하는 사람들은 자신의 신체가 끝나고 다른 세상이 시작되는 위치가 어디인지 느끼지 못한다. 즉 이들은 자신이 마치 전체와 하나가 되었다는 인상을 받는다.

약물 또한 영적인 감정을 불러일으킨다. 전 세계적으로 종교적인 의식에는 흥분제가 빠지지 않는다. 미국의 심리학자 윌리엄 제임스와 동료 연구진은 100여 년 전에 이미 아산화질소, 에테르[7], 알코올 등이 어떻게 신비로운 체험을 불러일으켰는지 서술했다. 또 다른 예시가 있다. 아마존 지역의 원주민들은 다이메틸트립타민DMT이 포함된 차를 마시는데, DMT는 환각제로서 마약인 LSD와 비슷한 효과를 보이지만 신체 내에서 만들어지기도 한다. 알렉산더 폰 훔볼트는 이미 18세기 말에 남아메리카 여행을 갔다가 DMT가 들어 있는 식물을 가져왔다. 미국의 정신과 의사인 릭 스트라스만Rick Strassman은 자원한 실험 참가자들에게 농축된 DMT를 주사했고 그들이 강력한 환각을 체험하는 모습을 지켜보았다. 실험 참가자들은 자신들이 마치 완전히 다른 '영역', 예를 들어 외계 행성이나 엘프들이 사는 곳, 거대한 곤충이 사는 지역에 뚝 떨어졌다는 인상을 받았다. 이런 낯선 존재들 중 일부는 친절하고 다정했지만 일부는 '방문자', 즉 이 경우에는 환각을 겪고 있는 실험 참가자들을 폭행하거나 그들의 사지를 절단했다. 실험 참가자들이 공통적으로 서술한 DMT의 효과는 시간 감각 상실, 엄청난 행복, 모순되는 것들의 융합 등이었다. 이에 따라 스트라스만은 DMT를 '영혼의 분자'라고 불렀다.

이 특별한 영적 체험이 종교를 이해하는 열쇠가 될지는 아직 의문으로 남아 있다. 전 세계 많은 사람들이 과격한 경험 없이도 종교에 몸담고 있기 때문이다. 이들은 자신의 영성이 불분명한 예감이나 고차원적인 힘에 대한 믿음이라고 말한다.

많은 과학자들이 영성과 종교적 믿음이 같다고 주장하지만 사실은 그렇지 않다. 하나님 헬멧을 쓴 사람과 교회에 가는 사람은 각기 다른 것을 체험한다. 두꺼비의 피부선 분비물에는 DMT가 들어 있는데, 이것을 핥는 행동과 기도가 똑같은 체험을 불러일으키지는 않는다. 대부분의 종교에서는 영적인 감정이 발생하는 데 다른 요소가 필요하다. 이 요소란 이 세상의 발생과 질서에 대한 매우 구체적인 가정, 권위자의 존재 인정, 더 높은 감각에 대한 바람 등이다. 이런 요소는 베일에 싸이고 신비로운 감각이 아니라 복잡한 사고 과정에서 나타난다. 많은 유신론자들이 신의 현존을 기꺼이 증명하려고 하지만 신을 느꼈다는 예감만으로는 충분하지 않다. 그보다도 과연 우리는 신의 현존을 증명할 수 있을까?

## 신의 존재 증명

신의 존재 여부는 형이상학적인 질문이다. 형이상학적이라는 말은 초감각적이라거나 비과학적이라는 뜻이 아니라 철학의 하위 구분으로서 세계의 가장 보편적이고 궁극적인 상태, 예를 들어 공간이나 시간, 자연법칙 등을 탐구하는 분야를 뜻한다. 천지만물의 존재나 기원에 대한 의문은 고전적인 형이상학적 질문이다. 자연과학적인 방법으로는 어떤 답변도 찾을 수 없기 때문에 이런 질문은 경험적 과학에 속하지 않는다. 형이상학 분야의 많은 범주가 관찰이나 실험을 전제로 한다. 다만 공간이나 시간을 관찰할 방법은 없으므로 공간이나 시간에 따른 사물이나 사건의 변화가 관찰 대상이 된다.

신의 현존에 대한 논쟁은 예전부터 '신의 존재 증명Gottesbeweis' 이라고 불렸다. 이것은 사람들이 아직 형이상학적인 명제나 경험적 명제를 증명할 수 있다고 믿던 시기부터 유래했다. 오늘날 사람들의 생각은 다르다. 증거는 수학이나 논리학 같은 형식적인 과학 분야에 존재하는 것이다. 물리학이나 생물학, 사회학 같은 경험적인 과학 분야에서 사람들은 명제를 참고자료로 증명하거나 설명하고자 한다. 우리는 "자외선이 피부암을 유발한다는 것을 어떻게 증명할 수 있는가?"라고 묻는 대신 "자외선이 피부암을 유발한다는 사실을 증명하는 참고자료는 무엇인가?"라고 묻는다. "그 과정을 관찰했거나 체계적으로 시험했는가?" 혹은 "과잉 세포 증식을 일으키는 인과관계를 알고 있는가?"라고 묻는다. 이때 중요한 것이 있다. 참고자료나 근거는 빈틈이 없고 다수 존재해야 하며 그럴 가능성이 없더라도 오류가 발생할 수 있다는 점이 전제되어야 한다는 것이다. 형이상학도 이와 비슷하다. 우리는 가정의 이면에 어떤 논쟁이나 근거가 있는지 묻는다. 형이상학적 명제는 경험적 데이터, 즉 실험 및 일상적인 관찰과 모순되어서도 안 되고, 무모순성이나 반박 가능성, 무엇보다도 단순성 같은 방법적인 근본원리를 해쳐서도 안된다.

신의 현존에 대한 논쟁은 철학 입문 세미나에서 논리적인 혹은 논쟁적인, 그릇된 결론을 일목요연하게 설명하기에는 때때로 지나치게 궁색하다. 신앙심이 있는 사람들 중 대부분이 엄격하고 논리적인 의미의 증거를 얻어내지 못했음에도 신의 현존에 관한 논쟁은 다양한 방식으로 계속해서 생겨난다. 이유는 모르겠으나 이들이 공통적인 영적 감수성을 드러내기 때문이다.

존재론적인 논쟁은 중세 시대 영국의 대주교이자 신학자 안셀무스Anselm of Canterbury('캔터베리의 안셀름'이라고도 불림)가 시작했다. 논쟁의 내용은 대강 다음과 같다.

"우리는 모든 것을 알고 전능하며 모든 이들에게 자비로운 완벽한 존재라는 개념 혹은 설명을 알고 있다. 이런 종류의 현존하는 존재는 현존하지 않는 존재보다 완벽하다. 그러므로 완벽한 존재라는 개념 뒤에는 그 존재의 현존이 따라온다."

이것은 아주 특별한 사고 과정이었다. 이와 비슷하게 우리는 다음과 같이 역설할 수 있다.

"우리는 멋들어지게 휘날리는 갈기와 강인한 날개를 가진 하얀 말인 페가수스라는 개념을 알고 있다. 현존하는 페가수스는 현존하지 않는 것보다 완벽하다. 그러므로 완벽한 페가수스는 실제로 존재한다."

칸트는 이 논쟁을 그릇된 결론이라고 폭로하며 현존이 어떤 성질이나 자격이 아니라고 말했다. 다른 말로 하자면, 어떻게 단순한 개념에 실질적인 존재가 따를 수 있겠느냐는 뜻이다.

우주론적인 논쟁은 많은 사람들이 가장 설득력 있다고 꼽는 것이다. 이것은 중세 시대의 철학자 토마스 아퀴나스Thomas Aquinas가 시작한 것으로, 간략하게 설명하자면 다음과 같은 내용을 담고 있다.

"모든 것에는 하나의 원인 혹은 하나의 근거가 있다. 우주는 아무런 원인이나 근거 없이 생겨났을 수 없으므로 누군가에 의해 창조된 것이 분명하다. 그리고 우주를 창조했을 유일한 사람은 바로 신이다."

이와 동시에 두 가지 의문이 발생한다. 첫째로, 이것이 정말로 우주의 탄생에 대한 적절한 근거일까? 둘째로, 이것으로 신의 현존까지 증명할 수 있을까?

근거의 사슬에는 끝이 있다. 아이들이 "왜?"라는 질문 공격을 퍼붓기 시작하면 모든 부모들이 깨닫게 되는 사실이다. "왜 우리는 땅에서부터 하늘로 떨어지지 않아요?"라는 질문에 대한 답은 "중력이 우리를 땅에 붙어 있도록 만드니까"다. "중력은 왜 있어요?"라는 질문에 대한 답부터는 대답하기가 어려워지는데, 이는 비단 부모만이 아니라 물리학자와 철학자도 마찬가지다. 이렇게 근본적인 질문에는 더 이상 이성적인 답변을 하기 힘들기 때문이다. 이에 대해 비트겐슈타인은 다음과 같이 묘사했다. 사람은 계속해서 깊이 땅을 팔 수 있지만 삽은 언젠가 딱딱한 돌에 부딪친다. 점점 더 힘들고 중대한 근거에 맞닥뜨릴수록 사람에게 남는 것은 더 적고 만족스럽지 않은 가능성뿐이다. 그래서 우리는 예를 들어 한자Hansa 동맹 도시에 살던 사람들이 "그렇다면 그런 줄 알아"라고 말했듯이 근거를 독단적으로 중단해버릴 수 있다. 다만 그 답변을 들은 아이가 잠자코 수긍할지는 또 다른 문제다. "신은 이 세상을 창조하기 전에 무엇을 했는가?"라는 질문에 대해 교부敎父 아우구스티누스Aurelius Augustinus는 이렇게 대답했다.

"신은 그런 질문을 하는 자들을 위해 지옥을 만드셨다."

다분히 종교적이지만, 동시에 독단적으로 설명을 중단한 셈이다. 대화를 이렇게 중단하면 근거의 사슬의 두 가지 불만족스러운 대안을 피할 수 있다. 하나는 순환이고, 다른 하나는 끊임없는 회귀다. 만약 모든 것에 원인이 있다면, 그것은 신에게도 해당되는 말일 것이다. 그렇다면 도대체 누가 신을 창조했으며, 도대체 누가 신을 창조한 존재를 창조했다는 말인가? 이렇게 질문이 계속해서 이어진다. 이것이 우주론적 논쟁의 함정이다. 자세히 들여다보면 우주론적 논쟁은 우주의 탄생에 대한 논쟁도 아닐뿐더러 신이 현존한다는 증거도 아니다. 이것은 그저 근거가 정확히 어떤 역할을 하는지 잘 모르는 사람을 설득할 뿐이다.

여기서 과학의 가장 중요한 원리 중 하나를 들여다봐야 한다. 바로 '오컴의 면도날Ockham's Razor'이다. 중세 시대의 철학자인 오컴의 윌리엄William of Ockham은 "존재하는 것을 까닭 없이 늘려서는 안 된다"라고 말했다. 짧게 설명하자면, "가장 간단한 것이 가장 훌륭한 것이다"라는 뜻이다. 얼마 되지 않는 가정에서 탄생한 가장 간단한 이론이 무엇보다 적합한 설명이다. 경제성의 원리를 강조하는 말이다. 어떤 가설을 세우면 상대방에게 반드시 근거를 설명해야 하므로, 근거는 경제적이어야 한다. 예를 들어 제우스가 번개를 던진다고 주장하는 사람이 있다면, 이 사람은 반드시 올림포스의 신인 제우스가 존재한다는 것을 증명해야 한다. 한편 번개는 방전 현상이라고 주장하는 사람이 있다면, 이 사람은 반드시 전자가 존재한다는 것을 증명해야 한다.

그런 의미에서 뉴스 잡지 《슈피겔》이 2007년 5월에 진행한 어떤 인터뷰에서 다음과 같은 질문을 던졌다.

"신의 현존 여부에 대한 입증 의무는 누가 져야 합니까?"

당시 바티칸 추기경이던 발터 브란트뮐러Walter Brandmüller는 이렇게 답했다.

"그것은 사실상 무신론자들이 져야 할 의무입니다. 놀라운 대답인가요? 하지만 사실이 그렇습니다. 제가 당신의 생각과 의지로 총체적 실제를 탄생시킨 무한한 정신의 현존을 부정한다면 저는 도대체 어떻게 세상과 인간이 존재하는지 설명할 수 있어야 합니다. (…) 여러분은 특히 인간의 이성과 거시세계, 그리고 미시세계가 어떻게 연속하는지 또는 자물쇠와 열쇠처럼 서로 맞아떨어지는지 설명해야만 합니다. 다시 말하면, 우주비행사들이 어떻게 특정한 시점에 달의 바로 그 특정한 구역에 착륙할 수 있느냐는 것이지요."

이 답변은 동시에 여러 문제를 드러냈다. 첫째로는 라이프니츠의 질문, 즉 애초에 왜 무엇은 있는데 무無는 없느냐는 의문을 끄집어냈다. '무한한 정신'의 현존은 이 질문에 대한 답이 아니라 불명료함을 확장하는 것일 뿐이다. 무언가를 설명할 때 우리는 언제나 불명확하고 복잡하고 이해하기 어려운 것을 더 명확하고 간단하고 이해하기 쉬운 것으로 대체하거나 묘사하고자 한다. 그러나 신의 정신이라는 가정은 이런 의존성을 뒤집는다. 이 논쟁은 철학에서 전통적으로 '불분명한 것을 더 불분명한 것으로 설명하기Obscurum per obscurius'라고 부르는 그릇된 결론에 뿌리를 두고 있다. 즉 미지의 애매모호한 것을 더 알 수 없고 더 애매모호한 것으로 대체하는 것이다. 우주가 어떻게 탄생했는지 아는 사람은 아무도 없다. 그렇다고 해서 우주의 탄생에 얽힌 수수께끼에 '무한한 정신'을 등장시켜 그 존재가 자신의 의지와 상상에 따라 세계를 만들어냈다는 또 다른 수수께끼를 덧붙여봐야 도움이 되지 않는다. 그러려면 모든 것이 창조되었다고 생각해야 한다. 그렇다면 창조신 또한 창조되었다는 뜻이다. 아니면 아리스토텔레스의 부동의 운동자Unmoved mover를 이용해 설명의 고리를 독단적으로 끊어버릴 수 있다. 이를 더 일찍부터 시도할 수도 있다. 근거의 경제성을 위해 설명을 독단적으로 중단할 수 있는 경우로는 우주와 그 기원에 대한 풀리지 않은 수수께끼가 있다. 또 다른 경우로는 우주와 신, 그리고 신의 기원에 대한 수수께끼와 신이 우주의 창조자라는 자유로운 주장이 있다. 그러니 더 높은 존재가 현존한다고 제멋대로 주장하기보다는 그것을 설명할 수 없다고 인정하는 편이 낫다. 쿠엔틴 타란티노Quentin Tarantino의 2003년 영화 〈킬 빌〉에서 주인공이자 인간 병기인 베아트릭스 키도Beatrix Kiddo는 자신의 일본도가 신도 잡을 수 없을 정도로 날카롭다고 말했다. 오컴의 칼날은 더욱 날카로워서 영화에서 신을 완전히 도려내버린다.

브란트뮐러의 답변에 담긴 두 번째 문제는 근원적인 질문과는 아무런 관계가 없다. 우리는 인간이 어떻게 달에 착륙했는지 상당히 자세히 알고 있다. 중력, 운동량 보존의 법칙, 전자기파는 물론 다른 자연현상을 기술적으로 사용한 결과 달 착륙이 가능했다. 인간이 사고력을 발휘하는 데 신적인 정신이 필요하리라는 가정은 목적론적 논쟁이다. 목적론은 "모든 것에 더 고차원적인 의미와 목적이 있다. 신은 존재해야만 한다. 오직 신만이 우주에 의미를 부여할 수 있기 때문이다"라고 주장하는 입장을 말한다. 이것은 명백한 신인동형동성론Anthropomorphism, 즉 인간의 목표와 목적을 자연과 우주에 넘기는 사상이다. 인간은 목적이 있어 시계를 만들지만 동물이나 행성은 설계도에 따라 고안된 것이 아니다. 이것들은 진화나 인과적인 과정에 따라 생겨났다. 우리는 모든 것을 인간화하려는 경향이 있고 그 과정에서 계획, 의도, 목적 등 없는 의미를 해석해 적용하지만 여기서 아무런 본질적인 명제도 이끌어내지 못한다. 우리는 컴퓨터가 돌아간다고 말하고 모터가 작동한다고 말하지만 컴퓨터나 모터에는 자유의지가 없다.

신인동형동성론적인 시각은 지적 설계Intelligent design에서 더 자세한 형태로 다시 드러난다. 지적 설계는 브란트뮐러의 명제와 비슷하다. 이 견해를 주장하는 사람들은 우주의 기원을 정확하게 알 수 없으며 오직 신의 설계도에 따라서만 온 우주가 발달할 수 있었을 것이라고 말한다. 만약 빅뱅 이후 첫 100분의 1초 동안 아주 작은 변수가 발생했거나 초창기 지구의 생물권이 조금이라도 달랐다면 영혼이 있는 존재들은 애초에 탄생하지 않았을지도 모른다. 그러나 이 견해의 문제는 다음과 같다. 개연성은 이 우주 내에서 벌어지는 과정에만 적용할 수 있는 것이지, 총체에 적용할 수 있는 것이 아니다. 주사위를 던져서 정확히 3이 나올 확률은 6분의 1이다. 신과 함께 사람이 살 수 있는 우주가 하나, 사람이 살 수 없는 우주가 다섯 개 기입되어 있는 주사위로 주사위 놀이를 한다고 상상해보

라. 이 경우에도 사람이 살 수 있는 우주가 나올 확률은 6분의 1이다. 그러나 우리가 사는 세상에 다른 우주는 존재하지 않으며 모두가 알다시피 신은 주사위 놀이를 하지 않는다. 그런데 우리는 우리가 살고 있는 우주를 바꿀 수 있다는 환상을 품고 있다. 우리는 어두컴컴하고 사람이 살 수 없는 세상을 100만 가지 버전으로 상상할 수 있지만, 그렇다고 해서 우리가 사람이 살 수 있는 하나의 세상에 살 확률이 100만분의 1이라는 뜻은 아니다. 그리고 만약 그렇다고 하더라도, 안 그래도 복잡한 우리의 우주가 왜 덜 복잡한 것들을 놔두고 굳이 신의 존재를 주장해야 할까?

## 우리 귀에 들리는 신의 말씀

신앙심이 있는 사람들은 앞서 언급된 논쟁을 넘어 생각을 전개했다. 많은 이들이 예를 들어 종교적인 서적의 시대, 필적, 내용 등을 굳게 믿었다. 토라<sup>Torah</sup>[8]든, 성경이든, 코란이든 그 내용은 야훼, 신, 그리고 알라의 말씀이다. 그런데 시인 호메로스는 《오디세이아》속 다채로운 세상에서 뮤즈 여신이 그에게 이야기를 들려주고자 한다고 했는데, 이는 복음서보다 800년 전, 코란보다는 1,400년 전에 쓰인 것이다. 만약 여러 율법서 중 단 한 권이라도 신이 직접 집필한 것이라고 치자. 오늘날 존재하는 판본 중 어떤 것이 정확한 것인가? 옮겨 말하기 원리[9]와 마찬가지로 베껴 쓰는 과정에서 내용이 계속 달라질 수 있는데 말이다. 《신약성서》에 등장하는 것과 같은 모순적인 의견이나 역사적 오류는 더욱 중대하다. 로마의 인구수와 헤롯 Herod[10]의 영아 학살은 조작된 것이다. 또 〈마태복음〉에서는 예수와 그의 시조인 다윗 사이에 28세대가 있다고 하는데, 〈누가복음〉에서는 41세대가 있다고 한다. 선조의 이름 또한 일치하지 않는다. 그렇다면 누가 신의 말씀을 인간의 글로 정확하게 옮겼을까? 동정녀 탄생이나 세례자와 같은 주제는 이미 수백 년 전 지중해 신화에 등장한 바 있다. 유일무이함에 그토록 큰 가치를 두고 있는 신이 독점적인 이야기를 창조해내지 못한 이유는 무엇인가? 성경을 번역하고 옮겨 쓰는 과정에서 신의 목소리를 듣는다고 주장하는 사람들은 스스로가 어렸을 때부터 길들여져서 조건반사적으로 성경의 어조에 강한 경외심을 느끼는 것은 아닌지 생각해보아야 한다.

기적이 성경 내에서만이 아니라 현실에서도 대량으로 발생해야만 우리는 그것을 믿을 수 있다. 하지만 기적은 대개 '엄청난 행운'과 같은 의미로 쓰인다. 예를 들어 2004년 12월, 인도양에서 발생한 쓰나미로부터 살아남은 아기가 천국의 개입 덕분에 구출되었다고 믿는 사람은 신이 우리에게 신호를 보냈음에도 20만 명이 넘는 사람들이 죽어야만 했던 이유를 설명해야 한다. 왜 기적이라는 굽은 길을 돌아가야 하는가? 신이 모든 사람에게 말을 건다면 훨씬 간단하지 않을까? 그렇다면 문제가 최종적으로 해결될 텐데 말이다. 어쨌든 우리가 명확하게 알고 있는 점에 비추어 성경의 기적은 진지하게 받아들일 수 없다. 그 누구도 죽음을 피할 수 없다. 수풀이 직접 자기가 불타고 있는지 아닌지 말할 수 없듯이 말이다. 동정녀 마리아가 신성한 영혼을 맞이한 다음 아기를 낳았다는 기적적인 이야기도 마찬가지다.

한편 모든 사람이 기적을 믿는 것은 아니지만, 많은 사람들이 여전히 권위 논증Argument from authority을 신뢰한다. 권위 논증이란 권위에 호소한 논증으로, 종교의 역사에서 가장 현명하고 똑똑한 사상가들의 말을 빌린 논증을 말한다. 도킨스는 이 신화를 깨부수기 위해 무던히 노력했다. 알베르트 아인슈타인Albert Einstein이 몇몇 예시에서 '신'이라는 단어를 사용했다고 해서 그에게 신앙심이 있었다는 뜻은 아니다. 오히려 그 반대로, 아인슈타인은 자신이 신을 믿는다고 사람들이 생각하는 것을 맹렬하게 거부했다. 실제로 노벨상 수상자 중 극소수만이 신앙심을 갖고 있다. 그리고 아인슈타인이 개인적으로 신을 믿었다고 할지라도, 신의 존재는 최면술에서 말하는 자석의 치유력만큼이나 비현실적이다. 참고로 자석의 치유력은 그 현명한 쇼펜하우어Arthur Schopenhauer가 믿었던 것이다. 권위 논증은 전적으로 그릇된 결론에 관한 것이다.

때때로 인간이 신과 직접 연결되기도 한다. 신은 언제나 선택된 자들을 골라 말을 걸었다. 그러나 의문은, 어째서 이런 회견이 늘 대중들 앞에서가 아니라 조용하고 작은 방에서만 이루어졌느냐는 것이다. 신의 의사소통 방식은 규명할 수 없다. 그럼에도 미국의 전 대통령 중 한 명은 신이 개인적으로 그에게 계시를 내려 이라크를 상대로 국제법에 어긋나는 전쟁을 일으키도록 명령했다고 말했으며, 이 전쟁의 결과로 약 10만 명 이상의 시민이 사망했다. 우리는 당연히 신에게 책임을 묻지 않겠지만, 이런 사건은 깨달음의 원천이 상당히 임의적이라는 점을 분명히 한다.

오래된 유머가 있다.

"당신이 신에게 말을 거는 것은 기도지만, 신이 당신에게 말을 건다면 그것은 조현병이다."

《신약성서》에는 다음과 같은 구절이 있다.

"너희를 넘겨줄 때에 어떻게 또는 무엇을 말할까 염려치 말라. 그때에 무슨 말할 것을 주시리니 말하는 이는 너희가 아니라 너희 속에서 말씀하시는 자 곧 너희 아버지의 성령이시니라."

영국의 정신과 교수인 사이먼 멀린스Simon Mullins와 숀 스펜스Shaun Spence는 조현병적인 영감에 대해 자세히 서술했다. 일반 대중들이 조현병을 '정신분열증'이라고 부르는 것과 달리 조현병 환자들은 정신이 분열되었다기보다 강력한 환각, 대개는 환청에 의한 환각에 시달린다. 많은 조현병 환자들이 자신의 생각을 스스로 떠올린 것이 아니라 누군가로부터, 특히 신으로부터 자신의 머릿속으로 보내진 것이라고 여긴다. 몇몇 과학자들에 따르면 조현병 환자들은 자신도 모르게 혼잣말을 읊조리면서도 그것이 낯선 사람의 목소리라고 생각한다. 하나님 헬멧 실험과 마찬가지로 조현병 환자들에 대한 설명 또한 낯선 것과 관련된 고유의 감정을 소급해 새롭게 해석한다. 계시를 받은 당사자는 문화적 특징에 따라 어디선가 들려오는 목소리의 출처를 판단한다. 어떤 이들은 그것이 신과 같은 절대자 혹은 외계 생명체라고 생각할 것이다. 전자기기에 지배당하는 시대에 사는 사람들은 그것이 라디오나 텔레비전, 컴퓨터라고 생각할 것이다.

노아와 아브라함, 모세 또한 목소리를 들었다. 신이 직접 그들에게 말을 걸었을까? 만약 오늘날 신으로부터 아들을 죽이라는 명령을 받았다고 말하는 사람이 있다면 우리는 그를 성령이나 예언자로 여기기보다는 정신병원으로 보낼 것이다. 기독교의 해석에 따르면 《신약성서》는 성령의 말씀을 받아 적은 책이다. 그러나 조현병과는 상황이 조금 다른 것 같다. 복음을 쓴 마가(마르코), 마태(마태오), 누가(루가), 요한은 환청에 시달리지 않았으며, 성령도 아니고, 다만 유령작가였을 뿐이다. 이들은 성경의 이야기를 모두 스스로 지어냈으나 그 공적은 전부 다른 사람에게 돌렸다.

영적인 감정을 품었거나 신의 목소리가 들리는 사람은 그것을 기반으로 전체 세계상을 구축하고 싶은 것인지 계속해서 스스로에게 물어야 한다. 론 하워드Ron Howard 감독의 2001년 영화 〈뷰티풀 마인드〉에서는 노벨 경제학상 수상자인 존 내쉬John Nash가 조현병을 극복하는 모습이 그려진다. 그는 어떤 사람들을 보지만 그 사람들이 실제로 존재하지 않는다는 사실 또한 알고 있다. 그 사람들이 몇 년 동안 나이를 먹지 않기 때문이다. 영화로서도 매우 뛰어난 작품이지만, 이성이 비이성의 우위를 점할 수 있다는 것을 보여주는 작품이기도 하다.

신앙심이 있는 사람들 중 일부는 합리적인 논쟁을 애초에 시도하지 않는다. 이들은 두 가지 후퇴 방법 중 하나를 택한다. 하나는 "신이 존재하지 않는다는 건 나도 당연히 알아. 그럼에도 신을 믿고 천국에 가길 바라는 거야"라고 말하는 것이다. 하지만 이것은 언어를 활용한 자기기만이다. '믿는다'는 말은 '사실로 여긴다'는 뜻이다.

내가 지구가 태양의 주위를 돈다고 말한다면, 그것을 사실로 여기고 있다는 뜻이다. 그렇다면 내가 신을 믿는다고 말하는 것은 신의 현존을 사실로 여기고 있다는 뜻이다. 죽음 이후 부활을 바란다면 적어도 그것이 가능하다고 생각한다는 뜻일 테다. 여기서 또 다른 의문이 생긴다. 어째서 열반이 아니라 천국을 바라며 모든 삶을 맞춰야 하는 걸까?

두 번째 후퇴 방법은 '공격이 최선의 방어'라는 전략을 피상적으로 따르는 것이다. 일부 신학자들은 이렇게 말한다.

"작고 사소한 인간인 당신이 우스꽝스러울 정도로 평범한 유한성 안에서 신을 묘사할 수 있다고 말한다면, 도대체 당신은 누구입니까?"

마르틴 루터는 이와 관련해 이성을 악마의 '창녀'라고 말했다. 하지만 이런 위협적인 발언 뒤에는 신의 현존에 대한 지능적인 선언이 숨어 있다. 우선 어떤 고차원적인 존재가 있다고 주장한 다음, 그 존재의 지위가 모순적이거나 설명되지 않는다는 사실이 명백해지면 그 존재가 인간의 상상력 너머에 있다고 주장하는 식이다.


## 영혼, 천국, 그리고 환생


우리는 세상에 태어나 괴로움과 고통이 가득한 시간을 산 다음 죽는다. 그렇기 때문에 괴로움이나 고통은 물론이고 죽음조차 존재하지 않는 세상을 꿈꾸는 것도 당연하다. 로마의 시인 오비디우스

Ovidius는 젖과 꿀이 흐르는 황금시대를 묘사했다. 에덴동산에는 영원한 평화와 행복이 넘쳐흐른다. 이슬람교 신의 전사들에게는 오아시스가 주어지기로 약속되었다. 모든 수원지에서 23명에서 48명의 처녀들이 기다리고 있었다. 이런 환상은 많은 이들에게 유혹적으로 들린다. 다만 사람들이 천국에서 온전한 인간으로 지낼 수 있는지 아니면 영혼만으로 머물러야 하는지는 명확하지 않다.

죽지 않는 영혼이라는 생각은 유대교에 전해져 내려오는 성서가 아닌 플라톤에게서 유래한 것이다. 플라톤은 신체란 그저 영혼이 잠시 스쳐가는 '무덤'이며 죽음 후에는 신체와 영혼의 결합이 느슨해진다고 말했다. 영혼 자체는 분해되지 않고 파괴되지 않으며 영원하다. 기독교적인 상상에 따르면 영혼이란 성경에 나온 본래의 형이상학을 신플라톤주의적으로 재해석한 것인데, 그 이유는 죽은 자의 환생이 본디 살과 피로 이루어진 온전한 인간을 뜻하기 때문이다. 신이 다스리는 지역은 구름이 잔뜩 드리워진 하늘의 전당이 아니라 땅 위다.

우리가 인간의 영혼은 죽지 않는다는, 난해하고 사실 무근인 주장을 사실로 받아들인다고 하더라도, 그렇다면 우리가 과연 우리의 영혼과 어떤 관련이 있느냐는 의문이 남는다. 우리의 삶은 오로지 우리라는 개인의 특성을 그대로 반영한다. 우리의 감정, 생각, 바람, 기억, 욕망, 계획, 행동 등을 말이다. 그리고 이 모든 것은 우리의 몸과 연결되어 있다. 뇌와 신체가 없으면 우리는 아무것도 느끼거나 생각하거나 행할 수 없다. 우리가 죽으면 이 모든 것이 사라진다. 지극히 비극적인 일이지만, 영혼이 실존한다고 해서 변하는 건 아무것도 없다. 내가 죽더라도 영혼만은 계속해서 존재한다고 해서 나에게 좋은 일이 무엇이겠는가? 사람이 죽어도 영혼은 계속 남는다고 믿으려면 영혼이 신체의 존재와는 상관없이 스스로 느끼고 생각하고 행동할 수 있다고 주장해야 한다. 그러려면 이원론이라는 쓰디쓴 약을 삼킬 수밖에 없는데, 이원론은 영혼이 신체적이면서 공간적이어서 뇌에 의존해 있으면서 동시에 물질세계와 상호작용한다고 보는 시각이다. 실체가 있으면서 동시에 없는 것이 존재할 수는 없으므로 이것은 모순적이다.

환생에 얽힌 이야기도 비슷하게 전개되었다. 예를 들어 내가 18세기에 뷔스트호이터로데[11]와 비첸하우젠[12]을 오가던 방랑자의 발에 운명적으로 밟힌 애벌레의 환생이라고 치자. 나는 애벌레일 적의 나의 존재를 기억할 수 없고, 하물며 애벌레 시절의 삶을 현재 인간으로서의 삶에 투영하는 것도 불가능하므로 내 영혼이 이전에 어디에 깃들어 있었는지 따지는 것은 무의미하다. 자신이 환생했다고 주장하는 모든 사람들이 전생에 공주 혹은 해적이었지 평범한 농부, 광부 혹은 날품팔이꾼이 아니었다는 점 또한 놀랍다. 환생이라는 주장을 가장 날카롭게 반박하는 것은 당연히 종의 진화다. 약 40억 년 전 시생대의 지구상에는 얼마 되지 않는 단세포 생물과 박테리아만이 존재했다. 모든 것에 영혼이 있다고 치자. 오늘날에는 셀 수 없이 많은 생물체가 존재한다. 새로운 영혼은 도대체 어디서 온 것인가?

# 무신론과 '날아다니는 스파게티 괴물교'

지하 감옥과 처형이 두려웠던 탓인지 18세기 말이나 되어서야 자신이 무신론자라고 처음 '커밍아웃' 한 사람이 나타났다. 물론 초창기에는 무신론을 솔직하게 밝힌 작품이 가명으로 혹은 작가의 사후에나 출판되었다. 우리 시대 가장 저명한 무신론자 두 사람은 리처드 도킨스와 저널리스트이자 스탠드업 코미디언인 빌 마허Bill Maher다. 도킨스는 전 세계적인 베스트셀러 《만들어진 신》에서 신앙 체계의 모든 측면을 더 보탤 말이 없을 정도로 날카롭게 파헤쳤다. 한편 마허는 2008년에 공개된 다큐멘터리 영화 〈신은 없다〉에서 신랄하면서도 유머러스하게 전 세계 종교인들과 설전을 벌였다.

도킨스는 아주 간단하게도 모든 사람이 본래 무신론자라고 말한다. 독실한 가톨릭 신자라고 할지라도 바알, 아폴로, 오시리스 혹은 오딘과 같은 신을 믿지는 않는다. 이들의 이름 뒤에 도킨스는 한 문장을 더 추가했다. 바로 신 그 자체다. 그 외에도 여러 대표적인 연구 결과가 무신론자가 되는 편이 더 낫다고 말한다. 이런 연구 결과에 따르면 교육 수준과 지능이 높을수록 신앙심을 가질 가능성이 낮다. 신학자들은 그 반대 경우에 해당하는 것처럼 보이더라도 말이다.

얼핏 보기에 과학에서 영감을 얻은 무신론은 또 다른 신앙 체계, 예를 들어 기독교와 비슷한 역할을 한다. 어쨌든 두 사조의 옹호자들은 각자 열렬하게 자신들이 진실이라고 믿는 신념을 주장하고 보호하려고 노력하기 때문이다. 과학이 종교로부터 진실성이라는 지위를 넘겨받았다고 주장하는 몇몇 사회학자 및 문화학자들은 무신론과 종교의 동위에 어느 정도 책임이 있다.

종교와 과학에는 몇 가지 표면적인 공통점이 있다. 과학 분야에서 우리는 증거를 기반으로 가설을 세우며, 방법론적으로 제어한 실험과 독자적인 연구로 가설을 증명한다. 반론이 제기되었거나 거짓으로 증명된 이론은 배제한다. 과학 분야에서는 실험 결과를 위조하거나 정직함이라는 원칙을 해친 사람들이 배척된다. 종교 분야에서는 정반대다. 종교 분야에서 사람들은 증거 없이 주장부터 내세우고, 반례를 인정하지 않으며 이들의 주장에 대한 반증은 불가능하다. 적어도 가톨릭 분야에서는 가르침에 의문을 품는 사람이 배척된다. 예를 들어 신학자인 한스 큉Hans Küng은 세계윤리재단을 세워 가톨릭교회 개혁을 주장하다가 가톨릭 교수직을 박탈당하기도 했다. 배척되거나 파문당하는 건 불행 중 다행인데, 과거에는 고문, 신체 절단, 처형 등이 시행되었기 때문이다. 다른 대륙의 종교 비평가들 또한 오늘날 정부가 입을 틀어막는 데 그치는 것에 기뻐할 것이다.

대안으로 제시된 설명 모델을 잘못 이해하고 너그러이 받아들여버리면 특히 생물학 수업 시간에 중대한 영향이 발생할 것이다. 같은 맥락에서 성경에 쓰인 창조 신화가 사실이라고 굳게 믿는 창조론자들이 점점 더 열렬해지면서 주목받고 있다. 미국의 설문조사 기관인 갤럽Gallup에 따르면 미국인의 절반은 창조론이 사실이라고 생각하고, 5분의 1만이 순수한 진화론을 믿었다. 언론 매체인《뉴스

위크》가 2007년에 조사한 바에 따르면, 미국 내 모든 생물학 교사 중 약 16퍼센트가 진화론이 아닌 창조론이 사실이라고 생각했다. 유럽에서도 일이 잘못되어 가고 있었다. 2004년에 세르비아의 교육부 장관이 교과서에서 진화론을 지우도록 했다. 독단적이라는 이유에서다. 2006년에는 폴란드의 교육부 장관이 공공연하게 진화론에 반박했다. 독일 헤센주의 문화부 장관은 창조 신화가 진화론 교육의 대안이 될 것이라고 주장했다. 이렇게 주장한 사람은 그뿐만이 아니었다. 생물학협회가 조사한 바에 따르면 독일에 거주하는 창조론자는 대략 130만 명에 이른다.

창조론자들은 다른 '대안'에는 애써 눈을 돌리지 않는 것처럼 보인다. 아마도 미래에는 화학 수업 대신 현자의 돌과 연금술 수업이, 물리 수업 대신 헤시오도스Hesiodos의 《신통기》[13] 수업이 교과 과정에 포함될는지도 모른다. 헤시오도스에 따르면 낮과 밤, 그리고 하늘은 신들의 기원이자 인격화된 무無인 카오스Chaos에서 생겨났다. 카오스의 딸이자 대지의 여신인 가이아는 홀로 우라노스를 낳은 다음 다시 우라노스와의 사이에서 크로노스를 낳았다. 크로노스는 자신의 아버지이자 형제인 우라노스를 낫으로 베어 거세한다. 가히 자유낙하의 법칙만큼이나 흥미진진한 이야기다.

마허는 대중들에게 종교를 의심하라고 강력하게 촉구했고 신념이 확고한 무신론자들에게 공개적으로 의견을 드러내기를 권유했다. 도킨스는 때때로 유신론을 자연과학적으로 반박할 수 있는 위치에 두는 것처럼 논증하기도 했다. 하지만 의심이라는 개념이 아직 너무 허약했고 경험적 지식은 유신론적인 사고 체계의 극히 일부분만을 허물 수 있을 뿐이었다. 형이상학적인 주장을 위한 논증이 진행될 때까지 자유의사에 따르기보다는 맹렬하고 거센 항의로서 이론을 제기하는 것이 유일하게 이성적인 자세였다. 철학자이자 노벨 문학상 수상자인 버트런드 러셀은 무신론자로서 죽은 다음 신과 얼굴을 마주하게 되었을 때 무슨 말을 할 것이냐는 질문에 다음과 같이 답했다.

"저한테 더 많은 암시를 주셨어야죠."

많은 사람들이 우리 인간이 신의 현존을 반박할 수 없기 때문에 그저 받아들여야 한다고 믿는다. 하지만 만약 그렇다면 날아다니는 스파게티 괴물교 신봉자들이 그러하듯이 날아다니는 스파게티 괴물의 현존 또한 믿어야 할 것이다. 날아다니는 스파게티 괴물교는 무신론자들이 기독교를 패러디해 만든 종교다. 또한 보이지 않는 분홍 유니콘[14]도 믿어야 한다. 안타깝게도 보이지 않기 때문에 증명할 방법은 없지만 말이다.

## 신 없는 덕

고위 성직자나 보수적인 정치인들은 토크쇼 등에서 우리의 '서구적인 가치'는 기독교에서 유래했으며 그렇기 때문에 우리 사회가 신에 대한 믿음 없이는 무정하고 이기적이며 마치 소돔과 고모라, 방탕한 로마 시대, 세기말 영화 그 사이 어딘가에 있는 무질서에 빠지게 될 것이라고 주장한다. 오스트리아의 작가 카를 크라우스Karl

Kraus는 "이런 주장은 그 반대 또한 옳지 않기 때문에 틀렸다고 볼 수 있다"라고 말했다.

우선 이 논쟁에서 가치가 무엇인지 정확히 말할 수 있는 사람은 없다. 어떤 사람들은 '질서'나 '시간 엄수'와 같은 프로이센 시대의 부차적인 덕Secondary virtue을 떠올릴 것이고, 또 어떤 사람들은 살인 금지나 인간 존엄성 보호와 같은 보편적인 규범을 떠올릴 것이다. 그리고 '가치'라는 말 안에 우리가 긍정적으로 받아들이는 모든 도덕적인 근본 원칙, 예를 들어 민주주의 방식이나 의견의 자유 혹은 남성과 여성의 평등을 포함한다고 하더라도, 이 모든 것은 성경에서 비롯된 것이 아니라 인본주의와 계몽주의, 그리고 더 나중에 이루어진 자유주의 운동 등에서 비롯된 것이다. 민주주의와 동등한 권리는 대부분의 종교에는 낯선 개념이다. 바티칸은 지구상 마지막 절대군주국이라고 할 수 있다. 게다가 티베트 승려들의 권위나 거의 모든 이슬람 국가들만 보더라도 이들은 자유민주주의의 기본 질서와는 멀리 떨어져 있다. 여성은 교황이나 대주교, 랍비가 될 수 없으며 극히 드문 경우에만 이맘Imām[15]이 될 수 있다. 여태까지 여성 달라이 라마는 존재하지 않았다. 전향한 종교는 특히 기독교를 가차 없이 비판한다. 이런 반응은 기독교의 대안을 인정하지 않는 독선적인 태도 때문에 발생한 것이다. 놀랍게도 기독교의 독선은 오늘날까지도 이어진다. 바티칸이 《구약성서》에 나오는 구절 "나아가서 열매를 맺고 번식하라"와 오난Onan[16]의 의무 회피를 언급하며 콘돔을 사용해 HIV를 피하는 것은 죄라고 말한다면 아프리카의 독실한 기독교 신자들은 파멸하고 말 것이다.

물론 우리는 교회사에 대항해 성경을 옹호해야 한다. 하지만 로마 가톨릭교회의 강권 정책의 반대에 선 정확한 성서학조차도 보편적인 인권을 수호하는 방향으로는 나아가지 않는다. 기독교에서 금지하는 열 가지에는 고문이나 아동성애자들로부터 사람을 지키는 것이 포함되지 않는다. 가장 악한 위법 중에서도 간통죄를 예로 들면 독일에서는 이미 1969년부터 간통죄 처벌 법규가 폐지되었다.

예수는 용서를 빌고 약한 자들에게 공감하라고 설교했다. 그의 태도를 본받아 오늘날에도 희생정신이 투철한 교인들이 요양원이나 국제적인 구호단체에서 자원봉사 활동을 한다. 이런 형태의 '이웃 사랑'은 실로 놀랍다. 그러나 타인에 대한 공감과 사랑에 신은 필요하지 않다. 게다가 기독교 교회사를 담은 도덕의 대차대조표를 살펴보면 자비보다 끔찍함이 훨씬 우위에 놓여 있다. 《신약성서》의 이웃 사랑은 보편화되지도 않았다. 대부분의 경우 남성인 범죄자들은 평생 징역형에 처해져야 할 정도로 끔찍한 짓들을 저지르고 보호 감금되었다. 하지만 우리가 이들을 용서하지 못하는 이유는 사회를 보호하기 위해서만이 아니다. 이들의 범행으로 인해 훼손당한 규범과 피해자 및 그 주변인들의 권리를 위해서도 속죄가 필요하다.

"신이 없으면 도덕도 없다"라는 말에 대한 공공연한 반론으로는 그저 단순한 사실을 제시하면 된다. 수많은 무신론자들이 정직하고 법에 저촉되지 않는 삶을 산다. 이들은 신앙심이 있는 사람들과 구분되지 않는다. 게다가 오늘날 유럽인들은 유럽 대륙의 인간 역사상 가장 도덕적이고 민주적인 규범에 따라 살아가는 동시에 가장 많은 수의 무신론자들로 구성된다. 독일인들 또한 난폭하지 않으며 도덕적 방향성 상실에 잘못 빠지지 않고 점점 더 평화를 위해 노력하고 있다. 독일의 범죄율은 지난 50년 동안 계속해서 줄어들었는데, 동시에 새롭게 세례를 받는 사람이나 교회에 입회하는 사람의 수도 꾸준히 줄었다. 물론 두 가지 발전 과정 사이에서 인과적 관련성을 도출하는 것은 다소 모험적이지만, 그 반대를 주장하는 게 더 모험적이다.

철학자 헤르베르트 슈네델바흐Herbert Schnädelbach는 2000년에 주간지 《디 차이트》에 게재한 〈기독교의 저주〉라는 기사에서 신 없이 모든 것을 주제화한다는 격정적인 논쟁을 불러일으켰다. 반대의견을 주장하는 사람들은 격분했고 논쟁은 파렴치하고 궁색하게 치달았다. 슈네델바흐는 원죄라는 기독교적 윤리가 터무니없는 요구라고 분명히 말했다. 왜 사람이 세상에 태어나자마자 죄인이 되어야 하는가? 지옥이니 묵시(아포칼립스)니 하는 상징적인 폭력 또한 부당한 것이다. 슈네델바흐에 따르면 십수 세대에 이르는 사람들이 이런 '경악스러운 환상의 그림자' 속에서 살았다. 그는 그러므로 기독교의 가장 큰 축복은 그것이 사라지는 데 있다고 결론지었다.

많은 성직자들이 대수롭지 않은 일로 왜곡하고 있지만, 사실 우리 사회는 이미 오래전부터 기독교를 없애는 방향으로 가고 있다. 오늘날 우리에게 인권은 모든 종교보다 우위에 있다. 또한 우리는 동등한 권리, 민주주의 혹은 법치국가에 의문을 제기하는 종교적 가르침을 더 이상 받아들이지 않는다. 성당과 교회 또한 이런 변화에 적응하고 있다. 그들이 이전에 태양 중심적인 세계관과 진화론을 받아들이며 자연과학에 적응했듯이 말이다. 그리고 이슬람교 또한 이에 적응해야 한다. 신앙고백의 모든 것이 독단적이고 불합리하고 도덕적으로 시대에 어긋난다고 받아들인다면 남는 종교가 없을 것이고 대신 인권이 보호되는 현대 민주주의적 지식사회가 그 자리를 대신할 것이다.

경제적으로 볼 때 교회는 역사상 가장 성공적인 기업이다. 가톨릭교회는 전 세계에서 가장 부유한 회사다. 가톨릭교회라는 회사는 전 세계적으로 통합된 정체성을 갖추고 있어 오인될 소지가 없으며, 아주 이해하기 쉬운 로고를 갖고 있고, 이 회사의 CEO는 최고의 영향력과 인지도를 행사한다. 이 회사는 아주 명확한 선전 활동을 진행하며 다양화된 서비스 제품을 제공한다.

"우리에게 여러분의 인생을 바치면, 여러분은 죽은 다음 그에 대한 이자를 복리로 받게 될 것입니다."

권력과 전통은 오직 이런 형태일 때만 신앙고백과 연결된 신학이 비판적인 종교학일 뿐만 아니라 아직도 대학의 정규 교육 과정인 이유를 설명할 수 있다. 권력과 전통에 주목한다면 왜 아직도 그렇게 많은 성직자가 도덕철학이나 기타 전문지식 없이도 윤리위원회나 협의회에 앉아 있거나 관련 토론회에 초대되는지 설명 가능하다. 교회는 어마어마한 수의 입회자 및 교도들을 내세우며 그들을 대표하는 자신들의 기능을 강조한다. 하지만 예를 들어 정치 정당이나 ADAC[17] 같은 조직과 달리 대부분의 교회 입회자들은 자신이 원해서 적극적으로 집단에 속한 것이 아니라 태어나면서부터 자동으로 속해 있었다.

교회의 존재는 무척이나 일상적이어서 우리는 교회가 개인의 사고방식에 부합하지 않는다고 하더라도 그것이 존재한다는 상태 자체는 자연스럽다고 생각한다. 마치 그리 오래 지나지 않은 시점까지도 여성들은 투표할 수 없고 사람이 노예로 일하던 현실을 일상적이고 자연스럽다고 생각했듯이 말이다. 일상의 몽매함에서 벗어나려면 눈을 뜨게 해주는 계기가 필요한데, 도킨스의 예시에 따르면 우리는 어린이들을 유대교, 기독교 혹은 이슬람교 모태신앙인 아이들이 아니라 그저 유대교인, 기독교인, 이슬람교도인 부모에게서 태어난 아이들이라고 불러야 한다. 이는 지극히 당연한데, 자유주의, 좌파 혹은 보수 어린이라는 말은 없기 때문이다.

토론에서 논증보다 독단적인 교리가 중요하게 여겨지고 나이 든 남자들이 오래된 책에 쓰인 낡아빠진 도덕규범을 들먹이며 남들을 꾸짖는다면 미래의 무신론자 혹은 신앙이 없는 사람들은 그런 행동 때문에 무신론자들이 상처를 입는다는 점을 더 명확하게 밝혀야 한다. 전능한 창조신이라는 개념은 그 자체로 모순적이며, 영혼이라는 것은 우리와 아무런 관련이 없고, 우주는 아름답고 매력적이어서 더 이상 파헤칠 것이 없으며, 우리의 도덕성에는 우리 스스로가 책임을 져야 하고, 민주적인 지식사회는 평화로운 무신론으로 확장된다고 말이다. 이런 믿음이 현저하게 범위를 넓히고 있으니, 신에게 감사한다.

## 4장

# 꿈꾸다

## 수면이 보여주는 착란

나는 버려진 공장 지대에 있는 다 쓰러져가는 콘크리트 건물의 그림자에 몸을 숨기고 있다. 맞은편에서는 제임스 본드James Bond 가 장전한 총을 들고 내가 숨어 있는 곳으로 점점 다가오고 있다. 그는 티셔츠 위에 검은색 방탄조끼를 입었다. 나는 그가 나를 보지 못할 것이라고 확신한다. 그런데 그가 갑자기 총을 두 발 쏘았고, 그 중 하나는 내 가슴에, 다른 하나는 오른쪽 팔에 박혔다. 나는 내 몸 을 내려다보고서야 나 또한 방탄조끼를 입었다는 걸 알았다. 총알 이 느껴지지는 않았지만 내 팔은 완전히 마비되었고 몸 옆에 딱 붙 어 축 늘어진 채 움직이지 않았다. 그 순간 나는 깨어났다. 모든 것 은 그저 꿈이었다.

이게 무슨 뜻일까? 이 꿈을 소원으로 해석할 수도 있을 것이다. 남자라면 누구나 제임스 본드가 사는 세계관에서 살아보고 싶다 고 꿈꿔본 적이 있을 테니까. 하지만 어딘지 모르게 이 꿈은 소원이 라기보다는 나의 내면을 드러내는 것 같다. 영국의 비밀 요원과 내 가 같은 옷을 입고 있었다는 건 비밀 요원이 나의 또 다른 자아Alter Ego라는 뜻이고, 그렇다면 이는 내가 나 자신과 싸우고 있다는 걸 까? 동성애적인 동기도 명확하게 나타난다. 나의 힘없이 축 늘어진 팔, 그의 권총 총구에서 터진 불빛. 나는 배우 다니엘 크레이그Daniel Craig처럼 야성미 넘치는 근육질이 되어서 은유적인 의미를 넘어 그와 가까워지고 싶은 걸까?

우리는 누구나 꿈을 무의식 세계를 통과하는 여행으로 여기고 싶다는 충동을 느낀다. 이것은 정신분석학에서 전해져 내려오는 문화다. 꿈을 학술적으로 다룰 때 우리는 곧바로 지크문트 프로이트의 이론을 떠올릴 수밖에 없다. 그는 꿈이란 반드시 무의식 속의 간절한 소원과 관련이 있으며, 그것은 어떤 식으로든 섹스와 연관이 있다고 말했다.

하지만 현대 꿈 연구 분야에서는 말도 안 되는 소리다. 프로이트의 연구는 고대의 새점쟁이[1]나 점성술사와 다를 바 없는 수준이었다. 꿈이 숨겨진 소원이나 욕망과 관련될 가능성은 드물다. 우리의 정신세계는 '무의식적인 것'과 닮은 구석이 조금도 없다. 오히려 그 반대로, 우리는 꿈을 직접 '체험'한다. 꿈은 의식적인 것이라는 뜻이다. 다만 꿈에서는 우리의 활동적인 제어 능력이 강력하게 제한될 뿐이다. 즉 우리는 각성 상태일 때 감정이나 감각적 인상을 받는 것처럼 꿈을 꿀 때 매우 수동적인 상태가 된다.

'프로이트의 신화'가 오래도록 유명했던 이유는 여러 가지다. 하나는 많은 사람들이 모든 것에서 더 깊거나 상징적인 의미를 찾는 경향이 있다는 것이다. 우리는 아주 어린 학생일 때부터 국어 수업 시간에 정해진 원칙에 따라 문장과 문장 사이에서 셀 수 없이 많은 숨겨진 의미를 찾아내는 훈련을 받는다. 이때 단순히 단어 그대로 해석되는 내용은 하나도 없고, 모든 것이 다른 의미를 갖는다.

프로이트가 성공을 거둔 또 다른 이유는 '무의식'이니 '무의식적'이니 하는 단어를 애매모호하게 사용했기 때문이다. 많은 사람들이 스스로의 행동과 생각이 늘 자기 자신에 의해 제어되는 것이 아니라 알려지지 않은 어떤 힘에 의해 조종된다는 주장에 매력을 느꼈다. 정신세계의 숨겨진 부분을 탐구하는 것은 문학 시간에 각 단어와 표현의 상징을 찾는 것과 비슷했으며 그만큼 재미있었다. '무의식'은 많은 의미를 지닌다. 깊숙이 잠들어 있어 접근할 수 없는 기억이자, 주의의 저편에서 움직이는 것이자, 의식에서 적극적으로 밀려나는 것이자, 수동적으로 배제되는 것이자, 그렇기 때문에 변칙적인 방식으로 스스로를 드러내는 것이다. 프로이트는 특히 수동적 배제라는 가설에 집중했다. 하지만 자신의 저서에서는 '무의식적'이라는 단어의 모든 뜻을 현란한 전체 그림처럼 쌓아올렸다. 이것은 여러 정신분석학교와 프로이트의 유명한 견해에서 매우 중요하다.

오늘날 우리는 수면이나 꿈의 생물학적인 토대에 대해 프로이트보다 훨씬 많은 것을 알고 있다. 이런 지식은 현대 연구가 어떻게 프로이트를 훨씬 앞지를 수 있었는지 설명한다. 꿈 연구 분야의 가장 커다란 질문 세 가지는 다음과 같다. 꿈의 내용은 얼마나 자세하게 보이는가? 어떻게 하면 꿈을 가장 잘 연구할 수 있을까? 꿈의 생물학적인 기능은 무엇인가? 마지막 두 가지 질문은 서로 연관이 있는데, 이에 대한 답을 찾는 데 필요한 꿈 이론이 한 가지이기 때문이다. 꿈을 연구하는 방식은 이론에 따라 달라진다. 다만 그 전에 먼

저 밤이 되면 우리 몸에서 어떤 일이 일어나는지를 명확히 알아야
한다.


## 수면의 생물학

우리는 잠을 잘 때 꿈을 꾼다. 수면은 아주 명확한 생물학적 기능
을 한다. 어쩌면 수면이 꿈을 가장 잘 이해할 방법을 제시할지도 모
른다. 우리 인간뿐만 아니라 거의 모든 동물이 잠을 잔다. 많은 동물
들이 포식자로부터 새끼들을 지켜야 하므로 잠잘 곳을 보호하고 숨
기는 데 엄청난 에너지를 사용한다. 거북이는 직접 안전하고 조용
한 집을 등에 지고 다니고, 다른 동물들은 둥지를 만들거나 땅굴을
판다. 새끼 쥐들은 땅굴 속에 숨어서 서로 옹기종기 뭉쳐 잠을 잔다.
천적이 없는 야생동물들은 안전한 장소를 찾을 필요가 없다. 코끼
리들은 사방이 뚫린 장소에 우뚝 서서 잠을 자고, 사자들은 아무 곳
에나 누워 일광욕을 즐기며 늘어진다. 육식동물들은 잠자는 시간도
길다. 이것은 동물왕국의 규칙이나 마찬가지다. 적수가 적을수록 오
래 잠을 잔다. 어류나 파충류에게 '수면'이라는 개념을 적용할 수 있
는지 여부는 아직 논쟁 중이지만, 어쨌든 어류나 파충류 또한 당연
히 휴식한다. 이들은 휴식을 취하며 힘을 아끼거나 신체 일부를 재
생한다.

그렇다면 여기서 드는 의문은, 수면과 꿈이 도대체 무슨 관계냐
는 것이다. 수면과 꿈 연구 분야에서의 획기적인 사건은 렘REM수면

의 발견이었다. 여기서 렘이란 급속 안구 운동Rapid Eye Movement의 약칭으로, 잠을 잘 때 눈꺼풀에 덮인 안구가 빠른 속도로 움직이는 것을 말한다. 오래전 아리스토텔레스가 개들에게서 발견되는 급속 안구 운동에 주목했는데, 1953년이 되어서야 시카고대학의 젊은 학자이던 유진 아세린스키Eugene Aserinsky가 이것이 꿈의 신호라고 밝혔다. 아세린스키의 발견에는 우연의 도움이 컸다. 악몽을 꾸던 실험 참가자를 잠에서 깨우려던 찰나, 아세린스키는 격렬한 안구 운동을 발견했다. 이후에 그는 측정기를 사용해 수면 주기에 따른 신체 변화를 증명했다. 호흡과 심장박동은 매 90분마다 높아지고, 안구진탕[2]이 시작된다. 이때 나머지 신체 부위의 근육 긴장은 완전히 누그러진다.

렘수면 단계에는 생식기 부위로 가는 혈액의 흐름이 좋아지는데, 이것은 정신분석학자들에게는 가시적인 증거였다. 프로이트가 옳았다. 꿈과 섹스는 연관이 있었던 것이다. 그러나 인간과 인간의 생물학적 친척들을 비교해보면 이 이론은 벌써 의심을 샀어야 한다. 대부분의 포유동물이 렘수면 단계를 겪는다. 정신분석학자들이 사람의 사례를 설명한 바와 같이, 다른 포유동물들 또한 꿈을 꾸는 와중에 억누르고 있던 욕망을 분출한다니, 있을 수 없는 일이다.

렘과 꿈, 수면의 연관성이 모든 동물 종에게서 뚜렷하게 나타난다면, 생물학적인 설명이 가능할 것이다. 그러나 안타깝게도 규모가 매우 작은 동물원에서조차 모든 동물의 수면 습관이 다르다는 점을 알 수 있다. 포유동물의 렘수면과 조류의 렘수면은 대략 1억 5천만 년 전부터 서로 독립적으로 진화했다. 특히 조류의 렘수면은 알에서 갓 깨어난 새끼 새에게서만 관찰된다. 그리고 포유동물이라고 해서 모두 렘수면 단계를 거치는 것은 아니다. 돌고래와 바다표범은 렘수면 단계를 겪지 않는다. 토끼는 렘수면을 겪지만 희한하게도 수컷만 그렇다. 게다가 렘수면을 겪지 않는 동물이 꿈을 꾸는지 여부를 판단하기란 당연히 어렵다. 동물을 데려다가 꿈을 꾸었는지 직접 물어볼 수도 없는 노릇이니 말이다. 렘수면 단계를 겪는 동물이라고 해서 꿈을 꾸는지 정확히 알 수는 없지만, 적어도 인간과 비교해볼 수 있다. 하지만 연구 결과가 우리가 원했던 만큼 확실하지는 않다. 사람 중 약 95퍼센트 정도가 꿈을 꾼다고 답했다. 우리는 특히 꿈이 부정적인 감정과 연관될 때 잠에서 깨고 나서도 꿈의 내용을 잘 기억한다. 그렇다면 다음 의문은 이것이다. 우리가 잠을 잘 때 닫힌 문 뒤, 그러니까 우리의 이성 저편에서는 무슨 일이 일어나는가?

## 이성의 수면, 터무니없는 무의미를 낳다

전신이 마비된 적이 있는가? 아니면 정신적으로 환각에 시달린 적이 있는가? 대부분의 사람들에게는 이런 질문 자체가 다소 충격적이기 때문에 많은 이들이 곧장 부정할 것이다. 그런데 이런 일이 우리에게 거의 매일 밤, 그것도 여러 번 일어난다.

잠을 자는 동안 우리는 리드미컬한 수면의 단계를 겪는데 이를 크게 세 그룹으로 나눌 수 있다. 잠이 드는 단계에서 우리는 낮 동안 겪었던, 특히 낯설고 비일상적인 움직임을 계속해서 반복한다. 예를 들어 스키를 타거나 새로운 컴퓨터게임을 해본 적이 있는 사람들이라면 익히 아는 경험일 테다. 잠에 들기 바로 직전, 제어 능력이 점점 약해질 때, 우리는 높이 쌓인 눈 사이를 헤치고 지나가는 듯한 혹은 기하학적인 블록이 서로 맞물릴 때까지 계속해서 돌고 도는 상상에 빠진다.

이 단계가 지나가면 본격적인 수면, 즉 눈이 빠르게 움직이는 렘수면과 눈의 움직임이 잦아들고 맥박도 낮아지는 논렘Non-REM수면이 나타난다. 처음에 사람들은 정신이 렘수면 단계에서만 활발해진다고 생각했다. 하지만 곧 우리의 정신은 조용히 쉬는 때가 없다는 사실이 밝혀졌다. 다른 수면 단계에서도 우리는 꿈을 꾸지만, 꿈이 그림처럼 자세한 경우는 드물다. 꿈속에서는 감정과 생각이 우세하다. 사고의 과정은 대개 연속적으로 이루어지는데 때때로 강제적일 때가 있다.

특히 렘수면 단계에서 우리는 전형적인 꿈을 꾼다. 렘수면 단계는 전체 수면 단계의 20퍼센트를 차지한다. 이때 우리 몸의 거의 모든 근육이 마비된다. 즉 축구하는 꿈을 꿔도 실제로 다리가 버둥대지는 않는다는 뜻이다. 렘수면 장애(렘수면 행동 장애)가 있는 사람들은 렘수면 중에도 근육이 마비되지 않는다. 이들은 산책하는 꿈을 꿀 때 걷는 박자에 맞춰 온몸을 움직인다. 혼자 침대에서 떨어지기만 하면 다행이지만, 심각한 경우 예를 들어 복싱하는 꿈을 꾼다면 같은 침대에서 자는 상대방에게 매우 위험하다.

렘수면의 특징은 전신마비뿐만이 아니다. 선구적인 꿈 연구자이자 하버드대학의 심리학자인 앨런 홉슨Allan Hobson은 꿈속 경험을 정신병적 환각, 즉 실존하지 않지만 실제처럼 느껴지는 경험과 비교했다. 조현병 환자들이 대개 환청에 시달리는 것과 달리 꿈은 보통 환각이다. 이는 약물에 의한 착란 상태나 고열로 인한 환각과 비슷하다. 소리, 맛, 냄새가 느껴지는 경우는 매우 드물다. 꿈을 꿀 때는 신체에 대한 지각 능력이 왜곡된다. 어떨 때는 공중에서 미끄러지는 기분이 들다가도 다음 순간에는 바닥에 딱 달라붙어 있는 기분이 들기도 한다. 그리고 꿈은 두려움, 기쁨, 욕망, 공격성과 같은 강력한 감정을 동반한다.

칸트는 자신의 저서《머리 관련 질환에 대한 고찰Versuch über die Krankheiten des Kopfes》에서 "미치광이란 깨어 있는 상태에서 꿈을 꾸는 사람이다"라고 말했다. 한편 홉슨의 주장을 따라가면 칸트와는 반대되는 사상을 마주하게 된다. 그는 "건강한 사람은 꿈을 꾸는 미치광이다"라고 말했다. 우리가 꿈을 개개인의 환각일 뿐만 아니라 독자적으로 해석된 사건으로서 경험하기 때문이다. 많은 이들이 현실적이고 의미 있는 꿈보다는 개꿈이나 말도 안 되는 꿈을 꿨다고 말한다. 자세히 들여다보면 꿈의 내용은 대개 논리나 일상적인 경험을 뛰어넘은 것들이다. 꿈속에서 우리는 길이 나지 않은 산골짜기를 어렵사리 헤집고 다니다가 갑자기 교실 안의 흔들리는 책상 위에 균형을 잡고 서 있기도 한다. 그런데 막상 꿈에서는 이런 상황이 전혀 이상하지 않다. 우리는 꿈속에서 옆집 할머니의 얼굴이 갑자기 배우 로미 슈나이더Romy Schneider처럼 바뀌어도 그녀가 변함없는 옆집 할머니라고 생각하며 놀라지 않는다.

# 실험실 속 꿈과 일기장 속 꿈

꿈은 '나의 1인칭 관점'에서 탄생하는 주관적 경험이다. 그래서 꿈을 연구하려면 꿈을 꾼 사람에게 그 내용을 직접 묘사해달라고 요청하는 수밖에 없다. 꿈의 가장 중요한 증거는 꿈 일기나 꿈 실험실에서 진행된 설문조사 보고서 등이다. 실험실 보고서는 잠을 자던 실험 참가자를 갑자기 깨워 곧바로 조사를 진행하기 때문에 꽤 신뢰도가 높은 꿈의 내용을 알아내는 데 도움이 된다. 물론 이 경우에도 왜곡이 발생할 수 있다. 무균 실험실에서 갑자기 잠이 깨자마자 하얀 가운을 입은 수많은 과학자들이 자신의 얼굴을 빤히 바라보고 있는 상황을 마주한 실험 참가자들은 꿈 내용을 솔직하고 노골적으로 표현하고 싶지 않다는 기분을 느낄 것이다. 그래서 오히려 개인이 작성한 꿈 일기가 더 도움이 될 수 있다. 다만 꿈 일기 또한 왜곡될 가능성이 있는데, 부정적인 꿈을 꿨을 때는 잠에서 깨어 꿈을 기록해둔 사람이 긍정적인 꿈을 꿨을 때는 깨지 않고 계속 자버릴 가능성이 있기 때문이다.

아직 꿈의 많은 측면이 연구되지 않고 남아 있지만, 여태까지 모인 다수의 꿈 연구 보고서에 따르면 몇 가지 사실을 알 수 있다. 우선 꿈으로 여자와 남자를 구분할 수 없다. 꿈의 주제는 대개 인류가 처음 탄생했을 때부터 중요하던 것들, 예를 들어 음식, 도망이나 탈출, 싸움, 성교 등이기 때문이다.

1990년대에 수많은 꿈 연구소가 수년에 걸친 연구 끝에 문을 닫았다. 특히 기술적, 해석적 연구를 진행하던 이들에게는 큰 타격이었다. 다수의 꿈 연구소가 문을 닫게 된 이유 중 하나는 경쟁적으로 다양한 연구 결과를 쏟아내며 성공을 거둔 신경과학 분야가 점차 꿈의 구체적인 내용에는 관심을 보이지 않게 되었기 때문이다. 또 다른 이유는 꿈 연구소를 유지하는 데 막대한 비용이 들어가는 것에 비해 연구 성과는 미미했기 때문이다. 꿈을 이해하는 데 뇌에서 일어나는 일을 연구하는 것만으로는 불충분하기 때문에 순수 신경과학적 꿈 연구를 선호하는 경향은 근시안적이다. 우리는 우리가 왜 꿈을 시각적인 이야기로 경험하는지 이해해야 한다. 현대 연구에서는 두 가지 요소, 즉 경험과 뇌 활동 사이의 연관성을 찾아내는 것이 최선이다.

꿈 일기를 써보면 꿈의 내용을 점점 더 자세한 부분까지 기억할 수 있을 것이다. 또한 어떤 꿈은 잔인하고 기괴하며, 어떤 꿈은 매우 일상적이고 현실적이라는 점이 눈에 띈다. 꿈 일기를 썼을 때 명확히 알 수 있는 점은 하나 더 있다. 문학작품이나 그림, 영화에 등장하는 꿈은 현실의 꿈과 많이 다르다는 것이다. 그렇다면 꿈과 관련된 이론을 파헤치기 전에 우선 예술 작품 속 꿈을 알아보자.


## 예술과 문학 속 꿈


앨리스는 하얀 토끼를 뒤쫓아 달리다가 땅굴 깊은 곳으로 빠져 기나긴 자유낙하를 거친 후 땅바닥에 착지했고, '나를 마셔요!'라는 이름표가 붙은 병에 든 음료를 마시고 나서 몸집이 작아진 다음, 해

일을 타고 이동해 동물들이 말을 하고 미치광이 모자 장수가 살며 모든 생물체들이 여왕의 날카로운 비명과 공포정치에 벌벌 떠는 이 상한 나라에 도달한다.

이 고전 문학작품에 관한 흔한 해석 가운데 하나는 앨리스가 꿈 속 이상한 나라에 떨어졌다는 것이다. 《이상한 나라의 앨리스》를 꿈으로 해석해보자. 이 이야기 속에는 전형적인 꿈의 요소 중 하나인 '기괴함'이 드러난다. 예를 들자면 신체 환각, 뒤바뀐 중력, 갑작스러운 장소 변환 등이다. 루이스 캐럴의 초고 또한 이런 해석을 암시한다. 초고의 제목은 '앨리스의 지하세계 모험', 즉 '지하세계의 앨리스'였다. 캐럴이 프로이트의 《꿈의 해석》보다도 30여 년 전에 이미 무의식의 해석을 진행한 것처럼 들리는 제목이다.

여러 유사점은 있지만 이 소설은 자연스럽고 사실적인 꿈을 묘사한 내용이 아니며 그래서도 안 된다. 낭떠러지로 떨어지는 것은 가장 흔하고 대표적인 악몽의 줄거리지만 말하는 동물은 악몽보다는 전형적인 동화 속 세상의 등장인물이기 때문이다. 앨리스의 여러 고민은 급격하게 변하는 한편 꿈속 생각치고는 지나치게 명확하다. 그래서 앨리스가 떨어진 이상한 나라는 꿈이라기보다 상상의 친구가 있는 어린아이가 만들어낸 생동감 넘치는 판타지, 즉 몽상이다. 몽상의 '몽夢'은 꿈을 뜻하지만, 몽상과 꿈은 비슷하기만 할 뿐 전혀 다르다.

회화 분야에서도 꿈의 현실성을 표현한 그림이 오히려 꿈의 본성과는 멀리 떨어져 있다. 예를 들어 살바도르 달리Salvador Dali는 꿈과 같은 세계를 그리기로 유명하다. 풍경이 마치 사람과 같은 표정을 짓고, 시계가 녹아 흐른다. 하지만 이것은 메스칼린 같은 약물이나 정신에 영향을 미치는 버섯을 섭취했을 때 나타나는 환각에 가깝다. 다른 초현실주의 화가들과 마찬가지로 달리는 프로이트의 이론에 맞게 그림을 그렸다. 그렇다고 달리의 그림의 설득력이 줄어드는 것은 아니지만 그것을 꿈을 모사한 것이라고 보기에는 적절하지 않다.

영화계 또한 마찬가지다. 할리우드는 '꿈 공장'이라고 불리지만 영화 속에 꿈이 표현되는 경우는 드물다. 영화에서는 꿈속 장면이 영화 속 현실 장면과 확연하게 구분되어야 하므로 흐릿하거나 어둡거나 흑백으로 표현된다. 한편 사람들이 컬러로 꿈을 꾼다는 것은 어느 정도 기정사실로 굳어졌다. 흑백영화 시대에는 배우 그레타 가르보Greta Garbo나 험프리 보가트Humphrey Bogart가 사람들의 꿈에 단색으로 등장했다는 보고서가 존재하지만 말이다.

꿈이 도대체 어떻게 보이는지 알고 싶다면 예술 작품에 기대지 말고 스스로의 기억을 되짚어야 한다. 그리고 꿈의 인상을 설명하려면 이론이 필요하다. 이제 꿈과 관련된 이론을 자세히 살펴보도록 하자.


## 고대의 꿈 이론


이미 수천 년 전부터 인간의 밤의 얼굴은 수수께끼로 사료되었다. 고대에는 꿈에 관한 두 가지 전통이 존재했다. 하나는 꿈을 암시적인 통보, 그러니까 신이나 악마, 죽은 조상들의 경고나 예언이라고 보는 시각이었다. 자신의 꿈을 스스로 해석하지 못하는 사람은 예언자를 찾아갔다. 한편 고대의 의사였던 히포크라테스Hippocrates와 갈레노스Galenos는 의학적인 접근법을 시도했다. 이들은 꿈을 질병의 증상으로 보고 꿈에 대한 진단을 내렸다.

고대 그리스의 의료 체계는 두 가지 접근법을 융합했다. 병자들은 아스클레피에이온Asclepieion로 보내졌는데, 의술의 신인 아스클레피오스Asklepios의 이름을 딴 이곳은 일종의 노인요양원으로, 재활치료를 제공하는 장소였다. 이곳에서 전문 의료진이 꿈을 해석하고 환자가 지불한 치료비에 상응하는 건강 지침을 제시했다. 이후 꿈이 신의 계시라는 생각을 거부하는 사람들이 점차 늘어나면서 인류는 과학적인 꿈 연구로 발걸음을 내딛었다.

위대한 철학적 적수인 플라톤과 아리스토텔레스는 꿈에 대해서도 의견을 달리했다. 적어도 초기 대담에서 플라톤은 꿈을 고차원적인 존재의 전언으로 보았다. 그는 후기 저작에서야 생리학적인 의견을 제시하기 시작했으며 꿈을 환각의 표현으로 보았다. 그의 제자인 아리스토텔레스는 처음부터 자연과학적인 접근법을 시도했다. 그는 꿈이 단순히 인식의 나쁜 결과이자 혈액의 성질이 바뀌면서 발생하는 깜박임이라고 보았다.

# 프로이트의 정신

플라톤은 우리의 영혼이 말 두 마리에 의해 이끌리는 마차라고 생각했고, 그중 한 마리는 거칠고 본능적이며 다른 한 마리는 고상하고 대담하다고 말하며 꿈의 해석 분야의 역사에 또 다른 각인을 남겼다. 플라톤은 또한 두 마리 말이 각자 다른 방향으로 가고자 하기 때문에 이들을 이끌 노련한 마부가 필요하다고 말했다. 이런 이미지의 상징성은 오늘날까지도 남아 있다. '박차를 가하다', '고삐를 끌다'라는 관용어를 보면 알 수 있다.

프로이트가 말한 우리의 깊은 내면에 있는 정신 또한 플라톤의 영혼의 마차에서 유래한 것이다. 다만 프로이트가 주장한 정신은 두 마리 말 대신 자아(에고, Ego), 원본능(이드, Id), 초자아(슈퍼에고, Superego)로 이루어진다. 꿈속에서는 자아가 원본능을 남기고 떠난다. 내면의 비밀스러운 소원은 더 이상 무의식 속에 숨겨져 있지 않고 표면으로 드러난다. 잠을 자고 있는 정신의 주인이 방해받지 않도록 하루 종일 모든 것을 제어하던 검열관이 이런 야만적인 힘도 상징으로 완전히 바꿔버린다. 그리고 이런 상징 뒤에 숨은 의미는 정신분석학자들만이 풀어낼 수 있다. 꿈을 꾸던 사람이 깨어나고 나면 상징의 의미가 내면에 숨겨진 채로 남기 때문이다.

프로이트는 플라톤으로부터 설계도면뿐만 아니라 구조상의 오류까지 물려받았다. 두 마리 말이 용기와 본능을 뜻한다면, 마부는 도대체 누구인가? 인간인 '나' 자신은 마부가 될 수 없다. 내 영혼이 말과 마부가 함께 연결된 마차 그 자체이기 때문이다. 프로이트의 모델도 이와 마찬가지다. 나 자신은 자아일 수 없다. 나라는 인간은 자아와 원본능, 그리고 초자아로 결정되기 때문이다. 내가 나 자신이 아니라면 나는 도대체 누구인가? 검열관은 누구인가? 나는 마치 자율주행 자동차처럼 움직이는 존재란 말인가? 플라톤과 프로이트는 호문쿨루스Homunculus가 있다는 그릇된 결론을 내렸다. 호문쿨루스는 소위 '뇌의 통제실'에 앉아 모든 일을 해내는 난쟁이다. 즉 인간이라는 존재를 완성하는 모든 성질을 인간 안에 들어앉은 이 가상의 존재가 만들어낸다고 본 것이다. 하지만 인간의 한 부분이라고 여겨지는 어떤 것을 조종하고 검열하고 밀어내고 변화시킬 수 있는 것은 오직 온전한 인간뿐이다.

이 설명 모델을 문자 그대로 받아들이지 않는다면 호문쿨루스라는 그릇된 결론을 피할 수 있다. 프로이트는 자신의 접근법이 실험으로 증명 가능한 인과적인 이론으로서 이해받기를 바랐다. 그는 또한 정신의 모든 요소가 생화학적인 기반을 갖추고 있다고 확신했는데, 그가 살던 시대에는 이를 철저히 연구할 방법이 없었다. 프로이트는 우선 꿈을 소원 성취로 보았다. 그 이후에는 꿈의 기능을 '수면을 지키는 파수꾼'이라고 보았다. 평소에는 검열관이 야만적인 소원의 고삐를 죄어 제어하거나 적어도 감추기라도 한다. 그러나 악몽을 꿀 때는 소원이 고삐를 풀어헤치고 튀어나온다.

현대 꿈 연구 분야에서 프로이트는 혹평을 받는다. 미국의 꿈 연구자 로버트 스틱골드Robert Stickgold는 이렇게 말한 적이 있다.

"프로이트는 50퍼센트 정도 맞고 100퍼센트 정도 틀렸다."

특히 프로이트의 동료이자 스스로도 정신분석학자인 홉슨이 '프로이트 비난'의 프로 선수였다. 그는 말로써 프로이트를 흠씬 두들 겼다. 홉슨에 따르면 프로이트는 애매모호한 꿈의 해석을 시도한 대제사장으로서 오랜 시간 동안 꿈이 과학적으로 엄밀하게 연구되는 것을 방해했다. 사실을 적시한 말이지만 뉘앙스는 다소 낯설었다. 미국 내에 편재하는 정신분석학을 보면 홉슨의 단어 선택이 낯선 이유를 알 수 있다. 미국에서는 정신분석학적 접근법이 인간의 무의식 깊은 곳에, 그리고 무엇보다도 인간의 생활 방식, 즉 행동에 깊이 스며 있다. 그래서 많은 미국인들이 매주 진찰실 소파에 앉아 정신분석의와 상담을 하지 않는 사람은 이상한 사람이라고 생각한다.

그렇다면 대체 프로이트의 잘못은 무엇일까? 우선 무엇보다도 그의 연구가 허술했다. 1900년에 펴낸《꿈의 해석》에서 프로이트는 광범위한 실험 참가자들을 모아 그룹별로 나누어 연구를 진행하는 수고를 하는 대신 자신의 꿈을 고작 40여 개 정도 소개했을 뿐이다. 그리고 동료 연구진의 말을 인용하기는 했지만 그 내용에는 놀라우리만치 무관심했다. 심리학자 빌헬름 분트Wilhelm Wundt는 이미 프로이트보다 이전에 꿈을 우연적인 기억의 연결을 포함하는 이른바 관념의 연결이라고 보았다. 그의 동료이자 물리학자이자 심리학자인 헤르만 폰 헬름홀츠Hermann von Helmholtz는 그때 당시부터 이미 꿈에서 전형적인 움직임 착시 현상이 발생한다고 말했다. 프로이트의 친구이자 경쟁자였던 카를 구스타프 융Carl Gustav Jung은 꿈과 정신이상의 유사점에 주목했다.

개인 연구를 진행하던 중 프로이트는 안타깝게도 코카인에 중독되었는데, 코카인은 디에고 마라도나Diego Maradona가 슬럼프에 빠져 있을 때 사용했던 마약이기도 하다. 〈코카인에 대하여Schriften über Kokain〉라는 논문에서 프로이트는 이 하얀 가루의 효과를 찬양하며 코카인이 '갑작스러운 기분 전환'과 '경쾌한 기분'을 만들어낸다고 말했다. 약물은 각성 상태뿐만 아니라 꿈도 바꾼다. 몇몇 과학자들은 프로이트의 표현이 약물에 중독되지 않은 사람들에 비해 훨씬 생동감 있고 다채로웠다고 말한다.

프로이트의 접근법은 또 다른 중대한 문제를 일으켰는데, 바로 상징의 해석이다. 프로이트에 따르면 꿈속의 사건과 대상은 심오한 의미를 지니고 있다. 이렇게 생각한 사람은 프로이트만이 아니다. '꿈의 상징'과 관련된 셀 수 없이 많은 저서에서 많은 학자들이 꿈속에 숨겨진 전언을 언급했다. 예를 들어 꿈에 나오는 하얀 말은 죽음, 늑대는 위험한 일에 대한 금지, 파도가 세찬 바다는 격정, 잔잔한 바다는 만족을 뜻한다고 말이다. 이런 '해석'이 완전히 잘못된 것 같지는 않다. 이미 일상생활에서 많은 사람들이 이와 비슷한 은유법으로 '기분이 파도를 친다'나 '양의 탈을 쓴 늑대'와 같은 표현을 사용하니 말이다. 역사 속에도 상징이 많다. 소설 작품에서는 대개 자연이 주인공의 정신생활을 반영한다. 할리우드 영화에서는 이런 자연의 상징적 표현이 매우 분명하게 그려진다. 등장인물의 장례식은 구름이 잔뜩 끼고 어두컴컴할 때 시작되며 곧이어 비가 추적추적 내린다. 그렇다면 꿈속의 거친 날씨가 재해를 예견하는 걸까?

문학이나 영화에서 사용되는 상징이 고개가 절로 끄덕여지는 설득력과 상징성을 보인다고 해서, 꿈에 나오는 상징 또한 마찬가지일 것이라는 증거는 없다. 프로이트는 늑대니 말이니 하는 위험이나 동기를 뜻하는 보편적인 상징을 믿지 않았다. 그러나 그는 사물 뒤에는 억눌린 정보가 숨겨져 있을 것이라고 생각했다. 그래서 정신분석학에서는 모든 침구류의 주름과 모든 구멍이 여성의 질을, 모든 뾰족한 것과 탑이 남성의 음경을 상징한다. 내가 꾼 제임스 본드 꿈에서는 권총과 힘없이 축 늘어진 내 팔이 음경을 상징하는 셈이다. 하지만 프로이트는 왜 그래야만 하는지 근거를 제시하지 않았다. 한 가지 예시가 있다. 정신분석학에서는 계단을 올라가는 행동이 오해의 여지가 없이 명백한 성행위를 뜻한다. 계단을 올라가며 다리를 움직이는 리듬이 성행위의 리듬을 상징한다는 것이다. 즉 그럴듯한 유사성을 찾는 것인데, 생각해보면 숨 쉬기나 음식을 먹는 행위도 리듬과 관련이 있다. 그렇다면 계단을 올라가는 행동이 숨 쉬기나 음식 섭취를 상징하지 않는 이유는 무엇인가?

게다가 프로이트의 접근법은 반론이 불가능하다. 즉 그가 틀렸다는 것을 직접 증명해보일 수 없다. 오스트리아계 영국인 과학이론가 칼 포퍼는 정신분석을 지적했다. 우선 어떤 이론의 최선이자 최고점은 그것이 늘 사실이라는 것이라고 볼 수 있다. 그런데 반론의 여지가 없다면 치명적이다. 그 접근법이 절대 틀릴 수 없다는 뜻이니 실질적으로는 아무런 내용이 없다는 말이나 마찬가지기 때문이다. 프로이트는 끈이 달린 장화가 음경이 아니라 단순히 끈이 달린 장화일 때를 구분하는 기준을 제시하지 않았다. 또한 프로이트가 옳은지 여부를 그의 해석과 상관없이 검사할 방법이 없다.

독일계 미국인 철학자 아돌프 그륀바움Adolf Grünbaum이 요점을 짚었다. 해석이 그럴듯하고 의미 있는 이야기로 들린다고 해서 꿈이 의미 있다는 뜻은 아니다. 이를 더 첨예하게 다듬으면, 꿈에 관한 글이 언어적 기호, 즉 문자로 쓰였다고 해서 꿈 자체가 상징이라는 뜻은 아니다. 예를 들어 프로이트는 하늘을 나는 꿈이 성관계를 재해석한 것이라고 말했다. 오늘날 우리는 하늘을 나는 꿈이 본능적인 신체적 환각이며 렘수면을 할 때의 근육 마비로 인해 나타난다는 사실을 알고 있다. 이를 구체적으로 설명하자면, 뇌의 운동중추는 근육으로 움직이라는 명령을 내리지만 명령이 목표까지 도달하지 않는다. 근육이 긴장하는 자극이나 느껴지는 저항이 없기 때문에 서로 반대되는 신호를 하나로 통합하는 메커니즘이 발동된다. 그래서 몸이 가벼워지거나 중력을 잃은 것 같은 환각이 발생한다. 혹은 몸이 마비나 마취된 것 같은 환각이 발생하기도 한다.

억눌린 성생활의 역할을 프로이트는 걷잡을 수 없이 과대평가했다. 아기들은 16시간의 수면 동안 8시간 정도 렘수면을 경험한다. 프로이트에 따르면 아기나 어린이들도 성적인 욕망을 갖고 있어야 한다는 뜻인데, 이들은 애초에 억눌린 성생활은 물론 성적인 경험조차 없다. 어쩌면 프로이트는 자신의 꿈에 지나치게 집중하다가 오류에 빠진 것인지도 모른다. 혈액 속의 성호르몬 함유량은 잠에서 깨어나기 직전에 가장 높으며, 우리가 아무런 경험도 기억하지 못하고 도통 깨지 않는 깊은 밤에는 그리 높지 않다. 만약 프로이트가 철저하게 제어된 환경에서 실험 참가자들을 한밤중에 깨워 실험을 진행했다면 이 사실을 알 수 있었으리라.

우리의 영혼의 특징을 나타내는 변화 메커니즘은 한 가지 더 있다. 프로이트가 살았던 경직된 1900년대의 오스트리아에서는 상류층이 자신의 원초적인 욕망을 적극적으로 은폐했을 것이다. 하지만 그렇다고 해서 모든 시대와 문화권의 사람들이 프로이트가 가정한 '수동적 억압'의 경향을 보였다고 단정짓기는 어렵다. 오늘날 많은 심리학자들이 '무의식적인 정보처리'를 언급하지만, 이것은 그저 의식의 저편에서 벌어질 수 있는 정신적인 과정을 뜻할 뿐이다. 수많은 독립적인 실험이 이 가정을 언급한다. 한편 '무의식'에 관한 가정에는 실험적 근거가 부족하다. 우리 정신에는 생각이나 소원을 고치거나 암호화하는 등 검열하는 부위가 없다.

억압과 상징적 표현에 대한 프로이트의 가정은 근거가 빈약했을 뿐만 아니라 사실에 모순되는 것이었다. 꿈에서는 소원, 두려움, 성적인 판타지가 매우 현실적으로 느껴지기 때문이다. 왜 우리는 직접 경험할 수 있으면서 동시에 억눌린 소원을 품어야 하는 걸까? 왜 우리는 꿈이라는 영화의 감독으로서 감독판이 상영된 곳과 같은 영화관에서 이곳저곳 검열되고 잘린 버전을 자율 규제에 따라 상영해야 하는 걸까?

# 현대의 꿈 이론

현대의 꿈 이론은 정신분석 분야의 해석적인 접근법과는 멀리 떨어져 있다. 1970년대 후반 홉슨은 동료들과 함께 오늘날까지도 널리 사용되는 기준을 개발했다. 그는 프로이트와 달리 꿈의 내용이 아니라 뇌의 활동에 주목했다. 현대적인 언어로 요약하자면 다음과 같다. 렘수면 중에는 뇌의 아주 깊숙한 곳에 있으며 오래된 뇌 부위인 뇌간에서 농축된 신경전달물질인 아세틸콜린의 분비량이 높아지며 이에 따라 우연한 자극 패턴이 만들어진다. 이런 '활성화'는 시각, 움직임, 감정 등을 담당하는 중추와 만난다. 뇌의 피질 부위에서는 해석 메커니즘의 두 번째 단계, 즉 합성이 진행된다. 이때 우리의 정신 속 혼란스러운 인상이 재구성되는 중인 기억과 만나 교묘한 이미지를 만들어낸다. 이렇게 여러 단계를 거친 과정이 진행된다고 하더라도 꿈을 꾸는 입장인 우리들은 오직 마지막 결과물만을 보게 된다. 홉슨은 자신의 이론에 따라 이렇게 두 단계에 걸친 과정을 '활성화-종합 이론Activation-synthesis theory'이라고 불렀다. 이 이론이 내가 꾼 제임스 본드 꿈을 더 잘 설명한다. 나는 그 꿈을 꾸기 하루 전에 새로 나온 제임스 본드 영화를 봤을 뿐만 아니라 영화의 스토리가 낯익다고 생각했다. 왠지 모르게 내가 그 모든 일을 이미 경험한 것처럼 느꼈기 때문이다.

홉슨은 꿈의 또 다른 특징을 설명했다. 움직임이나 중력의 환각이 억제된 기동세포Motor cell로 인해 발생한다는 것이다. 신경전달물질인 아세틸콜린은 우리가 흔히 '아몬드'라고도 부르는, 다양한 감정의 발생에 관여하는 편도체도 자극한다. 동시에 다른 물질들이 내면의 언어를 연상하고 시적으로 다듬는 주의력과 기억력, 논리적 생각 등을 감소시킨다. 이런 능력은 창의적인 꿈속의 모습을 만들어내는 데 꼭 필요하다.

홉슨은 꿈의 진화론적인 기능뿐만 아니라 꿈이 생겨나는 방식과 꿈을 꿀 때 활성화되는 뇌 부위에도 관심을 가졌다. 많은 사람들이 여전히 꿈속 이야기의 화자는 도대체 누구인지 궁금해한다. 곧장 떠오르는 답은, 바로 뇌다. 그러나 곧바로 플라톤과 프로이트가 빠졌던 그릇된 결론에 도달하고 만다. 뇌는 행동할 수 있는 인간이 아니다. 꿈이 언어적인 설명이라고 보는 가정 또한 설득력이 없는데, 자막이나 화자가 없어도 우리는 꿈의 내용을 알기 때문이다. 꿈은 삽화적인 구조이기는 하지만 누군가가 낭독하는 이야기는 아니다. 또 다른 문제가 있다. 우리는 때때로 똑같은 꿈을 연속해서 꿀 때가 있는데, 이것은 꿈이라는 이야기가 우연한 자극 패턴에 의해 만들어진다는 가정과 모순된다. 만약 그렇다면 꿈의 내용 또한 임의적이어야 하기 때문이다.

영국의 심리학자인(그리고 남아프리카에서 포도를 재배해 상까지 받은) 마크 솔름스Mark Solms는 홉슨의 활성화-종합 이론에 의문을 제기했다. 솔름스는 뇌종양 때문에 렘수면을 더 이상 하지 못하게 되었음에도 꿈을 꾸던 몇몇 환자들의 사례를 찾아냈다. 연구 논문을 파고든 솔름스는 반대의 경우도 가능할 수 있다고 믿었다. 몇몇 환자들이 렘수면을 할 수 있었음에도 더 이상 꿈을 꾸지 않았던 것이다.

이것을 '이중해리Double dissociation'라고 한다. 렘수면과 꿈이라는 두 가지 요소가 각기 따로 나타날 수 있다면 이 둘은 서로 연관이 없다. 솔름스에 따르면 홉슨의 이론이 틀렸다는 뜻이다. 이에 대해 홉슨은 솔름스가 질병을 겪고 있는 환자의 보고서를 제대로 해석하지 않았다며 비난했다.

한편 솔름스의 발견은 이어졌다. 뇌간에 발생한 손상이 꿈의 내용에는 영향을 미치지만 꿈 자체에는 영향을 미치지 않는다는 것이다. 또한 솔름스는 홉슨과 달리 둘레계통Limbic system에 속한 뇌의 보상과 욕망의 중추가 하는 일에 관심을 보였다. 이 부위는 감정, 소원, 만족 등을 담당한다. 솔름스에 따르면 이 부위가 바로 꿈의 원천이다. 다만 그 파도가 뇌의 앞부분, 그러니까 우리가 판단이나 생각을 할 때 필요로 하는 부위까지는 도달하지 않는다. 우리는 이것을 다음과 같이 해석할 수 있다. 꿈은 주로 소원 성취와 관련이 있고 사람이 깨지 않도록 막음으로써 수면을 보호한다. 그렇다면 내가 꾼 제임스 본드 꿈은 비밀 요원이 되고 싶다는 나의 은밀한 소망을 보여주는 것일까? 결국 프로이트가 옳았던 걸까?

솔름스는 자신의 접근법이 표면적으로만 프로이트의 이론을 따랐다는 점을 암시했다. 즉 솔름스에게 마케팅 전략적인 측면이 있었던 셈이다. 학계의 주류 의견이던 '안티 프로이트'적인 홉슨의 의견과 거리를 두려고 솔름스는 자신의 의견을 극단적인 반대 의견처럼 제시했고 그렇게 함으로써 일정 부분 자신의 위치를 확고하게 강조하고 상대방을 짓눌러버린 것이다. 사실 두 사람의 의견은 뉘앙스에만 약간 차이가 있었다. 홉슨은 우연과 종합을 더 중요시했고, 솔름스는 소원과 동기를 더 중요시했을 뿐이다. 솔름스는 기분에 관여하는 호르몬인 도파민이 꿈에서 가장 중요한 신경전달물질이라고 말했다. 현재의 데이터만으로는 두 사람 중 누가 옳은지 혹은 두 사람의 접근법을 적당히 절충한 제3자가 옳다는 결론이 나올지 알 수 없다. 아직 꿈과 관련된 사실 중 알려지지 않은 것이 너무 많다. 따라서 꿈 연구의 미래는 밝다.


## 꿈에도 의미가 있을까?

다음 날 중요한 프레젠테이션을 앞둔 파울은 끝없이 이어진 복도를 따라 하염없이 달리지만 도무지 앞으로 나아가지 않는 꿈을 꿨다. 파울라는 최근 새 연인을 사귀었지만 계속해서 전 남자 친구의 꿈을 꾼다. 두 사람은 모두 꿈에서 자신과 관련된 것을 경험했다. 만약 이들이 꿈의 내용을 진지하게 받아들인다면 자신의 삶을 바꿀 것이다. 파울라는 자신의 전 남자 친구에게 전화할 것이고, 파울은 프레젠테이션 대본을 한 번 더 읽어볼 것이다. 우리가 집중하고 있는 어떤 일은 계속해서 꿈에 나타난다. 그런 측면에서 볼 때 우리는 꿈의 기능이 무엇인지 알 수 있다. 꿈은 우리에게 정말로 중요한 것이 무엇인지 다시 한 번 보여준다. 미국의 철학자 오웬 플래나간 Owen Flanagan은 이 해석을 적극 부정했다. 그의 의견에 따르면 꿈에는 아무런 기능이 없다. 플래나간은 이것을 '꿈의 스팬드럴 이론 Spandrel theory of dreams'이라고 불렀다.

스팬드럴은 건축 용어로, 아치의 양편과 위쪽에 있는 삼각형 및 역삼각형의 공간을 가리킨다. 고대의 호화로운 건축물을 보면 스팬드럴 부분에 대개 화려한 조각이나 그림이 그려져 있었다. 이를 잘 보여주는 예시가 이슬람 사원이나 인도의 타지마할, 그리고 유럽의 르네상스 시대 건축물이다. 하지만 이런 건물 장식은 그저 여백을 채우기 위한 것으로, 다른 목적은 없다. 다리나 보도, 문, 사원 같은 건축물은 아무런 장식이 없어도 제 기능을 한다. 플래나간에 따르면 꿈은 수면의 스팬드럴이나 마찬가지다. 꿈은 무의식으로 빚어진 장식품이며 아무런 기능이 없다.

플래나간은 자신의 스팬드럴 이론을 기반으로 미국의 진화생물학자인 스티븐 제이 굴드Stephen Jay Gould와 동료 연구진의 의견을 받아들였는데, 이들은 현재의 모든 생물학적 성질에 하나의 진화적 기능이 반드시 존재한다고 생각하는 범적응주의Panadaptationism[3]에 반대한 사람들이다. 이 명제에서 가장 유명한 문학작품 속 등장인물이 바로 볼테르의 소설 《캉디드》에 나오는 팡그로스 박사[4]다. 팡그로스 박사는 주인공 캉디드에게 신이 우리에게 코를 준 이유는 안경을 쓸 수 있도록 하기 위함이었다고 말한다.

굴드와 동료 연구진은 진화의 역사에도 우연한 등장과 부산물이 존재한다고 말했다. 수컷 티라노사우루스 렉스는 짤따란 팔로 짝짓기 중인 암컷을 꼭 껴안았을 것으로 추측되는데, 이런 짝짓기 행동은 티라노사우루스 렉스의 팔이 그렇게 짧게 진화한 이유를 설명하지 못한다. 또 우리의 심장박동 소리도 아무런 기능이 없다. 심장이

뛸 때마다 소리가 나지만, 이 소리 자체에는 진화론적 목적이 없다.

플래나간은 꿈도 마찬가지라고 말했다. 꿈은 수면과 달리 생물의 생존에 유용하지 않다. 여러 번의 무모한 시도를 거쳐 플래나간은 수면박탈Sleep deprivation 상태인 인간에게 피로, 정신착란, 기타 정신 문제 등이 발생한다는 사실을 밝혔다. 예를 들어 매우 드문 유전적 불면증인 치명적 가족성 불면증Fatal familial insomnia에 걸린 사람은 증상이 발현하고 몇 달 후에 사망에 이른다. 즉 수면은 명확한 긍정적 기능이 있다. 그러나 꿈은 우리의 수면을 보호하지도, 우리를 건강하게 만들지도, 정신위생을 돕지도 않는다고 플래나간은 말했다. 실험 참가자의 렘수면을 억제했을 때 삶에 아무런 영향이 나타나지 않았다는 실험 결과가 이를 뒷받침한다. 오히려 그 반대였다. 렘수면 시간을 줄이는 부작용이 있는 정신과 약물을 투여했을 때 중 대다수가 긍정적인 효과를 보였다. 게다가 우리는 실제 삶과 전혀 관련이 없는 사물이나 사건이 등장하는 꿈을 꾸는 경우가 더 많다. 오히려 우리가 일상에서 걱정하거나 신경 쓰는 일들은 절대 꿈에 나오지 않기도 한다. 그리고 자신이 꿈꾼 내용을 기억하고 있는 사람과 그렇지 않은 사람을 비교했을 때, 이들의 건강에는 차이가 없다. 만약 꿈이 정말로 우리의 정신적인 삶에 영향을 미치는 기능을 했다면, 왜 꿈을 탐구하기가 이토록 어렵고, 왜 꿈은 그토록 임의적이며, 우리의 기억에 그렇게 흐릿한 흔적밖에 남기지 않는 걸까?

플래나간은 꿈의 기능은 부정했지만 그럼에도 우리가 꿈을 꿈으로써 스스로에 대해 더 잘 알 수 있다고 주장했다. 모순적으로 들린다. 심장박동과 꿈을 비교한 부분에서 알 수 있듯이, 두 가정이 모순되어서는 안 된다. 심장에서 나는 소리는 아무런 기능이 없지만, 의사들은 청진기로 이 소리를 듣고 환자의 건강 상태를 진찰한다. 플래나간에 따르면 꿈은 그저 장식품일 뿐일지라도 우리에게 의미 있는 것이며 우리 정체성의 일부를 구성하는 것이다.

물론 이것이 모든 사람에게 해당하는 말인지는 의심스럽다. 꿈을 기억하지 못하는 사람이라면 그의 정체성은 꿈의 영향을 받지 않을 것이다. 여기서도 나의 제임스 본드 꿈이 좋은 예시가 된다. 나에게는 비밀 요원과 싸우는 것보다 훨씬 더 중요한 일들이 많다. '싸움'이라는 주제가 나의 성격이나 정체성을 구성할 수는 있겠지만 사실 이런 폭력적이고 거친 장면은 모든 사람들의 꿈의 단골 소재다. 따라서 꿈의 내용이 우리의 삶과 연관이 있다면 순전히 우연이다. 어떨 때는 우리와 연관이 있는 꿈을 꾸고, 어떨 때는 그렇지 않기 때문이다. 우리는 스스로 중요하다고 생각하는 꿈의 내용을 더 곱씹는 경향이 있다. 하지만 꿈과 인생 사이에 체계적인 관련성은 없다. 그렇다면 플래나간의 아이디어를 다른 방향으로 전개하는 편이 훨씬 의미 있다. 꿈은 우리에게 기억의 구조와 의식의 역학을 알려준다.


## 의식으로 가는 길의 이정표

꿈에서는 인물과 장소가 뒤죽박죽이 된다. 똑같은 인물이 갑자기 완전히 다르게 보이거나, 한 사람이 여러 장소에 동시에 존재하거나, 잘 아는 지인이 타인으로 바뀌는 경우도 있다. 어쩌면 이름 때문 인지도 모른다. 이웃집에 사는 슈나이더 아주머니가 갑자기 꿈에서 로미 슈나이더로 바뀌었다면, '슈나이더'라는 똑같은 성이 기억에 저장되었다가 다른 정보와 뒤섞였을 가능성이 있다. 이 명제는 심 리학 분야에서 말하는 정신적 어휘집혹은 정신 사전, Mental lexicon과 관 련이 있다. 실제 사전과 달리, 장기기억에는 단어가 한 번만 저장된 다. 예를 들어 'Ball'이라는 단어가 저장되었다면, 'Ball' 자체는 한 번만 저장되고 각기 다른 뜻인 '무도회'와 '동그란 형태의 장난감' 이 이 단어와 연결되는 것이다.

또 다른 예시가 있다. 어떤 사람이 갑자기 전혀 다르게 보여도, 그것이 꿈속이라면 우리는 깜짝 놀라지 않는다. 이것은 우리의 재 인식 능력을 보여주는 것이다. 사람이나 사건을 인식하는 것과 친 숙하다고 느끼는 것은 조금 다르다. 일반적으로 우리는 두 가지를 함께 경험한다. 친척이나 지인을 보면 우리는 친밀함을 느낀다. 그 런데 신경학적인 장애를 겪는 사람들은 그렇지 않다. 꿈에서도 마 찬가지다.

꿈에서는 우리의 기억이 미화되곤 한다. 그렇다면 이것을 적극적 으로 기억 훈련에 활용할 수 있을 것이다. 한 흥미로운 연구 분야가 소위 자각몽 혹은 '루시드 드림Lucid dream'이라고 하는 개념을 소개 했다. 이것은 사람이 스스로 꿈을 꾼다는 사실을 자각한 채로 꿈을 꾸며 꿈의 내용을 제어하는 것이다. 몇몇 사람들은 이런 능력을 타 고나는데, 일반인에게는 극히 드문 일이다. 우리는 훈련으로 자각몽 을 익힐 수도 있다. 잠에 들기 전에 전형적인 꿈의 내용에 주의하는 것이다. 예를 들어 '내가 하늘을 난다면, 그건 꿈이야'라고 생각한다. 운이 좋으면 꿈에서 자아성찰을 할 수 있다. 홉슨은 올바른 연습을 거치기만 한다면 우리가 꿈속에서 뭐든지 할 수 있으리라고 주장했다. 예를 들어 늘 꿈꾸던 이상형과 친밀한 관계를 맺을 수도 있다는 것이다. 여기까지 읽었다면 다음과 같은 생각이 들 것이다. '도대체 무슨 꿈같은 소리야?' 그런데 놀랍게도 자각몽 훈련은 실제로 작동한다.

영국의 심리학자이자 자각몽의 선구자인 스티븐 라버지Stephen LaBerge는 동료 연구진과 함께 자각몽을 증명했다. 이들은 실험 참가자들에게 꿈을 꿀 때 눈을 정확히 오른쪽 혹은 왼쪽으로 움직여 달라고 말했다. 다른 연구자들 또한 사람이 꿈을 꾸는 동안 운동 기능이 향상될 수 있음을 보여주었다. 참가자들을 그룹으로 나눠 동전을 던져 찻잔에 넣는다는 간단한 숙련도 게임을 할 때, 자각몽으로 연습한 그룹이 더 나은 결과를 보였다.

우리가 제어할 수 없는 일반적인 꿈 또한 우리의 정신을 더 잘 이해하는 데 도움이 된다. 콜롬비아계 미국인 신경과학자 로돌포 리나스Rodolfo Llinás와 동료 연구진은 불가사의한 것을 설명하는 데 기억보다 꿈의 신경학적 연구가 더 나은 근거가 될 수 있으며, 이것이 의식의 신경학적 기반을 뒷받침할 것이라는 명제를 주장했다. 꿈과 각성 상태에는 공통점이 한 가지 있다. 우리가 그것을 의식적으로 경험한다는 것이다. 인상, 생각, 감정은 계속해서 바뀌며, 이 모든 것과 연결된 개인적인 내면의 관점은 계속해서 존재한다.

리나스와 동료들은 꿈을 꿀 때와 각성 상태일 때의 뇌 활동을 비교하면 의식의 신경학적 기반이 두 가지 상태일 때 모두 동일하게 활동적이라는 점을 발견할 수 있다고 발표했다. 모든 차이점을 제외하고 나자 핵심만이 남은 것이다. 다만 각각의 경우 뇌 중추가 가끔씩만 활성화되는 데 반해 의식은 지속적으로 스위치가 켜져 있어야 하기 때문에, 우리의 의식이 뇌의 특정한 부위에 있다는 생각은 불명확한 것이었다. 그래서 연구진은 가장 가망성이 있는 실험 참가자들에게 약 40헤르츠의 전기를 흘려 12밀리초마다 한 번씩 전체 뇌피질을 통과하도록 했다. 그러자 자각몽을 꾸고 있을 때와 각성 상태일 때 검사 결과가 같았다.

리나스와 동료들은 각성 상태를 '온라인 꿈'이라고 묘사하며 학계의 주류 의견을 뒤흔들었다. 꿈을 꾸는 상태와 각성 상태의 단 하나의 차이점은 인식의 입력이다. 꿈을 꾸면서 자신만의 세계라는 가상공간을 돌아다닐 때는 외부의 자극과 동떨어져 있지만 각성 상태일 때는 감각기관을 통해 끊임없이 자극을 전달받는다. 우리의 삶은 꿈이다. 번개가 늘 피뢰침으로 접지하듯, 감각 자극이 계속해서 우리에게 전해지지 않는다면 그것이 오히려 이상하다.

꿈과 각성을 비교하자 정제된, 그리고 생산적인 연구 아이디어가 탄생했다. 그러나 리나스와 동료들은 꿈과 각성 상태의 가장 중요한 두 가지 차이점, 즉 행동 제어와 깊은 생각은 발표하지 않았다. 각성 상태인 삶에서 우리는 어떻게 생각할지, 그리고 어떤 행동을 할지 스스로 결정할 수 있다. 우리는 스스로와 거리를 두고 객관적인 위치에서 인상과 감정을 깊이 생각하는 능력을 갖추고 있다. 우리가 보고, 듣고, 느끼는 것들이 의지와 상관없이 쏟아져 내려서 우리를 수동적으로 만들더라도 말이다. 예를 들어 우리는 빨간색을 노란색이라고 보거나 타이어가 끼이익 하고 멈추는 소리를 천둥소리로 생각해야겠다고 결정할 수 없다. 그렇지만 다른 생각에 빠지거나 눈을 감는 등 주의력을 다른 쪽으로 돌릴 수 있다. 각성 상태의 삶은 이런 행동으로 결정된다. 일부는 신체적이고, 일부는 정신적이다. 꿈속에서 우리는 때때로 감정을 느낀다. 하지만 자각몽을 제외하고는 꿈속에서 무언가가 계획되거나 제어되거나 혹은 철저한 탐구의 결과가 도출된다고 생각할 수 없다.

그렇기 때문에 리나스와 동료들의 접근법을 거꾸로 뒤집어보면 재미있다. 꿈과 각성 상태의 공통점만이 아니라 차이점에 집중해보는 것이다. 우리의 활동적인 제어 의식, 그러니까 우리의 경험과 생각의 내용을 자유롭게 처리하는 능력이 바로 거기에 있기 때문이다.

## 영화로서의 꿈

꿈의 마지막 거대한 수수께끼가 아직 남아 있다. 우리는 왜 이야기가 있는 꿈, 스토리와 대사가 있으며 스스로가 그 주인공을 연기하는 단편영화 같은 꿈을 꾸는 걸까? 내가 직접 쓴 꿈 일기의 내용을 다시 살펴보자. 나는 버려진 공장 지대에 있는 다 쓰러져가는 콘크리트 건물의 그림자에 몸을 숨기고 있다. 맞은편에서는 제임스 본드가 장전한 총을 들고 내가 숨어 있는 곳으로 점점 다가오고 있다. 그는 티셔츠 위에 검은색 방탄조끼를 입었다. 나는 그가 나를 보지 못할 것이라고 확신한다. 그런데 그가 갑자기 총을 두 발 쏘았고, 그중 하나는 내 가슴에, 다른 하나는 오른쪽 팔에 박혔다. 나는 내 몸을 내려다보고서야 나 또한 방탄조끼를 입었다는 걸 알았다. 총알이 느껴지지는 않았지만 내 팔은 완전히 마비되었고 몸 옆에 딱 붙어 축 늘어진 채 움직이지 않았다.

사람들은 당연히 이 꿈이 나의 억눌린 소원이 표출된 것이라고 생각하리라. 하지만 만약 그렇다고 하더라도, 이미지와 동기가 도대체 어떻게 내 꿈속 상황까지 도달했는지는 설명되지 않는다. 사실 꿈속 상황은 깊숙한 무의식이 아니라 각기 다른 신체 부위의 느낌에서 생겨난 것이었다. 잠에서 깨어났을 때, 나는 팔이 실제로 마비된 걸 느꼈다. 그리고 꿈속에서 들었던 것보다 훨씬 생생한 금속성 총소리를 두 번 들었다. 쓰레기 수거차가 길가에 서 있던 커다란 금속 쓰레기통을 비우는 소리였다. 그러고 나서야 내가 지난밤에 제임스 본드 영화를 보고 주인공은 완전무장을 한 특수부대 요원들과 함께 건물로 돌진하는 순간에도 절대 방탄조끼를 입지 않는다는 할리우드의 케케묵은 클리셰에 대해 고찰했었다는 기억이 떠올랐다. 그런데 내가 봤던 영화는 〈007 카지노 로얄〉인데, 왜 포커 테이블이 아닌 공장 지대가 꿈에 나왔을까?

그때 또다시 흐릿한 기억이 떠올랐다. 나는 단숨에 그 장면을 어디서 보았는지 기억해냈다. 몇 년 전에 런던 외곽 지역에 있는 폐허를 개조한 시설에서 페인트볼 서바이벌 게임을 한 적이 있었다. 상대 팀에게 물감이 터지는 페인트볼을 총으로 쏘는 게임이었다. 우리 팀은 머리부터 발끝까지 검은색으로 무장한 상대 팀에게 철저히 짓밟혔다. 그렇게 흥분했던 적은 처음이었다. 적의 진영 앞의 건물 그림자로 살금살금 접근할 때는 혹시 누군가가 뒤에서 나를 덮치는 것은 아닌지 조마조마한 마음에 맥박 소리가 귀에 들릴 정도로 두려웠다. 그때 찍은 사진을 보면서 내 꿈에 나온 제임스 본드가 당시 상대 팀원 중 한 명이었다는 사실을 발견했다. 마지막 퍼즐 조각이 맞춰진 순간이다. 총소리는 밖에서 들린 금속 쓰레기통 소리였고, 다친 팔은 내 신체감각이었으며 나를 공격한 상대방은 영화와 나의 기억에서 비롯된 인물이었다.

내 꿈이 전형적인 것은 아니다. 대부분의 꿈은 도로의 소음이나 몸 아래 깔린 팔의 신경 같은 외부 자극과 아무런 관련 없이 이어지기 때문이다. 물론 홉슨의 주장처럼 우리는 마비된 팔 같은 우연한 디테일과 기억의 도움으로 의미심장한 전체 꿈을 만들어낼 수도 있다. 하지만 의문이 남는다. 내 기억이 서로 연결되어 영화의 한 시퀀스처럼 나타난 이유는 무엇일까?


꿈은 아주 현실적인 기억의 플래시백(회상)으로 이루어질 수 있다. 미국의 신경과학자 와일더 펜필드Wilder Penfield는 1950년대에 환자의 두개골을 열고 뇌를 약한 전기로 자극하는 실험을 진행했다. 그는 꿈이 우리의 일상적인 사고 과정에서 발생하는 연상처럼 완전히 다르게 보일 수 있을 것이라고 생각했다. 깊은 생각에 빠지면 생각이 꼬리에 꼬리를 물고 계속해서 이어진다. 생각은 장소에서 사람으로, 경험에서 몽상으로 옮겨갔다가 다시 되돌아온다. 이처럼 꿈 또한 우연한 연상의 연결, 그러니까 아무 관련 없는 이미지의 연결로 이루어졌는지도 모른다. 그런데 각성 상태일 때와는 달리 꿈에서는 이렇게 연결된 이미지들이 하나의 이야기를 만든다. 여기서 드는 의문은, 그렇다면 왜 꿈은 그저 그런 슬라이드 쇼가 아니라 영화의 시퀀스처럼 느껴지는 걸까? 꿈은 왜 한 가닥의 실로만 연결된 것이 아니라 여러 실이 서로 관련이 있는 이야기 묶음으로 모여 매듭지어진 결과물일까?

프로이트는 꿈의 상징적 요소를 매우 강조했다. 그러나 과학적인 꿈 연구 분야는 프로이트를 떠나 뇌 활동으로 이동했고, 꿈의 삽화적인 성격을 잊어버렸다. 얼마 전부터는 철학과 심리학 분야가 다시 꿈의 서사로 눈을 돌리기 시작했다. 몇몇 이론가들은 심지어 우리가 다른 사람 및 스스로에게 하는 이야기의 종합이 우리의 전반적인 성격을 구성한다고까지 주장했다. 이 접근법은 사람의 성격에 관한 설명이라기에는 다소 옆길로 샌 것처럼 들리지만 꿈에 관한 설명으로는 부정할 수 없을 정도로 명백하다.

우리는 홉슨이 때때로 그랬던 것처럼 꿈의 삽화성 혹은 서사성을 언어로 구성된 이야기로서 이해해서는 안 된다. 꿈은 영화처럼 시각적인 이야기다. 다만 장편 블록버스터가 아니라 장면이 얼마 없는 단편영화에 가깝다. 꿈속 장면은 나름의 논리가 있지만 극영화로 보기에는 장면 연결이 부자연스럽다. 어쩌면 꿈속 장면의 연관성이 단순히 궤변에 뿌리를 두고 있는지도 모른다. 꿈꾸는 존재로서 우리는 모든 일을 1인칭 시점으로 경험하고, 자신만의 영화관에 앉아 온종일 시간을 보내기 때문에 각기 다른 장면의 이미지를 다시 떠올릴 때 그것들을 한 편의 영화처럼 느끼는지도 모른다. 어쩌면 우리는 지인이 감독을 맡은 저예산 독립영화를 보는 것처럼 꿈을 꾸는지도 모른다. 즉 익숙한 기억 중 다수가 이야기를 재현하는 역할을 하며, 재현 과정에서 우리는 자신도 모르게 내용을 바꾸거나 추가한다.

그렇다면 제임스 본드 꿈에서, 내가 영화를 너무 많이 보았다는 사실 외에 알 수 있는 점이 무엇일까? 이것은 암호화된 메시지도 아니고, 억눌린 소원의 표출도 아니다. 굳이 따져야 한다면 매우 구체적인 무언가를 드러내는 것이다. 우리는 스스로 줄거리를 제어하는 경우가 드묾에도 의식 속에서 꿈을 영화 장면처럼 경험한다. 때때로 꿈에는 걱정거리나 문제가 등장하지만 어떨 때는 그렇지 않다. 꿈은 생물학적 기능이 전혀 없지만 우리는 꿈을 이용해 우리의 정신에 관한 많은 것을 배운다.

그렇다면 꿈이 영화와 같은 이야기 구조를 갖추고 있는 이유는 우리가 이 세상을 영화 장면처럼 경험하고, 기억 속에서 스스로 체험한 내용을 자동으로 발단, 전개, 절정까지 분석하기 때문인지도 모른다. 이런 특성은 우리의 내면에 이야기꾼 혹은 각본가가 숨어 있다가 우리가 잠자는 틈을 타 몰래 깨어나 활동한 결과물이 바로 꿈이라는 점을 보여준다. 혹은 셰익스피어가《한여름 밤의 꿈》에서 말한 그대로인지도 모른다.

"여러분은 이곳에서 그저 잠시 졸았거나, 잠결에 여러분의 머리가 지어낸 시를 보았다고 생각하세요."

## 5장

# 행동하다

## 의지의 자유

레드불. 여섯 캔. 레드불 여섯 캔이 냉장고 안에 들어 있다. 사실 나는 레드불을 좋아하지 않는다. 녹은 젤리 같은 맛이 나기 때문이다. 대체 어떤 놈이 내 냉장고에 레드불을 넣어놨지? 잠시 생각한다. 아하. 내가 넣었구나. 내가 어제 레드불을 샀다. 슈퍼마켓 진열대에서 그것을 꺼냈다. 장바구니에 넣었다. 계산대에서 돈을 지불했다. 집까지 가져왔다. 냉장고 문을 열고 캔을 가장 위쪽 칸에 가지런히 정렬해두었다.

어떻게 이런 일이 벌어졌을까? 아마도 슈퍼마켓에 갔을 때 나는 잠시 내가 아니었던 모양이다. 가능성이 있는 설명은 다음과 같다. 필요한 물건을 사러 가는 길에 나는 언제나 레드불의 광고 간판을 지나친다. 하지만 단 한 번도 그 광고를 자세히 살펴본 적은 없다. 그럼에도 광고가 나의 결정에 영향을 미쳤을 가능성이 높다. 그렇다면 가능성은 두 가지다. 광고 간판이 내가 구입하려고 생각조차 하지 않았던 물건에 대한 소비 욕구를 부추겼거나 혹은 내가 마치 원격조종이라도 당한 것처럼 레드불 캔을 집어들 정도로 나에게 영향을 미쳤을 것이다.

철학에서는 첫 번째 문제를 의지의 자유로, 두 번째 문제를 행위의 자유로 본다. 자신이 원하는 바를 숙고하면서 스스로의 의지를 아무런 제약 없이 계속해서 관철할 수 있을 때 우리에게 의지의 자유가 있다고 본다. 헤로인 중독자들은 빨리 다음 주사를 맞고 싶다는 욕망에 시달리는데, 이런 욕망이 지나치게 큰 힘을 발휘하기 때문에 이들에게는 의지의 자유가 없다. 중독자가 아무리 저울질을 한들 헤로인을 맞고 싶다는 충동을 이길 만큼 강력한 욕망은 없다.

이와 반대로 행위의 자유는 어떤 사람이 자신의 소원, 흥미, 성향 등에 따라 아무런 장애물 없이 실제로 실천할 수 있는 것을 말한다. 약물중독자들은 의지의 자유는 물론 행위의 자유 또한 제한되는데, 예를 들어 법적으로 구류된다면 약물에 접근할 수 없기 때문이다. 일반인들 또한 어딘가에 얽매여 있거나 행위의 자유가 없다면 의지의 자유만으로는 아무것도 할 수 없다. 의지를 실현하지 못하기 때문이다.

간단하게 말해, 행위의 자유는 우리가 원하는 행동을 하는 것이다. 의지의 자유는 우리가 원하는 것들 중 선택하는 것이다. 의지의 자유와 행위의 자유를 구분하는 방식은 이렇게 굳어졌다. 하지만 많은 사람들이 의지의 자유를 행위의 자유의 특별한 경우로 본다. 자신의 의지를 구축하는 것, 그러니까 내면에서 선호하는 것과 욕망 사이에서 저울질하는 것 자체가 하나의 행동, 즉 몸의 근육은 하나도 움직이지 않고 정신으로만 행할 수 있는 정신적 행동이기 때문이다. 자유롭게 행동할 수 있는 사람은 역시 자신이 원하는 것은 무엇이든 할 수 있으며, 다른 선택 또한 할 수 있었을 것이다. 아리스토텔레스는 이렇게 표현했다.

"우리 힘 속에 행위가 있는 곳에 단념도 있다."

현대철학에서 '행위의 자유'가 언급될 때는 쇼핑이나 약물 오남용보다 더 넓은 범위에서 논의가 진행된다. 자유를 주제로 토론할 때 우리는 우리의 모든 행위가 자유롭지 않을 수 있는지 의문을 제기하며 논의를 과격화한다. 예를 들어 숨 쉬기, 모든 생각, 모든 산책, 모든 대화가 자유롭지 않을 수 있는지 질문을 던지는 것이다. 단, 인간이 자유로운 행위를 할 수 있는지 판단하기 전에 우선 행위란 무엇인지 파헤쳐야 한다.

## 구애 행위와 다른 행위

당신이 파티에 참석해 이리저리 시선을 돌리고 있다고 상상해보라. 그때 바에 앉아 있던 누군가가 당신의 눈에 들어온다. 당신은 그 상대가 매우 마음에 든다. 그래서 손님들 사이를 뚫고 지나가 그 사람에게 곧바로 다가간다. 그러다가 실수로 파티 주최자를 밀치고, 주최자는 들고 있던 음료를 엎지를 뻔한다. 어쨌든 잠시 후 당신은 관심 가던 사람의 옆에 선다. 흥분된 나머지 딸꾹질을 한다. 처음에는 다소 딱딱한 대화가 이어졌지만 곧 당신과 상대방은 의기투합한다. 시간은 마치 날개라도 돋친 듯 지나간다. 당신이 여성이라면, 상대방과 대화를 나누던 중 무의식적으로 자신의 머리카락을 만지작거릴지도 모른다. 당신이 남성이라면, 손을 허리에 짚고 가슴을 약간 앞으로 내밀지도 모른다.

이 과정에서 당신은 짧은 시간 동안 여러 가지 행동을 했다. 주변을 둘러보고, 이동하고, 누군가와 부딪치고, 딸꾹질을 하고, 대화를 나누고, 상대방에게 관심이 있다는 몸짓언어를 보였다. 그러나 이 모든 행동이 행위인 것은 아니다. 바 쪽으로 다가간 것은 전형적인 행위다. 당신이 스스로 결정을 내리고 의식적으로 파티장을 가로질러 이동한 것이기 때문이다. 누군가와 부딪친 것은 행위가 아니다. 당신이 원한 행동이 아닌데다 의도적인 행동이라기보다는 실수이기 때문이다. 그것은 그저 바만 보고 파티장의 댄스 무대를 가로질러 지나가다가 벌어진 원치 않은 상황일 뿐이다. 딸꾹질 또한 행위가 아니다. 딸꾹질은 몸속의 근육이 규칙적으로 수축하는 현상으로, 당신은 관심 있는 상대방에게 말을 거는 순간에 딸꾹질하기를 원하지는 않았을 것이다. 무대 위에서 딸꾹질하는 캐릭터를 연기하는 배우처럼 횡격막을 스스로 수축해야겠다는 생각을 하지도 않았을 것이다. 즉 딸꾹질이 갑자기 시작되었을 뿐이다. 당신이 원해서, 의도적으로 일으킨 것이 아니라 그저 수동적으로 받아들인 것이다.

상대방에게 추파를 던지는 행동은 조금 복잡하다. 예를 들어 머리카락을 만지작거리거나 팔을 허리춤에 대는 행동 말이다. 이런 행동은 은연중에 나오기도 하지만 지금과 같은 상황에서는 일부러 계획한 것이기도 하다. 딸꾹질처럼 의사와 전혀 상관이 없는 행동도 아니다. 어쨌든 당신이 행한 행동이다. 아무 생각 없이 그런 행동을 했다고 하더라도, 누군가가 지적한다면 자신이 스스로 그런 행동을 하고 있었다는 것을 인지할 수 있다. 손이 제멋대로 평소와는 다른 방식으로 움직였다는 기분이 들지는 않는다는 뜻이다. 이렇게 남을 유혹하는 행동은 직관적 행위다. 직관적 행위가 습관적 행동과 마찬가지로 저절로 행해지다 보니, 많은 심리학자들이 직관적 행위를 '무의식적' 혹은 '자동적'이라고 분류하는 실수를 저질렀고, 이에 따라 사람들이 실제로 자동으로 발생하는 딸꾹질 같은 행동과 직관적 행위를 혼동하도록 만들었다. 물론 두 가지 행동에는 공통점이 있기 때문에 혼란이 발생한 것도 이해한다. 다만 누군가를 유혹하려는 행동은 수동적으로 발생하는 것이 아니라 우리가 관심을 갖는 순간 의식적으로, 그리고 스스로 행하는 것이다. 딸꾹질과는 완전히 다르다.

행위와 자동증Automatism을 가장 잘 구분할 수 있는 방법은 다음과 같다. 우리가 의도적으로 하는 것은 행위다. 즉 스스로 몸을 움직이거나 스스로 생각을 이어간다면 행위다. '의도적으로 한다'는 말은 '고의로 한다'는 말과 같다. 어린아이들은 일찍부터 이것을 배운다. 아이들은 "일부러 그랬잖아!"라고 자주 말한다. 부모들은 "일부러 그랬니?"라고 자주 묻는다. '의도적으로', '고의로', '일부러'는 모두 우리가 무언가를 '어떻게' 하는지를 나타내는 방식이자 행위의 정확한 정의다. 이때 우리는 행동하기 전에 무언가를 의도하거나 계획을 세운다. 단 '의도'와 '의도적으로'는 어원은 같지만 뜻이 완전히 똑같지는 않다.

때때로 우리는 무슨 일을 할 결정을 내리기 전에 깊이 고민한다. 이런 고민은 대개 계획한 혹은 숙고한 행위, 즉 우리가 의도적으로 행할 뿐만 아니라 특정한 의도를 품고 행하는 행동으로 이어진다.

누군가가 "네가 그리워"라고 말한다면 이것은 스스로 그런 마음을 품고 있을 뿐만 아니라 상대방에게 자신의 생각을 전달할 의도를 담은 것이다. 일상적인 행위 중 대부분이 규칙적으로 반복된다. 우리는 집중할 필요 없이, 그리고 의도나 계획 없이도 어떤 행위를 할 수 있다. 머리를 긁거나, 운전할 때 기어를 바꾸거나, 걸을 때 다리를 움직이거나, 샤워를 하며 노래를 부르는 것처럼 말이다. 물론 이런 모든 행위를 집중해서, 그리고 계획적으로 행할 수도 있다.

갑작스럽게 발생하는 딸꾹질이나 소화, 심장박동, 체세포의 분열은 행위와 완전히 다르다. 이것은 모두 우리의 의도와는 상관없는 자동증이지 행위가 아니다. 물론 맥박 수를 높이려고 일부러 달릴 수는 있지만, 심장박동을 마음대로 바꾸거나 제어할 수는 없다. 맥박 수를 늦출 수 있다는 선불교의 승려들도 맥박 수 자체를 제어하는 게 아니라 명상을 통한 간접적인 방식으로 맥박 수가 느려 보이도록 만드는 것이다.

호흡은 행위와 자동증의 중간 지점인데, 대부분의 경우는 자동으로 이루어진다. 만약 그렇지 않았다면 우리는 깊은 잠에 들었을 때 살아남지 못했을 것이다. 그런데 우리는 호흡에 직접 영향을 미칠 수도 있다. 의도적으로 숨을 참을 수 있기 때문이다. 그렇다면 우리의 의도와 가슴에 있는 호흡근육과 횡격막의 신경이 모두 연결되어 있다는 뜻이리라. 그렇지 않으면 호흡을 직접 제어할 수 없을 테니까.

이 관련성을 아주 잘 보여주는 예시가 귀 움직임이다. 어떤 사람들은 자신이 원하는 대로 귀를 움직일 수 있다. 어쩌면 이것은 사냥

해서 먹고살던 선조들이 모든 소리에 귀를 쫑긋 세우던 버릇이 그대로 전해진 것인지도 모른다. 지금은 퇴화한 이 재능을 오늘날까지 갖고 있는 사람은 많지 않지만, 거의 대부분의 사람들이 이 기술을 익힐 수 있다. 우선 얼굴을 잔뜩 찡그리는 법부터 시작해서 단계별로 얼굴과 그 주변 근육을 분리해 움직이는 연습을 한다면 귀 근육도 움직일 수 있다. 이것은 사람의 몸에서는 아주 작은 부분인 운동 신경핵으로 조종되는 얼굴 근육과는 다르다. 다른 뇌 부위와는 구분되는 소뇌[1]가 제어하는 심장박동과 달리, 뇌의 계획중추이기도 한 대뇌피질과 귀 근육의 신경핵 사이의 신경 연결이 귀 근육을 움직이는 것이다. 귀를 어떻게 움직이는지 한번 익히고 나면 계속해서 귀를 움직일 수 있다.

단순히 귀를 움직이는 것뿐이라고 하더라도, 어쨌든 우리는 행위를 함으로써 세상을 바꾼다. 우리는 대부분의 행위를 할 때 타당한 근거를 갖고 있고, 그 근거는 우리의 소원, 흥미, 의도, 신념에 비추어 이성적이라고밖에 달리 말할 수 없다. 우리의 소원, 의도, 계획과 행위 사이에는 인과적인 관계가 있는 것이 분명하다. 그렇지 않다면 모래성을 짓고 싶다는 소원이 실제 모래성으로 이어질 수 없기 때문이다.

우리는 어떤 행위를 할 때 스스로 무언가를 한다는 기분을 느낀다. 즉 우리는 행위가 우리 자신으로부터 나온다고 느낀다. 그리고 우리에게 선택권이 있다고 확신한다. 그렇다면 우리는 규칙적인 행동을 적극적으로 중단할 수 있을 것이다. 예를 들어 샤워하면서 노래하는 습관이 있다고 하더라도 시간이 너무 일러서 다른 가족 구성원들이 모두 자고 있다면 아무 소리도 내지 않고 샤워할 수 있다. 우리의 습관적인, 그리고 깊은 생각 끝에 나온 행위의 자유는 얼마든지 달라질 수 있다는 뜻이다. 우리는 언제나 달리할 수도 있었던 행위를 한다. 그래서 아리스토텔레스는 우리 힘 속에 단념도 있다고 말했다.

　여기서 잠깐 생각해보자. 감정이 우리를 오류로 이끌 수도 있지 않을까? 어쩌면 우리가 애초에 주어지지도 않은 선택 가능성을 믿는 것은 아닐까? 이런 의문이 바로 전통적인 자유의 문제의 핵심이다. 이때 중요한 것은 앞서 언급했듯이 각각의 행동에 대한 제한이 아니라 우리의 전반적인 행위의 자유를 방해하는 것이 무엇인지다. 자유의 가장 큰 적은 철학에서 말하는 결정론Determinism이다. 전통적인 자유의 문제는 다음과 같은 질문으로 바꿀 수 있다. 과연 우리는 자유로울까? 아니면 모든 것이 미리 결정되어 있는 것일까?

## 결정론

　결정론은 이 세상의 모든 일이 이미 결정되어 있다는 명제다. 말하자면 케세라세라Que sera, sera, 즉 그렇게 될 일은 반드시 그렇게 된다는 것이다. 결정론에 따르면 모든 일은 필연적으로 그것이 벌어져야 하는 대로 벌어진다. 여기서 중요한 것은 '필연적'이라는 말이다. 이 말을 이용해 결정론자들은 모든 일이 정해진 대로 벌어질 뿐만 아니라 정해지지 않은 대로는 절대 벌어지지 않는다고 주장한다. 그렇다면 이 '필연성'은 도대체 어디에서 온 걸까? 역사적으로 세 가지 답변이 존재했다. 신으로부터, 운명으로부터, 그리고 자연법칙으로부터.

다만 결정론에 관한 논쟁은 신이나 운명에 대한 믿음과는 거리가 멀다. 오늘날 이 세상의 모든 일이 필연적으로 결정되어 있다고 믿는 사람들은 대개 보편적인 자연법칙을 믿는다. 현대 결정론자들은 보편적인 자연법칙에 근거해 이 세상에 일어나는 일들이 왜 여러 갈래로 갈라지지 않았는지, 즉 이 세상의 모든 일들이 왜 빅뱅이 일어났을 때부터 결정되어 있는지를 설명한다. 이미 갈릴레오 갈릴레이Galileo Galilei부터 현대 자연과학자들은 모든 것이 운명 때문이라는 오래된 설명을 수학 방정식으로 표현하고 있다.

이것이 의미하는 바는 무엇인가? 이 세상에 일어나는 모든 일이 다른 대안이나 선택지 없이 고정되어 있다면, 미국의 대통령이 아침 식사를 하면서 마신 커피가 2021년 5월 17일에 도합 몇 밀리리터에 이를지 오늘 벌써 계산할 수 있어야 한다. 여러분이 여름휴가를 마치고 집으로 돌아왔을 때 왼쪽 신발에 묻은 모래알이 총 몇 알인지도 계산할 수 있어야 한다. 다른 말로 하자면, 우리가 온 우주를 다시 한 번 맨 처음으로 돌아가도록 했을 때, 여태까지 일어났던 모든 일들이 그대로 일어나야 한다는 뜻이다.

이런 생각의 연장선에서 프랑스의 수학자이자 철학자인 피에르 시몽 라플라스Pierre Simon Laplace는 18세기에 결정론을 명확하게 설명하고자 유명한 사고실험을 진행했다. 라플라스는 신과 동등할 정도로 고등한 어떤 존재를 만들어냈는데, 사람들은 나중에 이 존재에 '라플라스의 악마Laplace's demon'라는 이름을 붙였다. 라플라스의 악마는 모든 자연법칙과 우주에 존재하는 모든 소립자가 정확한 시점에 어떤 위치에 있는지 전부 알고 있는 존재다. 결정론적 우주에서는 먼 과거에서부터 먼 미래에 이르기까지 이 라플라스의 악마가 모든 시점에 대한 모든 소립자의 분배를 계산한다. 라플라스의 악마의 선견지명이야말로 '모든 것은 결정되어 있다'는 결정론을 근본적으로 설명한다. 다만 이것은 결정론보다 조금 더 강력하다. 원칙적으로 우리가 결정된 것을 알 수 있다고 말하는 셈이기 때문이다. 그런데 아무도 알아낼 수 없다고 하더라도 이 세상은 자연적으로 결정되어 있을 수 있다.

결정론을 깊이 생각해보면 곧바로 혼란에 빠질 것이다. 세상만사가 결정되어 있고, 내가 그것이 결정되어 있다고 생각한다면 나는 그렇게 생각해야만 한다. 그리고 나는 내가 그렇게 생각해야만 한다고 생각해야 한다. 그리고… 이하 생략. 고대 그리스의 철학자 제논Zenon은 스스로 이런 혼란에 빠지기를 즐겼다. 어떤 사람이 자신의 물건을 훔친 노예를 때렸다고 말했다. 노예가 "훔치는 것이 저의 숙명입니다"라고 자신을 변호했다. 그러자 제논은 이렇게 말했다. "그 때문에 네가 맞은 것도 숙명이다."

결정론에 따르면 다른 대안이나 선택지가 없기 때문에 자유가 나설 자리가 없다. 이 세상에 여러 갈래로 나뉠 가능성이 존재하지 않는다면 우리에게도 다른 행동을 할 도리가 없다. 만약 내가 레드불 대신 콜라를 살 수도 있었다고 생각한다고 하더라도, 그것 자체가 옳지 않은 일이 된다. 그렇다면 자유는 체계적이고 거대한 환상이리라. 우리는 자유롭지도 않은 주제에 스스로를 자유롭다고 여기는 셈이다.


## 모든 것은 결정되어 있는가?

자유를 주장하는 사람들은 우리가 자유롭다고 말한다. 이들을 '자유의지론자Libertarian'라고 하는데, 라틴어로 'liber'는 자유를 뜻한다. 이들은 자유와 대립하는 것은 결정론뿐이므로, 세상만사가 결정되지 않았다는 것을 증명해 보여야 한다고 말한다. 물론 쉬운 일은 아니다. 형이상학적인 명제를 다루는 결정론을 직접 증명하거나 반박하기란 불가능하기 때문이다. '형이상학'이란 초자연적인 것 혹은 비과학적인 것을 뜻하는 말이 아니라 이 세상의 가장 보편적인 자연, 예를 들어 공간이나 시간 등을 다루는 철학 분야다. 형이상학적 명제는 관찰이나 실험 같은 경험적인 방법으로 근거를 댈 수 없다. 그러므로 우리는 모든 것이 정말로 결정되어 있는지 여부를 절대 알 수 없다. 다만 이 가정을 뒷받침하는 자연법칙이 과연 무엇인지는 탐구할 수 있다.

그러려면 우선 자연법칙이란 무엇인지 명확하게 이해해야 한다. '법칙'이라는 표현에서 알 수 있듯이, 이것은 규정된 것이다. 법칙의 인격화된 측면을 주장한 사람 중에는 뉴턴이 있다. 그는 인간이 타인이 이미 만들어둔 법칙을 가결하듯이 신 또한 그래야만 하도록 만들어진 자연법칙을 선포한다고 말했다. 물론 자연법칙은 법적인 규정과는 완전히 다르다. 자연법칙은 우리가 여러 힘과 이 세상에서 규칙적으로 발생하는 사건들을 묘사하고 보편화한 결과물이다. 자연법칙이 우리에게 알려주는 내용은 자연이 어떤 행동을 하는지지 자연이 어떤 행동을 해야 하는지가 아니다. 그리고 자연법칙은 이 세상의 흐름을 문자 그대로 분명히 결정하는 것이 아니다. 세상만사는 그냥 그대로 흘러간다. 우리는 다만 보편화한 자연법칙의 도움으로 세상만사를 이해하려고 할 뿐이다. 그래서 우리 인간은 자연법칙을 깨부술 수 없다. 그저 자연법칙을 세우다가 오류를 범할 뿐이다.

미국의 철학자 낸시 카트라이트Nancy Cartwright는 자연법칙에 대한 결정론적 견해를 비판하는 유명인 중 한 명이다. 카트라이트는 원칙적으로 이 우주의 모든 시간대, 그리고 모든 장소에서 무슨 일이 일어나는지 정확히 알려주는 자연법칙이 존재할 때만 그것을 결정론을 받아들이는 근거로 삼을 수 있다고 말했다. 말하자면 미래에 라플라스의 악마에 근접하는 어떤 완벽한 물리법칙이 등장한다면 말이다. 카트라이트는 그 어떤 유명한 물리법칙도 이 모든 조건을 만족시키지 못했다고 말했다. 물리법칙이 결정론을 뒷받침할 수 없다면, 다른 어떤 법칙도 결정론을 뒷받침할 수 없다. 물리법칙보다 더 정확한 법칙은 존재하지 않기 때문이다. 그러므로 몇몇 자연과학자들과 철학자들에게 결정론적 가정은 희망적 관측일 뿐이다.

왜 그럴까? 라플라스의 악마는 그 어떤 예외도 없이 진실이며 실제 세상만사에 관한 법칙을 필요로 한다. 카트라이트는 여태까지 알려진 유명한 물리법칙 중 이 세 가지 조건을 동시에 만족시킨 것은 없다고 말했다. 대부분의 법칙은 일반적인 크기의 상태에 대해 말한다. 예를 들어 '힘은 질량과 가속도의 곱이다', '전압은 전류와 저항의 곱이다', '$E = mc^2$(질량과 에너지의 등가원리)' 등의 공식을 보면 알 수 있다. 그러나 이런 공식이 실제로 이 세상에서 일어나는 일에 모두 들어맞지는 않는다. 즉 특정한 공간에서 특정한 시간대에 어떤 일이 일어났는지를 이 공식으로 계산할 방법은 없다.

법칙은 이상적인 상태, 예를 들어 마찰이 없고 순조로운 낙하를 설명할 수 있다. 그러나 이 법칙 또한 실제 세상만사를 설명하지는 못한다. 오직 사고 모델을 구축하는 데만 유용하다. 이 세상에서 규칙적으로 일어나는 사건인, 예를 들어 "모든 물체는 바닥으로 떨어진다"라는 말을 교란해보자. 공을 갖고 놀아본 적이 있는 사람이라면 누구나 이 법칙을 알고 있다. 그러나 이 법칙이 예외 없이 정확하지는 않다. 이 법칙은 떨어지는 물체와 바닥 사이에 아무것도 없을 때만 특정한 확률로 발생한다. 결정론은 절대적인 정확성을 요구하는 명제다. 그러므로 이런 종류의 제한이나 제약은 있을 수 없다.

이에 따라 카트라이트는 자연법칙이 진실임과 동시에 예외 없이 적용되면서 이 세상에 관한 새로운 정보를 설명할 방법은 없다고 결론지었다. 모든 것이 필연적으로 일어난다고 가정하려면 결정론적 법칙이 필요하다. 우리가 이런 법칙을 찾을 수 없다면, 그것은 세상만사가 필연적으로 결정되지 않았다는 증거다.

자유의지론자들에 반대하는 사람들은 결정론이 사실이라고 여기며 그러므로 인간은 자유롭지 않은 존재라고 말한다. 얼핏 보기에 자유의 가정은 대담하고 아슬아슬한 명제처럼 보인다. 카트라이트의 항변은 반대론자들이 태도를 바꿀 만큼 중대한 것이었다. 그녀의 동료인 미국의 철학자 패트릭 서프스Patrick Suppes는 다음과 같이 말했다.

"행위의 자유는 사실이지만 결정론적 가정은 야만적인 억측일 뿐이다."

물론 결정론을 비판하는 사람들이 인과율마저 부정하는 것은 아니다. 인과율이란 인과의 법칙이라고도 하며 모든 사건에는 원인이 있다는 것이다. 다만 우리는 더 강력한 주장, 그러니까 모든 사건은 그 원인에 의해 불가항력적으로 결정되어 있다는 주장에 의문을 제기할 뿐이다.

서프스처럼 자유의지론자들은 결정론을 잘못된 것이라고 받아들이는 동시에 우리의 자유 앞에는 아무런 장애물도 없다고 믿는다. 그렇다면 결정론의 진정한 대안은 무엇일까?


## 우연을 통한 자유


코믹스 시리즈《배트맨》의 등장인물인 검사 하비 덴트Harvey Dent는 염산 테러를 당해 얼굴의 반을 잃는다. 이 사건은 그의 얼굴 반쪽뿐만 아니라 성격까지 앗아갔다. 하비 덴트는 이를 계기로 투페이스Two-Face라는 악당으로 변모한다. 투페이스는 마치 지킬과 하이드 같은 존재인 한편 모든 일을 동전을 던져 결정하는 인물이다. 앞면이 위쪽이면 양심적이고 착한 성정을 따르고, 뒷면이 위쪽이면 악한 성정을 따른다. 말하자면 투페이스는 어떤 행위를 할 때 자유롭지 않다. 자신의 결정을 오로지 우연에 맡기고, 스스로가 아니라 이 세상이 자신을 위해 결정을 내려주기를 기다리기 때문이다.

우연이 자유를 만들어내지는 않는다. 자유를 주장하는 사람들을 비판하는 이들이 늘 하는 말이다. 이들은 "결정론을 부정하는 사람들은 자신의 자유를 구하려고 우연을 끌어들여야 한다"라고 덧붙인다. 우연으로는 그 어떤 가치도 더 잘 드러낼 수 없다. 만약 우리가 하는 모든 일이 그저 동전을 던져 결정되는 것이나 마찬가지라면, 우리 중 그 누구도 행위의 책임을 지지 않을 것이다. 우연이 지배하는 세상에 사는 사람들은 모든 것이 필연적으로 벌어지는 세상에 사는 사람들만큼이나 자유롭지 않다.

자유의지론자 중 몇몇이 이런 반대 의견에 다시 목소리를 높였다. 영국의 수학자이자 물리학자인 로저 펜로즈Roger Penros[2]는 자유를 주장하려고 양자물리학을 끌고 들어왔다. 그는 비판을 간단하게 뒤집었다. 우연이 자유를 구한다는 것이다. 그의 주장은 이렇다. 우리 모두는 레고 원칙[3]에 따라 소립자로 이루어져 있는데, 양자물리학에서 소립자는 고정된 장소가 없이 특정한 확률로 어떤 한 장소에서 발견된다. 펜로즈는 또한 이렇게 덧붙였다. 작은 것들에서 아무것도 정확히 결정된 것이 없다면, 큰 것에서도 정확히 결정된 것이 없으므로, 자유는 보존된다.

이런 사고의 단계는 새로운 것이 아니다. 이미 고대 그리스의 철학자 에피쿠로스Epicouros는 원자론을 주장하며 우주의 원자의 배열이 조금씩 어긋난다고 말했다. 펜로즈는 그저 에피쿠로스의 설명을 과학적인 형태로 바꾸어 설명했을 뿐이다. 매우 인상적인 주장이지만 안타깝게도 잘못된 결론을 기반으로 한다. 이미 수십 년 전에 노벨 물리학상 수상자인 에르빈 슈뢰딩거Erwin Schrödinger가 펜로즈에 앞서 비판을 제기한 바 있다. 슈뢰딩거는 인간의 영혼이 바로 그 작은 틈에서 정확히 효력을 발휘하도록 하려면 어떻게 해야 하는지 물었다. 미시적 수준의 우연, 불확실성, 불확정성이 갑자기 인간에게 선택권을 주지는 않는다. 다른 말로 표현하자면, 아주 작은 것들의 양자불확실성이 투페이스의 동전 던지기와 같다면, 그것은 실제로 동전을 던지는 행위를 하는 인간 자체와는 아무런 관련이 없다. 하물며 미시적 수준의 동전 던지기가 어떻게 인간이 자유로워지도록 도울 수 있단 말인가? 이미 언급했듯이, 오로지 불명료함 혹은 우연에만 눈을 돌리는 사람은 행위를 하는 존재가 아니라 바람을 타고 공중에서 흩날리는 꽃가루 혹은 파도를 타고 춤을 추는 탁구공이나 마찬가지인 존재다.

또한 우연을 강조하는 사람은 죄와 책임이라는 도덕적인 해석에 반대한다. 투페이스라는 캐릭터는 만화책에서 가끔 묘사되듯이 반은 착하고 반은 나쁜 존재가 아니라 그냥 나쁜 존재다. 스스로가 아니라 동전 던지기로 결정을 내리는 사람은 타인의 안녕 따위에 관심을 두지 않을 테니까 말이다. 누구나 이런 태도를 비난할 것이다. 게다가 만약 모든 사람이 우연에 따라 결정을 내린다면, 아무도 믿을 수 없으므로 계획을 세울 수도 없다. 투페이스들만이 사는 세상은 혼돈과 무질서로 가득할 것이다.

　문제는 명백하다. 결정론의 반대는 비결정론Indeterminism이다. 하지만 비결정론이 곧 순전한 우연이라는 뜻은 아니다. 그러므로 비결정론적 세상에는 혼란이 가득할 것이라는 비난은 자유의지론자들에게 통하지 않는다. 우리는 우연으로 자유를 수호할 수 없다. 그런다고 해서 더 나아지지 않기 때문이다. 우리가 알고 있는 것은 이 세상이 결정론적이지도, 혼란스럽지도 않으며 오히려 한 가지 결말로만 결정되지 않았음에도 비교적 잘 정돈되어 있다는 점이다. 세상만사에는 여러 가지 가능성이 있지만, 이 가능성들은 모두 지구에 생명체가 생겨나고 우리가 먼 미래까지 계획할 수 있을 정도로 비슷한 모양새를 하고 있다. 질서는 절대적 필연성과 순전한 우연의 정중앙에 있다.

## 실존주의자들의 자유의지

　프랑스 작가 앙드레 지드André Gide의 소설 《교황청의 지하실》[4]에는 라프카디오Lafcadio라는 등장인물이 함께 기차를 타고 있던 낯선 사람인 플뢰리수아르Fleurissoire를 깊은 어둠 속으로 떠밀어 죽이는 장면이 나온다. 라프카디오는 동기 없는 살인에 끌린 것으로 보인다. 그는 이 음침한 사건을 저지르면서 모든 것을 우연의 섭리에 맡긴다. 만약 그가 숫자를 12까지 세는 동안 차창 밖으로 보이는 풍경 속에 단 한 줄기의 빛도 비치지 않는다면 플뢰리수아르가 살아 있을 것이라고 생각한다. 불행히도 라프카디오는 숫자를 10까지밖에 세지 못한다.

프랑스의 철학자 장 폴 사르트르Jean Paul Sartre, 작가 알베르 카뮈Albert Camus를 비롯해 실존주의를 믿었던 사람들은 행위 속에 존재하는 우연적인 요소에 감명받았다. 우리는 모든 억압뿐만 아니라 자신만의 근거에서 벗어났을 때에야 비로소 완전한 자유에 도달할 수 있다. 프랑스어로 '무상행위Acte gratuit'라고도 하는 완전한 자유의지 행위는 개인의 자유에서 가장 높은 단계다.

투페이스가 동전 던지기로 행위를 결정했듯이 라프카디오 또한 자신의 결정을 우연에 맡겼다. 실존주의자들이 보기에 라프카디오는 완전히 자유로운 상태다. 아무런 근거 없이, 즉 스스로를 모든 형태의 원인으로부터 분리한 채 행위를 하기 때문이다. 다만 자유를 이렇게 해석하는 것 또한 오류에 뿌리를 내리고 있다. 우선 라프카디오가 아무런 근거 없이 사건을 벌였다는 말은 전혀 사실이 아니다. 그는 낯선 사람을 죽이는 것이 과연 어떤 일인지 호기심을 품고 있었다. 우리는 평소에 "아무 생각 없이 노래를 흥얼거리고 있었네"라고 말한다. 이것은 정확히 말하자면 "나한테는 노래하고 싶다는 것 외에는 아무런 근거도 없었어"라는 뜻이다. 그러므로 라프카디오가 품고 있었던 근거는 적어도 왜곡된 형태의 호기심, 즉 '살인자가 되면 어떨까?'라는 의문이었다. 이성적이고 긍정적인 근거는 아니지만 말이다.

실존주의의 두 번째 오류는 '자유의지에 따른'이라는 말로 설명할 수 있다. 평소에 '자유의지에 따른'이라는 말은 '마음대로', '이유 없이', '원칙 없이'라는 말과 동일하다. 그런데 '자유의지에 따른'이라는 말에는 심리학 분야에서 활용되는 오래된 두 번째 의미도 있다. 예를 들어 '자유의지에 따른 움직임'이라는 말은 의도적이고 고의적인 행위, 즉 사람이 스스로 실행하고 제어하는 모든 행동을 말하며, 이것은 '무의식적인', 그러니까 자동적인 움직임과는 반대된다. 두 가지 의미에는 공통점이 있다. 이 두 가지 의미 모두 '강제'나 '필연성'과는 반대다. 하나는 우연을, 다른 하나는 행위의 제어를 뜻하기 때문이다. 그렇다고 이 두 가지 의미를 혼동해서는 안 된다. 근거 없는 우연이 곧 행위자에게 통제력은 물론이고 자유를 부여하는 것은 아니기 때문이다. 영국의 철학자 존 로크John Locke는 실존주의가 등장하기 약 250년 전에 자유가 왜 인간이 스스로를 이성에서 멀찍이 떨어지도록 만드는 것으로부터 생겨나서는 안 되는지 설명했다. 그랬다가는 미치광이들과 얼간이들이 유일한 자유인이 될 것이기 때문이다. 로크에 따르면 근거는 우리가 어떤 행동을 하도록 만들기는 하지만 우리를 필연적으로 결정하지는 않는다.

자유와 우연의 관계는 실존주의자들이 생각했던 것과는 달랐다. 근거가 있는 한 우리는 그에 따라 행위를 한다. 근거가 없을 때만 우리는 동전을 던진다. 예를 들어 축구 경기를 할 때 심판이 각 팀의 골대를 공평하게 정하기 위해 동전을 던지는 것처럼. 여러분이 끝없이 길게 이어진 쇼핑 목록을 손에 쥐고 슈퍼마켓에 갔다고 상상해보라. 여러분은 모든 진열대에서 적어도 하나 이상의 물건을 집어 와야 한다. 그리고 모든 진열대는 여러분이 서 있는 위치에서 똑같은 정도로 멀리 떨어져 있다. 그렇다면 어떤 진열대부터 시작하든 아무런 상관이 없다. 만약 이때 여러분이 어떤 진열대부터 시작해야 할지 타당한 근거를 찾기 시작한다면 쇼핑을 끝마칠 수 없을 것이다. 이럴 때야말로 동전을 던져야 한다. 물론 은유적인 표현이니 머릿속으로 동전을 던지도록 하자. 여러분은 이중적인 의미로 자유의지에 따라 한 진열대를 골랐다. 어디서건 일단 쇼핑을 시작해야 하기 때문이다. 참고로, 이때 과연 에너지 드링크를 대량으로 구매하고 싶은지 스스로에게 물어야 한다.

순전한 우연은 우리의 자유를 결정론만큼이나 억압한다. 우리가 자유로워지려면 제약 없이 동일한 형태의 무언가가 필요하다. 단 이런 상황에서도 모두가 자유로워지는 것은 아니다. 그렇다면 과연 자유롭게 행위를 할 수 있다는 것은 무슨 뜻일까?


## 자유의지론자


자유의지론자들은 우리 인간에게는 대개 충분한 선택지가 있으며 그렇기 때문에 우리는 자유롭다고 말한다. 이때 세상이 결정되어 있어서는 안 된다. 흐름이 반복될 때마다 이 세상은 다른 방향으로 발전해야 한다. 세상만사가 때에 따라 다르게 바뀔 수 있을 때만 우리 인간도 각기 다른 여러 가능성을 가질 수 있다. 하지만 우리는 자유를 증명하지 못한다. 그저 매일 자유를 경험할 뿐이다. 그러므로 자유를 증명할 의무는 자유를 부정하는 사람들이 져야 한다.

그들이 결정론이라는 더 강력한 형이상학적 가정을 주장하기 때문이다.

철학자 쇼펜하우어는 사람이 원하는 것을 할 수 있는 한편, 원하는 것을 원하지 않을 수 있다고 말했다. 그는 의지의 자유가 아니라 행위의 자유를 인정한 것이다. 오늘날에도 우리는 이와 비슷한 논쟁을 접한다. 우리는 스스로의 소원을 직접 선택할 수 있을 때만 정말로 자유롭다고 할 수 있다. 그런데 우리의 소원은 사회에 의해, 환경에 의해, 관계에 의해, 유행에 의해, 유전자에 의해, TV 방송에 의해 혹은 다른 것들에 의해 결정되곤 한다. 우리가 직접 개입하지 않고 결정되는 것이다.

많은 경우에 이런 모습을 관찰할 수 있지만 그 귀결이 늘 유효한 것은 아니다. 물론 우리는 우리의 소원 중 거의 대부분을 스스로 결정하지 못했다. 그렇다고 해서 우리가 꼼짝없이 받아들이기만 한 것은 아니다. 오히려 그 반대다. 예를 들어 우리는 원초적인 소원을 억제하는 방법을 배웠다. 우리는 손에 쥐고 싶은 것을 모두 손에 넣지 않는다. 우리는 입에 넣고 싶은 것을 모두 입에 넣지 않는다. 우리는 먹고 싶은 것을 모두 먹지 않는다. 어른이 되는 과정은 자신의 소원이 번번이 충족되지 않은 채 지나간다는 고통스러운 경험을 꾸준히 겪는 것이다. 하지만 그것이 전부는 아니다. 우리는 언제나 스스로에게 열중할 수 있다. 그렇지 않다면 중독치료는 물론이고 "정신 차려!"라는 말과 같은 간단한 조언도 의미 없는 것이 되었으리라. 우리는 소원을 깊이 고찰하고 그중 몇 가지를 어리석다거나 부적절하다는 이유로 잊어버리는 간단한 방법으로 소원에 영향을 미칠 수 있다. 사람이라면 누구나 마음속 깊이 사소한 결함이나 괴팍함쯤은 품고 있다. 이런 성향은 아주 깊이 뿌리박혀 있기 때문에 이것을 없애기 위해서는 오랜 시간 자신에게 집중하고 노력해야 한다. 그러면 없애는 것도 불가능하지 않다.

우리의 자유는 중력에 의해 제한되듯이 자신의 욕구와 소원, 성격에 의해 제한된다. 하지만 제한된 범위 내에서도 우리에게는 선택 가능성이 있다. 그리스 로마 시대의 스토아학파 추종자들은 사람이 운명을 거스를 수 없을 것이라고 생각했다. 스토아학파가 주장한 유명한 개념인 '태연자약Gelassenheit'은 모든 생활 상태에 알맞은 태도다. 스토아학파 신봉자는 불행한 운명에 시달릴 때야말로 태연하고 느긋하게 지낸다. 이런 전통에서 나온 것이 다음과 같은 비유다. 인간은 짐수레를 끄는 개와 같아서 속도에 맞춰 달려야 한다. 만약 그렇지 않으면 수레와 함께 넘어진다. 너무 빨리 앞서 달리려고 하면 수레바퀴에 휩쓸릴 것이다. 다시 말해 운명이 필연적으로 우리를 어떤 방향으로 이끈다는 것이다. 하지만 우리는 예전부터 전해 내려오는 이 이야기에 반기를 들 수도 있다. 개에게는 목줄의 길이만큼 오른쪽 혹은 왼쪽으로 갈 수 있는 자유가 있다. 우리 인간은 가련한 개들이다. 우리는 누가 우리를 짐수레에 묶었는지, 왜 우리가 이토록 짧은 목줄에 묶여 있는지 모른다. 하지만 그 범위 내에서 우리는 자유롭다. 그리고 어쨌든 앞으로 간다.
이 우주의 모든 존재들은, 우리가 상상할 수 있는 한 가장 강력한 외계 존재까지도 제약을 받는다. 다만 제한 범위 내에서는 선택 가능성이 있다. 물론 모든 생명체에게 해당하는 말은 아니다. 나무, 해파리, 개미, 닭 등은 행위를 하는 존재가 아니므로 자유롭지 않다. 이들은 살아 있고 어떤 행동을 하지만 행위를 하지는 않는다. 의도적으로, 계획에 따라 행동하지 않기 때문이다. 유인원이나 돌고래는 조금 다르다. 이들의 행동은 때때로 인간과 매우 비슷해서 우리가 그들을 인간이라고 보아도 손색없을 정도이기 때문이다. 행위에 의문을 품음과 동시에 자유에 의문을 품을 수 있을 때가 바로 제약을 건너뛸 도약점이다. 오직 행위를 하는 존재만이 자유로울 수 있으며, 오직 자유로운 존재만이 행위를 할 수 있다. 우리가 이해한 바에 따르면 이미 선택의 가능성이 행위라는 개념에 속해 있다. 선택지가 없는 존재는 행위를 한다고 볼 수 없다.

이와 관련해 섬뜩한 예시가 하나 있다. 아주 드문 신경질환 중 하나인 외계인 손 증후군Alien-hand-syndrom이다. 스탠리 큐브릭Stanley Kubrick 감독의 1964년 영화인 〈닥터 스트레인지러브〉의 등장인물인 스트레인지러브 박사가 이 병을 앓고 있다. 독일인인 스트레인지러브 박사는 미군의 조력자로 일한다. 그는 매우 특이한 질환으로 고통받는다. 그의 오른팔이 계속해서 자동으로 히틀러를 향한 경례 자세를 취하는 것이다. 스트레인지러브 박사는 다른 손으로 그 팔을 막는 데 애를 먹는다. 외계인 손 증후군 환자들 또한 이와 비슷한 증상을 겪는다. 이 환자들은 뇌에서 운동중추를 담당하는 운동피질이 손상된 사람들이다. 다른 신체 부위는 매우 건강하다. 환자들은 자신의 손에 마치 자유의지가 생긴 것 같다고 묘사한다. 외계인 손 증후군의 증상은 다양하다. 환자의 손이 옆자리에 앉은 사람의 접시에서 음식을 갈취하고, 어떨 때는 보드게임의 말을 제멋대로 옮겨버리기도 한다. 한 환자는 아침마다 건강한 손이 단추를 잠그면 외계인 손 증후군을 앓는 손이 아래쪽 단추부터 풀어버리는 증상을 겪었다. 또 어떤 환자는 잠을 잘 때 자신의 손이 스스로의 목을 졸랐다고 말했다.

이 증후군은 손뿐만 아니라 사지에 나타날 수 있다. 또 동물도 이 증후군을 앓을 수 있다. 어떤 개는 외계인 손 증후군에 걸린 한쪽 다리로 계속해서 머리를 긁었다. 이 가여운 개는 자신에게 무슨 일이 일어나고 있는지 몰랐기 때문에 머리를 긁는 다리를 물었다. 겉으로 보기에 외계인 손 증후군에 걸린 신체 부위의 움직임은 환자가 스스로 의도해서 행위를 한 것처럼 보인다. 다층적이고, 목표 지향적이며, 대개 맥락에 맞게 발생하기 때문이다. 그러나 외계인 손 증후군으로 인한 움직임은 행위가 아니다. 환자에게 스스로 무언가를 한다는 느낌이나 그 행동을 결정한 선택권이 없기 때문이다. 다만 간접적인 제어 방법은 있다. 아픈 손이 이상한 행동을 하지 못하도록 손을 깔고 앉으면 된다. 어떤 환자는 갑자기 큰 소리를 지르는 방식으로 손을 멈추기도 했다.

이 병에 걸린 손이 어떻게 움직이는지 아직 자세히는 알려지지 않았다. 다만 접시나 보드게임과 같은 물건 혹은 근접한 주변 환경에서 발생하는 다른 자극 때문에 손의 움직임이 발생한다고 알려져 있다. 이것은 마치 딸꾹질이나 불안할 때 눈이 빠르게 움직이는 것과 마찬가지다. 이런 행동은 사람이 능동적으로 행하는 것이 아니라 뜻밖에 일어나는 것이다. 만약 우리의 모든 신체 움직임과 생각이 외계인 손 증후군의 증상처럼 불시에 발생한다면 우리는 자유롭지 못할 뿐만 아니라 더 이상 행위 하는 인간으로서 존재할 수 없을 것이다.

자유를 인정하지 않는 사람들은 이런 관련성을 간과하고 있다. 이들은 모든 것이 결정된 세상에서도 우리가 행위를 할 수 있다고 생각하지만, 그렇다면 우리는 자유롭지 않다. 결정론적인 세상에는 행위 하는 존재 대신 무엇을 하든 외계인 손 증후군 증상을 보이는 로봇만이 있을 뿐이다.

## 약한 자유

우리는 결정론에 다른 반응을 보일 수도 있다. 예를 들자면 결정론이 자유나 부자유와는 전혀 관계가 없다는 명제를 세우는 것이다. 이를 주장하는 사람들이 양립가능론자Compatibilist들이다. 이들은 명칭대로 자유와 결정론이 양립가능하다고 생각한다. 양립가능론자들에 따르면 자유의 반대는 억압이다. 최면이나 약물중독, 악한 사람들이 우리를 억압하면 우리는 자유롭지 않다. 만약 아무런 억압도 없으면 우리는 결정론이 옳은지 여부와는 상관없이 자유를 논의해야 한다. 그렇지 않았다면 우리는 '자유롭다'는 개념을 사용하지 않았을 것이다. 영국의 철학자 데이비드 흄David Hume에 따르면 사람은 사슬에 매여 있지 않을 때 자유롭다.

수많은 양립가능론자들이 영국의 철학자 피터 프레더릭 스트로슨Peter Frederick Strawson의 주장을 인용한다. 그는 우리가 강박장애에 시달리거나 정신질환에 걸리거나 그 외의 다른 제약을 받아 평소와 다른 행동을 하는 사람들을 그렇지 않은 이들과는 다르게 대우할 것이라고 말했다. 즉 우리는 이 세상이 결정되어 있든 아니든 어떤 제약 때문에 일상적이지 않은 행동을 하는 사람들을 비난하지 않을 것이고 그들의 행동을 오래 마음에 담아두지도 않을 것이다. 스트로슨은 결정론의 명제가 정확히 어디에 뿌리를 두고 있는지 정확히 알지 못한다는 듯이 말했다.

양립가능론자들은 여러 어려움을 마주한다. 우선 이들은 주로 부정적 자유Negative freedom, 소극적 자유를 목표로 한다. 부정적 자유란 내부 혹은 외부의 영향이 결여된 강제에 의한 자유를 말한다. 자유주의자들은 늘 긍정적 자유Positive freedom, 적극적 자유에 대해 이야기한다. 이것은 무언가를 할 자유, 즉 선택권이다. 모든 억압은 긍정적 자유를 제한한다. 그렇지만 긍정적 자유를 없애지는 못한다. 돈과 목숨 중 하나를 선택해야 하는 상황에서도 우리에게는 목숨을 내놓을 자유가 있다. 비이성적이지만 가능한 일이다. 그리고 흄이 말했듯이 사슬에 묶인 사람도 여전히 자신이 어디로 가고 싶은지 생각할 수 있다. 생각은 자유이기 때문이다. 이를 명확히 보여주는 사례가 락트-인 증후군에 걸린 환자들이다. 이들은 의식은 온전하지만 자신의 몸을 움직이지 못한다. 몇몇 환자들은 눈을 깜박일 수 있지만 다른 환자들은 그조차도 할 수 없는 경우가 흔하다. 많은 사람들이 이런 환자들을 소위 식물인간이라고 혼동하기도 한다. 식물

인간 상태인 환자에게는 의식이 없다. 하지만 락트-인 증후군 환자들은 생각하거나 몽상하거나 기억을 더듬을 수 있다. 그들에게 남은 자유인 셈이다. 그런데 긍정적 자유를 위협하지 않는 극단적인 강제와 제약이 존재할 수 있다면 양립가능론자들의 견해가 맞지 않는 것처럼 보인다.

이것은 두 번째 문제로 이어진다. 이는 결정론의 옳고 그름과는 차이가 있다. 우리는 모든 것이 결정된 세상에서 어떻게 선택권을 유지해야 하는지 상상할 수 없다. 양립가능론자들은 약한 자유의 개념을 주장하는데, 모든 사람에게 공평하게 선택 가능성이 없다면 자유의 개념이 들어맞는다는 것이다. 독일의 철학자이자 자유지상주의자인 게르트 카일Geert Keil에 따르면 이 전략은 결정론이 사실일 때를 대비해 안전성을 확보하려는 것이었다. 그 핵심은 자유다. 이것은 놀라운 일이다. 카일 또한 "철학의 과제는 안전한 쪽에 머무르는 것이 아니라 그것이 실제로 어떤 행동을 하는지 알아내는 것이다"라고 말했기 때문이다.

놀랍게도 철학 분야에서는 양립가능론자들이 다수를 차지한다. 다만 점차 판세가 뒤집히는 것 같다. 가장 최근에는 신경과학자들이 논쟁에 참여해 간단한 실험만으로도 인간에게 행위의 자유가 없다는 것을 증명할 수 있다고 주장하면서 토론의 방향이 바뀌고 있다. 이 주장의 근거는 철학의 연구 결과보다 훨씬 뒤처져 있지만, 언젠가 이들의 목소리가 커진다면 철학자들이 답변을 내놓아야 할 것이다.

# 의지가 뒤따라온다?

원하는 장소에 편안하게 앉아 손가락으로 책상이나 자신의 무릎을 톡톡 두들겨보라. 리듬에 맞춰 두드리지 말고, 손가락을 들어 올리는 타이밍에 집중한다. 이때 손가락을 움직이고 싶다는 의지가 느껴지는 순간에 주목한다.

미국의 뇌과학자 벤저민 리벳Benjamin Libet이 이와 비슷한 유명한 실험[5]을 진행했다. 특수한 시계 덕분에 실험 참가자들은 자신이 언제 손가락을 움직이고자 하는 의지를 느끼는지 알 수 있었다. 리벳은 사람들이 실제로 신체 일부를 움직이기 약 0.5초 정도 전에 뇌에서 준비전위Readiness potential가 나타난다는 것을 발견했다. 실험 참가자들이 시계를 보고 직접 자신이 의식적으로 결정한 시점을 보고한 결과는 실제 움직임보다 약 0.2초 정도 앞서 나타났다. 정확히 말하자면, 움직임이 발생하기 약 550밀리초 전에 준비전위가 나타나고, 250밀리초 전에 의식적인 결정이 발생하고, 0초에 손가락이 실제로 움직인다는 것이다.

리벳은 이 실험에 따라 의지가 더 나중에 나타난다고 결론지었다. 즉 뇌가 이미 손가락을 움직여야겠다고 결정을 내리고, 그로부터 약 300밀리초 후에 우리가 의지를 느낀다는 것이다. 의지의 자유가 과학적으로 반박당한 것처럼 보인다. 우리가 손가락을 움직이기도 전에 이미 그런 행동을 할 것이라는 사실이 결정된다는 뜻이기 때문이다. 우리는 스스로를 행위의 주도자로 생각하고 있었는데, 그것이 환상이었다는 말이다.

이 명제는 엄청난 반향을 불러일으켰다. 리벳의 주장은 자유로운 인간이라는 우리의 자아상에 모순되는 매우 급진적인 것이었기 때문에, 사람들은 그가 적어도 수백 명의 실험 참가자들에게 뇌파 측정을 위한 뇌전도EEG 모자를 씌워 그 결과를 토대로 자신의 주장을 뒷받침했을 것이라고 생각했다. 하지만 사실 리벳은 심리학을 전공하던 학생들 겨우 여섯 명을 대상으로 실험을 진행했다. 심지어 실험 참가자 중 한 명의 데이터는 사용할 수조차 없었다. 그러니 엄밀히 말하면 다섯 명을 대상으로 실험을 진행한 것이다. 이는 분명히 살펴봐야 할 문제다. 리벳은 심리학을 전공한 학생 다섯 명과 1980년대의 기술로 인류 역사상 그 어떤 인간도 자유의지를 가진 적이 없으며 앞으로도 가지지 못하리라고 증명하고자 했다. 물론 신경학적 연구를 위해 열심히 작업한 리벳은 존중하지만, 정말 진심이었단 말인가?

이미 1980년대에 리벳의 실험은 전문가들 사이에서 계속해서 논의되고 거세게 비판받았다. 어두운 길을 지나 이 실험 결과는 몇 년 전 독일의 한 신문의 문예란에 실렸는데, 논쟁이 다시 반복되었지만 이번에는 리벳의 실험을 자세히 들여다보는 수고를 한 사람이 많지 않았다. 한편 영국의 심리학자 패트릭 해거드Patrick Haggard가 동료 연구진과 함께 기술적으로 부족했던 리벳의 실험을 보완했고 비슷한 결과를 얻었다. 리벳보다 훨씬 더 조심스럽게 추론을 펼쳤음에도 해거드 또한 실험을 시도한 횟수가 지나치게 부족하다는 점을 극복하지는 못했다.

이 과제는 역설적이다. 실험을 올바르게 진행하려면, 실험 참가자들은 미리 계획을 세우거나 전형적인 움직임 모델, 예를 들어 박자에 맞춰 움직이는 등의 행동을 피하고 곧바로 행위를 해야 했다. 그런데 만약 사람이 계속해서 어떤 행동 모델을 지양해야 한다고 생각한다면, 그것은 더 이상 즉각적인 행위가 아니다. 미리 계획을 세우지 말아야 한다는 것을 어떻게 미리 계획하겠는가?

또 실험 참가자들은 자리에 앉아 시계를 쳐다보면서 어떤 점에 주의해야 하는지 제대로 알지 못했다. 리벳은 '결정', '충동', '소원', '의지' 등에 관해 이야기했다. 하지만 이 네 가지는 각기 다른 정신적 현상이다. 금연하는 사람은 담배를 피우고 싶다는 강력한 충동이나 소원을 느낀다고 할지라도 담배에 불을 붙이지 않겠다는 결정을 내릴 수 있다. 즉 결정은 정신적인 행위이고, 충동은 이와 반대로 뜻밖에 일어나는 것이다. 그러나 둘 중 어떤 것도 의지는 아니다. 연구진은 자연스럽게 다음과 같은 의문과 맞닥뜨렸다. 이제 대체 뭘 해야 하지?

실험 참가자들 중 그 누구도 의문을 제기할 용기를 내지 못했다. 게다가 또 다른 문제가 있다. 우리는 의식의 경과를 정밀하게 알 수 없다. 많은 실험에서 증명되었듯이 사람은 최대 3초라는 시간 간격 내에 자극을 뒤바꿀 수 있다. 특히 리벳의 실험에서처럼 빠르게 움직이는 자극이라면 더더욱.

이 실험의 가장 뼈아픈 실수는 따로 있다. 이 실험 결과는 우리가 행위를 어떻게 시작하는지를 잘못 보여주었다. 애초에 우리의 행위보다 먼저 발생하는 의식적인 결정은 존재하지 않는다. 손가락으로 여러분의 무릎을 다시 한 번 눌러보라. 손가락으로 무릎을 누르기 전에 매 순간마다 의지의 충동이 느껴지는가? 물론 어떤 사람들은 "바로 지금이야"라고 되뇌며 행위에 나서기도 하고, 3까지 센 다음 행위를 하기도 하고, 속으로 어떤 충동이 느껴진다고 말하기도 한다. 하지만 이 모든 것이 신체적인 행위보다 앞선 또 다른 행위이며, 가설에 따르면 이 행위 또한 의지의 충동을 필요로 한다.

우리는 매일 자전거나 자동차를 운전하고, 먹고, 토론하고, 쓰고, 키스하고, 소파에 편안하게 앉는다. 이런 행위 중 어떤 것도 정체를 알 수 없는 의지의 충동에 따라 발생하는 것이 아니다. 우리는 당연히 대부분의 상황에서 우리가 하고자 하는 행동을 원하고, 소원의 달콤함에 빠지고, 강렬한 열망을 느낀다. 무언가를 소원한다는 것은 신체를 움직이기 전에 의지의 충동을 느끼는 것과 다르다.

미국의 철학자 대니얼 데닛Daniel Dennett은 의지의 충동이 잘못 이해된 이론에서 나온 날조라고 생각했다. 어쩌면 실험에서 다음과 같은 일이 발생했을지도 모른다. 학술적으로 지위가 높은 어떤 유명 인사가 실험 참가자에게 의지의 충동을 느꼈느냐고 묻는다. 실험 참가자는 어떤 대답이든 내놓아야 한다는 의무를 느낀다. 게다가 한 시간 동안 실험에 참여하고 나면 10유로의 보수를 받거나 학기말에 좋은 점수를 받게 될 것이다. 리벳의 실험에 참여한 학생들의 경우처럼 말이다. 실험 참가자들이 거짓말을 했다는 뜻은 아니다. 다만 이들은 '의지'나 '결정'에 해당할 무언가를 어떻게 해서든 찾아내려고 시도했을 것이다. 몇몇 사람들은 속으로 '지금이야'라고 생각했고, 몇몇 사람들은 그저 자신의 신체 움직임을 느꼈다. 이들의 각기 다른 경험이 의지의 충동으로 분류되었다. 실제로 실험 참가자들은 행동보다 3초 전 혹은 0.5초 이후에 관련 내용을 기록했다. 그 기록들을 토대로 평균을 내자 의지는 '뒤늦게 나타나는' 것이라는 결과가 도출되었다.

리벳과 마찬가지로 독일의 뇌과학자 존 딜런 헤인즈John Dylan Haynes 또한 행위통제Action control를 연구했다. 그는 뇌 활동을 근거로 실험 참가자가 왼쪽 손가락을 움직일지 오른쪽 손가락을 움직일지 예측할 수 있다고 말했다. 그것도 참가자가 의식적인 결정을 내리기 10초 전에 말이다. 그의 예측의 정확성은 60퍼센트 정도였다. 온전히 확률 운에 맡긴 결과인 50퍼센트보다는 높은 확률이지만, 신경 작용을 확정하는 결론을 내리기에는 한참 모자랐다. 몇몇 연구진은 10초라는 시간에 놀랐다. 도대체 왜일까? 한 가지 예시가 있다. 우리들 중 많은 사람들이 주중에 비슷한 시간에 일어나고, 샤워하고, 이를 닦는다. 값비싼 측정도구가 없더라도 몇 주 동안 주의 깊게 관찰하기만 하면 대상의 일상생활 패턴을 거의 100퍼센트 예측할 수 있다. 만약 우리의 행동이 예측할 수 없이 이루어진다면, 우리는 절대 서로 협력할 수 없을 것이다. 이것을 신경학적으로 증명할 수 있다는 점은 딱히 놀랍지 않다. 오히려 그 반대로, 이것을 신경학적으로 증명할 수 없다고 말한다면 많은 이들이 깜짝 놀랄 것이다.

몇몇 신경과학자들은 더 강력한 명제를 주장한다. 뇌가 우리에게 일어나는 각 사건을 결정할 뿐만 아니라 우리가 하는 모든 일을 한정한다는 것이다. 독일의 신경과학자 볼프 징거Wolf Singer는 다음과 같이 주장했다.

"상호연결이 우리를 결정한다."

이런 명제는 적어도 두 가지 착각에 뿌리를 두고 있다. 하나는 뇌는 결정을 할 수 없고 뇌를 가진 인간이 결정한다는 것이다. 다리가 산책하는 것이 아니라 다리를 가진 인간이 산책하는 것처럼 말이다. 게다가 여기서 말하는 '결정'은 결정론과는 상관이 없다. 결정론은 총체적인 세상만사를 이야기하기 때문이다. 우주에서 일어나는 일이 처음부터 결정되어 있다면, 그 우주에 속한 각각의 뇌 또한 마찬가지일 것이다. 반대 결론은 존재할 수 없다. 즉 우리가 뇌 속에서 규칙적인 과정을 찾아낸다고 해서 온 우주는 물론이고 우리의 행위가 전부 결정되었다는 뜻은 아니다.

신경과학자들이 각자 관찰한 내용 중 어떤 것도 자유에 관한 논쟁에 기여하지는 않는다. 물론 모든 것은 철학적 논쟁에 스며들 수 있다. 그렇다면 우리는 논쟁의 참가자들이 현재 연구 상황을 화제에 올리기를 기대할 수 있다. 철학자들 또한 심리학적 혹은 신경과학적 연구를 논평할 때 똑같이 해야 한다. 물론 몇몇 신경과학자들이 공허하고 과장된 말로 자기 홍보에만 열중하고 있다는 사실을 모두가 알고 있다. 파격적인 명제를 주장하는 학자는 금방 언론의 주목을 받기 때문이다. 어쩌면 이런 과학자들은 주목과 인식이 어떻게 기능하는지 다른 사람들보다 더 많이 알고 있기 때문에 과장하는 경향이 있는지도 모른다.

# 죄와 벌

몇몇 신경과학자들이 자유에 관한 논쟁을 잘 모른다는 사실은 그리 나쁜 일이 아니다. 그들이 결국에는 누구도 자신의 행동에 책임이 없으므로 사람들이 더 이상 처벌을 받아서는 안 된다고 주장하며 형법의 개정을 요구하지만 않는다면 말이다. 그럼에도 모든 사람이 평화롭게 살 수 있어야 하므로 우리는 자신의 행동을 조절해야 한다. 이것이 명제다. 우리는 적절한 근거를 토대로 처벌의 기능을 두고 다툴 수는 있지만, 조정이 필요하다는 요구는 타인을 다른 방식으로 규제하려는 사람의 자유를 전제로 한다.

우리가 도덕과 법을 어떻게든 개혁하고자 한다면 오히려 그것이 잘못되었다. 인간의 행위를 자세히 공부한 사람들이라면 우리가 일상적인 도덕과 형법이 제시하는 것보다 더 많은 상황에 책임을 지고 있다는 것을 알 수 있다. 많은 사람들이 "달리 할 수 있는 일이 없었다"라며 자신을 변호하지만, 이것은 실제로는 "달리 하고 싶은 마음이 없었다"라는 뜻이다. 한 가지 예시가 있다. 당신이 양손으로 철봉에 매달려 있다고 상상해보라. 처음에는 잘 매달려 있었지만, 어느 순간 손이 아파서 더 이상 매달리고 싶지 않은 순간이 온다. 그러면 대부분의 사람들은 철봉을 놓는다. 그런데 만약 당신이 절벽 위에 매달려 있다고 상상해보라. 그러면 당신은 손이나 팔의 고통 따위는 참아낼 것이다. 그럼에도 더 이상 매달려 있을 수 없는 불가피한 순간이 온다.

이 예시를 공격성이나 소아성애적인 성향을 참을 수 없었다고 말하는 범죄자들에게 적용해보자. 대부분의 경우 이것은 첫 번째 순간, 그러니까 스스로 더 이상 매달려 있고 싶지 않았던 순간을 뜻하지 두 번째 순간, 즉 불가피하게 더 이상 매달려 있을 수 없었던 순간을 뜻하지는 않는다. 칸트는 이런 사건을 다루고자 단두대를 떠올리는 사고실험을 만들었다. 엄청난 악행을 하는 순간 곧장 참수형을 당한다고 상상하는 것이다. 누군가를 살해하면 다음 순간에는 자신의 목에서 단두대의 칼날을 느끼게 될 것이다. 이렇게 상상해도 자신이 하는 행동을 멈추지 못한다면, 이것이야말로 달리 할 수 있는 일이 없었던 것이다. 가능성 있는 일이다. 하지만 대부분의 범죄자들은 그저 자신의 행동을 멈추고 싶지 않았을 뿐이며 자신이 체포되지 않을 것이라고 생각해서 범행을 저지른다. 범죄를 저지른다고 해서 곧바로 형벌을 받는 것은 아니기 때문이다. 과거 오랜 시간 동안 어린이들을 대상으로 발생한 폭력 범죄를 보면 알 수 있다. 대부분의 사건에서 범죄자들은 범행을 계획했고 철저하게 준비했으며 신중하게 행동했고 범행 흔적을 지우려고 시도했다. 그 말은, 이들이 범행을 저지를 때 매우 이성적이었으며 정신적으로 아무런 문제가 없었고 이에 따라 모든 순간에 행동을 멈출 수 있었다는 뜻이다. 이들은 거부할 수 없는 위력적인 충동에 휩싸였을 수는 있지만 완전히 조종당하지는 않았다. 우리 또한 일상생활을 할 때 거의 모든 행동에 책임이 있다. 스스로는 인정하려고 하지 않지만 말이다. 우리는 발뺌하는 데 익숙하다.

자유는 축복임과 동시에 저주다. 우리는 스스로 원하는 일을 할 수 있지만, 자신의 행동을 깊이 고민하고 그로 인한 부작용도 생각해야 하는 책임을 진다. 예를 들어 카페인을 지나치게 많이 섭취했을 때 건강에 발생하는 위험처럼 말이다. 이때 우리는 어떤 결정을 내리는 것 외에는 할 수 있는 일이 없다. 만약 우리가 한발 물러서서 아무런 행동도 하지 않는다면, 그것 또한 우리의 결정이다. 우리의 자유가 필연적으로 초래하는 몇 안 되는 억압 중 하나이기도 하다. 한 가지 더 있다. 폴란드계 미국인 노벨 문학상 수상자인 아이작 바셰비스 싱어Isaac Bashevis Singer에게 누군가가 "의지의 자유를 믿습니까?"라고 물었다. 그는 이렇게 대답했다.

"그래야죠. 선택지가 없으니."

## 6장

# 알다

### 진리로 가는 굽은 길

헛소리하지 마라! 일상생활을 하다 보면 자주 듣는 말이다. 미국인들은 말도 안 되는 헛소리Bullshit(개소리) 혹은 무분별하고 무의미한 말을 자주 하는 사람을 가리켜 헛소리꾼Bullshitter이라고 한다. 이런 거짓말쟁이들이 하는 행동은 타인과의 대화를 똥통에 빠뜨리는 것이나 마찬가지다.

미국의 철학자 해리 프랭크퍼트Harry Frankfurt는 헛소리에 관한 논문을 쓴 적이 있다. 오랫동안 오직 전문가들만이 그의 논문에 관심을 보였는데, 곧 한 출판사가 그 잠재력에 주목했다. 프린스턴대학의 유명한 철학자가 그토록 철학적이지 않은 단어를 입에 올리다니! 얇은 책으로 출간된 이 논문은 100만 부 이상 팔렸다[1]. 이 책에서 프랭크퍼트는 단순히 헛소리 혹은 개소리라는 단어의 사전적인 분석에만 몰두하지 않고 인간적인 현상도 다루었다. 우리는 가끔 진실인지 거짓인지 정확히 모르는 주장을 펼친다.

여기서 말하는 거짓말쟁이, 즉 헛소리꾼은 일반적인 의미의 거짓말쟁이와는 대비된다. 우선 일반적인 의미의 거짓말쟁이는 의도적으로 거짓을 말하는 사람들이다. 그런데 만약 어떤 배우가 특정한 역할을 연기하면서 일부러 거짓말을 한다면, 이 사람은 거짓말쟁이가 아니다. 대본을 읽었을 뿐이지 거짓을 주장하지 않았기 때문이다. 또 다른 예시가 있다. 나는 만우절 거짓말을 하고 싶어서 친구에게 "네 차가 견인됐어"라고 말한다. 그런데 내가 모르는 사이 친구의 차가 실제로 견인되었다. 이 경우 나는 우연히 사실을 말한 셈이지만 그럼에도 어쨌든 거짓말을 했다. 거짓말이란 더 정확히 말하면 의도적으로 남을 속이기 위해 거짓이라고 여기는 내용을 말하는 것이다.

헛소리꾼들 또한 상대방을 속이고자 하는 것은 마찬가지인데, 대개 두 가지를 속이고자 한다. 하나는 자신의 지식수준, 그리고 다른 하나는 현재 매우 확신에 찬 목소리로 말하고 있는 명제의 신빙성이다. 이때 헛소리꾼들은 거짓도 기꺼이 받아들인다. 일반적인 거짓말쟁이와 마찬가지로 헛소리꾼들 또한 자신이 진실을 말하고 있는 것처럼 군다. 다만 거짓말쟁이는 진실을 확실하게 알고 있으면서 일부러 틀리게 말한다. 헛소리꾼은 다른 사람들이 여차하다 거짓을 믿도록 의도하지 않는다. 애초에 헛소리꾼들에게 진실이 무엇인지는 중요하지 않다.

놀랍게도 프랭크퍼트는 동기는 언급하지 않았고, 오직 우리 모두가 헛소리를 하는 경향이 있다고 말했다. 그의 글은 미디어에 대한 비판으로도 읽힌다. TV에서든 인쇄 매체나 블로그에서든 누구나가 한 가지 혹은 부득이한 경우에는 두 가지 의견을 갖는다. 미국의 코미디언이자 배우인 그루초 막스Groucho Marx가 "이게 제 여러 원칙입니다. 여러분한테 맞지 않는다면 다른 것도 있습니다"라고 말했듯이 말이다.

우리는 늘 타인과 함께 이야기를 나누길 원하고, 그러려면 대화 내용을 점검하거나 근본적으로 깊이 생각하는 수고를 해야 한다. 하지만 이렇게 절제하는 기술을 연습하는 사람은 많지 않다. 타인과 이야기를 나누는 것이 그저 재미있고 신나기 때문이다. 그러다 보면 우리는 어느 순간 내가 무슨 말을 하는지 모르거나 혹은 진실이 더 이상 중요하지 않은 지경에 이른다.

물론 평소라면 진실은 우리에게 매우 중요한 요소다. 그 누구도 거짓을 믿으려고 하거나 진실을 알지 못한 채로 머물고 싶다고 생각하지 않는다. 그렇다면 도대체 언제 어떤 것이 진실이고 우리는 언제 이에 대한 지식을 아는가? 진실과 지식은 서로 어떤 연관이 있는가? 이런 의문은 태초부터 철학 분야에 존재했다. 그러다 보니 이와 관련된 논쟁은 철학의 다른 분야에 비해 조금 더 까다로웠다. 그럼에도 애써 토론할 가치가 있는 일이다. 우리가 언젠가 진실과 지식 사이의 차이를 이해한다면 다른 주제를 더 명확하게 보게 될 것이다.

## 무엇이 옳은가?

예수가 진리를 증명하기 위해 이 세상에 왔다고 말하자 본디오 빌라도Pontius Pilate가 수사적인 질문을 던졌다.

"진리란 무엇인가?"

영국의 철학자 존 오스틴은 이런 질문을 한 빌라도가 그가 살던 시대보다 한참 앞서 있었다고 비꼬듯이 말했다. 왜냐하면 진리 혹은 진실이라는 말을 입에 담는 순간 그 사람은 첫 번째 철학적 실수를 범한 것이기 때문이다. 진리론에서는 진술의 내용이 언제 진실이고 거짓인지를 따지지 광범위한 미지의 존재, 즉 극소수의 이들만이 깨우친 '진리'를 따지지 않는다.

　오스틴은 분석철학의 사조에 속한 사람이었고 일상 언어 철학 Ordinary language philosophy을 이끌기도 했다. 일상 언어 학파에 속한 철학자들은 우리가 수많은 철학적 문제를 해결해서는 안 되고 오히려 철학적 문제의 실체를 벗겨 그것이 의사 문제[2]임이 드러나도록 하는 데 신경을 써야 한다고 주장했다. 위대한 사상가들조차 아주 사소한 단어를 거대하게 부풀리는 바람에 오류에 빠진 적이 있다. 예를 들어 단순히 아무것도 없다는 말을 '무無'라고 칭한 것이다. 몇몇 이들은 과연 '무'라는 것이 존재하는지, 아니면 그냥 '아무것도 없는' 것인지 의문을 품었다. 일상 언어를 지나치게 부풀리고 늘이는 사람들은 일그러진 사고에 빠지기 쉽다. 이는 철학의 또 다른 거대한 명사들, 예를 들어 '존재', '자아', '자기', '진리' 등에도 해당하는 말이다.

　일상 언어 학파의 몇몇 철학자들은 철학이란 그저 일상 언어의 정확한 분석에 지나지 않는다고까지 주장했다. 오늘날까지 이를 믿는 사람은 거의 없지만, 거대한 명사들이나 철학 고유의 단어에 대한 비판적인 태도는 여전히 남아 있다.

　현대 진리론에서는 무엇보다도 형용사 '진실한'과 '그릇된'에 관한 논의가 활발하다. 장미는 붉을 수 있고, 숫자는 정확하다. 하지만 대체 어떤 것이 '진실한' 혹은 '그릇된' 특성 혹은 가치를 지닐 수 있단 말인가? 이런 의문이 든다면 진릿값[3] 지지자들에 대해 찾아보라. 그들이 탐구하는 내용에 장미나 숫자는 포함되지 않는다. 또한 우리가 때때로 '진실한 사랑', '진정한 우정'이라고 말하는 것들은 사실 '성실하고 정직한 사랑' 혹은 '깊은 우정'을 뜻한다.

철학 분야에서 진릿값 지지자들은 다른 이들보다 무미건조하다. 이들의 선택지로는 발언, 주장, 논증, 생각, 문장, 이론 등이 있다. 우리는 이 모든 선택지에 대해 때로는 참, 때로는 거짓이라고 말한다. 이 모든 것은 공통적으로 어떤 명제Proposition(논리 명제)를 표현한다. 'Proposition'이라는 표현은 다루기 힘든 것이지만, 간단하게 말하자면 발화된 문장 혹은 발언이나 논증의 내용이다.

발언은 각각의 자연언어에 속한다. 《이상한 나라의 앨리스》에서 미치광이 모자 장수는 앨리스에게 "네 머리카락이 잘리기를 원하고 있어Your hair wants cutting"라고 말한다. 이것을 독일어로 그대로 옮기면 말이 되지 않는다. "너 미용사한테 좀 가야겠어"라는 독일어 문장을 영어로 그대로 옮기면 아무런 의미 없는 말이 되는 것처럼. 그러나 두 문장 모두 내용은 똑같다.

구체적인 발언이 아니라 그 내용, 그러니까 명제가 실질적인 진릿값을 보유한다고 보는 데에는 그럴 만한 이유가 있다. 때로는 한 가지 발언이 동시에 여러 내용을 표현한다. 예를 들어 "성적표가 밑에 깔렸어"라는 말은 실제로 성적표가 가장 아래에 위치한다는 뜻일 수도 있고, 성적이 꼴찌라는 뜻일 수도 있다. 우리는 우선 이 말의 정확한 뜻을 알아야 그 내용이 진실인지 여부를 물을 수 있다.

그렇다면 진실은 도대체 어디에 숨어 있는가?

# 진리의 현실

'햇빛이 비치다'라는 문장은 언제 참인가? 당연히 햇빛이 비칠 때만 참이고, 그렇지 않을 때는 모두 거짓이다. 너무 명백한 답변이라서 이외의 의미로는 저 문장을 사용하기 어렵다. 이것은 철학 분야에서 매우 영향력이 큰 진리의 정의의 핵심을 찌른 것이다. 진리의 정의는 아리스토텔레스로부터 파생되었으며 짧게 설명하자면 다음과 같다. 모든 존재들에 대해 존재한다고 말하는 것은 참이고, 모든 존재하지 않는 것들에 대해 존재한다고 말하는 것은 거짓이다. 우리는 이 정의를 다음과 같이 해석할 수 있다. 어떤 것이 진실인지 거짓인지 여부는 그것이 이 세상에서 어떤 태도를 취하고 있는지에 달려 있다.

중세 시대의 철학자 토마스 아퀴나스는 아리스토텔레스의 제안에 흥미를 보였고 그것을 새롭게 바꾸었다. 아퀴나스에 따르면 진리는 존재와 사유, 즉 이해나 생각의 일치다. 나중에 칸트가 이 말을 다음과 같이 표현했다. "진리는 인식과 그 대상의 일치다." 전통적인 단어인 '인식'은 여기서 판단이나 확신이라는 뜻이다. 그 기저에 놓인 생각은 간단하다. 사진이 이 세상의 한 부분을 그대로 반영하듯이, 우리가 사용하는 단어와 우리의 생각 또한 이 세상을 그대로 반영해야 한다는 것이다. 그러므로 '햇빛이 비치다'라는 말은 기술적으로 말해 일단 태양이라는 것이 존재하고 그것이 뿜어낸 빛이 아무런 방해도 없이 지구까지 도달하는 상황일 때 참이다. 이런 해석은 일치를 강조하기 때문에 '진리대응론Correspondence theory of truth'이라고 불린다.

진리대응론은 등장하자마자 반박당했다. 우선 일치라는 개념이 진리라는 개념을 설명할 수 없다는 반론이 일었다. "사실과 일치하는 주장은 진리다"라고 말할 수도 있지만, 한편으로는 "주장은 진리일 때 사실과 일치한다"라고도 말할 수 있다. 즉 일치라는 개념은 진리라는 개념보다 더 근본적이거나 명확하지 않다. 현대 논리학의 창시자인 고틀로프 프레게가 이미 19세기 말에 이를 설명한 바 있다. '일치'라는 개념은 진리를 실험하는 것이 아니었다. 우리는 창밖을 내다보기만 하면 햇빛이 비치는지 아닌지 알 수 있다. 그런데 그렇게 해서 얻어낸 확신이 이 세상과 일치하는지 여부를 추가로 알아낼 방법은 무엇인가? 결국 우리는 실제와 개인적인 확신을 일직선상에 세워 비교할 수 없다.

진리대응론은 우리 인간과는 상관없이 어떤 명제가 참 혹은 거짓이라고 간주한다. 이런 접근법은 실재론적 진리론에 속한다. 앞서 언급했듯이 진리대응론은 진리가 어디에 기반을 두고 있는지 설명하지 못한다. 대부분의 비평가들은 이런 결점을 다듬고 손질하는 대신 진리가 객관적인 것이라고 말하는 실재론을 공격했다.

# 진리의 주관성

진리대응론의 반대편에 선 것이 진리인식론Epistemic theory of truth이다. 즉 어떤 주장이 사실인지 여부는 우리의 인식에 달렸다는 것이다. 이를 처음 주장한 사람 중 한 명인 독일의 철학자 프란츠 브렌타노Franz Brentano는 사람들이 어떤 주장에 대한 명백한 증거를 갖고 있다면 그 주장은 진리라고 말했다. 햇빛이 비치는 것이 사실인 이유는? 내가 그것을 두 눈으로 똑똑히 볼 수 있기 때문이다. 그래서 이를 '진리증거론'이라고 부르기도 한다. 다만 한 가지 문제는, 만약 내가 지하 창고에 있어서 명백한 증거를 제시하지 못할 때도 '햇빛이 비치다'라는 말이 사실일 수 있다는 점이다. 즉 증거론은 진리의 측량 막대를 지나치게 높여두었다.

또 다른 변형도 있다. 철학자이자 심리학자인 윌리엄 제임스는 우리가 어떤 증거를 영구히 사용할 수 있다면 그것은 진리라고 말했다. '햇빛이 비치다'와 같은 증거는 영구히 사용할 수 있다. 햇빛은 매일 다시 비치기 때문에 사람들은 해시계나 차양을 만들었다. 제임스의 접근법은 '진리실용론Pragmatic theory of truth'이라고 한다. 실용적인 행동에 초점을 맞추기 때문이다.

미국의 철학자 시드니 모젠베서는 진리실용론은 이론으로서는 좋으나 실제로는 기능하지 않는다고 말했다. 진리와 실용성은 분리될 수 있다. 곡예사는 높이 매달린 줄 위에서 아무렇지 않게 춤을 출 수 있는데, 그 이유는 안전하다고 잘못 믿고 있기 때문이다. 또 다른 곡예사는 자신이 하는 행동이 매우 위험하다는 사실적 증거를 알고 있기 때문에 불안해하다가 추락할 수 있다. 무언가가 입증되었다고 해서 진리인 것은 아니다. 또한 그 반대도 마찬가지다.

이와 유사한 주장이 있다. 미국의 철학자 찰스 샌더스 퍼스Charles Sanders Peirce는 먼 미래의 위대한 학자들이 합의하게 될 것이 바로 진리라고 말했다. 이 이론은 화용론과 비슷해서 무엇보다도 기준을 강조했다. 진리는 학자들의 합의에 달려 있다고 보는 이론이기 때문에 이것은 '진리합의론Consensus theory of truth'이라고도 불린다.

다만, 합의는 진리를 매우 그럴듯하게 만들 뿐 확실히 보증하지는 않는다. 모든 물리학자들이 태양에서 뻗어 나오는 빛의 속도가 일정하다는 말에 동의한다. 그러므로 우리는 이것이 진리라고 볼 수 있다. 물리학자들 외의 그 누가 이에 대해 더 잘 알 수 있단 말인가? 그러나 이 모든 학자들이 다 함께 틀렸을 가능성이 있다. 이들은 어떤 논증에 설득당해 합의하는 것이 아니라 그럴 만한 근거가 있어 합의하는 것이다. 합의는 진리를 추구할 때 발생하는 부산물이지 진리의 결정적인 특징이 아니다.

이 모든 이론이 늘 같은 문제에 직면한다. 진리인 것과 우리가 주관적으로 진리라고 여기는 것은 서로 관련이 없다. 모든 것이 증거가 있는 진리일 수 있지만 그럼에도 거짓일 수 있다. 우리는 진리를 확인하고자 늘 증거를 찾는다. 부모들은 찬장 뒤에서 텅 빈 누텔라⁴통을 발견하고 아이의 팔에 초콜릿이 묻은 것을 본 다음 진실을 알아낸다. 형사들도 훨씬 과학적이긴 하지만 이와 비슷한 방법을 활용한다. 인간이 진리를 '찾아낼 수 있다'는 생각은 진리가 우리의 평가와는 관련이 없다는 점을 전제로 한다. 그 말은 우리가 진리를 추구하다가 길을 잃을 수도 있다는 뜻이다.


## 진리를 정의할 수 있을까?

또 다른 선택지가 남아 있다. '참이다' 혹은 '거짓이다'라는 말 뒤에 숨은 것이 우리 생각보다 훨씬 적을지도 모른다는 점이다. "해가 비친다는 것은 참이다"라고 말하는 사람은 이것을 "해가 비친다"라고 간단하게 표현할 수 있다. 어떻게 주장하든 화자는 이미 그 내용이 사실이라고 여기기 때문이다. 이 문장에서 '참이다'라는 말은 내용에 불필요한 수사적인 강조로 보인다. 이것은 영국의 철학자 프랭크 램지Frank Plumpton Ramsey가 유명한 논문에서 정리한 내용이다. 그의 이론은 '진리잉여론Redundancy theory of truth'이라고 불린다.

최근에는 주로 이 이론에서 파생된 비슷한 이론이 논의되는 경우가 잦다. 어쨌든 진리잉여론은 진리의 개념, 다시 말해 우리가 무언가를 참이라고 여길 때 그 뒤에 숨은 것보다는 진리 술어Truth predicate, 즉 '참이다'라는 형용사 자체에 집중한다. 만약 내가 짧고 간단하게 "해가 비친다"라고 말하면, 내가 그것을 언제 옳고 언제 그르게 주장하는지는 정확히 알 수 없다. 다른 말로 설명하자면, 그 문장의 진리가 어디에 있는지 알 수 없다.

아리스토텔레스의 직관은 매우 중요하다. 그는 어떤 문장이 참인지 거짓인지 여부는 세상에 달려 있다고 말했다. 사람들이 이런 상황을 '모사'나 '일치'로 구체화하지 않았다면 귀찮고 짜증나는 일을 겪을 필요가 없었을 것이다. 진리인식론의 문제는 사람들이 진리를 '정의할 수 있다'고 믿는 데 있다. 전통적인 해석에 따르면 이것은 어떤 개념을 분석하는 것, 즉 어떤 대상을 명확하게 구성하고 있는 필연적인 요소를 분해하고 해체하는 것이다. 그러나 대다수의 철학적 개념은 매우 보편적이고 근본적이어서 분석이 불가능하다. 소크라테스는 개념 분석에 대해 농담 삼아 이렇게 말했다.

"진흙이란 물과 흙의 혼합이다."

물질, 시간, 진리와 같은 철학적 개념은 우리가 아는 것들 중 가장 보편적인 편이다. 말하자면 개념이라는 건물에서 더 이상 해체하거나 쪼갤 수 없는 초석이다.

그래서 우리는 더 작은 조각으로 나눌 수 없는 진리라는 개념 또한 지금까지 정의하지 못했다. 그럼에도 미국의 철학자 도널드 데이비슨이 말했듯이 진리를 규명한 몇 가지 예를 언급할 수 있다. 우리는 진리의 '정의'보다는 진리의 '드러난 특성'을 이야기해야 한다. 데이비슨은 진리와 이 세상이 아주 가깝게 놓여 있다고 말한 폴란드의 논리학자 알프레드 타르스키에 덧붙여 다음과 같이 말했다. "우리는 말과 생각으로 이 세상과 관계를 맺고, 우리의 말과 생각은 그 생각과 문장의 각각의 요소와 어떤 연관이 있는지에 따라 참이거나 거짓이다."

그러므로 예수가 말한 '진리'는 존재하지 않으며, 대신 참인 의견이나 논증이 존재할 뿐이다. 이것은 우리 개개인의 의견과는 상관이 없고, 이 세상이 만들어진 방법과 관련이 있다. 다만 우리는 셀 수 없이 많은 진리를 결코 파악하지 못할 것이다. 예를 들어 '나폴

레옹은 1812년 1월 4일 자정 조금 전에 재채기를 했다'라는 문장은 참이거나 거짓일 수 있지만, 누구도 정확한 사실을 알아내지 못할 것이다.

진리란 극한치도 끝점도 아니다. 퍼스는 학계가 이를 지향하고 있다고 믿었다. 진리로 가는 여행이라는 은유가 오늘날까지도 다양한 곳에서 사용되고 있는 점에서 알 수 있다. 예를 들어 많은 연구진이 진리에 '근접했다'는 말을 사용한다. 하지만 이런 말은 정확하거나 혹은 부정확할 가능성이 있는 과학적인 측량값에는 사용할 수 있어도 진리에는 사용하지 못한다. 또 '근접했다'는 말 또한 진리가 어디에 있는지 이미 알고 있을 때만 사용해야 한다. 로마에 가려면 우선 로마가 어느 방향인지 알아야 할 것이 아닌가. 게다가 유명한 명언과는 달리 모든 길이 로마로 연결되는 것은 아니다. 당연히 진리로 이어진 것도 아니다.

진리에 근접한다는 생각과 비슷한 것이 진리를 늘이거나 줄일 수 있다는 생각이다. 예를 들어 누군가가 100퍼센트 진리인 어떤 주장과 비교해 다른 주장이 "반쯤 진리야"라거나 "다른 것보다 더 진리야"라고 말한다면 그중에는 거짓이 있을 수 없으리라.

## 진리는 상대적인가?

"진리란 도대체 무엇인가?"

니체도 스스로에게 이렇게 물었고 답을 내놓았다.

"진리는 끊임없이 움직이는 은유의 떼다. 진리는 우리가 그것이 도대체 무엇인지 잊어버린 환상이다."

니체는 자신의 명제에 계속해서 장식을 더했다. 그는 상대주의 Relativism[5]를 주장했다. 이는 오늘날까지도 몇몇 철학자들이 자주 인용하는 내용이다. 인간이라는 종은 스스로를 우주의 중심이라고 여기는데, 이는 격정적으로 공기 중을 누비고 돌아다니는 모기도 마찬가지다.

니체보다 먼저 상대주의를 주장한 사람들이 있다. 역사적으로 가장 먼저 상대주의를 주장한 것으로 알려진 사람은 소크라테스와 같은 시대를 살았던 그리스의 철학자 프로타고라스Protagoras다. 그는 "인간은 만물의 척도다"라고 말한 바 있다. 진리가 각 개개인의 인간에게 달려 있다는 뜻인데, 프로타고라스는 이렇게 덧붙였다.

"존재는 보이는 것이다."[6]

다른 사람들은 진리가 문화 혹은 시대, 사회적 계층, 성별, 아니면 니체와 같이 종에 따라 다르다고 생각했다.

상대주의자들의 주장은 점점 더 강력해졌다. 심지어는 "진리는 존재하지 않는다"라고 말하기도 했다. 이것은 진리에 대해 처음으로 생각했으나 근본을 파고들지는 않은 이들을 압도한 발언이었다. 그러나 이 말을 적용하는 것 또한 반박에 부딪쳤다. 진리가 존재하지 않으려면 '진리는 존재하지 않는다'는 문장이 참이어야 한다. 그런데 진리는 존재한다. '진리는 존재하지 않는다'는 문장 자체도 하나의 진리다. 니체 또한 이 문제를 맞닥뜨렸다. 모든 진리가 환상이라는 것은 참일까? 아니면 그것 또한 환상일까? 무엇보다도 거짓인

의견, 즉 여기서는 환상이라고 불리는 것이 참인 의견의 반대인지를 알지 못한 채 환상이란 무엇인지 이해할 수 있을까?

니체는 이런 문제를 알면서 일부러 모순적으로 표현했으리라. 이런 전략은 오늘날에도 많은 상대주의자들이 따르는 것이다. 그 이유는 대개 그들이 진리 탐구를 자신들이 맞서 싸우고 있다고 독단으로 생각하는 전체적인 주장과 혼동하기 때문이다.

상대주의는 학술적인 현상을 다룬다. 화려한 언변으로 이를 주장한 사람 중 하나가 미국의 철학자 리처드 로티Richard McKay Rorty인데, 그는 진리란 언제나 우리의 관심사에 달렸다고 말했다. 이런 말을 들으면 우리는 스스로에게 집중한다. 하지만 계속 그렇게 살 수 있을까? 세미나실에서 서로 어느 정도 거리를 두고 앉은 상황이라면 상대주의자가 되기 쉽다. 그러나 세미나가 끝난 후 공항에서 우리는 과연 뉴욕으로 가는 여행객이 옳은지 아니면 베이징으로 가는 여행객이 옳은지 생각해야 한다. 예를 들어 의사가 "이 약은 당신에게 도움이 될 수도 있지만 당신을 죽일 수도 있습니다. 누구도 확신할 수는 없어요. 진리란 존재하지 않으니까요"라고 말한다면 환자로서는 상대주의자가 되기보다 다른 의사를 찾는 편이 더 낫다.

진리라는 개념은 정의할 수 없다. 진리는 객관적인 것이며 나 자신이나 타인에게 달린 것이 아니다. 그저 이 세상이 만들어진 방법에 달렸다. 대부분의 상대주의자들은 진리와 지식을 분리하지 않는다. 진리가 지식을 위한 필수 불가결한 조건인 것은 맞지만, 지식만이 각 사람에게 달려 있으며 진리는 그렇지 않다. 지식과 관련된 원칙을 전통적으로 지식론이라고 하는데, 지식론은 인식론과 동일하다. 지식론의 주요 의문점은 지식이란 무엇이며, 우리가 알 수 있는 것은 무엇인가다.


# 지식이란 무엇인가?


철학적으로 '무엇인가?'라는 질문을 처음 던진 사람이 소크라테스다. 그는 거대한 개념의 존재와 정의에 대해 의문을 품었다. 덕이란 무엇인가? 정의란 무엇인가? 지식이란 무엇인가? 소크라테스는 철학이 늘 대화의 형태를 띠어야 한다고 주장했기 때문에 직접 글을 남기지는 않았지만, 후세에 플라톤이 스승인 소크라테스의 대화를 글로 남겼다. 그 글 중 어디까지가 플라톤이 한 말이고, 어디까지가 그의 스승이 한 말인지는 재건하기가 매우 어려워서 오늘날까지도 논쟁의 중심이 된다. 하지만 여기서 우리는 플라톤이 문자 그대로 속기한 것은 아니라는 점을 알 수 있다.

소크라테스는 대화를 이끌어갈 때 악명 높은 산파술[7]을 사용했다. 이 예술 같은 기술로 소크라테스는 상대방 내면의 답변을 끄집어냈다. 소크라테스와 플라톤은 모든 사람들이 이미 수많은 질문에 대한 답을 알고 있으며, 그것을 끄집어내는 데 아주 작은 전문적인 도움이 필요할 뿐이라고 생각했다. 그 과정은 지루하고 어떨 때는 난산이 되기도 한다. 게다가 거의 대부분의 대화가 결국 아포리아Aporia에 봉착한 채 끝나기도 한다. 아포리아란 도저히 해결 방도를 찾을 수 없는 난관이라는 뜻이다. 아포리아는 막다른 길과 같아서 그 누구도 더 이상 알지 못하며 해답 또한 존재하지 않는 것을 말한다.

소크라테스의 대화는 주요 대화 상대방의 이름을 따 명명되었다. 가장 유명한 것은 《테아이테토스》다. 이 책은 소크라테스가 젊은 철학자인 테아이테토스에게 "지식이란 무엇인가?"라고 물은 대화 내용을 담고 있다. 테아이테토스는 우선 몇몇 예시만을 늘어놓았는데, 소크라테스는 보편적인 정의를 고집했다. 몇 차례의 시도가 실패한 끝에 테아이테토스는 이렇게 주장했다.

"지식은 참인 판단이다."

우리는 이 말을 '지식은 참인 논증이다'로 바꿀 수 있을 것이다. 하지만 이 또한 소크라테스를 만족시키지 못했다. 무언가가 부족해 보였기 때문이다.

이를 해석할 한 가지 예시가 있다. 누군가가 나에게 이렇게 묻는다.

"지금 몇 시인가요?"

나는 시계도 보지 않은 채 장난으로 "11시 15분이요"라고 답한다. 그런데 시간이 정말로 11시 15분이었다. 나는 참을 말하기는 했으나 그에 대한 지식은 없는 상태였다. 이때 나의 주장에서 부족한 것은 정당성이다. 참인 것을 믿는 것만으로는 부족하다. 우리는 참인 것을 뒷받침할 충분한 근거를 갖추고 있어야만 그것을 토대로 참인 논증을 정당화할 수 있다. 충분한 근거란 예를 들어 내가 고장 나지 않은 시계를 차고 있는 것이다. 그러니 더 나은 정의는 다음과 같다. 지식이란 참이고 정당화된 논증이다. 소크라테스는 테아이테토스를 이 결말로 이끌었다.

미국의 철학자 에드먼드 게티어Edmund Gettier가 등장하기 전까지, 테아이테토스의 정의는 2,000년 이상 유효했다. 게티어는 소크라테스와 마찬가지로 철학이란 생동감 있는 대화에서 생겨나는 것이지 긴 출판물 목록에 달려 있는 것이 아니라고 말했다. 다만 그는 대학에서 계속 일하기 위해 논문을 한 편 발표해야 했다. 그래서 게티어는 20세기를 통틀어 가장 짧으면서 유명한 철학 논문을 써냈다. 이 논문은 겨우 세 페이지인데, 게티어는 그 안에서 소크라테스의 질문을 다시 던졌다.

"정당화된 참인 믿음은 지식인가?"[8]

소크라테스 본인 또한 이 정의에도 구멍이 있을 수 있다고 암시한 바 있다. 게티어는 두 가지 짧은 예시를 들며 반박했다. 다른 철학자들이 게티어의 편에 섰고, 이에 따라 '게티어 문제'의 목록은 점점 길어지고 있다.

간단한 예시를 이어가보도록 하자. 누군가가 나에게 지금이 몇 시냐고 묻는다. 나는 이번에는 시계를 내려다보고 시간을 읽어준다.

"11시 15분이요."

시간은 실제로 11시 15분이다. 그런데 내가 몰랐던 사실이 있다. 내 시계가 정확히 12시간 전에 멈추었다는 사실이다. 이제 지식의 정의의 세 가지 조건이 모두 충족되었다. 나는 참이면서 동시에 정당화된 논증을 갖고 있다. 나는 이미 여러 차례 내 시계를 보고 시간을 읽었기 때문이다. 그럼에도 우리는 내가 지금 시각이 11시 15분인 것을 '안다'고는 말할 수 없다. 궤변처럼 들리지만 매우 관련성이 높은 예시다. 지식의 정의에서 무엇이 결여되었는지를 보여주기 때문이다. 참이고 정당화된 논증이라고 해서 모두 지식인 것은 아니다.

게티어의 발견은 간단하다. 묘사가 얼마나 정확한지 여부와는 상관없이 그것은 원칙적으로 늘 충족되는데, 이때 그 방법은 우리가 생각했던 올바른 방법이 아니다. 게티어 문제에 제시된 답변은 인식론의 한 분야에 뿌리내리고 있다. 지식의 개념 분석은 점차 범위를 넓혀서 이제는 '참인 정당화된 논증 더하기 X'가 되었다. 이 X 요소가 과연 무엇인지는 아직까지 논쟁이 치열하다. 여태까지 그 누구도 반론의 여지가 없는 분석 결과를 내놓지 못했다.


## 지식, 많아야 할까, 적어야 할까?

몇몇 학자들은 게티어에게 이의를 제기했다. 오류의 가능성이 있을 때 우리는 지식을 말할 수 없다는 것이다. 하지만 이런 주장은 너무 극단적이다. 지식을 무오류성과 혼동한 것이기 때문이다. 가능한 오류를 무조건 배제해야 한다면 우리는 누군가가 어떤 것을 알고 있다고 말할 수 없으리라.

우리 인간은 오류를 일으킬 수 있는 존재다. 정신적인 능력이 제한되기 때문이다. 우리 모두는 이미 틀렸던 적이 있다. 예를 들어 시금치에 철분이 많이 함유되어 있다고 생각했던 것처럼.[9] 우리가 말하는 모든 주장과 논증은 거짓일 수 있다. 하지만 그렇다고 해서 모든 것이 거짓일 수는 없다. 예를 들어보자.

"콜럼버스Christopher Columbus가 호주를 발견했다"라는 말은 참이라는 잘못된 인상을 남길 수 있다. 콜럼버스는 탐험가였고 호주는 대륙이므로 이 말은 참일 수 있다. 만약 우리가 콜럼버스는 날개가 달린 말이고, 호주는 은하계 먼 곳에 있으며 솜사탕으로 만들어진 행성이라고 믿었다면, "콜럼버스가 호주를 발견했다"라는 말에서 어느 부분이 거짓인지 정확히 확인할 수 없었을 것이다. 즉 참인 논증이라는 배경이 다수 존재해야만 소수의 오류가 부각되는 것이다. 이것은 무엇을 어떻게 대조하느냐에 따라 다르다.

'지식'이라는 단어를 우리는 더 넓은 개념과 연결할 수 있다. 특히 문화학이나 미디어 이론 분야에서 자주 일어나는 일이다. 우리는 '지식의 반감기Half-life of knowledge'라는 말을 점점 더 자주 접하는데, 이것은 시간이 흐름에 따라 기존 지식의 유용성이 절반가량 감소하는 기간을 말한다. 하지만 이것이 정확히 무슨 뜻인지 자세히 설명할 수 있는 사람은 많지 않다.

문제는 지식이 모래나 물처럼 불가산명사라는 점이다. 지식이라는 단어는 복수형이 없으며, 책상이나 생각처럼 셀 수 있는 것도 아니다. 어쩌면 킬로그램이나 리터와 같은 단위를 개발해 지식을 측정할 수 있을지도 모른다. 몇몇 사람들은 책도 똑같이 생각했다. 물론 책은 권이라는 단위로 셀 수 있다. 그렇지만 이것이 올바른 단위일까? 이런 의문이 드는 것도 타당하다. 왜냐하면 소설 장르의 책에는 참인 문장이 많지 않으며, 책은 논증이 아니라 문장으로 이루어진 것이기 때문이다. '지식'과 관련된 말은 책에 쓰여 있을 때만 그것을 읽었을 때 논증을 얻을 수 있다. 또한 '문화적 지식'이라는 말도 살펴보아야 한다. 이 말을 사용할 때 과연 그것이 해당 문화권의 모든 개개인에 관한 정확한 지식이라는 뜻인지, 아니면 사람들이 지식을 전달하기 위해 발명한 TV나 인터넷, 도서관을 가리키는 것인지 생각해야 한다.

그럼에도 우리는 석기시대 사람들보다는 많은 것을 알고 있지 않은가? 각각의 논증을 세기란 매우 어렵다. 우리가 확실히 습득하고 있는 지식, 예를 들어 '2 더하기 2는 4'라든가 '에펠탑은 파리에 있다'는 내용을 세야 하는 것인지, 아니면 '75 더하기 73은 148'이라거나 '물고기는 체스를 할 수 없다'처럼 즉흥적으로 지어낼 수 있는 지식까지 세야 하는 것인지 명확히 알 수 없기 때문이다. 후자의 경우까지 같이 센다면 모든 사람이 끝없이 이어지는 수많은 참이며 정당화된 논증, 즉 끝없이 많은 지식을 갖게 될 것이다.

지식의 증대를 옹호하는 사람들은 지식이라고 말할 때 '정보'를 의미하지만, 사실 정보란 무엇인지 정확히 말할 수 있는 사람도 많지 않다. 많은 사람들이 지식과 설명을 겹쳐서 생각한다. 즉 물리학, 화학, 생물학과 같은 기본 지식을 품은 잠재의식이 있고 그것이 우리로 하여금 이 세상을 더 잘 이해하고, 간단한 원칙 몇 가지로 설명 가능하도록 만들고, 이를 통해 미래를 정확하게 예측할 수 있도록 돕는다고 생각한다. 하지만 몇 안 되는 원칙으로 더 많은 것을 설명할 수 있다고 해서 더 많은 지식을 가졌다는 뜻은 아니다.

뤼미에르 형제Les frères Lumière가 발명한 영화관이라는 것이다.

물론 플라톤의 비유가 갖는 의미는 영화관과 완전히 다르다. 그는 이데아Idea **10**라는 이론을 명확하게 드러내고자 동굴의 비유를 사용했다. 그는 우리 인간이 동굴에 갇힌 죄수이며, 동굴 입구에서부터 들어온 빛 덕분에 벽에 비치는 그림자를 보고 실재라고 착각하고 있다고 말했다. 이 그림자와 실재의 관계는 실재와 이데아, 즉 존재의 근거가 되는 추상적인 원형의 관계와 같다. 몇몇 철학자들은 속박에서 벗어나 동굴 밖으로 나와 태양을 쳐다볼 수 있었지만, 다시 동굴로 돌아가 이 경험을 설명한 다음에는 동굴 안에 있던 사람들로부터 비웃음을 샀다. 철학자들의 과제는 다른 사람들이 아무것도 보지 못한 채 일상생활 속에서 비틀거릴 때 이데아를 똑바로 바라보는 것이다.

플라톤은 우리에게 유비법Analogy(유추)을 보여주었다. 그림자는 대상과 이데아의 관계에서 대상의 역할을 한다. 물론 다른 많은 이론과 마찬가지로 유비법에도 결함은 있었다. 그중 하나는 왜 우리가 유비법을 원하는 대로 계속 이어갈 수 없었느냐는 것이다. 어쩌면 이데아 또한 초관념(초이데아)의 복제품일 뿐인지도 모른다. 게다가 우리가 왜 굳이 인식할 수 있는 세상에 더해서 또 다른 실재의 저편까지 추측해야 하는지도 불명확하다. 이렇게 광범위한 명제의 근거는 매우 타당해야 하는데, 이 경우에는 근거가 없다. 이를 검증하기는 어렵다. 우리는 철학자가 이데아를 인식했다고 어떻게 확신할 수 있겠는가? 그 철학자 스스로는 어떻게 확신할 수 있겠는가?

플라톤은 지식에 대한 자신의 이론을 명확하게 하기 위해 시각적인 은유를 활용했다. 시각적 인식은 우리가 대상을 깨닫는 주요한 방법이기 때문에 이해하기 쉬웠다. 지식을 뜻하는 독일어 단어 'wissen'은 라틴어 'videre', 즉 '보다'라는 뜻에서 유래했는데, 이 단어에서 비디오Video라는 단어도 파생되었다. 이데아는 '알다, 보다'라는 뜻의 고대 그리스어 'idein'에서 탄생했다. 그리고 오늘날까지도 지식을 가리키는 시각적 은유가 널리 사용되고 있다. 예를 들어 여러 대학이 상징으로 횃불이나 빛 등을 사용한다.

플라톤 이후의 많은 철학자들 또한 지식을 시각화했지만 이를 거쳐 우리가 얻을 수 있는 인식의 인상과 논증의 차이는 없었다. 그런데 논증을 거치면 참이거나 거짓일 수 있는 반면, 인상을 거치면 그렇지 않다. 한 가지 예시가 있다. 헌터 S. 톰슨스Hunter S. Thompsons의 소설《라스베이거스의 공포와 혐오Fear and Loathing in Las Vegas》에서 주인공 라울 듀크는 메스칼린이라는 마약을 먹은 다음 변호사인 곤조 박사와 함께 자동차를 타고 사막을 가로질러 달리던 중 차 옆으로 박쥐가 날아가는 모습을 본다. 그러나 그는 실제로 박쥐가 자동차 옆을 난다고 생각하지 않으며, 그것이 환각이라는 사실을 숙지하고 있다. 이 작은 차이가 모든 것을 결정한다. 나의 개인적인 인상이 눈앞에 그것이 실제로 있다고 받아들이는 방향으로 이어져서는 안 된다. 무더운 날에 신기루를 본 적이 있는 사람이라면 무슨 뜻인지 잘 알 것이다.

우리는 거의 대부분의 경우 인상에서 참인 논증을 이끌어내는데, 이것은 지식의 기반이 아니다. 참이거나 거짓일 수 없기 때문이다. 독일 철학에서는 오랫동안 '표상'이라는 말이 정신적인 이미지를 뜻하는 것인지 논증을 뜻하는 것인지 정확히 알려지지 않았다. 플라톤에 따르면 우리는 이 세상의 복제품, 즉 형상만을 인식한다. 우리가 형상이 아니라 지식에 반박한다면 조금은 덜 엉뚱한 명제가 탄생할 것이다.

"이 세상은 존재하는 그대로다."

우리는 모두 요하네스 구텐베르크Johannes Gutenberg가 금속활자를 발명했고 율리우스 카이사르Gaius Julius Caesar는 로마인이었다는 사실을 안다. 우리가 그 사실을 구체적인 정신적 형상과 연결할 수 있는지 여부와는 전혀 상관없이 말이다. 즉 우리가 어떤 것을 표상하고자 하든, 지식은 그대로 유지된다.


## 모든 것이 허구일 수 있을까?

데카르트 또한 이 세상이 우리가 경험하는 그대로인지 의문을 품었다. 데카르트의 "나는 생각한다, 고로 존재한다Cogito ergo sum"는 아마도 철학자의 말 중 오늘날 티셔츠에 가장 빈번하게 인쇄되는, 그러면서 가장 잘못 이해되는 말일 것이다. "나는 생각한다, 고로 존재한다"라는 말은 마치 데카르트가 인간이라는 존재의 본질이 생각에 있으며, 그러므로 인간은 생각이 없는 동물들과는 대비된다고 말하고자 하는 것처럼 들린다. 그가 주장한 이 명제는 실질적으로는 의심할 여지가 없는 지식에 대해 말하고자 한 것이다. 만약 그렇지 않았다면 애초부터 "나는 의심한다, 고로 존재한다Dubito ergo sum"이라고 말하는 편이 나았으리라.

데카르트는 우리가 도대체 언제 스스로가 틀리지 않았다는 점을 확신할 수 있을지 생각했고, 그 결과 근원적 회의에 이끌렸다. 어떤 숭고한 존재, 어떤 사악한 악마가 우리가 사는 이 세상 전체에 요술을 부리고 있다고 상상해보자. 우리가 보고 듣는 모든 것은 사실 환상이다. 우리가 이 세상에 대해 알고 있다고 믿는 것은 모두 사실은 오류다.

데카르트에 따르면 이런 속임수가 존재할 수 있기 때문에 나는 모든 것을 의심할 수 있다. 다만 한 가지를 가정해야 한다. 나의 착각은 나를 이미 속은 자로 간주한다. "나는 생각한다"라는 말은 그러므로 지식의 의심할 여지가 없는 토대를 뜻한다. 속으려면 나는 우선 생각할 수 있어야만 한다.


다시 영화관 이야기로 돌아가보자. 몇 세기가 지난 1999년, 워쇼스키 자매(다시 말하지만 당시에는 형제였다)는 데카르트의 회의와 플라톤의 동굴의 비유를 성공적으로 영화화했고, 그 작품이 바로 〈매트릭스〉였다. 주인공인 프로그래머 네오는 자신이 사는 세상이 어딘지 이상하다고 생각한다. 어느 날 컴퓨터 화면에 "하얀 토끼를 따라가라!"는 문장이 나타나고, 네오는 어떤 여자에게 이끌려 모피어스를 만난다. 모피어스는 말한다.

"이 세상이 진실을 보지 못하도록 자네 눈을 가리고 있어."

모피어스는 네오가 마치 정신의 감옥에 갇힌 죄수와 같다고 덧붙인다. 네오는 빨간 약을 삼키고 액체가 가득 찬 수조에서 눈을 뜬다. 그의 곁에는 수천 명의 사람들이 줄지어 있다. 컴퓨터 프로그램인 매트릭스는 사악한 악마처럼 그럴싸한 보편적 현실을 만들어내 사람들이 믿도록 속였다. 사람들은 자신들이 1999년의 세상 속에서 살고 있다고 믿었다. 실제로 그들은 먼 미래의 세상에서 배양액이 담긴 수조에 들어 있었다.

인간을 배양액 수조에 넣는다는 아이디어는 미국의 철학자 힐러리 퍼트넘Hilary Whitehall Putnam에게서 파생된 것이다. 퍼트넘은 사고실험[11]을 통해 데카르트의 회의를 비판했다. 퍼트넘의 의견을 정리하자면 다음과 같다. 우리가 러시모어산[12] 봉우리에 네 명의 전 미국 대통령의 얼굴이 조각되어 있다고 생각하는 이유는 그저 그들이 바로 그와 같은 제안에 따라 조각되었기 때문이다. 화성 시도니아 멘세 지역에 나타난 얼굴[13]을 보고 우리는 조금 다르게 생각한다. 그것은 마치 사람의 얼굴인 것처럼 보이지만 실제로는 그렇지 않다.

어떤 대상에 인과적인 연결이 발생할 때만 우리는 조각 혹은 사진이 그 대상을 표현한다거나 문장이 그것을 서술한다고 말할 수 있다. 그런데 만약 누군가가 배양액 수조에 들어 있다면 이 사람은 자동차나 집, 다른 사람들, 멋들어진 양복을 입은 요원들은 물론이고 그에 관한 생각을 인식할 수 없을 것이다. 그 어떤 것과도 접촉하지 않았기 때문이다. 그러니 '선글라스'라는 단어는 아무런 의미가 없고, "나는 쿵푸를 할 수 있어"라는 말도 내용이 없는 것이나 마찬가지다. 퍼트넘에 따르면 근원적 회의는 불가능하다. 이런 접근법을 '외재주의Externalism'라고 한다. 우리의 생각과 논증에는 외부에서 비롯된 것들이 큰 영향을 미친다고 보기 때문이다.

퍼트넘의 반박을 더 정확하게 말하자면, 모든 환상은 사실을 전제로 한다. 영화 〈매트릭스〉에서도 사악한 기계가 선글라스와 검은 양복을 한 번 접한 적이 있었기 때문에 곧바로 프로그램 내에서 그것을 복제할 수 있었다. 기계가 연결고리를 만들어 실제 현실 속 대상과 매트릭스 내에서 만들어진 대상의 시뮬레이션 사이의 인과적 사슬을 이은 것이다.

급진적 구성주의Radical constructivism 옹호자들은 이 점을 간과한다. 이들은 우리 뇌가 왜 현실이 그저 '구성'인가를 '자체적으로 묘사한다'고 주장한다. 이 명제는 신경과학은 물론 문화학 분야에서도 잘 알려져 있다. 급진적 구성주의에 따르면 때로는 '구성'이 자기 자신의 의식 밖에는 전혀 존재하지 않는 뭔가를 의미하는 것처럼 들린다. 이 비틀린 해석을 우리는 전통적으로 '유아론Solipsism'이라고 불렀다. 유아론자들에게 반박하는 것은 불가능했다. 쇼펜하우어가 말했듯이 기껏해야 그들을 정신병원에서 치료하는 것이 고작이었을 것이다. 무엇보다 우리는 구성의 근거가 되는 뇌라는 것이 정말로 존재하는지 곧장 의문을 품을 것이다.

이전부터 이미 많은 사람들이 혼동했듯, 구성주의자들 또한 인식 체험을 논증과 혼동했다. 우리가 이 세상을 완전히 다르게 '볼 수' 있는지 여부와 상관없이, 지식의 구성주의에서는 내용과 논증이 중요했다. 우리 눈에 보이든 보이지 않든, 전자가 양극에서 음극으로 이동하면서 배터리가 충전된다. 색맹인 사람은 이 세상을 나와 다르게 보지만, 우리는 둘 다 비가 온다는 사실을 안다. 이와 마찬가지로 우리는 여러 가지 방법을 거쳐 독일이 민주주의 국가라는 논증에 도달할 수 있다. 우리는 그 사실을 귀로 듣고, 글로 읽고, 점자로 느낀다. 하지만 우리가 이런 방법으로 그 사실을 구성하지는 않는다. 즉 그 사실은 방법이나 인식과는 독립적으로 존재한다.

보는 것을 지식과 동일시하는 행동은 플라톤의 시대까지 거슬러 올라간다. 플라톤은 진리가 언어 너머에 있다고 주장했다. 그러므로 철학자는 말로 표현할 수 없는 이데아를 들여다보아야 한다. 기독교에서는 형언하기 어려운 것이라는 주제가 편재했다. 〈고린도전서〉에는 다음과 같은 말이 나온다.

"우리가 이제는 거울로 보는 것같이 희미하나 그때에는 얼굴과 얼굴을 대하여 볼 것이요."

하이데거 또한 우리가 존재라는 것에 대해 말할 수 없으며, 다만 존재가 스스로의 모습을 우리에게 '보여야' 한다고 주장했다. 중국의 사상가 노자老子는 영원한 도덕경이란 말할 수 없는 것이며 그저 사람이 그 비밀을 '관찰해야' 하는 것이라고 말했다.

모피어스 또한 네오에게 이렇게 말한다.

"매트릭스는 설명할 수 없는 존재야. 자네가 스스로 봐야만 해."

하지만 만약 그 말이 옳다면, 매트릭스가 어떤 것이며 실제 세상이 어떻게 보이는지 묘사한 영화 대본을 쓸 수 있는 사람이 아무도 없었어야 한다. 때로는 '표현할 수 없는 진리'라는 말 뒤에 그다지 많은 것이 숨어 있지 않은지도 모른다.

실제 세상에 관해 이야기하자면, 모든 환상세계는 그것이 만들어진 실제 세계가 존재한다는 것을 전제로 한다. 1999년에 네오가 살던 세상은 존재하지 않는다. 네오는 여러 선에 연결된 채 배양액 수조 안에 들어 있는데, 그렇다면 배양액 수조는 실제로 존재한다. 퍼트넘의 사고실험 또한 뒤집힐 수 있다. 나의 모든 경험과 생각으로 미루어볼 때 적어도 두 가지 세상이 일치한다. 하나의 세상에서 나는 실제로 베를린에 산다. 또 다른 세상에서 나는 컴퓨터 시뮬레이션으로서 존재하며 내가 베를린에 산다고 상상한다. 어떤 세상이 더 설득력 있는가? 갑자기 선글라스를 쓰고 긴 가죽 재킷을 입은 남자가 허름한 문 앞에 나타나 나에게 빨간색 약을 내밀지 않는 한, 가장 간단한 설명이 가장 나은 것이다. 즉 나는 베를린에 산다.


## 과학의 지식


우리가 모든 것에 속고 있는지 여부는 정확하지 않지만, 신뢰도가 높아 보이는 것이야말로 거짓일 가능성은 없을까? 이런 의문을 던진 사람들이 회의주의자들이다. 이들은 인간 본연의 회의를 극대화한 사람들이다. 회의주의를 단적으로 드러내는 문학작품 중 하나가 괴테의 《파우스트》다. 이 책에는 다음과 같은 구절이 나온다.

"여기에 나, 이 가련한 바보가 있네! 나는 조금도 더 지혜로워지지 않았어. 결국 내가 아는 건, 우리가 아무것도 알 수 없다는 사실뿐이야! 그게 내 마음을 타들어가게 만드는군."

회의주의자들의 주장은 다음과 같다. 과거에는 고등교육을 받은 지식인들이 지구가 태양계의 중심이라고 생각했다. 오늘날 그렇게 믿는 사람은 거의 없다. 그렇다면 미래의 어느 시점에는 누군가가 오늘날 우리가 매우 확실하다고 생각하는, 예를 들어 무지개가 빛의 굴절 때문에 생기는 것이라는 사실에 반박할 수도 있지 않을까? 겉으로는 그럴듯해 보이는 유추다. 하지만 그런 일은 일어나지 않을 것이다. 왜냐하면 첫째로, 과거의 명제는 그저 주장일 뿐이었지만 오늘날의 명제는 과학적인 측량에 따라 탄생한 것이기 때문이다. 둘째로, 근거가 탄탄한 주장 또한 거짓일 가능성이 있으나 오늘날 우리는 과학적 기준에 따라 무엇이 근거로서 가치 있는지, 그리고 무엇이 추측에 불과한지 더 잘 판단할 수 있다.

그러나 완고한 회의주의자들에게는 반박하기 어렵다. 만약 파우스트가 인식론 개론 수업을 수강했더라면 그는 아마도 다음과 같은 주장을 고려했을 것이다.

첫째로 만약 모든 논증이 거짓이었다면 우리는 일상생활 속에서 앞으로 나아가야 할 길을 그렇게 잘 찾아내지 못했을 것이다. 우리는 계속해서 나무로 돌진하거나 굶어 죽거나 탈수로 죽었을 것이다.

둘째로 여러 예언이 우리의 자연과학적 인식을 입증한다. 고대의 천문학자들은 늘 일식을 예언했는데, 오늘날에는 과학자들이 매우 높은 정확도로 일식을 예측할 수 있다. 소립자의 아주 작은 범위에서부터 항성계의 움직임까지 말이다. 특히 직관적인 예시가 바로 기술이다. 과학자들이 다른 무엇보다도 중력을 이해했기 때문에 비로소 인간은 달에 갔다가 안전하게 돌아올 수 있었다. 과학자들이 전자기학을 이해했기 때문에 비로소 우리는 밤에도 불을 켤 수 있고 컴퓨터로 온라인 서핑을 할 수 있다. 이 모든 것이 그저 우연이라면 기적도 한계에 부딪칠 것이다.

셋째로 수많은 길이 똑같은 결과로 이어지기도 한다. 이를 잘 보여주는 예시가 프랑스의 노벨 물리학상 수상자 장 페랭Jean Baptiste Perrin이다. 그는 인간이 여러 각기 다른 방법으로 아보가드로수 Avogadro's number를 측정할 수 있음을 보여주었다. 아보가드로수란 어떤 물질의 주어진 양에 들어 있는 입자의 개수다.

과학은 우리의 일상생활과 관련이 없는 어딘가의 실험실 네온 불빛 아래서 시작된 것이 아니다. 과학은 모든 사람이 뛰어난 두각을 보이는 어떤 능력을 방법적으로 사용한 것이다. 그 능력은 바로 이성이다. 우리는 누구나 창문이 닫혀 있음에도 방 안이 갑자기 서늘해졌을 때, 그 원인이 무엇인지 탐구한 적이 있다. 우리는 모두 어릴 때부터 자연과학자다. 우리는 물건이 바닥으로 떨어진다거나 식물이 물을 필요로 한다거나 도발이 분노의 폭발을 불러일으킨다는 이론을 세운다.

이런 종류의 해석은 과학을 정확히 설명한다. 과학자들은 이 세상에서 발생하는 사건의 다양한 면을 최대한 가정이나 추측 없이 보편적으로 묘사하고자 한다. 이들의 명제는 항상 반론 가능해야 하는데, 그 이유는 그렇지 않으면 내용이 공허할 뿐이기 때문이다. 일상적인 관찰 단계에서는 숫자를 활용한 체계적인 측량이 중요하다.

과학은 두 가지 커다란 질문에 답을 내놓고자 한다. 하나는 '왜 무엇이 발생하는가?', 다른 하나는 '무엇이 발생한 물건에는 어떤 특성이 있는가?'다. 첫 번째 질문은 원인과 결과를 알아내는 것을 목표로 하고, 두 번째 질문은 원인과 결과를 발생시키는 기질, 즉 이 세상의 작거나 큰 구성 요소의 특성을 알아내는 것을 목표로 한다. 예를 들자면 원소, 분자, 생물, 유類, 사회, 생물권, 항성계 등이다.

몇몇 문화학자 및 역사학자들은 자신들이 유행, 담화, 정신 상태, 맥락 등을 주제로 삼기 때문에 인과관계를 설명하지 못할 것이라고 생각한다. 하지만 사실 이들은 주변 세계의 특성과, 무엇보다도 인간을, 그리고 인간이 왜 꼭 특정한 행동을 해야만 했는지를 보여주는 그들의 성향, 취향, 소원 등을 탐구하므로 얼마든지 이 세상의 인과관계를 파고들 수 있다.

이런 측면에서 보면 모든 과학 분야가 동일하다. 모든 과학 분야는 실험과 체계적인 관찰에 기반을 두고 있다. 매개변수가 많을수록 예측이 어려워지고, 전문가들 사이의 의견도 분분해진다. 그러다 보니 노벨 경제학상은 모순적인 이론 모두에 주어지기도 한다.


## 사이비 학문의 무지


여러분은 마녀를 믿는가? 아마 믿지 않을 것이다. 그런데 만약 여러분의 눈앞에 자신을 마녀라고 주장하는 사람이 나타난다면, 그 마녀가 여러분을 저주하도록 내버려두겠는가? 아마 많은 사람들이 답변을 주저할 것이다. 한 연구진이 미국의 젊은 대학생들에게 이 질문을 던졌다. 대학생들 중 누구도 마녀를 믿지 않았지만, 다들 마녀가 자신을 저주하도록 두고 싶지 않다고 답했다. 그렇다면 사람들은 왜 그 효과를 믿지도 않으면서 저주를 두려워하는 걸까?

몇몇 과학자들에 따르면 이런 실험은 사람들이 그저 표면적으로만 과학적인 세계상에 동의하면서 은밀하게는 미신을 믿는다는 사실을 보여준다. 우리는 이미 일상생활에서 그 증거를 다수 찾을 수 있다. 나무로 된 물건을 두드리기도 하고, 사다리 밑으로 통과해 지나가기를 꺼린다. 비행기에는 13열 좌석이 없고, 호텔에는 13층이 없다.[14]

그렇다면 우리는 정말로 검은 고양이가 불길하다거나 다른 사람과 건배를 하면서 눈을 똑바로 쳐다보지 않으면 불행한 일이 벌어진다는 미신을 믿는 걸까? 이런 것은 감정에서 비롯된 습관적 행동으로 보인다. 그래서 일상적이지 않은 일이 벌어지면 기묘하다고 여기는 것이다. 실제로 우리가 이런 미신을 지나치게 확신하지는 않는다. 사람들이 마녀의 저주를 피하고자 하는 이유도 간단하다. 부정적인 말이 기억에 더 오래 남기 때문이다. 나서서 욕을 먹고 싶은 사람이 어디 있겠는가? 문명화된 사람들은 모든 자연적인 설명이 들어맞지 않아야 비로소 초자연적인 설명을 믿는데, 바로 이 지점에서 잉여 미신이 발생한다. 검증 불가능한 힘, 영향 등을 받아들이는 경향이 생기는 것이다.

이런 경향으로 인해 다양한 사이비 학문이 생겨났다. 이것들이 사이비라고 불리는 이유는 그저 학문의 모조품이기 때문이다. 사이비 학문은 실제 학문의 어휘를 모방하지만 비판적인 제어 방법이나 측량을 받아들이지 않는다. 전형적인 예시가 바로 비교秘教, Esotericism[15]다. 비교는 마치 물리학적인 지식처럼 들리는 내용을 다수 늘어놓는다. 예를 들어 '장Field'이라거나 돌의 '힘', 우주의 '빛', 사람이 느끼는 '진동' 등이다. 그런데 중력장이나 자외선은 증명할 수 있는 반면, 비교에서 말하는 '에너지'는 측량이 불가능하다. 이런 에너지의 근거로 제시되는 것은 오직 개개인에 대한 '효력'뿐이다.

의학이나 심리학 지식이 있다면, 생각이나 상상이 우리의 기분이나 신체를 더 나아지게 만든다는 사실도 알고 있을 것이다. 무언가를 느낀다고 상상하다 보면 때로는 정말로 그것을 느끼기도 한다. 가장 좋은 예시가 플라세보 효과다. 그래서 의학자들은 이중맹검법 Double blind test을 활용하기도 한다. 실험에 참가한 환자는 물론이고 실험을 진행하는 의사 또한 치료용 약물과 플라세보 약물을 구별하지 못하는 상태로 실험을 진행해 약효를 알아보는 것이다. 이런 실험을 거쳐야만 부작용과 그릇된 해석을 제외할 수 있다.

하지만 많은 비교주의자들이 이중맹검법은 쳐다보지도 않고 대신 '오랜 전통'이나 '전해 내려오는 지식', 즉 동양 문화권의 비전秘傳을 근거로 삼는다. 물론 수백, 수천 년 동안 전해 내려온 지식이니 어느 정도 증명된 것일 테다. 그렇지만 의학적인 주장을 정당화하는 것은 지식의 나이가 아니라 계속해서 반복되며 유용하게 응용된 장기 연구다. 그러나 비교주의 이론 중 대부분이 체계적 연구를 내놓지 못하고 있다. 그리고 어떤 명제가 연구를 통해 증명되었다면, 그것은 더 이상 비교가 아니라 의학이다.

의학 분야에서는 "치유하는 사람이 옳다"라는 말이 통용된다. 의학의 가장 첫 번째 목표는 건강이며 우선 사람을 건강하게 만든 후에 치유 과정을 더 깊이 파고들어야 하기 때문이다. 검증 없이는 위험이나 우연까지도 효과로 간주할 우려가 있으며 효과가 있는 것과 없는 것 혹은 위험한 방법을 혼동할지도 모른다. 예를 들어 연금술은 수백 년에 걸쳐 만들어진 학문이지만 아주 복잡하고 깊은 미궁일 뿐이었다.

분자 단위에서 어떤 일이 벌어지는지를 알아야 비로소 치유 과정을 올바르게 이해할 수 있다. 예를 들자면, 동종요법 지지자들은 물질이 물에 흔적을 남기므로, 증명할 수 없는 물질이라 하더라도 그것이 담겨 있던 물에는 효력이 남아 있다고 믿는다. 이 엄청난 명제를 여태까지 그 누구도 증명하지 못했다. 이것은 실험을 거쳐 증명된 모든 다른 자연의 과정에 모순된다. 사실은 물질이 물에 남긴 흔적이 아니라 전반적인 상황이 효과를 보인 것이다. 내가 지금 섭취하는 것이 약제라는 신념이 면역 체계를 활성화한 것인지도 모른다. 안수례[16] 또한 비슷한 플라세보 효과를 보인다. 이때 머리 위에 얹어진 손이 마법의 힘을 지닌 것이 아니라 스스로가 누군가를 믿고 섬긴다는 생각이 호르몬 분비를 변화시켜 검증 가능한 긍정적 효과를 보이는 것이다. 다만 아스피린이나 항생제의 경우는 조금 다르다. 이때는 생각이나 상상력이 아니라 약물에 들어 있는 물질이 효과를 보인다. 그래서 이 경우에는 실험 참가자에게 의식이 있을 필요가 없다.

사이비 학자들은 과학을 사실적 지식으로 분류하지만 과학이 무엇보다도 체계적인 방법이라는 점은 인정하지 않는다. 그래서 "의학이 모든 것을 알지는 못한다"라는 말이 생겨났다. 물론 의학이 모든 것을 알지는 못한다. 하지만 다른 분야는 의학보다 더 모른다. 우리는 실험과 검증을 통해서만 깨달음에 도달할 수 있다. 잘못을 탐구하고 오류를 제어하는 행동은 이미 연구의 기본이 되었다. 과학적 세계상의 빈틈을 우리는 '아우라'니 '에너지'니 하는 검증되지 않은 주장이 아니라 오직 연구로만 메울 수 있다. 그렇기 때문에 대체의학이라는 것은 존재하지 않으며 오직 의학이 있을 뿐이다. 과학적인 방법은 대체불가능하다.

우리가 사이비 학문에 끌리는 이유는 인간 정신의 두 가지 특성 때문이다. 이것을 우리는 잠정적으로 '행동 인식 체계'와 '원인 인식 체계'라고 부를 수 있다. 다른 존재의 행동에서 그의 바람과 목표를 읽어내는 특성은 우리 조상들에게 혁신적인 장점이었는데, 첫째로 모든 덤불 뒤에 공격자가 숨어 있을지도 모르기 때문이며 둘째로 조직 내에서 타인을 이해하는 것이 매우 중요했기 때문이다. 그리고 얼마 안 되는 예시만으로도 원인과 결과의 상관관계를 유추해낼 수 있는 사람만이 오래 살아남을 수 있었다. 불에 손을 대면 화상을 입는다는 사실은 단 한 차례만 시도해보아도 알 수 있다.

이 두 가지 메커니즘은 아주 세밀하게 조정되어 있으며 대단히 활동적이어서 때때로 목표를 벗어나기도 한다. 그래서 우리는 목표와 목적에 따라 자연을 '어머니'로 의인화하며 실제로는 존재하지 않는 원인과 힘을 마치 보이지 않는 손이 움직이기라도 한 것처럼 받아들인다. 다행히 우리는 진화 과정에서 비판적인 이성을 발전시킬 수 있었고, 그 덕분에 고삐 풀린 말처럼 앞서 나가려는 판단을 다시 다잡을 수 있었다.

우리는 하나의 세상 속에 살고 있다. 우리가 사는 세상은 정해진 구성이 아니라 우리가 받아들이는 대로 만들어진 것이다. 우리는 여기저기서 속고 있지만 동시에 많은 것을 알고 있다. 진리는 객관적이다. 어떤 문장이나 주장의 내용이 참인지 거짓인지 여부는 우리에게 달린 것이 아니다. 때때로 우리는 미신을 따르지만 어떨 때는 원칙을 따른다.

"침묵할 수 없는 것에 대해서는 입을 열어야 한다."**17**

우리는 현명한 척하려면 입을 다물어야만 하는 상황에서도 거침없이 말하며 그 과정에서 헛소리를 한다는 사실도 감수한다. 내가 틀리지 않았다면 이것이야말로 그 무엇도 아닌 진리다.

## 7장

# 즐기다

## 미의 예술

어느 날 소크라테스와 희극 시인인 아리스토파네스Aristophanes를 비롯한 다른 아테네 시민 몇몇이 사랑, 아름다움, 그리고 에로스 신에 관해 토론하기 위해 별장에 모였다. 이를 플라톤이 자신의 저서 《향연Symposium》에 기록했다. 이 책은 '심포지엄'이라고 번역되기도 하는데, 이는 저녁 식사 후에 벌어지는 연회를 뜻한다. 마지막에는 소크라테스를 포함한 대부분이 만취하지만, 그럼에도 소크라테스는 취하지 않은 몇몇 사람들과 동이 틀 때까지 토론을 이어간다.

에로스는 사랑과 정욕의 신으로, 라틴어 이름인 '아모르Amor'라고도 알려져 있다. 에로스는 가르치기 어려운 아이다. 뻔뻔스럽고 고집이 세며, 배우려고 하지 않고 충동적이다. 그리고 다른 사람을 해치는 장난을 즐긴다. 신이든 인간이든 에로스가 쏘는 사랑의 화살을 피하기 어렵다. 화살에 맞은 대상은 잠재울 수 없는 욕망에 사로잡히는데, 에로스가 화살을 두 발 쏘는 수고를 하는 경우가 흔치 않으므로 대개는 짝사랑에 빠진다.

소크라테스를 둘러싸고 모인 이들은 에로스가 인간, 더 정확하게는 남자들의 삶에 미친 영향을 두고 언쟁했다. 소크라테스에 따르면 남자들은 내면에 에로스를, 즉 아름다움에 대한 욕정을 품고 있다. 이것은 아름다운 소년을 향한 사랑에서 시작해 점차 사물이나 사건에 대한 미적 감각으로 바뀌었다. 소수의 사람들의 내면에서는 에로스가 깨달음, 즉 철학에 대한 욕망으로 단계를 높인다. 사색은 지적인 성애로서 모든 사람의 관심사가 아니라 특별한 기호가 있는 전문가들의 것이었다.

그렇다면 소크라테스가 남자와 여자 사이의 사랑 또한 주제로 삼지는 않았을까 기대하게 되지만, 그는 이것을 별로 중요하게 다루지 않았다. 거의 모든 사람이 성욕을 느끼는 것으로 추정되었음에도 말이다. 그에 따르면 우리는 불사에 대한 갈망, 즉 스스로를 영원하게 만들려는 소원에 내몰린다. 실질적인 불로장생이 아니라 자손과 예술 작품, 문서 등을 남겨 얻는 불사다.

우리가 이미 익히 알고 있듯이, 소크라테스 본인 또한 이런 방식으로 스스로를 영원하게 만들었다. 오늘날까지도 수많은 예술가, 건축가, 과학자들이 자신이 진행한 프로젝트를 '아이'라고 부른다. 이처럼《향연》의 유쾌한 대화에서 철학적 미학Aesthetics, 즉 미나 예술에 관한 학문이 시작되었으며, 거기서 생겨난 고대의 근본 사상이 오늘날까지도 영향을 미치고 있다. 소크라테스는 미를 성애와 향유는 물론 예술이나 창의성과도 합쳐 대화의 주제를 만들고 사람들에게 대접했다. 냉정하게 생각하면 각각의 주제를 섞지 않고 따로 제시하는 편이 더 나았을 것이다. 아름답지 않은 예술도 있으며 자연처럼 예술이 아닌 미도 있기 때문이다.

철학적 미학은 오늘날까지 두 가지 주요 질문을 탐구한다. "아름답다는 것은 무엇인가?" 그리고 "예술이란 무엇인가?"다. 오랜 세월 동안 이 두 가지 질문 사이에는 아주 밀접한 관련이 있었는데, 현대까지도 예술가들이 우아한 대리석 조각, 선율이 아름다운 심포니, 장엄한 성, 매끄러운 춤과 같이 감각을 긍정적으로 겨냥하는 작품을 창조해냈기 때문이다. 그러나 오늘날 미와 예술은 때때로 서로 분리되어 있다. 패션 사진, 디자인, 팝 음악의 목표는 우리의 미적 감각을 직접적으로 자극하는 것이지만, 예술이나 음악 분야의 많은 작품들이 더 이상 그것을 목표로 삼지 않는다.

두 가지 예시가 있다. 미국의 예술가 신디 셔먼Cindy Sherman은 한 가지, 두 가지, 세 가지 의미를 지닌 사진으로 유명하다. 몇몇 작품은 다채롭고 아름다운 컬러 사진이다. 그런데 조금 더 가까이 다가서면, 그것이 곰팡이로 뒤덮인 음식물 쓰레기라는 사실을 알 수 있다. 말하자면 관람객들은 자신도 모르는 사이에 예술적인 체험으로서 작품을 만끽하는 즐거움과 역겨움을 동시에 느낀다. 다른 사진들은 명백한 나체 사진인데, 자세히 살펴보면 사지 중 일부가 없는 마네킹의 사진이다. 셔먼의 사진을 처음 보는 사람들은 흥미를 느끼며 재미있어 하지만, 계속 보다 보면 당황하고 심란해한다. 오스트리아의 작곡가 아널드 쇤베르크Arnold Schönberg의 12음 기법 음악을 들으면 익숙하지 않은 청자들은 어지러움과 신경이 날카로워지는 기분을 느낀다. 현대 예술에서 미는 아주 중요한 역할을 한다. 하지만 미적 경험은 현대 예술이 만들어낼 수 있는 여러 효과 중 하나일 뿐이다. 현대 예술은 역겨움에서부터 만족감, 거친 도발에서

부터 섬세한 아하 모멘트, 놀라움에서부터 경악과 당혹까지 만들어
낸다.

　소크라테스의 에로스 이론은 다른 이유에서도 문제가 많았다. 우
선 이 이론은 혼동에 뿌리를 두고 있었다. 섹스는 아이를 낳기 위한
전제 조건이지만, 섹스를 할 때의 즐거움은 후손을 얻고자 하는 바
람과는 조금 다른 것이다. 대부분의 사람들은 스스로를 영원히 남
기고자 아이를 원하는 것이 아니라, 그저 아이를 낳고 키우는 것이
멋진 일이기 때문에 아이를 원한다. 소크라테스는 인간의 모든 애
호를 불사를 추구하는 행동으로 보며 인간을 과잉주지화[1] 했다. 하
지만 인간의 바람 중 많은 것들은 이해에서 생겨난 것이 아니라 오
히려 깊은 내면에서 우러난 것이다. 기아, 분노, 욕망처럼 말이다.
게다가 소크라테스는 자신의 주장을 뒷받침할 근거를 충분히 제시
하지 못했다. 강력한 명제를 제시하려면 그만큼 납득 가능한 논증
이 필요하다. 그것을 찾으려고 우리는 굳이 심포지엄을 연다.
　다만 소크라테스는 우리가 미라는 주제의 다양한 측면에 눈을 뜨
도록 만들었다. 아무리 잘 숨겨두었다고 하더라도 그의 발언에서
는 미학의 모든 중요한 질문을 찾을 수 있으며, 오늘날까지도 학자
들은 이에 대한 답을 찾으려고 노력 중이다. 예를 들어보자. 정말로
아름다운 것이란 무엇일까? 소크라테스는 소년, 행동, 인식, 유물처
럼 인간이 창조한 것들이 정말로 아름다운 것이라고 말했다. 우리
는 더 아름다운 것들을 알고 있다. 예를 들어 자녀와 동물원에 갔던
순간을 아름답다고 말할 수 있다. 자연, 그리고 휴가를 떠나는 상상

을 아름답다고 말할 수 있다. 몇몇 과학자들은 수학 공식만큼 아름다운 것은 없다고 말할 수 있다. 말하자면 모든 것이 아름답다고 할 수 있다.

또 다른 중요한 질문이 있다. 보편적으로 아름다운 것, 그러니까 모든 사람들이 아름답다고 여기는 것이 존재할까? 소크라테스가 언급한 예시는 고대 그리스 아테네에 살던 자유인 남성들에게는 중요했으리라. 하지만 모든 시대와 문화권의 여성과 남성들이 공감할 수 있는지는 의문이다. 《향연》에서 소크라테스는 놀랍게도 무엇이 인간을 아름답게 만드는지에 관한 질문은 던지지 않았다.

앞으로 우리는 바로 이 주제를 비롯해 그와 관련된 주제를 알아볼 것이다. 우리는 어떻게 아름다움을 이야기할 수 있을까? 우리가 무언가를 아름답다고 여길 때, 우리의 내면에서는 어떤 일이 벌어질까? 영원한 아름다움이란 존재할까? 우리의 미적 감각에는 어떤 진화적 기능이 있을까? 그리고 예술이 오늘날까지도 아름다움과 관련이 있을까?

## 우리는 스스로의 판단을 믿을 수 있을까?

1980년대에 독일인이라면 누구나 펩시 테스트를 알고 있었다. 이 연구는 눈을 가린 실험 참가자들에게 펩시Pepsi와 코카콜라Coca-Cola의 콜라를 마시도록 한 다음 어느 쪽을 더 선호하는지 조사한 것인데, 결과는 펩시가 우세했다. 음료 회사 펩시는 이 결과를 토대로 공격적인 광고 캠페인을 벌이며 소위 '콜라 전쟁'을 시작했지만 가시적인 성공은 거두지 못했다. 지금까지도 전 세계적으로 빨간 병에 든 콜라가 파란 병에 든 콜라보다 많이 팔린다. 그렇다면 펩시 테스트가 보여주는 바는 하나다. 전 세계 사람들이 자신의 콜라 취향을 착각하고 있다. 뭘 좀 아는 사람이라면 아프리콜라Afri-Cola[2]가 펩시나 코카콜라보다 훨씬 뛰어나다는 사실을 알고 있다. 하지만 '아프리 테스트'를 진행한다고 해서 그 결과만으로 제품이 시장의 선두에 서지는 못한다. 이런 실험은 로고나 이름의 신뢰도, 메이커를 보고 느끼는 일상적인 감정이 근본적인 취향 경험을 능가할 수 있다는 점을 보여준다. 즉 제품의 로고를 더 자주 접할수록, 우리는 그 검은색 청량음료를 더 맛있다고 느낀다. 혹은 그렇게 생각하게 된다. 결국 아프리콜라는 펩시나 코카콜라와는 상대가 되지 않는다.

광고업계에는 좋은 소식이다. 광고 캠페인을 활용하면 근본적인 미학적 경험의 판단, 즉 취향에 영향을 미칠 수 있기 때문이다. 미학에서 이것은 우리가 자주 현혹당하므로 자신의 취향에 따른 판단을 신뢰할 수 없다는 뜻이다. 타인의 취향에 따른 판단은 더더욱 신뢰할 수 없다. 콜라를 마시고 나서 "정말 맛있다!"라고 말하는 경우는 드물다. 원칙적으로 우리가 어떤 청량음료를 선호하느냐는 향이나 색, 탄산의 소리 등으로 결정되는 것이 아니다.

펩시 테스트를 음악에 적용해보자. 매년 많은 정치인과 유명인들이 바이로이트 페스티벌[3]에 참여하기 위해 녹색 언덕을 힘겹게 오른다. 그 많은 사람들이 리하르트 바그너의 오페라를 사랑한다니 믿을 수 없는 일이다. 많은 이들이 〈발퀴레〉의 합창곡인 〈브륀힐데

# 순수한 향유

소크라테스는 인간의 미적 감각이 성적인 욕망에 기반을 두고 있다고 생각했다. 이 생각이 완전히 틀린 것은 아니지만 몇몇 사람들은 초콜릿이 섹스보다 훨씬 낫다고 생각한다. 그런데 석양이 아름답다고 생각한다고 해서 그와 동시에 반드시 황홀경에 빠지는 것은 아니다. 우리는 때때로 욕망이 긍정적인 것이라고 느끼지만 그것만으로 미를 설명할 수는 없다. 우리는 욕망이나 황홀경을 느낄 때 그것이 과연 아름다운지 다시금 스스로에게 물어야 한다. 이 과정을 거쳤다고 해서 미적 감각을 더 쉽게 이해할 수 있는 것은 아니다. 미적 감각은 더 포괄적인 것이므로 이에 대한 설명은 다른 곳에서 찾아야 한다.

'에로스'를 친절하게 '향유'나 '만족' 등으로 번역함으로써 이 명제를 구할 수 있다. 그러면 미적 감각을 더 잘 파악할 수 있으리라. 우리는 '향유'나 '만족' 등 긍정적인 감정을 불러일으키는 것을 아름답다고 생각한다. '흡족하다'거나 '희열'이라고 말하기도 한다. 향유는 더 강하거나 약하게 표현될 수도 있으므로 우리는 '즐거움', '기쁨', '감격', '행복', '환희', '황홀' 등의 단어를 사용할 수도 있다.

철학적인 미학은 각기 다른 이 모든 단어의 뉘앙스를 해석해야 한다. 무엇보다도 중요한 것은 이 모두에 단 하나의 공통적인 핵심이 있다는 점이다. 바로 의식 속의 긍정적인 감각, 내가 앞으로 간략하게 '향유'라고 부르고자 하는 것이다. 앞서 말했듯이 우리가 향유를 묘사하는 다른 여러 단어는 중요하지 않다. 양갈비는 '맛있고',

쇼팽의 왈츠는 '매혹적이고', 마리안느 브란트Marianne Brandt[5]의 주전자는 '우아하다.' 이렇게 판단하는 사람은 앞서 언급된 대상을 맛보거나, 듣거나, 보거나, 생각했을 때 내면에서 향유라는 긍정적인 감정이 발생했다고 확인한 셈이다. '아름답다'는 말은 이런 경험 구성 요소를 직접적으로 가리킨다. 만약 누군가가 "아름다운 밤이었어"라고 말한다면, 그가 그날 밤 재미있고, 만족스럽고, 황홀한 시간을 보냈다는 뜻이다. 또 다른 표현으로는 "좋은 밤이었어"라고 말할 수도 있는데, 이 경우에는 대상을 평가한 것은 맞지만 그것이 반드시 미학적인 평가는 아니다. 예를 들어 큰 힘을 들여 남을 도와준 날도 좋은 밤이 될 수 있다.

칸트는 미와 관련된 현대 인과론의 선구자 중 한 명이다. 이 이론에 따르면 아름다운 것이란 향유를 일으키는 것이다. 칸트의 근본 사상은 오늘날까지 미학을 지배하고 있다. 칸트는 자신의 저서《판단력비판》에서 '향유'가 아니라 '무관심한 만족'을 언급했다. '무관심'이라는 말을 사용한 이유는, 우리가 어떤 사물을 자신의 관심이나 취향과는 무관하지만 마음에 든다고 생각할 때만 그것이 진정으로 아름다운 것이기 때문이다. 예를 들어보자. 부모들은 자녀가 그린 그림을 아름답다고 여긴다. 이것은 무척 당연한 일이지만 무관심한 만족은 아니다. 그 그림을 누가 그린 것인지 모를 때도 아름답다고 생각해야만 그것이 무관심한 만족이다. 누군가가 "태양은 스스로를 희생하기 때문에 아름다워"라고 말한다면, 수단목적 관계를 염두에 둔 것이다. 하지만 진정한 아름다움에는 이런 관계가 전제되어서는 안 된다. 즉 우리는 대상을 왜 아름답다고 생각하는지 근거를 들 수 없다. 근거를 드는 순간 그 판단은 더 이상 순수하고 결백한 것이 아니다. 칸트는 우리가 상상력과 이해를 '균형 잡힌 조화 Proportionierte Stimmung'까지 이끌 수 있을 때만 미적 향유를 느낄 수 있다고 믿었다. 아름다운 것이 어떻게 우리의 정신을 조율이 잘된 피아노 건반처럼 두드리는가라는 질문에 칸트는 말을 아꼈다. 그는 이해와 감각은 '자유로운 유희'에 있다고 말했다. 하지만 오랜 시간 동안 사람들은 정확한 놀이 규칙을 찾으려고 노력했고, 그래서 오늘날까지도 전문가들마저 그의 말이 무슨 뜻인지 명확하게 말하지 못한다.

칸트는 우리의 미적 경험이 말로 설명하기 어렵다는 점을 꿰뚫어 보았다. 예를 들어 우리가 "고흐의 작품 〈붓꽃〉은 여러 색이 사용되었기 때문에 아름다워"라고 말했다고 치자. 우리는 왜 색이 많이 사용된 것을 아름답다고 생각하는지 설명하지 못한다. 칸트는 미를 소크라테스나 플라톤처럼 과잉주지화했는데, 그러면서 더 고차원적인 미적 만족이 신체적인 만족과는 다르다고 경계를 정했다. 순수한 쾌락주의Hedonism, 즉 정욕의 추구는 이성적인 인간에게는 너무 부족한 것이다. 미슐랭 레스토랑에서 식사한 다음 수영장에서 샴페인을 즐기며 광란의 밤을 보내는 사람들은 절대로 아름다운 시를 읽는 사람보다 고차원적인 향유를 느낄 수 없다. 이것은 칸트가 말한 예시는 아니지만, 그의 말을 대략 표현한 것이다. 칸트에 따르면 향유에는 두 가지 종류가 있다. 하나는 동물적이고 거칠고 오직 신체적이기만 한 것이라면, 다른 하나는 진정으로 인간적인 것이고 감각적인 동시에 정신적인 것이다. 그리고 두 번째 향유에 해당하는 것만이 '미'라는 이름을 얻을 수 있다.

오늘날까지도 철학자들은 평범한 만족과 미적 만족이 어떻게 구분되는지 탐구한다. 둘 사이에 정말 차이가 있을까? 객관적인 시선으로 미를 바라보면 간단한 이론을 알 수 있다. 사람이 어떤 것을 아름답다고 생각하는지 여부는 두 가지에 달려 있다. 하나는 그 대상의 특징이다. 앨리스는 이상한 나라에 있는 하트 여왕의 분수와 화려한 꽃밭이 있는 정원을 보고 아름답다고 생각한다. 만약 정원이 온통 회색빛에 황폐한 곳이었다면 그렇지 않았으리라. 둘째로 사람의 개성이다. 앨리스가 우울하거나 기분이 나쁜 상태였다면 화려한 꽃밭을 보고도 아름답다고 여기지 않았을 것이다. 많은 철학자들은 늘 아름다운 것만 탐구해왔고, 그러다가 관찰자로서의 자신을 완전히 잊어버리고 말았다.

관찰자의 모든 경험은 부정부터 긍정까지, '향유 수치'의 눈금을 구성한다. 어떤 경험에서 얻은 기분이 눈금에서 정확히 어느 위치에 있는지 묘사하기 어려울 때도 있지만, 대부분의 경우는 명확하다. 어떤 것이 우리 내면에서 향유를 만들어내면, 우리는 그것을 아름다운 경험이라고 생각한다. 피아노 소나타나 자연 풍경 등은 '아름다운 것'에 속한다. 이런 것은 언제나 비슷한 경험을 불러일으키고, 많은 사람들에게 비슷한 감정을 심어주기 때문이다. 이런 경험이 지속되면서 보는 것과 듣는 것 같은 '먼 감각'에 집중하는 잘못된 전통이 발생했고, 자극의 원천이 덧없이 사라지기 쉬운 느끼는 것, 냄새 맡는 것, 맛보는 것 등의 '가까운 감각'은 뒷전으로 밀렸다.

우리가 느끼는 향유는 수많은 주관적인 요소에 달려 있다. 그날 컨디션이 어땠는지, 개개인의 성격이 어떤지, 무엇을 믿고 무엇을 기대하는지 등에 따라 다르다. 우리가 인생에서 처음으로 마신 맥주는 이루 말할 수 없을 만큼 맛있었지만 지난주에 마신 맥주는 끔찍했을 수도 있다. 조금 전까지 아름답게 들리던 음악이 갑자기 신경을 거스르기도 한다. 생각이 경험을 덮어버리기도 한다. 아름답다고 생각하던 물고기에게 독이 있다는 사실을 안 순간부터 그 물고기가 다르게 보인다. 어떤 사람을 더욱더 좋아하게 될수록 그 사람은 우리에게 훨씬 아름다운 사람이 된다. 그래서 대상과의 친밀도나 그날의 컨디션에 따라 원래의 경험이 바뀌는지 혹은 그저 우리가 정말로 아름답다고 생각하는 것이 무엇인지를 정확히 인식하기가 어려운 것인지는 아직까지도 불명확하다.

몇몇 철학자들은 향유가 언제나 경험과 동시에 나타나야 한다고 생각한다. 하지만 이것은 틀린 말이다. 어떤 콘서트를 관람하고 난 뒤 이미 음악은 몇 시간 전에 사라졌지만 계속해서 음악에 도취된 기분을 느낄 수 있기 때문이다. 즉 들은 것의 상相과 향유의 상은 일치할 필요가 없다.

## 영원한 아름다움

페이스북이나 인스타그램에 누군가가 지난 휴가 때 동남아시아에 여행 다녀온 사진을 아이폰으로 자신의 연락처에 저장된 모든 사람들에게 공개해 올렸다. 코코넛 열매가 잔뜩 달린 야자나무가 아치형으로 휘어 있고 바다는 오직 그 바다에서만 볼 수 있는 터키옥색으로 빛난다. 사진을 올린 사람은 곧 스마일 이모티콘, 부러워하는 이모티콘, 질투하는 이모티콘, '꿈'이라거나 '부럽다'는 말이 달린 댓글이 달릴 것이라고 확신한다. 예쁘다거나 아름답다는 댓글도 셀 수 없이 많이 달릴 것이다. 우리는 이미 이와 비슷한 사진을 수백 번 보았고 광고나 엽서에서도 접했기 때문에 너무나 익숙하고 식상해서 새로울 것이 없으며 한적하고 반짝이는 백사장처럼 흔해빠진 여행지도 없다고 생각하지만, 그럼에도 누구나가 이 사진을 아무 조건 없이 아름답다고 여길 것이다. 환상적인 백사장의 모습은 시대를 막론하고 모든 사람들이 아름답다고 생각하는 풍경 중 하나다. 모든 사람들이 좋아하는 다른 것들로는 석양, 별이 가득한 하늘, 모차르트의 〈아이네 클라이네 나흐트무지크〉, 네페르티티 Nefertiti[6], 초콜릿, 영화 〈폭력 탈옥〉의 배우 폴 뉴먼Paul Newman 등이 있다. 단, 초콜릿의 카카오 함량을 두고는 다투는 사람이 많다.

영원한 아름다움 연구에 칸트가 예전부터 미친 영향은 분명하다. 칸트는 미에 보편타당한 것이 있다고 보았다. 이를 위해서는 감각적인 생각과 이해가 조화를 이루어야 한다. 칸트는 '아무런 개념 없이도 보편적으로 마음에 드는 것'이 아름다운 것이라고 주장했다. 여기서 '아무런 개념이 없다'고 말한 이유는 우리가 아름다운 것을 파악하거나 계속해서 설명할 수 없기 때문이다. '보편적'이라고 말한 이유는 어떤 것을 '아름답다'고 말하는 사람은 다른 모든 사람들에게 동의를 요구하기 때문이다. 감각적으로 편안한 것이 곧 아름다운 것은 아니다. 아름다운 것이란 생각과 연결되어야 하기 때문이다. 이 이론을 내세워 칸트는 보편적인 미의 원천이 오로지 우리의 인식에 자리한다고 말한 영국의 경험론자인 데이비드 흄David Hume에게 반대했다. 칸트의 주장은 그러나 중요한 부분에서 불명확했다. 칸트는 인공적으로 만들어진 후추 정원의 반대 예시로 장미나 새의 지저귐, 수마트라 섬의 밀림 등을 언급했다. 하지만 그는 이 모든 것이 만족감을 만들어내는 데 어떤 공통점이 있는지 설명하지 않았으며, 왜 모든 사람들이 이에 매료되어야 하는지도 말하지 않았다.

그와 같은 시대를 살았던 영국의 에드먼드 버크Edmund Burke는 조금 덜 까다로웠다. 버크에 따르면 밝고, 작고, 투명하거나 매끈하면 아름다운 것이었다. 그는 보석, 비둘기, 매끄러운 머리카락과 잡티 없는 피부를 가진 여성 등을 예로 들었다. 이런 예시는 명백히 버크의 개인적인 취향 및 그 시대 사람들의 선호도를 나타낸다. 특히 거슬리는 부분은 그가 늘 여성과 동물을 같은 선상에 두고 이야기했다는 점이다. 이렇게 사적인 생각에서는 인류를 위한 일반화를 이끌어낼 수 없다.

한편 유행이나 취향, 파트너 선택 등을 고려하면 보편성에 의문이 든다. 예를 들어보자. '카페라테_82'라는 사람은 베를린 미테에 살고 슬림핏 청바지를 입으며 낮에는 밴드 더 스미스The Smiths의 노래를 듣고 밤에는 미니멀 테크노를 듣는다. 그는 야한 색상의 타이츠를 신고 나중에 미디어 분야에서 일하고 싶어 하는 여대생 여러 명과 복잡한 관계를 즐긴다. '카뮈의 고양이25'라는 사람은 동물을 사랑하고 담배를 피우지 않으며 퀼른에 산다. 그녀는 클래식 음악을 즐겨 들으며, 피부가 까무잡잡하고 유머 감각이 있고 같은 지역 출신이며 자신과 함께 세상과 싸울 수 있는 타입의 남자를 선호한다. 이 두 사람은 절대 서로 만나지 않을 것이다. 그들의 취향이 너무나 다르기 때문이다. 옷과 음악 취향, 생활 방식과 같은 요소는 우리를 확실하게 구분짓는다. 다만 몇몇 취향은 계절에 따라 바뀌기도 한다.

버크와 다른 사람들이 언급한 '아름다운 것 목록'의 오류는 명백하다. 너무 구체적이라는 점이다. 그래서 현대 이론은 각각의 대상보다는 아름다운 대상의 조화, 다양성, 대칭, 균형, 단순함 등에 주목한다. 유행이나 음악 스타일은 계속해서 바뀌지만, 그 근본에 놓인 원칙은 바뀌지 않는다. 이 이론을 주장하는 사람들은 누구도 불협화음을 좋아하지 않으며 모든 사람은 자신의 장점을 부각시킬 옷을 선호한다고 말한다.

추상적인 접근법에도 숨겨진 오류는 있다. 대개 지나치게 보편적으로 구성되기 때문이다. 어떨 때는 단순함이, 어떨 때는 다양성이, 때로는 익숙한 것이, 때로는 낯선 것이 아름답다. 모든 것은 단순하거나 다양하고, 익숙하거나 낯설기 때문에 그렇다면 모든 것이 아름답다는 뜻이 된다. 그러니 이 접근법은 도움이 되지 않는다. 대상이나 사물이 아니라 관찰자를 다시 돌아본다면, 단순함, 대칭 혹은 친숙함이 그 사람의 취향을 설명할 것이다.

스티븐 호킹Stephen William Hawking과 같은 수학자나 물리학자들은 단순하면서도 많은 것을 뚜렷하게 설명하는 수학 공식을 특히 아름답다고 말한다. 이 이론은 실제 공식 그 자체보다 과학자들의 분석을 좋아하는 천성을 더 단적으로 드러내는 것이다. 일생 동안 깨끗하게 정리된 책상에 앉아 논리적인 문제만 파헤치며 창의적인 혼돈을 겪어보지 못한 사람은 단순함을 즐길 것이다. 하지만 다른 많은 이들에게 단순함은 지루함이다.

친숙함은 어떤가? 미국의 심리학자 제임스 커팅James Cutting은 한 실험에서 학생들에게 강의를 하면서 강단의 배경에 잘 알려지지 않은 인상파 화가의 그림을 걸어두었다. 대부분의 학생들이 그림에 그다지 관심을 보이지 않았음에도, 어쨌든 그 그림은 학생들의 기억에 남아 있었다. 학기가 끝나고 커팅은 이 학생들을 아무런 그림도 보지 않은 대조군 학생들과 비교했다. 실험군 학생들은 대조군 학생들에 비해 그 그림을 더 아름답다고 평가할 가능성이 높았다. 커팅은 학생들이 친숙함을 선호로 잘못 해석했다고 결론지었다. 몇몇 연구진은 더 나아가서 친숙함이 일종의 더 높은 미의 단계를 드러내는 것이라고 말했다. 하지만 이것은 성급한 결론이다. 때때로 새롭고 낯선 것이 친숙한 것보다 더 자극적이고 아름답기 때문이다. 친숙함은 취향을 더 강력하게 만드는 역할을 한다. 단, 이미 예전에 아름답다고 생각했거나 적어도 중립적으로 느꼈던 대상에만 해당한다. 더럽고 무례하고 뻔뻔한 이웃은 아무리 친숙해지더라도 아름다워지지 않는다.

친숙함, 단순함, 대칭. 이렇게 복잡하고 혼란스러운 미를 설명하는 방법은 간단한지도 모른다. 두려움이나 고통을 느끼면 그 경험의 원천을 피하려고 하듯이, 우리는 '향유 시스템'이 계속해서 아름다운 것과 편안한 것을 추구하도록 한다. 뱀이나 거미를 보고 느끼는 두려움은 보편적이지만, 대입 시험을 앞두고 느끼는 두려움은 문화적으로 학습된 것이다. 달콤한 과일, 목가적인 풍경, 어린이의 그림 등은 모든 사람의 눈에 아름답게 비칠 수 있지만 신선한 고수나 꽃무늬 양탄자, 사막의 모래언덕은 개인에 따라 다르다. 심지어 보편적으로 아름다운 것일지라도 개인의 부정적인 경험에 따라 그 빛을 잃을 수도 있다.

심리학 분야에서 이런 이등분이 특히 잘 드러나는 것이 아름다움을 매력과 동등하게 여기는 파트너 선택이다. 아름다움만이 사람을 끌어당기는 요소는 아니기 때문에 이것은 약간의 비약인데, 어쨌든 사람의 행동 중에 성애적인 매력만큼 제대로 연구된 분야가 거의 없는 것도 사실이다. 전 세계적으로 여성들은 대개 어깨가 넓고 키가 커서 자신을 지켜줄 수 있을 법한 남성을 선호한다. 남성들은 문화와 상관없이 허리와 골반의 비율이 0.7 혹은 그보다 작은 여성을 선호한다. 이때 그 여성이 통통한지 근육질인지는 관계없다. 또한 사람들이 선호하는 얼굴도 수천 년 동안 거의 변하지 않았다. 네페르티티의 얼굴 비율은 보티첼리Sandro Botticelli의 〈비너스의 탄생〉 그림에 등장하는 비너스나 모델 나오미 캠벨Naomi Campbell과 비슷하다. 더욱 재미있는 것은 여성들이 발끝으로 서 있을 때 혹은 하이힐을 신었을 때 나타나는 골반의 경사각이다. 이 골반의 경사각 때문에 몸의 무게중심이 쏠려서 여성들은 등이 쏙 들어가고 아랫배

부분이 앞으로 튀어나온, 이른바 골반 전방경사가 되기 쉽다. 행동 연구자인 카를 그라머Karl Grammer에 따르면 전 세계적으로 남성들은 여성의 이런 자세를 매력적으로 느낀다.

반면 장신구는 문화적인 영향을 극명하게 보여준다. 상대방에게 매력적으로 보이려고 목을 기린처럼 길게 늘이거나 입술에 접시를 넣는 수고를 할 필요는 없다. 장신구가 아무리 보편적인 표식이라고 할지라도, 대부분은 그것에 큰 감명을 받는 사람들에게만 아름답다. 1950년대에는 그 누구도 눈썹이나 입술을 금속으로 뚫거나 '인생' 혹은 '자유' 등을 뜻하는 한자 혹은 산스크리트어를 몸에 문신으로 새길 생각을 하지 않았다. 반대로 중국인이나 인도인들에게는 인생이나 자유를 뜻하는 고대 독일어 단어를 등이나 팔에 새기는 것이 매우 낯설 것이다.

보편적인 매력의 원칙은 진화론적인 설명을 필요로 한다. 만약 모든 문화권에서 어떤 특징이 나타난다면 그것은 태고부터 특정한 기능을 했을 것이다. 그런데 그것이 대체 무엇이란 말인가?


## 아름다움으로 살아남기


진화론적 설명은 재미있다. 그 어떤 여성 잡지나 남성 잡지, 청소년 잡지도 진화 과정 중 어디에 선호의 뿌리가 있는지 설명하지 않는다. 잘못 추정된 '설명'은 대개 피상적으로 드러난다. "그땐 그랬지"라고 마무리할 수도 있다. 실제로는 거의 모든 것이 기껏해야 억측에 가까운 가설일 뿐인데, 수천 년 전에는 과거의 사건을 자세하게 기록한 사람이 아무도 없었기 때문이다.

　고전적인 예시가 있다. 모든 문화권의 사람들은 나무가 드문드문 서 있고 실개천이 졸졸 흐르는 야트막한 동산 같은 풍경을 좋아한다. 이런 모티프는 산장에 걸린 자수, 일본의 오래된 두루마리, J. R. R. 톨킨J. R. R. Tolkien의 《반지의 제왕》에 나오는 샤이어[7] 등에서 찾아볼 수 있다. 우리가 열대 초원 풍경을 좋아하는 이유는 아마도 과거 아프리카에서는 조상들이 이런 장소에서 풍족하게 살며 사냥을 할 수 있었기 때문이리라. 멀리까지 내다볼 수 있고 사냥감을 금방 발견할 수 있는 위치니 말이다. 많은 사람들이 어두컴컴하지만 녹색이 풍성한 밀림을 좋아한다. 이것도 비슷하게 설명할 수 있다. 그곳에는 먹잇감이 많고, 천적으로부터 몸을 숨길 곳이 많다. 그런데 우리는 아프리카가 아닌 다른 곳의 풍경도 좋아한다. 깎아지른 해안, 눈으로 뒤덮인 히말라야의 비탈, 누구도 살지 않을 산호초 지대 등등. 우리가 열대 초원 지대의 풍경을 좋아하는 이유에 관한 설명은 어느 정도 사실일 수 있지만 다른 풍경 또한 아름답다고 생각하는 이유는 알 수 없으므로 판단에 신중해야 한다.

　매력에 관한 진화론적 설명 또한 마찬가지다. 몇 가지 예시를 설명하겠다. 여성들은 아래턱이 강인한 남성을 매력적이라고 생각한다. 테스토스테론 수치가 높을수록 아래턱이 넓어지기 때문이다. 이것은 이미 여러 연구로 증명되었다. 어떻게 그런 일이 일어났을까? 한 가지 가설이 있다. 과거에 우연히 넓은 아래턱을 선호하는 여성들이 잠재적인 파트너와 관계를 맺었다. 테스토스테론 수치가 높은 남성들은 자신의 파트너를 더 잘 보호할 수 있었고 수많은 자손을 남겼다. 그렇게 각진 얼굴형을 선호하는 성향이 부드러운 얼굴형을 선호하는 성향보다 더 많이 유전되었다. 설득력이 있는 가설이다.

다만 머리카락 색에 관한 설명은 훨씬 어렵다. 몇몇 진화심리학자들은 남성이 금발을 더 선호한다고 말한다. 이를 뒷받침하는 설명은 다음과 같다. 빙하시대에 유럽에 살던 사람들은 몇 세대를 거치지 않고도 금발이 되었고, 나머지 지역에 살던 사람들은 검은 머리를 유지했다. 이때 가설이 등장한다. 우선 유전자에 우연한 변이가 일어났다는 것이다. 그 이후 추운 날이 이어지면서 남성들의 수가 줄어들었다. 이들이 계속된 사냥으로 위험에 처했기 때문이다. 그런데 당시에는 드물던 금발에 벽안인 여성들이 몇 안 되는 남성들의 이목을 끄는 무언가를 갖고 있었다. 그렇게 밝은 머리색 유전자가 유전된 것이다.

그런데 만약 이게 사실이라면, 남성들은 머리카락이 파란색인 여성을 보면 완전히 이성을 잃어버려야 한다. 파란색 머리카락이 훨씬 드물기 때문이다. 그러나 그런 일은 벌어지지 않는다. 물론 파란색 머리카락이 자연적으로 발생하지 않는다는 이의를 제기할 수 있다. 하지만 우리 조상들 또한 금색 머리카락을 보기 전까지는 그것이 자연적으로 발생할 수 있는 색인지 알지 못했다. 그러므로 이 가설은 왜 희소한 것이 희소하다는 이유만으로 매력적인지를 설명하지 못한다. 게다가 반대일 수도 있지 않은가? 어쩌면 실제로는 남성들이 사냥해서 가져오는 고기가 부족해서 여성의 수가 부족했을지도 모른다. 어쩌면 여성들이 남성들 중 특이한 사람을 선호했고, 금발인 남성들의 사냥 기술이 어두운 머리색의 남성들보다 뛰어나다는 점도 더해져 어두운 머리색의 남성들은 파트너를 찾을 수 없었는지도 모른다. 어쩌면 스웨덴 출신의 학생이 스페인 마드리드에 있는 공과대학으로 교환학생을 간 상황을 상상해볼 수도 있다.

　이와 비슷하게 매력은 대개 젊음과 관련이 있다. 모든 연령대의 남성들에게 여성의 사진을 보여주고 아름다운 순서대로 늘어놓으라고 말하면, 사춘기 연령대의 소녀들의 사진이 보통 가장 앞쪽에 위치한다. 진화생물학자들은 재빨리 한 가지 가설을 세웠다. 과거의 남성들이 이제 막 성적으로 성숙한 파트너를 골랐을 때 더 많은 자손을 낳았다는 가설이다. 젊은 여성일수록 자손을 많이 낳을 수 있고 질병에 잘 걸리지 않았을 것이기 때문이다. 그 결과 상대방이 젊을수록 매력적으로 느끼는 감정이 유전되었다. 그러나 여기에도 문제는 있다. 왜 그래야만 할까? 그보다는 이미 아이가 있는 여성에게 구애하는 편이 낫지 않았을까? 영국계 호주인 철학자인 폴 그리피스Paul Griffith가 이 가설이 말도 안 된다는 점을 설명하고자 던진 질문이다. 이미 아이가 있는 여성에게서 남성들은 그녀가 아이를 낳을 수 있다는 사실을 확신할 수 있다. 게다가 이미 아이가 있으므로 자녀를 잘 돌볼 수 있다는 점도 증명되었다. 배우자로서도 더 성숙한 연령대인 사람이 낫다. 이것은 기원 가설의 문제점을 지적한다. 기원 가설은 반대 가설보다 더 설득력이 있지 않으며 어느 정도 임의적인 것이다. 물론 이 가설이 옳을 수도 있지만, 더 많은 증거가 있어야 확신할 수 있다. 그리고 그런 증거는 없다.

대칭 또한 의문점이 많은 예시를 보여준다. 우리는 중심축을 기준으로 양쪽이 거의 비슷하게 구성되지 않은 얼굴을 보면 추하다고 느낀다. 이에 따라서도 가설을 세울 수 있다. 현재는 존재하지 않는 수많은 전염병이나 기생충이 얼굴의 반쪽을 마비시켜 일그러뜨렸다고 하자. 그렇다면 수천, 수만 년 전에 얼굴이 대칭이던 사람들은 병이나 기생충에 감염되지 않았으므로 더 건강한 자손을 낳을 가능성이 높아 경쟁력이 있었다. 몇몇 진화생물학자들은 이것이 우리가 보편적으로 대칭인 얼굴을 선호하는 이유라고 가정한다. 그렇지 않았다면 전 세계의 수많은 아름다운 사원이나 성이 대칭일 이유가 없지 않은가. 다만, 그 원인이 질병이라는 가설은 우리가 일그러진 얼굴을 추하다고 생각하는 이유를 설명할 수는 있겠지만 대칭인 얼굴이 아름다운 이유를 설명하지는 못한다. 대칭이지만 추하게 보이는 얼굴도 적지 않다. 사진 편집 프로그램으로 자신의 얼굴을 대칭으로 만들어보거나, 호러 영화를 본 적이 있는 사람들이라면 잘 알 것이다. 우리가 어떤 얼굴을 아름답다고 여기는지는 조화와 비율에 달렸다. 이때 중요한 것은 단순한 대칭이 아니라 매우 복잡한 기하학적 법칙이며, 이미 이를 몇몇 심리학자들이 주장한 바 있다.

사람들이 대칭인 얼굴을 선호하니 대칭인 건물도 선호하리라고 생각하는 것은 다소 모험적이다. 많은 사람들이 예를 들어 프랭크 게리Frank Gehry가 디자인한 빌바오의 구겐하임 미술관[8]을 아름답다고 여긴다. 다만 건축 기술의 문제 때문에 거의 대부분의 건축물이 축대칭을 이루는 것은 사실이다. 그러니 우리가 대칭인 건축물 중 아름답다고 여기는 것이 있어도 놀라운 일은 아니다. 그렇지만 대칭인 건축물 중에는 추한 것도 많다. 얼굴에서 건축물로 생각이 미친 논리적 이유가 있는지도 분명치 않다. 물론 우리가 흔히 알고 있듯이 어린이들이 보는 동화책에는 가끔 눈, 코, 입이 달린 집이나 건물이 등장한다. 그런데 캄보디아 앙코르 와트 사원이 아름답다고 해서 혹은 에펠탑이 아름답다고 해서 우리가 그 건축물에서 얼굴을 인식하는 것은 아니다.

여기서 선천적으로 주어진 미적 감각이란 없고, 모든 것은 문화적으로 학습되었다고 결론지을 수는 없다. 선천적으로 주어진 것이란 학습이 불가능한 것이다. 우리는 타인에게 고통을 느끼는 방법을 가르칠 수 없듯이 아름다운 사람을 보았을 때 긍정적인 기분을 느끼도록 가르칠 수 없다. 애초에 불가능한 일이다. 다만 타인을 어떤 상황으로 몰아가서 특정한 것을 느끼도록 할 수는 있다. 그러려면 어쨌든 그 사람은 무언가를 느낄 능력을 미리 갖추고 있어야 한다. 우리 뇌에 있는 향유의 중추는 끊임없이 아름다운 것이 입력되기를 추구한다. 여기에는 몇 가지 기본값이 있지만, 대개는 개인적인 경험과 시간의 흐름에 따라 달라진다. 오랫동안 이어진 다툼의 해답은 다음과 같다. 우리의 미적 감각은 때로는 보편적이고 때로는 개인적이다.

미는 미학의 주요 현안이고 예술은 다른 것이다. 오랫동안 미와 예술은 서로 가까이에 놓여 있었다. 예술은 아름다워야 했기 때문이다. 하지만 적어도 현대 이후로는 그렇지 않다. 내밀한 곳에서는 미의 향유가 아직도 중요한 역할을 하고 있지만, 예술의 영향은 훨씬 다양해졌다.

# 예술은 아름다워야 할까?

고등학생 시절 친구 한 명과 하노버에 있는 슈프렝겔 박물관에 '예술 작품'을 전시한다는 계획을 세운 적이 있다. 친구는 녹색 물뿌리개의 옆면에 솜을 붙인 다음, 마치 협박 편지라도 쓰듯이 잡지 등에서 오린 알파벳을 조합해 "나는 부드러움이 필요해"라는 글귀를 만들어 붙였다. 우리는 그 물뿌리개를 경비 아저씨 몰래 숨겨 들어간 다음 이름표를 붙여 현대미술 전시관에 세워둘 생각이었다. 안타깝게도 계획을 감행하지 못했지만. 1년 후 내 남동생 중 한 명이 도큐멘타 12 documenta 12⁹의 전시장에 예술 작품을 가져다 두겠다는 비슷한 아이디어를 떠올렸다. 한 전시실 벽에 이름표가 걸려 있고, 그 방의 정중앙에 이름표에 해당하는 예술품이 전시되어 있었다. 이름표 옆에는 비어 있는 작은 연단이 있었고, 얼핏 보면 이름표가 연단에 놓인 물건을 가리키는 것처럼 오해하기 십상이었다. 우연히 그렇게 되기를 바라기라도 한 듯이, 내 동생의 재킷 주머니에는 어보리진Aborigine(원주민)의 그림이 그려진 엽서가 들어 있었다. 동생은 재빨리 엽서를 연단에 세웠다. 그리고 곧 관람객들이 엽서의 사진을 찍기 시작했다.

이 작은 장난은 현 시대의 예술 산업에 의문을 제기하는 행동은 아니었지만 우리가 현대 시각예술을 어떻게 바라보는지를 보여주는 것이었다. 현대 예술 작품에 우리가 보이는 반응은 당연히 우리가 그것을 예술 작품이라고 인식하는지 여부에 달렸다. 다만 대상이 예술 작품인지 알아보기는 매우 어렵다. 모든 것이 예술일 수 있기 때문이다. 1973년에 레버쿠젠 알켄라트의 SPD(독일사회민주당) 당원 두 명이 요제프 보이스Joseph Beuys의 유명한 작품인 〈욕조〉를 깨끗하게 청소해버리는 일이 있었다. 이 작품은 모르스브로이히 미술관의 창고에 놓여 있었다. 보이스는 어린이용 욕조에 무명 붕대와 반창고, 기름 등을 채워 더러운 욕조를 만들었다. 순회 전람회에 사용된 안내판에는 그가 어릴 적에 그 안에서 목욕을 했다고 쓰여 있었다. 그리고 누군가가 그 아래에 이렇게 덧붙였다.

"너무 뜨거웠나 보다."

당시 미술관에서는 SPD 당원들의 파티가 열렸는데, 당원 중 두 명이 욕조에 맥주잔을 담가 시원하게 만들고자 그 안에 들어 있던 것들을 치워버렸다. 엄청난 대가를 치를 착각이었던 셈이다. 고전 예술 작품이었다면 일어나지 않았을 일이다. 파티 참가자 중 그 누구도 캔버스의 유화 작품이나 대리석 조각을 옷걸이로 잘못 사용하지는 않았을 테니까 말이다.

이 일화 또한 경계가 확고해야 한다는 점을 보여준다. 우리는 대상이 예술적인 맥락 속에 있는 모습, 그러니까 미술관이나 갤러리에 전시되어 있는 모습을 보아야만 비로소 그 물체를 예술 작품으로서 해석한다. 영국의 설치미술가 트레이시 에민Tracey Emin의 작품 〈나의 침대〉는 그녀의 아파트 안에서는 그저 그녀의 침대이지만 런던 테이트 갤러리에 전시되는 순간 예술이 된다.

그렇다면 예술가가 성공하려면 어떤 능력을 갖추고 있어야 할까? 시인이자 철학자인 요한 고트프리트 헤르더Johann Gottfried Herder는 말했다.

"예술Kunst은 할 수 있는 것Können 혹은 아는 것Kennen에서 온다."

그가 단어나 사물의 어원을 염두에 두고 이 말을 한 것인지는 알 수 없다. 희극배우이자 작가인 카를 발렌틴Karl Valentin 및 다른 사람들은 어원학과 관련해 헤르더의 말을 다음과 같이 강조했다.

"예술은 할 수 있는 것에서 온다. 만약 바람Wollen에서 왔다면 예술이 아니라 '베술Wunst'이었을 것이다."

오늘날에는 누가 예술가이고 누가 '베술가'인지 구분하기 어렵다. 과거에는 수작업 능력이 결정적이었다면, 오늘날에는 예술 시장에 스스로를 내놓는 재능이 결정적이다. 예술을 비판하는 사람들은 "이건 우리 애도 그리겠네"라고 말한다. 예술 종사자들은 "제일 처음이 되어야지"라고 반박한다. 둘 다 틀렸다. 우선 현대 예술의 품질을 객관화할 수 있는 표준이 없기 때문에 특별하게 독창적일 필요는 없다. 그보다 시장의 심리학을 이해하는 것이 중요하다. 갤러리 운영자와 큐레이터의 권력 관계, 누가 누구와 파티에 가고, 누가 누구를 추천하고, 후견인회에서 쏟아진 악평 중 어떤 것이 중요하게 다루어지고 누가 결정적인 비평을 남기는지 등을 이해해야 한다.

우리는 늘 어떤 작품이 왜 뛰어난 예술인지 그 근거를 찾을 수 있다. 거칠기 때문에 도발적이라거나, 섬세하기 때문에 깊이가 있다는 식으로 말이다. 혹은 공간을 꽉 채우기에 특별하다거나, 여백을 살렸기에 특별하다는 식으로. 표준이 없으므로 예술에 관한 담론은 고유한 것이다. 미국의 조각가 리처드 세라Richard Serra는 마치 공사 현장에서 사용되지 않고 방치된 것 같은 거대한 강철판을 전시했다. 그는 이미 비평가들이 알아서 늘 칭찬에 적절한 근거를 찾을 정도로 확고한 위치에 올라 있었다. 세라는 관람객이 관람하던 사람에서 관찰하는 사람이 되도록 만들고 우리의 공간 체험을 가지고 놀고 유럽의 전통적인 조형미술을 그 한계점까지 밀어붙였으며 녹슨 강철판으로 우리의 죽어야 할 운명을 상기시켰다. 보수적인 정치인이 그것을 철거하려고 갖은 노력을 다하기 전까지, 그의 작품은 그 장소에 받아들여져 있었다.

예술의 세계에서는 '아름답다'고 말하는 것이 금기시된다. 그보다는 '미학적으로 매력적이다', '설득력이 있다', '흥미진진하다'는 말이 더 각광받는다. 대개 자기기만인데, 이런 말을 보통은 '아름답다'는 말로 대체할 수 있기 때문이다. 이런 평가들이 의미하는 바는 '해당 작품이 마음에 든다'는 것이다. 얼핏 도발적인 작품이 더 인기 있을 것 같아 보이지만 아름다운 예술 작품이 여전히 가장 잘 팔린다는 점도 그리 놀랍지 않다. 경매에서 가장 높은 가격으로 팔려 이목을 끄는 작품 중에는 구스타프 클림트Gustav Klimt나 파블로 피카소Pablo Picasso, 빈센트 반 고흐Vincent van Gogh의 작품이 대다수다. 즉 대부분의 사람들이 특히 아름답고 장식에 어울린다고 생각하는, 그래서 그 포스터를 학교 기숙사나 치과 대기실에 걸어두는 그림을 그린 작가들이 중요하게 다뤄지는 경우가 많다.

현시대의 예술가들은 아름다운 것을 만들어내려는 사람들이 아니라 우리의 '눈에 익은 익숙함'에 문제를 제기하고 특히 '딱지가 앉은 구조'를 '깨부수려는' 사람들이다. 프란츠 카프카Franz Kafka 또한 문학을 일컬어 비슷한 말을 한 적이 있다.

"책은 우리 안의 얼어붙은 바다를 깨부수는 도끼여야 한다."

도끼든 쇠지렛대든 눈속임이든, 이런 모든 은유는 작품이 우리에게 미치는 영향을 이야기한다. 그것이 직접적인 것이든 간접적인 것이든 말이다. 그러므로 우리는 예술을 그 효과에 따라 나눌 수 있다. 한편에는 요리법이 있다. 이것은 우리의 감각과 감정이 직접적으로 만나도록 한다. 한편에는 음악이, 또 다른 한편에는 우선 생각과 상상력을 일깨우고 나서야 감정이 피어나게 만드는 문학이 있을 수 있다. 시각예술은 모든 극점 사이에 있다. 몇몇 작품은 우리를 깜짝 놀라게 하고 혼란스럽게 하고 기습하듯이 덮치는데, 우리는 도대체 왜 그런지 말할 수 없다. 다른 작품들은 우리가 직접 해석하거나 정리해야 한다. 깊이 생각하고 나서야 모순과 암시, 독창성을 이해할 수 있다. 몇몇 작품에는 미의 향유가 없고 몇몇 작품에는 여러 효과 중 단 하나만이 존재한다. 그렇다면 우리는 나머지 효과도 설명할 수 있을까?

오랫동안 비평가들은 시각예술을 문학적인 관점에서 바라보았다. 가장 부각되는 것이 바로 상징과 은유의 해석이다. 우리는 역사속 예술 작품을 어떻게 정리할 수 있을지 생각한다. 그 주제는 상호텍스트성Intertextuality, 즉 어떤 작품 속의 암시나 인용, 그리고 섹스, 죽음, 권력, 사실 등 광범위한 문화적 요소를 분석하기 위해 다른 작품을 참조하는 것이었다. 예술 경험의 느낌과 감각은 특별한 역할을 하지 않는데, 우선 이것이 단지 주관적이라고 여겨지며 그렇기 때문에 과학적으로 연구할 수 없기 때문이다. 또 한편으로는 냉정한 반영과 해석의 순간에 따뜻한 감정은 이미 사라졌기 일쑤이기 때문이다.

미국의 철학자 제럴드 레빈슨Jerrold Levinson은 이런 지적인 관점을 주장했다. 그에 따르면 우리는 예술을 이해하고 그에 대해 생각하고 나서야 만족한다. 또 다른 철학자 켄달 월튼Kendall Walton은 우리가 예술에서 가치가 큰 것, 즉 우리의 내면에서 경탄을 자아낼 수 있는 것을 찾는다고 말했다. 두 의견 모두 마치 학생들을 미술관에 데리고 가서 예술이란 "고찰을 고무시켜야 한다"라고 말하는 교감 선생님의 말씀처럼 들린다. 때때로 예술은 정말로 고찰을 고무시킨다. 하지만 대개 예술은 그저 재미있거나 아무런 의도적인 효과를 불러일으키지 않는다.

근래의 학자들은 이런 고전적인 관점에 반대 의견으로 감정적인 관점을 제시한다. 이들은 예술이 우리의 내면에서 무엇을 우러나도록 하는지 탐구한다. 예를 들자면 감정과 체험한 효과, 감정 연구 및 의식 연구 결과에 대한 소명 의식이다. 그림이나 조각이 어떻게 혐오, 경탄, 즐거움, 혼란 등을 불러일으키는 걸까? 왜 어떤 작품을 보면 마음이 편안해지는 반면 어떤 작품을 보면 순식간에 흥분하게 될까?

미국의 철학자 제시 프린츠는 우리의 미적 가치가 근본적인 감정에서 나온다고 믿었다. 경탄은 이런 감정에 속할 수 없는데, 무엇보다도 우리가 예술 작품보다는 사람을 보고 경탄하는 일이 많기 때문이다. 미로 인한 만족 또한 이런 감정에 속할 수 없는데, 수많은 예술 작품이 '아름답다'를 제외한 모든 다른 말로 묘사되기 때문이다. 관심 또한 이런 감정에 속할 수 없는데, 프린츠에 따르면 우리의 관심은 나쁜 예술과 이어지기 때문이다. 남는 것은 경악과 놀라움이 혼합된 감정이다. 프린츠는 이 혼합된 감정이 미적 가치의 기반이 되며 명백하게 긍정적 감정과 주의, 존경 등을 연이어 불러일으킨다고 말했다.

미와 즐김이 짝을 이루듯, 예술과 짝을 이루는 기본 감정을 찾으려는 행동은 칭찬받아 마땅하다. 다만 프린츠는 예술 작품의 미적 가치가 단 하나의 감정이 아니라 여러 감정의 동시 작용에 따른다는 점을 간과했다. 게다가 우리가 소위 예술과 짝을 이루는 기본 감정을 '경탄스러운 놀라움'이라고 칭한다면, 그것이 그저 '미적 가치'를 달리 이른 말은 아닌지 생각해야 한다.

전통적이고 지적인 접근법과 감정적인 접근법 모두 간과한 점이 있다. 전통적이고 지적인 접근법은 수많은 감각을 제외하느라 시각예술의 효과가 지나친 생각을 유발한다고 설명한다. 반대로 감정적인 접근법은 그 빈틈을 메우기는 하지만 예술 작품을 관찰할 때 인간을 고유하게 만드는 지적인 작업을 잘못 판단한다. 바로 반영할 수 있는 능력이다. 예술은 우리의 인식, 생각, 감정 등 내면의 모든 것을 드러낸다. 예술은 때때로 우리를 깜짝 놀라게 만들지만 우리는 가끔 깜짝 놀라지 않고도 어떤 작품을 존경할 수 있다. 생각과 감각에 대한 미학적인 '이중 공격'은 최신 연구 분야를 이해할 때 아주 중요한 역할을 한다. 이 최신 연구 분야란 바로 신경미학 Neuroaesthetics 혹은 Neuroesthetics이다.

# 머릿속 예술

다채로운 패턴. 깜박임. 갑자기 새빨간 점이 빛나더니 노란색 고리에 감싸인다. 배경은 출입구라고는 찾아볼 수 없는 어두컴컴한 미로다. 일견 모던아트 미술관에 전시되어 있는 추상적인 비디오아트 작품을 묘사한 것 같은 이것은 우리 뇌를 자기공명영상MRI 장치 안에서 순간 촬영한 것이다. 이 기계는 뇌 속 각 부위의 산소 소모를 촬영한다. 이때 붉은색으로 나타나는 부위는 혈중 산소가 적다는 뜻이다. 혈중 산소가 적다는 건 산소를 많이 소모했다는 뜻이고, 그것은 즉 활발한 활동이 일어났다는 것이다. 실험 참가자는 예술 작품의 효과를 평가해야 했다. 유화 그림의 색과 형태는 참가자의 시각피질과 감정중추를 활성화했고 한편으로는 뇌 스캐너의 화면에 과학자들이 판독해야 할 색과 형태가 나타나도록 했다.

과학자들은 이미 예전부터 MRI 스캔으로 관찰할 수 있는 우리의 미적 경험에 주목했다. 의학적인 시선이 예술에 닿은 것은 우연이었다. 인도의 신경학자 빌라야누르 라마찬드란이 동료와 함께 10여 년 전에 여덟 가지 보편적인 예술의 원리에 관해 서술한 바 있는데, 나중에 두 가지가 더해지면서 '예술의 열 가지 보편 원리'가 되었다. '예술의 과학'은 신경미학이 생겨난 기반이다. 이것은 도발이자 희망이나 마찬가지다. 도발인 이유는 인문학의 고전적인 분야이던 예술이 갑자기 자연과학자들에 의해 설명되기 시작했기 때문이다. 희망인 이유는 이런 접근법이 근본적으로 다른 여러 과학 문화를 연결하기 때문이다. '신경'이라는 말을 앞에 붙이면 특히 낯선 전문 분야가 되고, 이것은 매우 흥미롭다. '신경윤리'는 '윤리'보다 재미있을 것 같고, '신경마케팅'은 '마케팅'보다 더 많은 내용을 담고 있을 것처럼 보인다. 인간의 모든 생각, 느낌, 행동은 신경에 뿌리를 두고 있으므로, 예술 경험 또한 마찬가지일 것이라고 보는 게 타당하다. 우리가 미용실에 가거나 커피를 마시려고 쉬는 행동이 모두 '신경미용실방문'이자 '신경커피휴식'이라는 말이다.

말장난은 그만두자. 뇌 연구는 우리에게 예술에 대해 무엇을 알려줄까? 라마찬드란은 '예술'을 주로 시각예술을 뜻하는 말로 사용했다. 문학이나 음악, 춤, 향수 제조 등 다른 예술 분야는 언급하지 않았다. 하지만 라마찬드란이 특히 인물이나 사물을 인식할 수 있는 대상적인 예술 작품, 예를 들어 인도의 불상이나 풍경화, 캐리커처, 나체화 등에 관심을 보였기 때문에 시각예술 하나만 해도 범위가 매우 넓다. 이것은 신경미학의 문제를 잘 보여주는 사례다. 신경미학은 아주 작은 부분의 부분까지 좁혀 들어가고자 광범위한 내용을 자세히 다루지만, 그러면서도 늘 보편타당성을 주장한다.

라마찬드란은 모든 시각미술의 위상 중 '90퍼센트'가 '경매인의 망치(경매봉)', 즉 우연한 문화적 사건에 달려 있다고 믿었다. 그는 모든 예술 작품의 기반이 되는 나머지 부분에 주목했다. 이 보편적인 10퍼센트를 위해 그가 말한 예술의 열 가지 보편 원리는 과장(우리는 극단적인 것을 좋아한다), 범주화(우리는 서로 어울리고 비슷한 것을 좋아한다), 대조(우리는 배경에 비해 두드러지는 것을 좋아한다), 격리(우리는 우리의 이목을 끄는 것을 좋아한다), 깨달음 효과(우리는 발견하기를 좋아한다), 대칭(우리는 대칭축을 좋아한다), 원근법(우리는 자연스러운 관점을 좋아한다), 반복(우리는 같은 것이 많이 있는 것을 좋아한다), 균형(우리는 조화로운 것을 좋아한다), 그리고 은유(우리는 한 가지 측면을 다른 것에 빗대는 것을 좋아한다)다.

이 모든 '원리'에는 설명할 내용이 많다. 우선 과장을 살펴보자. 직사각형이 나타나면 쥐에게 먹이를 주고, 정사각형이 나타나면 주지 않는 방식으로 쥐를 훈련시키면 더욱 긴 직사각형을 보여주자마자 쥐들이 집에서 뛰쳐나온다. 라마찬드란에 따르면 더 긴 직사각형은 초자극Super stimulus이다. 쥐의 뇌 속에 있는 무언가가 이렇게 말한다.

"여태까지 나온 사각형보다 훨씬 기다라니, 더 많은 먹이가 나올 거야!"

동물행태학자이자 노벨상 수상자인 니콜라스 틴버겐Nikolaas Tinbergen이 이미 50여 년 전에 이와 비슷한 효과를 관찰했다. 붉은부리갈매기의 새끼들은 어미가 둥지 위로 모습을 드러내자마자 먹이를 달라고 아우성을 친다. 새끼들에게는 어미의 부리 위에 있는 붉은 점이 열쇠자극Key stimulus이다. 연구진이 막대기 끝에 붉은 점을 세 개 칠해서 만든 부리 모조품을 내밀자 새끼들은 더욱 열렬하게 반응했다. 이 부리 모조품이 '초엄마'가 된 셈이다.

라마찬드란은 우리 인간도 쥐나 갈매기와 같다고 말했다. 즉 우리는 원본보다 과장된 것을 더 좋아한다. 어린이 장난감 또한 이와 마찬가지로 일반적인 것을 캐리커처화한 초자극이다. 무대에서 보디빌더들이 옷을 벗어던지고 춤을 추는 치펜데일쇼Chippendales는 물론이고, 반 고흐의 그림에서 볼 수 있는 색감의 과장, 동물 사진에서 볼 수 있는 지나치게 포화된 이미지 또한 마찬가지다. 그래서 예술가들은 대상을 일그러뜨리고 첨예화하면서 익숙한 것을 과장했다.

이렇게 주장하는 사람들은 예술적으로 왜곡된 인도의 불상이나 초현실주의 작품은 알아도 베허 부부Bernd and Hilla Becher는 모르는 것처럼 보인다. 독일의 부부 사진가이자 '베허 학파'를 길러낸 이들은 대형 카메라로 물탱크나 운반 탑, 용광로 및 다른 산업 건축물을 찍었다. 대상의 모습을 있는 그대로 말이다. 라마찬드란은 만약 갈매기들에게 아트 갤러리가 있었다면, 그곳에는 붉은 점이 찍힌 기다란 막대기가 걸려 있었을 것이라고 말했다. 우리 인간도 그렇게 간단하게 짜여 있을까? 인간의 박물관이나 미술관에는 도발적이고 예민한 작품, 현실적이고 낯선 작품, 과장되고 진부한 작품이 걸려 있다. 라마찬드란의 보편화는 들어맞지 않는다. 우리는 때로는 캐리커처를 매력적이라고 느끼고, 때로는 자연 그대로의 그림을 매력적이라고 느낀다. 과장된 것은 때로는 재기발랄해 보이고, 때로는 볼품없어 보이기도 하며 때로는 아름답고 때로는 추하다.

라마찬드란은 우리가 애초에 예술을 생산해내는 데 어떤 진화적 장점이 있는지 탐구하며 여러 제안을 내놓았다. 그에 따르면 예술은 눈-손 협응[10]에 도움이 되지 않으며 풍요나 복지를 뜻하지도 않는다. 물론 오늘날 많은 예술품 수집가들에게는 그것이 수집 동기기는 하지만 말이다. 예술은 우리의 빈약한 상상력을 대신하는 것이다. 우리 조상들은 그림으로 그들의 상상 속에 희미하게 존재하던 무언가를 표현했다. 어쩌면 한때는 정말로 그랬을지도 모른다. 하지만 라마찬드란의 예술의 보편 원리는 이를 감안하더라도 지나치게 보편적으로 구성된 나머지 전체 창조 과정을 거의 가려버렸다. 인간이 만든 모든 작품은 적어도 한 가지 특징을 보인다. 격리되었거나 과장되었을 수도 있고, 반복적이거나 대조적일 수도 있고, 은유적이거나 이목을 끄는 것일 수도 있다. 근본원리 중 어느 하나는 반드시 해당한다. 라마찬드란이 모든 것을 설명할 수 있는 것처럼 보이기도 하지만 사실 그는 이 근본원리로는 아무것도 설명하지 못한다.

　　라마찬드란의 주장은 이어진다. 현대 예술의 '비틀린' 천성에 근거해 모든 근본원리 또한 비틀릴 수 있다는 것이다. 그렇다면 모든 것이 가능하다. 적어도 1920년대 이후로는 그랬다. 하지만 이를 통찰하는 데는 근본원리가 필요하지 않다. 라마찬드란이 좌절한 근본 원인은 예술의 자기관계성에 있다. 모든 예술가들이 오래된 것을 변화시켜 새로운 것을 창조하거나 그 반대인 작품 활동을 한다. 시장의 틈새를 공략하려는 사람은 해결책을 찾아야 한다. 예를 들어 다른 이들이 대부분 아름다운 그림을 그린다면 추한 그림을 그려볼 수 있다. 다른 이들이 대부분 현실적인 그림을 그린다면 추상적인 그림을 그려볼 수 있다. 다른 이들이 3차원 물질을 사용한다면 구상적인 작품을 시도할 수 있다. 유행의 기류가 흐른다면 유행을 거스르고 또다시 거스를 수 있다. 학자가 어떤 원리를 찾아내든, 모든 예술가들은 그를 좌절시킬 수 있다. 그래야 재미있다. 동시에 과학적으로 파악되지 않는다.

비트겐슈타인은 단면적인 예시만을 받아들이다 보면 그릇된 일반화로 이어질 수 있다고 경고했다. 철학자들이 이론을 주장하면서 언제나 똑같은 예시만을 늘어놓는다면 결정적인 현상을 간과하고 말 것이다. 이것을 조금 변형하면 신경미학의 수많은 접근법에도 해당한다. 신경학자나 심리학자가 인간의 예술 경험의 다양한 측면을 단숨에 설명할 수는 없지만 우리는 이런 다양한 측면을 의식하고 있어야만 한다.

예술은 우리의 감각과 감정을 건드린다. 그것은 문학일 수도, 음악이나 그림일 수도 있다. 예술은 또한 우리의 문화적 지식이나 생각에 영향을 미친다. 예술은 우리의 모든 정신적인 능력을 자극한다. 그렇기 때문에 예술은 특별하다. 미적 향유, 경탄, 혼란 등 각각의 도발에는 신경학적 설명이 따라야 한다. 생각을 연구하기가 가장 어려운데, 생각은 무상하게 흐르며 다른 수많은 생각을 불러일으키기 때문이다. 그래서 우리는 계속해서 이어질 자연과 예술의 놀라움을 받아들일 각오를 해야 한다. 얼마나 아름다운 일인가.

## 8장

# 생각하다

## 의식의 수수께끼

K가 마취에서 깨어난 아침, 그는 자신이 칠흑 같은 어둠 속에서 병원 침대에 누워 있다는 것을 깨달았다. 그는 주변에서 울리는 의사와 간호사들의 목소리를 들었다. 눈을 크게 떠보았지만 어둠과 가물거리는 불빛 외에는 아무것도 보이지 않았다. 그림자도, 윤곽도, 움직임도 없었다. '나한테 무슨 일이 일어난 거지?'라고 그는 생각했다. 꿈이 아니었다. 의사는 그가 심각한 사고를 겪었고 후두부에 있는 시각피질에 손상을 입었다고 설명했다. 즉 K는 눈을 전혀 다치지 않았음에도 시각장애인이 되었다.

며칠 후 한 의사가 K에게 실험에 참가할 것을 부탁했다. K는 그의 앞에 10개의 백열전구가 각 위치에 고정되어 있는 거대한 정사각형 칠판이 설치되었다는 설명을 들었다. 그가 해야 할 일은 빛이 나는 전구를 가리키는 것이었다. K는 자신에게 주어진 과제의 의미를 몰랐다. 그저 이끌려 가는 기분이었다. 속에서는 분노와 절망이 피어올랐다.

"전구에 불이 켜지는지 내가 어떻게 압니까?"

그가 불쾌하다는 듯이 말했다. 하지만 의사는 진지하게 접근하고 있었다. 의사는 K에게 직감에 믿고 맡기라고 말했다. K는 실험에 임했다. 우측 상부, 중앙 하부, 두 번째 줄 좌측. 대답을 할 때마다 K는 어떤 예감을 느꼈지만 그 예감이 어디에서 오는지는 도무지 알 수 없었다. K 스스로도 놀랐을 정도로, 그는 거의 대부분의 경우 정답을 맞혔다. 오직 추측으로만 말하는 것보다 훨씬 높은 정답률이었다. 그는 눈이 전혀 보이지 않았는데 어떻게 이런 일이 일어난 것일까?

K는 아주 특이한 상태였다. 시력이 없어서 시각적인 정보를 전혀 받아들일 수 없는 시각장애인들과는 다르게, K의 망막에는 빛이 맺혔고 그 자극이 후두부에 있는 시각중추의 신경섬유까지 전달된 것이다. 하지만 그 부위 중 일부가 손상되었기 때문에 그의 구상적인 경험은 사라졌다. K의 뇌는 처음부터 마지막 처리 과정에 이르기까지 앞을 볼 수 있는 사람과 똑같은 기능을 하고 있었다. 시각적인 정보는 흔적을 남기고 어딘가에 저장된다. K는 나름의 방식으로 자신의 앞에 있는 칠판에서 무슨 일이 벌어지는지 인식했다. 어느 위치에서 전구가 켜지는지 거의 정확하게 맞혔기 때문이다. 다만 K는 시각 경험이 없었기 때문에 의식의 한 부분이 부족했다. 그는 색이나 형태는 말할 수 없었다.

이 모순적인 시각장애를 처음 언급한 사람은 독일의 심리학자 에른스트 푀펠Ernst Pöppel이다. 그는 1973년에 이 실험 결과를 발표했고, 그의 영국인 동료인 로런스 웨이스크랜츠Lawrence Weiskrantz가 이 감각에 모순적인 이름을 붙였다. 바로 맹시盲視, Blindsight다. 맹시인 환자들은 시각적 인상이 없지만 시각 정보를 받아들인다. K와 같은 환자들은 빛나는 전구를 가리키는 것 외에도 예를 들어 가족이나 친구들의 화난 표정을 구분하거나 움직임을 인식하거나 장애물이 가득한 공간을 문제없이 지나갈 수 있다. 이 능력 중 어떤 것도 시각적 인상을 동반하지 않았다. 맹시인 사람들은 타인의 표정이나 장애물을 직접 본 것이 아니다. 그럼에도 이들은 그것을 추측할 수 있었다.

맹시의 존재는 우리의 의식에 적어도 두 가지 근본적으로 다른 측면이 있다는 점을 보여준다. 심리학과 신경과학 분야는 우리가 정보로 가는 '진입로'라고 말하는 측면, 즉 우리가 정보나 생각을 언제 이용 가능한지에 초점을 맞춘다. 맹시인 사람과 의학적으로 정상 시력인 사람은 이 진입로를 따라 특정한 정보로 다가간다. 이들은 예를 들어 어떤 표정이 친절한 것인지 화가 난 것인지 정확히 진술할 수 있다.

이런 측면과는 반대로, 철학자들은 무엇보다도 의식의 '경험적 특성'에 관심을 보인다. 이것은 맹시인 사람들에게 부족한 것이다. 이 경험이 정확히 어디에 있는지 묘사하기는 어려운데, 더 어려운 것, 아니 애초에 불가능한 것은 그것을 자연과학적으로 설명하는 일이다.

## 현상적

경험적 의식이란 도대체 무엇인가? 차갑고 부드러운 이끼 위를 맨발로 걸어간다고 상상해보라. 발바닥에 따뜻한 모래나 매끄러운 대리석과는 다른 무언가가 느껴질 것이다. 이끼가 부드럽게 발을 간지럽힌다. 차가운 아침 이슬 때문에 소름이 오소소 돋을지도 모른다. 각각의 경험의 질이 다수 모인 다음 여러분의 의식 속에서 이끼 위를 돌아다닌다는 복잡한 경험을 만들어내는 셈이다. 이끼 표면의 느낌, 온도, 간지러움, 소름, 어쩌면 숲속의 흙냄새, 모기가 왱왱거리는 성가신 소리가 왼쪽 귓가로 점점 다가오는 느낌까지도 말이다. 경험적 의식은 '그것은 어떻다'는 특성을 띠며 스스로가 바로 그 상황 속으로 들어간 것 같은 기분을 느낄 수 있도록 한다.

경험적 의식 대신 우리는 '현상적 의식Phenomenal consciousness'이라는 말을 사용하기도 한다. '현상적Phenomenal'이라는 말은 탁월하거나 뛰어난 것, 미증유의 것을 묘사할 때도 사용되는 말이지만 현상적 의식에서는 기술적인 의미, 그러니까 대상이 어떻게 보이는지, 우리가 그것을 어떻게 경험했는지를 뜻한다. 우리는 의식의 경험 단위를 때때로 감각질Qualia[1], 즉 경험의 질이라고 표현하기도 한다.

대부분의 지각 경험은 근본적이고 단순하다. 예를 들어 빨간색은 파란색이나 녹색 혹은 검은색과는 다르게 보이나 다른 감각질로 구성된 것은 아니다. 이때 빨간색은 경험의 원자이며, 근본적이고 나눌 수 없는, 빨갛다는 특성이 있다. 적록색맹인 사람에게는 부가 설명이 필요한데, 이들의 눈에는 특정한 빨간색이 녹색과 똑같이 보이기 때문이다. 적록색맹이 아닌 사람에게는 상상하기 어려운 일이다. 만약 적록색맹을 경험해보고 싶다면 사진 편집 프로그램으로 녹색과 노란색만 있는 디지털 이미지를 만들어 보면 된다. 이렇게 편집한 사진을 보면 정상 시력인 사람도 잘 익은 토마토와 익지 않은 토마토를 구분할 수 없다. 색맹인 사람들에게는 온 세상이 이와 비슷하게 보인다.

와인 전문가들은 섬세한 차이를 구분하는 능력이 뛰어나다. 와인을 마시면 복합적인 미각 경험이 발생한다. 오래된 부르고뉴 와인을 마신 전문가들은 체리, 자두, 블랙커런트 등의 향에 덧씌워진 가죽, 머스캣, 감초의 향을 발견하기도 한다. 몇몇은 와인에서 말의 땀이나 와인 효모, 목공소의 냄새를 느끼기도 했다. 그런데 수많은 연습과 훈련을 거치지 않고도 이렇게 풍성한 미각 경험을 할 수 있다. 와인을 마시고서 누군가가 "체리향"이라고 언급하는 순간, 그 와인의 향기 중 체리향이 가장 두드러진다. 단순한 암시일 수도 있지만, 누군가가 "구즈베리"나 "간 파테[2]"라고 말한다고 하더라도 "체리향"과 같은 효과는 발생하지 않는다. 체리향은 처음부터 존재했고, "체리향"이라는 말은 그저 그 요소가 현상적 전체 경험에서 분리되도록 도왔을 뿐이다.

와인 애호가들이 사용하는 용어를 보면 경험적 의식을 묘사하는 것이 매우 어렵다는 점을 명확히 알 수 있다. 우리는 '달다', '시다', '쓰다' 등의 형용사를 미각 경험뿐만 아니라 보거나, 듣거나, 냄새 맡거나, 느끼는 다른 감각 경험에도 사용한다. 예를 들어 '붉다', '푸르다', '차갑다', '시끄럽다', '조용하다', '부드럽다', '거칠다'도 마찬가지다. 때때로 우리는 더 정확하게 말하고자 특정한 표현을 사용하는데, 이 표현을 보면 경험의 원천이나 원인에서 무엇이 파생되었는지 알 수 있다. 예를 들어 '찌르는 듯한 고통', '톡 쏘는 향', '불에 탄 맛' 등이다. 이런 표현으로도 향수나 이국적인 향신료나 새로운 음악 트렌드를 묘사하기에는 부족할 때가 있다. 우리의 다양한 경험을 모두 파악하려면 와인 전문가들처럼 비교나 은유를 활용해야 한다. 예를 들어 "고무찰흙이 된 기분이야"라거나 "다시 데운 맛이야"라고 말할 수 있다.

지각은 경험적 의식의 전형적인 두 가지 원천 중 하나다. 우리는 색, 소리, 냄새 등을 지각한다. 여기에 가려움, 치통, 배고픔, 오르가즘 등의 신체감각이 포함된다. 또한 우리는 이 세상을 여러 색으로 볼 뿐만 아니라 3차원으로, 즉 여러 형태와 질량, 강도까지 함께 본다.

경험적 의식의 두 번째 원천은 감정과 정서다. 예를 들어 두려움과 역겨움은 둘 다 불편하고 부정적인 것이지만, 그럼에도 서로 구분된다. 두려움을 느끼면 심장박동이 빨라지듯이, 감정은 신체 경험과 함께 나타난다. 그러나 뚜렷이 구별되는 신체 경험이 모든 감정에 결정적인 것은 아니다. 질투나 감사와 같은 감정은 두려움처럼 전형적인 신체 경험과 연결되지 않지만 그럼에도 독자적인 성질을 보인다.

우리의 지각, 감정, 개념, 생각에는 감각질이 있다. 항상 존재하는 것이기 때문에 우리는 이에 대해 깊이 생각하지 않는다. 때때로 다음과 같은 반응을 보이는 사람들이 있다.

"그래, 우리는 눈으로 색을 보고 입으로 풍미를 맛보지. 너무 당연해서 대체 어디에 주목할 만한 가치가 있다는 건지 모르겠군."

우리가 감각질을 잃고 나면 그 점이 명확해진다. 맹시나 색약처럼 극단적일 필요는 없다. 심한 코감기에만 걸려도 눈을 뜨자마자 콧구멍이 막힌 기분을 느낄 수 있기 때문이다.

내 개인적인 경험을 소개한다. 뉴욕에 처음 갔을 때, 나는 심한 감기에 걸렸다. 2주 동안 머물면서 그 도시를 그저 보고 들을 수밖에 없었는데, 코 스프레이를 뿌리고 나자 완전히 새로운 세상이 열렸다. 갑자기 온 세상이 풍성해진 것이다. 지하철역 구석의 코를 찌르는 냄새, 길모퉁이 빵집에서 나는 갓 구운 베이글 냄새, 센트럴 파크 공사 현장의 뜨거운 타르 냄새, 차이나타운의 좁은 길목에서 나는 이국적인 향, 시내버스에 탄 노숙자의 다리 상처가 부패한 냄새, 소호 거리의 중동음식 간이 가판대에서 나는 고기 기름 냄새, 쉬익 하고 뿜어져 나와 인도를 덮치는 작은 세탁소의 증기 냄새까지. 내가 놓치고 있던 모든 것이었다. 그때까지 내가 경험한 뉴욕이 온전한 것이 아니라 결핍된 것이었다는 사실을 나는 느꼈다. 사소한 코 스프레이 덕분에 나타난 거대한 효과였다.

'의식적'이라는 말은 곧 정보나 경험에 접근했다는 뜻이다. 의식의 두 가지 변종은 모두 1인칭 시점이 특징이다. 우리의 모든 경험, 생각, 감정, 지각은 나 자신과 연결되며 그렇기 때문에 우리는 의식의 '주관성'을 언급한다. 우리의 경험은 아주 특수한 방식으로 우리에게 '속해' 있다. 경험은 우리와 분리될 수 없다. 내 손목시계나 자전거는 남에게 빌려줄 수 있는 것이지만, 내 행복이나 고통, 백일몽은 빌려줄 수 없다. 물론 타인에게 나의 고통이나 백일몽을 설명할 수는 있지만, 빌려주는 것과는 다르다. 누구나 각자의 고통을 품고 있다. 나는 나의 고통, 여러분은 여러분의 고통을 갖는다. 여러분과 내가 치통을 느낀다고 하더라도, 그것 역시 개인적인 고통 경험일 뿐이다. 즉 같은 종류의 고통을 각자 경험하는 것이다. 여러분과 내가 내용이 똑같은 생각을 한다고 하더라도, 그것은 각기 다른 두 가지 생각이다. 나의 고통과 생각은 나라는 개인에게, 여러분의 고통과 생각은 여러분이라는 개인에게 묶여 있다.

취향은 매우 주관적이어서 사람에 따라 다르다. 의식은 취향보다 훨씬 근본적인 방식으로 주관적이다. '나와의 연결성' 없이는 의식을 설명할 수 없다. 나무나 행성, 얼음 결정은 의식이 있는 인간이나 다른 존재가 없어도 존재할 수 있지만, 고통은 고통을 느끼는 누군가가 없이 존재할 수 없으며 생각 또한 생각하는 누군가가 없이 존재할 수 없다.

우리의 의식은 주관적으로 우리와 묶여 있을 뿐만 아니라 우리의 모든 경험과 생각을 단 하나의 일관적인 경험으로 융합한다. 우리가 듣고, 맛보고, 느끼는 것이 따로따로 경험되는 것이 아니라 이 모든 인상이 모여 하나의 고유한 세상 경험이 된다. 칸트는 이를 '초월적 통각의 통일성Die transzendentale Einheit der Apperzeption'이라고 불렀고, 이에 따라 '나는 생각한다'는 생각은 모든 의식적인 상태를 수반할 수 있어야 하며 이를 통해 통일성을 마련한다고 주장했다. 우리는 칸트의 말을 다음과 같이 해석할 수 있다. 우리는 모든 행동 및 경험과 병행해 계속해서 '나는 생각한다'고 생각한다. 이 개념은 오늘날 수많은 철학자들의 생각 속에 고정되어 있다. 이들은 의식의 주관적인 성질을 일종의 현상적 배경 소음으로 혹은 성찰되지

않고 근본에 놓인 자아 감각, 즉 '나'라는 개념 없이 이 세상을 통일
적으로 받아들이는 동물이나 어린아이에게서도 찾을 수 있는 것으
로 보기를 대안으로 제시한다. 우리가 제아무리 이런 측면을 이해
하려고 해도, 결정적인 것은 모든 의식적인 경험을 따르는 내면의
관점이다.


## 들과 강


'의식'과 '의식적'이라는 단어는 '정보에의 접근'과 '경험'보다 훨
씬 더 많은 의미를 지닌다. 이 단어들이 그때그때 무엇을 뜻하는지
는 과학적인 담론에서도 명확하게 밝혀지지 않는다. 그러다 보니
몇몇 학자들이 그저 서로 딴소리만 하기 십상이어서 모든 담론이
허위 토론으로 이어진다. 우리는 의식을 깊이 고찰하기 전에 우선
'의식적'이라는 말의 여러 의미를 먼저 살펴보아야 한다.

'의식'이란 '무의식'과는 반대로 대개 '의식적이다', '깨어 있다'
는 말과 관련이 있다. 누군가가 '의식적으로' 어떤 행동을 했다는 건
'고의로' 했다는 뜻이다. 누군가가 "그 음악을 의식해서 듣지는 않
았어"라고 말한다면 음악에 '주의를 기울이지 않았다'는 뜻이다. 어
떨 때는 '의식적이다'는 말이 단순히 '안다'는 뜻으로 쓰이기도 한
다. "모든 유로화 동전에는 별이 새겨져 있다는 걸 의식하셨나요?"
라는 말에서 알 수 있다. 때때로 우리는 진짜 원하는 것을 "의식한
다"라고 말하는데, 이것은 스스로를 깊이 고찰한다는 뜻이다. 마지

막으로 사람이나 때로는 몇몇 동물들이 스스로를 의식할 수 있는데, 이것이 '자의식'이다.

물론 의식의 이 모든 측면, 즉 경험, 접근, 각성, 고의, 주의, 앎, 반영, 자의식 등은 서로 관련이 있다. 이 연관성을 더 명확하게 밝히고자 철학자들은 두 가지 공간적인 은유를 사용한다. 의식을 들과 강으로 설명하는 것이다. 들이라는 은유는 평형이고 정적인 측면을 구체화하고, 강이라는 은유는 역동적인 측면을 구체화한다. 들로 비유되는 의식의 예시는 다음과 같다. 우리는 아침마다 잠에서 깨고, 운동을 할 때는 다리에 근육통을 느끼고, 이웃집 발코니에서부터 풍기는 커피 향을 맡고, 새의 지저귐을 듣고, 간밤에 재미있었던 일을 떠올리고, 중요한 약속을 생각한다. 이런 지각, 감각, 생각은 동시에 여러 가지가 존재할 수 있다. 즉 이것들이 모두 함께 의식이라는 들판을 채우는 것이다. 많은 이들이 '의식을 넓히는' 약물을 먹으면 이 들판의 크기를 키울 수 있다고 생각하지만 그래 봐야 이미 존재하던 상태의 새로운 조합만을 경험할 뿐이다.

들은 가장자리로 갈수록 점차 흐릿해지는데, 그 이유는 우리의 주의력이 모든 상태에 똑같이 초점을 맞출 수 없기 때문이다. 극장의 스포트라이트처럼 우리는 의식 상태의 한 지점을 찾아 헤매고 그중 몇 가지에 주목한다. 예를 들어 새들은 배경에서 계속 지저귀지만, 그 소리에 주의를 기울인 후에야 우리는 멜로디를 파악할 수 있다. 즉 소리 경험은 언제나 들의 한 부분이지만 우리가 그것에 주의를 기울여야 비로소 중요한 것이 된다. 앞에서 든 와인의 예시에서 하나의 풍미에 집중해 그것을 앞세워 강조하듯이 말이다. 일상생활 속에서 우리는 늘 중심에서 벗어난 것, 배경 소음, 잠깐 스치고 사라지는 신체감각이나 일순 나타났다가 사라져서 늘 뒤늦게 눈치채는 스트레스처럼 가장자리에 속하는 것들을 언급한다.

의식의 범위는 항상 변한다. 그런 측면에서 볼 때 의식을 강이나 물의 흐름과 비교할 수 있다. 미국의 철학자이자 실험심리학의 창시자인 윌리엄 제임스는 '생각의 흐름' 혹은 '의식의 흐름'이라는 말을 사용했다. 생각, 느낌, 소원, 인지 등은 나타났다가 사라진다. 흥미롭게도 우리는 인간으로서 그 곁에서 존속하고 있다. 물론 우리도 변한다. 우리는 점점 자라서 성인이 되고, 때로는 트라우마를 겪거나 기분이 상하고, 때로는 행복하거나 만족하고, 때로는 지혜로워진다. 그럼에도 우리는 우리다.


제임스뿐만 아니라 오스트리아 출신의 독일 철학자 에드문트 후설Edmund Husserl 또한 우리의 의식의 흐름이 우리를 둘러싼 세상과 마찬가지로 계속해서 변한다고 말했다. 이 사실은 너무 당연해서 여간해서는 눈에 잘 띄지 않는다. 마치 우리가 1990년대에 현란한 조명이 비치는 넓은 디스코장에서 만약 태양이 거대한 조명이었다면 이 세상은 어떤 모습일까 생각하던 것과 마찬가지다. 이때도 의학이 갑자기 번쩍이는 플래시처럼 우리의 일상적인 경험에 매우 인상적인 대조를 일으켰다. 뇌의 시각피질 중 동작을 감지하는 V5 영역이 손상된 환자들은 동작맹Akinetopsia(운동맹)을 겪는다. 이것은 움직임을 인식하지 못하는 증상이다. 즉 이들의 눈에는 세상이 마치 스냅사진처럼 멈춘 것처럼 보인다. 계속해서 변화하는 강력한 자기장으로 해당 뇌 부위를 자극하면 정상 시력인 사람들에게도 가끔 이런 상태가 나타나는데, 이 방법을 '경두개 자기자극법 Transcranial magnetic stimulation'이라고 한다.

의식은 계속해서 변하는 틀이다. 그 안에서는 모든 것이 흐르기 때문이다. 이때 몇몇 의식 상태는 틀의 가장자리에서, 몇몇은 주의의 중심에서 나타난다. 이 초점이 바로 의식의 다른 의미를 설명하는 열쇠다. 어떤 일을 고의로 하려면 우리는 그것에 주의를 기울여야 한다. 우리가 주의를 기울이는 것은 잘 알 수 있는 것이 되고 곧 언제든 불러올 수 있는 지식이 된다. 사고하는 사람은 자신의 내면의 삶에 주의를 기울인다.

"내가 정말 원하는 게 뭐지? 나는 왜 이걸 못하지?"

수많은 라이프 코치들이 말하는 "네 자신을 알라"라는 말은 결국 외부에서 내부로 주의를 돌리라는 뜻이다.

우리가 스스로의 의식적 경험을 얼마나 자세하게 묘사하려고 하든 상관없이, 많은 철학자들이 의식의 주관성은 수수께끼와 같다고 말한다. 의식의 주관성이 왜 그렇게 많은 철학자들에게 두통을 안겨주었는지는 사고실험으로 잘 알 수 있다.

## 사고실험: 박쥐, 메리, 그리고 좀비

만약 그녀가 갑자기 세찬 비를 뚫고 우리 집 대문 앞에 서 있지 않았다면 내 삶은 어떻게 흘러갔을까? 나치 시대에 살았다면 나는 가담자가 되었을까? 스트라이커가 왼쪽 모퉁이를 노리고 쏜 공을 골키퍼가 잡아냈다면? 이 세상의 모든 사람들이 복지를 누리고 만족하며 살 수 있을까?

우리는 모두 이런 종류의 의문을 잘 알고 있다. 내 친구 중 하나는 늘 이렇게 말한다. "가정법에 갇혀 사는 사람들은 불행해져." 우리는 기꺼이 이런 조언에 따라 직설법으로 말하며 살고자 하지만, 평상시에 우리는 '만약', '그랬다면', '하지만', '그러나'의 늪에서 벗어날 수 없다. "만약 그랬다면?"이라고 말할 때마다 우리는 작은 사고실험을 진행한다. 현실과 다른 세상을 상상하고, 머릿속에서 그 결과를 시뮬레이션하고, 어떨 때는 지금과 전혀 다른 상황을 그려 본다. 실제로 어떤 일이 벌어졌을지 전혀 알지 못하더라도, 그리고 이런 생각이 쓸데없는 것이라는 말을 듣더라도, 우리는 상상을 멈추지 않는다. 도덕적인 질문이나 재판의 판결문에서도 가정법은 필수 불가결하다. "만약 엔지니어가 비행기 엔진을 더 잘 제어했더라면 그런 불행한 일은 일어나지 않았을 것이다." "그들이 그런 용기 있는 행동을 하지 않았더라면 어린이들을 구하지 못했을 것이다." 이런 귀결에는 근거가 있다. 만약 근거가 없었다면 연방 공로 십자훈장을 수여하거나 범죄자를 재판할 수 없었을 것이기 때문이다. 또한 앞선 것과 같은 문장을 만들어내지도 못했을 것이다.

물질이 보글보글 끓고 연기가 자욱해지는 화학이나 물리학 분야의 실험과 달리, 사고실험은 상상력이라는 조건만 있으면 된다. 사고실험은 우리가 이 세상을 살며 모은 지식에 근거한다. 이것은 철학뿐만 아니라 이론물리학 분야에서도 오랫동안 존재하던 실험 방식이다. 아인슈타인은 빛줄기를 타고 올라가는 모습을 상상했다. 고전적인 물리학에 따라 시간의 역설이 발생했고, 아인슈타인은 이를 상대성이론으로 밝혀냈으며 절대적인 시간은 없다고 주장했다. 소설이나 영화 또한 판타지로 가득한 사고실험이다. 현실적인 이야기는 우주의 실제 상태를 아주 조금만 변화시킨 것이다. 그래서 현실적인 소설이나 영화는 자연법칙을 위태롭게 만들지 않고도 우리에게 대안적인 세상만사를 보여준다. 동화, SF, 판타지, 호러 장르는 조금 더 멀리 나아간다. 이런 장르에서는 독자적인 자연법칙이나 흥미로운 생명체, 예를 들어 뱀파이어나 늑대인간, 보이지 않는 기숙학교에서 마법을 배우는 학생들, 100년 동안 깊은 잠에 빠져 있던 공주들, 빛보다 빨리 날아다니는 우주선에 탄 털이 덥수룩한 생명체들이 가득한 완전히 새로운 세상이 그려진다.

　같은 시대를 살았던 앵글로색슨계 철학자들은 그들이 자연과학은 물론이고 대중문화와도 연결되어 있다고 생각했다. 그래서 물리학과 SF 장르에서 셀 수 없이 많은 사고실험이 탄생했다. 특히 의식과 관련된 사고실험이 각광받았다. 이때 여러 경이로운 생명체로 가득한 세상이 만들어졌는데, 벼락을 맞고 생겨난 말하는 늪지 괴물 스웜프 싱[3], 이루 말할 수 없는 고통을 느껴도 눈썹 하나 까닥하지 않는 최고의 스파르타인[4]이 바로 그런 예다. 이런 예시에서 중요한 질문은 "만약 그렇다면 무슨 일이 일어날까?"가 아니라 "이런 사례일 경우에는?"이다. 즉 우리의 관념적인 직관을 따진다. 우리는 과연 영화 〈매트릭스〉처럼 미치광이 과학자가 뇌를 조종해 거짓 세상을 믿도록 만든 상태에서도 '인지'에 대해 말할 수 있을까?

의식과 관련된 가장 유명한 세 가지 사고실험은 우리가 경험적 의식을 자연과학적으로 설명할 수 있는지를 탐구한다. 미국의 철학자 토마스 네이글Thomas Nagel은 박쥐로 산다는 것, 그러니까 초음파를 발사해 이 세상을 돌아다니며 방향을 잡는다는 것이 과연 어떤 것인지 의문을 품었다. 박쥐들은 초음파를 발사한 다음 장애물에 맞아 반사된 초음파를 인식해 동굴이나 나무가 무성한 숲속에서 방향을 잡고 날아다닌다. 이 초음파는 인간의 귀에는 들리지 않는다. 그래서 아무리 박쥐의 주관적인 공간성을 상상해보려고 해도, 곧 상상력의 한계에 부딪치고 만다. 우리는 박쥐처럼 거꾸로 매달리거나, 배트맨 복장을 하고 축제에 참석하는 일을 상상할 수는 있지만 초음파의 도움으로 이 세상을 공간적으로 경험하는 일을 상상하지는 못한다. 인간은 다른 사람으로서 살아가는 것이 어떤지조차 상상할 수 없기 때문에 하물며 박쥐가 되어 살아가는 것이 어떤지 상상하지 못하는 것은 당연하다고 이의를 제기할 수도 있다. 우리는 오직 자신의 경험밖에 모르기 때문이다. 아주 좋은 지적이지만, 네이글은 이런 회의적인 항변에 주목하지 않았다. 그는 박쥐가 인간에게는 없는 초음파 기반의 방향정위를 어떻게 경험하는지에 주목했다. 우리가 이것을 절대 묘사할 수 없다면, 자연과학 용어로 이 세상을 완전하게 묘사하려는 시도는 전망이 어둡다. 박쥐에 관해 우리는 그들의 비행 벡터, 주파수 중첩, 음파 계산 및 분석 등 여러 가지를 알아볼 수 있지만 박쥐의 경험적 의식은 절대 알 수 없다.

이와 비슷한 유명한 사고실험 중 하나는 호주의 철학자 프랭크 잭슨Frank Jackson이 생각해낸 것이다. 메리[5]는 모든 것이 검은색 혹은 하얀색인 방 안에 평생 동안 갇혀 있었다. 심지어는 메리의 몸도 흑백이었다. 흥미롭게도 메리는 색 인식 분야에서 최고 수준의 과학자다. 메리는 광선과 망막의 돌기, 뇌의 시각피질 등 색과 관련된 모든 것을 알고 있다. 어느 날 메리는 드디어 흑백이던 연구실을 벗어나 다채로운 세상을 마주한다. 이때 메리는 색에 관한 새로운 것을 배울까? 우리는 직감적으로 그렇다고 답한다. 하지만 그렇다면 물리학적이고 생리학적인 지식 외에도 색에 관한 다른 지식이 존재해야만 한다는 뜻이다. 다시 말해, 우리는 자연과학이 이 세상의 모든 색을 완전하게 묘사할 수 없다고 직관적으로 알고 있으며, 그 이유는 언제나 무언가가 부족하기 때문이다. 그것은 바로 인간의 개인적인 색 경험이다.

　호주의 철학자 데이비드 차머스David Chalmers는 잭슨의 고찰을 더욱 첨예하게 만들었다. 차머스의 사고실험은 아주 특별한 종, 즉 철학적 좀비Philosophical zombie에 관한 것이었다. 할리우드 영화에 등장하는 좀비와 달리, 철학적 좀비는 겉으로 보기에 인간과 차이가 전혀 없다. 철학적 좀비는 피에 굶주린 괴물이 아니라 일반적인 사람과 똑같이 행동하는 존재다. 생각할 수 있고, 말할 수 있고, 대상에 주의를 기울일 수도 있다. 다만 경험적 의식이 완전히 결여되어 있다. 쉽게 말해 철학적 좀비란 모든 감각과 경험이 결여된 존재라고 생각하면 된다. 이 좀비는 일반적인 사람이 듣는 모든 것을 듣고 내용을 고찰할 수 있다. 다만, 좀비의 듣는 행동에는 경험적 특성이 전혀 없고, 좀비의 생각 또한 개별적인 특성이 전혀 없는 것이다. 철학적 좀비는 색도 냄새도 느끼지 못한다. 일반적인 사람처럼 산책을 하고 발을 헛디디기도 하지만, 평형감각을 경험하지 못하므로 균형을 잃는다는 감각 또한 경험한 적이 없다.

궤변처럼 들리기는 하나 억지로 끼워 맞춘 것은 아니다. 어쨌든 과학자들은 색이나 시각적 인식을 언급하지 않고도 광선이 망막에 부딪쳐 간뇌의 외측슬상을 지나 뇌피질까지 이어지는 인과관계를 설명할 수 있다. 차머스의 사고실험을 따라가다 보면 순식간에 모든 사람이 사실은 좀비일 수 있다는 점을 깨닫는다. 제3자로서는 다른 사람들의 머릿속에서 무슨 일이 일어나는지 판단할 수 없다. 그러므로 어쩌면 여러분은 단 한 명의 일반적인 사람이고 이 글은 좀비에 의해 쓰였는지도 모른다.

차머스는 철학적 좀비라는 개념이 '각진 원'과 같은 표현과 달리 모순적이지 않다고 말하며 '좀비 명제'를 주장했다. 차머스에 따르면 우리가 상상할 수 있는 것은 가능한 것이다. 우리가 사는 우주에서는 불가능하더라도, 대체우주Alternative Universe에서는 가능하다. 이는 두 가지를 나타낸다. 우선 하나는 의식의 경험적 특성이 정보를 처리하는 기능과는 전혀 상관없다는 것이다. 일반적인 사람과 좀비는 똑같은 방식으로 정보를 처리한다. 다만 후자에게는 경험이 결여될 뿐이다. 둘째로, 박쥐와 메리의 예시에서 알 수 있듯이 우리와 좀비의 내면에서 일어난 일을 아우르는 모든 물리학적 사실에 관한 완전한 지식이 애초에 우리가 무엇 때문에 현상적 의식을 갖고 있는지를 설명하지는 못한다. 우리의 경험은 이 세상이라는 양조장의 부가적인 재료다. 다르게 표현하자면, 만약 신이 우주를 창조했다면 신은 원소와 여러 근본적인 힘 외에도 의식이라는 것을 만들었어야 한다. 의식이라는 것을 어떻게 만들 수 있겠는가?

## 수수께끼 같은 의식

우리의 정신, 더 정확히 말하자면 의식은 신체와 연관성이 있다. 이 연관성을 더 자세하게 규정한 것이 전통적으로 '심신 문제Mind-body problem'라고 불린 주제다. 하지만 오늘날 영생하는 마음의 존재를 믿는 과학자는 없기 때문에, 대개는 이것을 '뇌와 의식 문제'라고 부른다. 거의 대부분의 종교가 고전적인 답변으로서 이원론을 주장했는데, 플라톤이나 데카르트와 같은 영향력 있는 철학자들 또한 이원론을 주장했다. 데카르트는 신체와 정신이 자립적이고 서로와 관련이 없는 본질이며, 다만 서로에게 영향을 미친다고 믿었다. 그러나 오늘날에는 그 어떤 철학자도 심신이원론을 주장하지는 않을 것이다. 모순적이기 때문이다. 이원론에 따르면 정신은 물질세계의 일부가 아니면서도 물질세계에 영향을 미쳐야 한다. 정신은 아주 구체적인 장소에서 아주 구체적인 시점에 힘을 발휘하는 것처럼 보인다. 하지만 그 공간과 시간에 직접 존재하지는 않는다. 이런 해석은 그리 간단하게 풀어낼 수 없다.

우리들 중 많은 사람들이 이미 실체이원론Substance dualism에 단호하게 반박한 적이 있다. 레드 와인을 많이 마셔본 경험은 누구에게나 있을 것이기 때문이다. 그 과정에서 체내의 물질 농도가 바뀌었고, 새로운 의식의 질이 만들어질 기반이 마련되었다. 조금 더 세속적으로 표현하자면, 완전히 취했다는 말이다. 음주와 시냅스의 활동 간의 관련성은 인과적이다. 음주가 우선이고 그다음이 신경중추의 변화다. 반대로 신경세포와 술에 취하는 것 사이의 관계는 인과적이지 않다. 두 가지가 동시에 발생할 수 있기 때문이다. 술에 취함은 신경 활동에 기반을 두고 있기는 하지만 그로 인해 발생하는 것이 아니다. 비교하자면, 유리창의 투명함은 각각의 유리 분자에 달린 것이지만, 이 분자들이 투명함을 유발하는 것은 아니다.

현대 의식 연구 분야에서 이처럼 인과적이지 않은 관련성을 나타내는 마법의 단어가 바로 '수반Supervenience'이다. 미국의 철학자 도널드 데이비슨이 도입했다. 이것이 다루기 힘든 전문용어라는 점은 인정하지만, 그 기저에 놓인 개념이 무엇인지는 우리 모두가 알고 있다. 수반은 간단히 말해 일방적인 의속이라는 뜻이다. '의식은 신경학적 토대에 수반한다'는 문장은 그러므로 '의식은 일방적으로 신경학적 토대에 의존하며 속해 있다'는 뜻이다. 신경학적 토대는 의식에 의존하지 않는다.

수반이라는 개념은 《이상한 나라의 앨리스》에 나오는 체셔 고양이로 더 자세히 설명된다. 체셔 고양이는 때때로 눈에 보이지 않는다. 체셔 고양이의 몸은 점차 투명해지며 사라지지만, 웃고 있는 입 모양은 남아 있다. 앨리스는 그 모습을 보고 이렇게 생각한다. '이럴 수가! 웃음이 없는 고양이는 여태까지 여러 번 봤지만 고양이가 없는 웃음이라니! 내가 본 것 중에 가장 희한하고 이상한 일이야!' 앨리스와 마찬가지로 우리도 이 모순적인 개념에 호기심을 느낀다.

이것이 모순적인 이유는 모든 웃음은 신체에 수반한다, 즉 웃음은 일방적으로 신체에 의속해 있다는 것을 전제로 생각하기 때문이다. 체셔 고양이가 아무런 표정도 짓지 않는다면 웃음은 존재하지 않는다. 하지만 고양이는 웃지 않고도 다른 행동을 할 수 있다. 영화감독 팀 버튼Tim Burton은 2010년에 영화화한 〈이상한 나라의 앨리스〉에서 이 문제를 세련되게 해결했다. 고양이가 완전히 사라지지 않도록 한 것이다. 고양이가 있던 자리에 안개와 비슷한 것이 남아 있고, 관객들은 여전히 고양이의 웃음을 볼 수 있다. 모든 웃음은 운반체를 필요로 하므로, 책의 내용을 그대로 영화로 옮기기란 불가능했을 것이다. 아무것도 없다면 웃음도 존재할 수 없다. 철학적으로 표현하자면, 일반적으로 웃음은 얼굴 근육의 움직임에 수반한다.

마찬가지로 의식이 속해 있는 뇌가 없다면 의식 또한 존재하지 않는다. 그래서 의식과 뇌는 늘 함께 변하지만, 그 관계는 비대칭적이다. 모든 구상적인 생각, 배고픔이나 간지러움과 같은 모든 신체 감각, 분노나 기쁨과 같은 모든 감정, 모든 무모한 생각은 의식적인 상태 혹은 단계에서만, 뇌 속에 그에 해당하는 토대가 있을 때만 존재할 수 있다. 그 반대 경우는 일어날 수 없다. 우리가 의식하지 못하는 순간에도 뇌에서는 많은 일들이 벌어진다. 혈액은 계속해서 미세혈관을 통해 흐르지만 우리는 혈류를 경험할 수 없는 것처럼.

의식이 뇌에 속해 있기 때문에 뇌를 직접 자극하거나 시냅스의 틈을 통과하는 신경전달물질의 성분을 조작하면 의식 또한 바꿀 수 있다. 이런 효과를 보이는 것이 바로 알코올과 약물이다. 알코올과 약물은 환경을 바꾸고 뇌 속의 토대를 바꾸고 동시에 의식적인 경험을 바꾼다. 물론 다른 전개도 가능하다. 뇌 심부 자극술Deep brain stimulation을 연구하는 신경학자들은 가느다란 철사로 만들어진 뇌조율기(뇌 페이스메이커)로 상해를 입은 뇌 부위에 약한 전기자극을 가해 우울증이나 파킨슨병 등의 질병을 완화시킨다. 이 뇌조율기는 과도하게 활성화한 뇌 부위를 외부에서부터 진정시킨다. 파킨슨병 환자 한 명을 대상으로 실험한 결과, 뇌조율기는 환자의 행동 장애를 완화시켰을 뿐만 아니라 환자에게 계속해서 이어지는 행복감을 안겨주었다. 환자는 그 상태가 마음에 들었던 듯, 뇌조율기를 끄지 않기를 바랐다. 그는 뇌조율기를 삽입한 상태로 3년 동안 생활했고 배터리를 교체할 때가 되어서야 처음으로 다시 병원을 찾았다.

이전에 우울증을 앓다가 자살 시도를 한 적이 있는 또 다른 파킨슨병 환자 한 명은 대뇌 부위에 5년 이상 전기자극을 받은 이후 운동 능력과 삶의 의지를 다시 되찾았다. 드물기는 하나 이런 수술을 하다가 뇌의 다른 부위까지 건드리는 경우가 있다. 의사들이 한 실험에서 자극을 높인 결과, 환자는 갑자기 크게 웃음을 터뜨렸다. 환자의 웃음과 환호성은 다른 이들까지 전염시켰다. 실험을 진행하던 의사들 또한 평정을 유지할 수 없었다. 환자는 모든 것이 재미있다고 느꼈고, 호기심이 가득한 눈으로 주변을 둘러보고 계속해서 말장난을 하고 프랑스인 주치의의 커다란 코를 보고는 박장대소하며 웃었다. 소설가 시라노 드 베르주라크Cyrano de Bergerac가 떠올랐기 때문이다. 이때 의사들이 전기로 자극한 부위는 환자의 간뇌에 있는 시상하부였다. 일상적인 조건에서 환자가 유머를 들었다면, 아마도 같은 영역이 자연스러운 방식으로 활성화하고 환자는 웃었을 것이다. 다만 의사들은 지름길을 택한 것이다.

　의식이 뇌에 속해 있다는 명제는 물리주의Physicalism의 근본적인 가정이다. 이원론에 반대하는 물리주의는 애매모호한 영혼의 실체를 받아들이지 않고, 모든 것은 물리적이라고 말한다. 이렇게 주장하며 물리주의자들은 이원론의 모순을 피한다. 하지만 의식을 설명하기에는 아직 부족한데, 물리주의 또한 일방적인 의속만을 제시하기 때문이다. 의식의 본성이 무엇인지는 물리주의도 설명하지 못한다. 독일의 생리학자인 에밀 뒤부아 레몽Emil du Bois-Reymond은 이미 100년도 더 전에 경험과 뇌의 관련성은 완전히 '이해할 수 없는 것'이라고 말했다. 말하자면 "나는 고통을 느낀다, 재미를 느낀다, 단맛을 느낀다, 장미향을 맡는다, 오르골 소리를 듣는다, 빨간색을 본다"와 같은 경험이 어떻게 "몇몇 탄소 원자, 수소 원자, 질소 원자, 산소 원자, 기타 등등의 원자로 생성되는지" 이해할 수 없다. 뒤부아 레몽이 정확히 표현한 이 문제를 한참 후에 미국의 철학자 조셉 레빈Joseph Levine이 '설명적 간극Explanatory gap'이라는 용어로 정리한 바 있다. 뇌 속의 특정한 구조나 과정이 빨간색을 빨갛다고 인식하고 고통을 아프다고 느끼는 토대인 동시에 그 외의 다른 감각이나 무감각의 토대는 아닌 이유는 무엇일까? 약 1.5킬로그램에 반질반질한 회색 덩어리인 우리 뇌는 분자로 이루어져 있으며, 이 분자에는 내면의 관점이 없다. 그렇다면 이 분자들이 모여 구성한 뇌는 어떻게 우리의 내면의 관점의 토대가 되는 것일까?

'의식'이라는 단어에는 여러 의미가 있기 때문에, 우리는 다양한 심신 문제에 관해 이야기할 수 있다. 차머스는 이를 쉬운 문제와 어려운 문제로 나누었다. 정보에의 접근으로서의 의식, 즉 좀비들도 갖고 있는 종류의 의식은 아무런 원칙적 문제를 일으키지 않는다. 인과 과정이나 행동 조절이 없기 때문이다. 원칙적으로 이것은 객관적이고 과학적인 관점에서 설명될 수 있다. 이것이 쉬운 문제인 이유는 단순히 해답이 명백하기 때문이 아니라 단 하나의 해답만 존재할 뿐 다른 장애물이 없기 때문이다. 어려운 문제는 이와 다르다. 메리와 박쥐, 좀비의 예시를 보면 경험적 의식이 과학 분야에서 가장 큰 수수께끼인 이유를 잘 알 수 있다. 이것은 블랙홀보다, 지구상에 생명체가 등장한 기원이나 빅뱅 이후 처음 몇 초 동안 일어난 일보다 훨씬 더 큰 문제다. 이런 문제들 또한 매우 어렵지만, 적어도 주관적인 관점에 의문을 제기하는 문제들은 아니다. 우리는 아직 이런 문제들을 이해하지 못했지만, 오늘날 해답이나 혹은 이론이 어떤 형태일지 이야기할 수는 있다.

　삶을 예로 들어보자. 생명이 없는 물질인 원자와 분자로부터 만들어진 생명체가 어떻게 지구상에 탄생하게 된 걸까? 과거에 사람들은 '생기론vis vitalis 혹은 Vitalism'이라는 불가사의한 생명력을 믿었다. 생명이란 생물이 갖고 있는 생기에서 발생한다는 것이다. 오늘날 우리는 신체가 살아 있기 위해 부가적인 힘을 필요로 하지 않는다는 사실을 알고 있다. 유기체가 기능을 유지하는 데는 세포분열과 신진대사만으로 충분하다. 삶을 구성하는 모든 것은 원칙적으로 네 개의 알파벳, 즉 A, G, T, 그리고 C만 있으면 설명할 수 있다. 이것들은 DNA에 들어 있는 유전자 코드의 기반이다. 여기에 객관적이고 과학적인 외부 관점을 추가할 수 있다. 박쥐와 인간은 생활 기능을 유지하는 방법으로 구분되는 것이 아니다.

반면 현상적 의식은 완전히 다른 방식으로 수수께끼를 제시한다. 우리는 이것이 존재하는 이유뿐만 아니라 이것을 어떻게 자연과학적으로 설명할 수 있을지 단 하나의 실마리도 모른다. 우리가 만약 모든 근본적인 생리학적 과정을 밝혀낸다고 하더라도 의문은 남는다. 왜 경험적 의식이 추가로 존재해야 하는 걸까? 왜 모든 과정이 의식 없이 진행될 수 없는 걸까? 철학적 좀비는 의식 없이 살 수 있지 않은가? 오로지 뇌에서 일어나는 과정만 다루는 사람들은 1인칭 관점 및 내면의 관점에서부터 객관적이고 과학적인 관점으로 시점을 바꿨다. 하지만 내면의 관점이야말로 문제의 일부분이다. 또한 이렇게 관점을 바꾸는 사람들은 주제를 바꾸는 것이나 마찬가지다.

삶과 의식은 체계의 현상이다. 우리 몸의 분자 중 단 하나도 자신을 위해 살지 않는다. 분자들이 마치 오케스트라처럼 조화를 이루어야 비로소 삶이 탄생한다. 의식도 얼핏 보기에는 이와 비슷하다. 우리 뇌에 있는 뉴런 중 의식을 가진 것은 단 하나도 없다. 약 1조 개의 뉴런과 셀 수 없을 만큼 많은 시냅스 연결을 지닌 우리만이 의식을 갖는다. 만약 우리가 모든 분자를 하나로 모아 합치면 적어도 생명체의 겉모습을 똑같이 만들어낼 수는 있을 것이다. 의식은 다르다. 우리가 뇌에 있는 모든 원자의 특성, 예를 들어 모든 원자의 응집력과 무게와 다른 원자와 에너지를 교환하는 효과 등을 한데 모은다고 하더라도 의식을 손에 넣지는 못한다. 아마도 의식은 완전히 새로운 것이어서 의식을 구성하는 부분을 아무리 모으고 합해도 설명이 불가능한 모양이다. 혹은 설명할 수 있을지도 모른다. 지난 1960년대에는 몇몇 흥미로운, 동시에 매우 기이한 의견이 제시되었다.


## 해답을 찾아가는 고통스러운 길

손가락을 베이면 아픔을 느낀다. 고통은 불쾌한 감각질의 전형이다. 고통은 간지러움과는 전혀 다른 방식으로 느껴진다. 손가락을 베인 고통은 비명을 지를 정도로 아프지는 않지만 그렇다고 무시할 만큼 약하지도 않다. 고통은 철학자들이 사랑하는 현상 중 하나다. 심신 문제를 해결하려는 시도가 어떻게 구분되는지를 명확하게 보여주기 때문이다. 선택지는 다음과 같다.

행동주의자들은 '고통'을 내면의 상태가 아닌 그저 전형적인 행동으로 묘사한다. 고통의 전형적인 행동이란 비명, 신음 혹은 흐느낌, "아야"라는 소리 등이다. 현대인의 시각에서는 허무맹랑하게 들리지만, 1950년대만 해도 이 의견이 심리학계를 지배하고 있었다. 행동주의에 관한 우스갯소리로, 행동주의자 둘이 성관계를 하고 난 후 남자가 여자에게 "당신은 기분이 좋았네. 그럼 나는 어땠게?"라고 묻는다는 말이 있다. 행동주의자들은 자신의 내면 생활을 말할 수 없다. 스스로를 부정하는 꼴이기 때문이다. 행동주의자들에 따르면 스스로를 관찰하지 않는 사람은 자신이 즐거운지 고통스러운지 모른다. 행동주의자들은 주제를 바꿔버렸다. 이들은 의식의 문제를 해결하는 대신 무시했다.

　동일론을 주장하는 사람들은 조금 더 정제된 의견을 내놓았다. 이들은 통각과 통증을 느끼는 뇌의 신경섬유 활동이 동전의 양면이라고 주장했다. 즉 우리가 동일한 상태 혹은 사건을 그저 다른 단어로 이야기하고 있다는 것이다. "나 아파" 대신 우리는 "내 C군 신경섬유가 전기적으로 활성화됐어"라고도 말할 수 있다. "내 모든 마음을 다해 너를 사랑해" 대신 "내 모든 대뇌변연계를 다해 너를 사랑해"라고 말할 수 있다. 물론 이런 주장에도 문제점은 있다. 동일론은 인간의 터널시야[6]라는 한계 때문에 신경의 배타주의Neural chauvinism를 맞닥뜨렸다. 미국의 철학자 네드 블록Ned Block은 "먼 우주에는 우리와 완전히 다른 종류의 뇌를 가졌지만 고통을 느끼는 외계인이 살고 있을지도 모른다"라고 말했다. 모든 고통은 왜 인간 및 다른 포유동물에게서 발견되는 동일한 신경섬유를 거쳐 느껴져야 하는가? 외계인도 고통을 경험한다는 주장을 받아들인다고 하더라도 문제는 남는다. 나의 신경세포에는 내면의 관점이 없지만, 고통을 느끼는 나에게는 내면의 관점이 있다. '고통'과 '신경섬유활동'이라는 표현은 '물'과 'H2O'라는 표현처럼 쉽게 서로를 대체할 수 있는 것이 아니다.

　의식은 아무런 효과가 없다고 주장하는 사람들이 이와 비슷한 자세를 취했는데, 이들을 전문적으로는 '수반현상주의자'라고 하고, 이들의 주장을 '수반현상설Epiphenomenalism'이라고 한다. 이들은 의식의 존재를 부정하지는 않았으나, 의식에는 아무런 기능이 없으며 그렇기 때문에 의식을 설명할 필요도 없다고 주장했다. 우리가 하는 모든 일에는 경험이 병행하는데, 단지 우리가 애초에 이해할 수 있는 언어로 대사가 전달되는 영화에 자막이 달리는 것과 마찬가지인 방식일 뿐이다. 다시 말하면, 우리는 모두 좀비일지도 모른다. 이에 반박하기는 어렵다. 우리는 의식이 차이를 만든다는 강한 직감을 갖고 있다. 두려움을 느끼고 도망쳐본 적이 있는 사람은 아주 잘 알 것이다. 두려움은 아주 기분 나쁜 느낌이다. 마찬가지로 고통 또한 자동으로 의식에 침투해 위험이 발생했다고 경고한다. 우리는 위험을 피하고자 함으로써 고통의 원인 또한 피한다. 그리고 만약 섹스가 그렇게 즐겁지 않았다면 인간은 섹스를 하지 않았을 것이다. 인간이 자신의 경험을 돌이켜 생각하지 않았다면 미래를 계획하거나 신중하게 행동할 수 없었을 것이다. 이 모든 경우에 비추어 볼 때 의식의 질에는 명확한 생존의 이점이 있다. 이렇게 사치스러운 메커니즘이 진화 과정에서 갑자기 생겨났을 리는 만무하다. 수반현상주의자들에게는 이렇게 반박할 수 있다. 만약 의식에 아무런 기능이 없다면, 자연은 왜 우리 인간들이 두려움이라는 감정을 느끼도록 두었단 말인가?

내면의 관점을 진지하게 생각해보면 남는 가능성이 많지 않다. '설명 비관주의자'들은 에밀 뒤부아 레몽과 연결된다. 이들은 인간이 절대 의식을 설명할 수 없을 것이라고 주장한다. 미국의 철학자 콜린 맥긴Colin McGinn은 네안데르탈인들이 양자물리학을 이해하기 어렵듯이 우리가 의식의 완전한 설명을 이해하기는 어렵다고 말했다. 물론 그럴 수도 있지만, 그 근거를 찾기는 어렵다. 현재로서는 해답이 어떤 형태일지 아무도 모르며, 과연 가능성 있는 해답이 우리가 전혀 이해할 수 없는 형태로 남을 것인지조차 아직 알 수 없다. 계산법을 배우기 전에는 암산으로 여섯 자리 숫자의 곱셈을 하는 것이 얼마나 어려울지 판단할 수 없는 것과 마찬가지다.

'설명 낙관주의자'들은 과학이 충분히 발전할 때까지 기다려야 한다고 말한다. 미래에는 해결책을 찾으리라는 것이다. 어쩌면 우리는 중력이나 자기장력처럼 의식을 또 다른 근본적인 힘으로 보아야 할지도 모른다. 다만 문제는, 중력과 같은 근본적인 힘이 계획적 현상이 아니라는 것이다. 중력은 예외 없이 어디에서나 나타난다. 모든 물체는 중력의 영향을 받고, 다른 물체를 끌어당긴다. 아무리 약한 소립자라도 마찬가지다. 하지만 의식은 이 세상에서 몇 되지 않는 존재에게만 주어지는 현상이다. 의식은 뇌라는 거대한 분자에 속해 있는데, 뇌는 우리가 알고 있는 한 이 우주에서 가장 복잡한 분자의 연결로 이루어져 있다. 의식이 근본적인 것임과 동시에 다른 것에 속해 있을 수 있을까?

여기서 우리는 '나도 모른다'는 말로 빠져나갈 구멍을 확보할 수 있다. 의식은 자연적인 세상의 일부이니 설명 가능한 것이어야 하지만, 누구도 그 해답이나 해답의 형태를 알 방법이 없다. 많은 철학자들이 이에 관해 책을 쓰는 등의 수고를 하지도 않으면서 이렇게 주장한다.

이 문제를 더 쉽게 생각할 수도 있다. 어쩌면 이 수수께끼의 해답은 기술적인 전환에 있는지도 모른다. 우리 인간은 복잡한 생화학적 기계다. 그렇다면 의식을 갖춘 인공적인 기계를 만들면 문제가 해결될는지도 모른다. 이 기계를 이용해 영혼이 없는 트랜지스터와 전기회로가 의식적인 생각에 도달하는 과정을 단계적으로 알아본다. 이런 식으로 우리는 의식의 기능을 근본적으로 파헤칠 수 있다.

## 컴퓨터는 무슨 생각을 할까?

약 50센티미터 정도의 작은 인형. 아직 후들거리는 다리로 서서 크고 반짝이는 눈으로 주위를 둘러본다. 어색한 발걸음으로 방 안을 돌아다니다가 나무조각을 주워들고 놀이 친구들에게 보여준 다음 웅얼거리며 혼잣말을 한다. 놀이 친구인 작은 사람들이 덩달아 웅얼거린다. 그들은 서로의 웅얼거림을 잘 이해한다. 놀이 친구들은 두툼한 노란색 나무조각이 마음에 쏙 든 모양이다. 작은 인형이 금속 팔을 내밀어 나무조각을 잡는다. 작은 인형의 배터리는 아직 6시간 정도 더 유지될 수 있다. 새로운 장난감을 가지고 놀기에는 충분한 시간이다.

매끈한 은색 금속으로 만들어진 작은 인형에서 연신 삐빅 소리가 난다. 앞선 모습은 브뤼셀에 있는 인공지능 연구소의 소장인 뤽 스틸스Luc Steels가 일상적으로 보는 광경이다. 스틸스는 소니Sony로부터 연구 목적으로 큐리오QRIO라는 휴머노이드 로봇을 받았다. 큐리오는 과거 세상을 떠들썩하게 만들었던 강아지 로봇 아이보AIBO의 후속작이다. 아이보는 진짜 강아지처럼 꼬리를 흔들고 공놀이를 했다. 큐리오 모델은 현존하는 것 중 가장 성능이 뛰어난 칩을 탑재한 로봇이며 가장 비싼 로봇이기도 하다. 이 로봇을 제조하는 데는 페라리 한 대분의 돈이 든다. 그뿐만이 아니다. 이 로봇은 휴머노이드라고 불리는 만큼 인간과 비슷하게 행동한다. 이 은색 로봇이 하는 행동을 관찰하면 조그만 사람을 보는 것 같은 기분이 든다.

스틸스와 동료들은 로봇이 장난감을 가리키며 불특정한 소리를 낸 다음, 놀이 친구들끼리 서로를 흉내 내며 독자적인 '언어'를 개발하도록 프로그래밍했다. 과제는 당연히 로봇이 의식이 있는 사람처럼 생각하고 말하는지, 아니면 의식과 생각이 있는 것처럼 흉내 낼 뿐인지를 알아보는 것이었다. 스틸스는 한 가지 답에 매달리고자 하지 않았다. 다만 로봇에게 그 어떤 정신적인 능력도 없다고 말하는 사람들일지라도 로봇이 의식을 얻기에 무엇이 부족한지 생각해 보아야 한다. 칩이 더 빨라지면 의식을 얻기에 충분할까? 저장 용량이 더 커진다면? 소프트웨어가 더 원숙해진다면? 언젠가는 이 작은 인형이 감각을 느끼고, 자신의 인생을 깊이 고찰하고, 심지어는 연구소를 부수고 탈출하려고 시도하게 될까?

만약 할리우드의 생각이 옳다면 로봇이나 슈퍼컴퓨터가 언젠가 독자적인 의식을 갖고 인류를 불필요한 종으로 판단하게 될 것이다. 스탠리 큐브릭의 영화 〈2001 스페이스 오디세이〉에서는 컴퓨터인 HAL 9000이 인간 파일럿들을 무능력하다고 판단한 후 우주로 내던지거나 죽여버린다. 〈터미네이터〉 시리즈에서는 스카이넷이라는 컴퓨터가 살인 병기인 사이보그를 보내 인간들을 죽이려고 한다. 이 사이보그의 인공 피부 아래에는 금속 뼈대가 숨겨져 있다.

〈매트릭스〉 시리즈에서는 컴퓨터 프로그램에 온 세상을 지배하고 있으며 마지막 남은 인류는 배양액 수조 안에서 에너지를 빨아먹고 있을 뿐이다. 영화 〈아이, 로봇〉의 슈퍼컴퓨터 비키와 〈위험한 게임〉의 군사 컴퓨터 또한 사악한 계획을 꾸미고 있었다.

현대의 컴퓨터 판타지는 오랜 문화역사적 주제 두 가지를 혼합한다. 바로 인공적인 생명체의 탄생과 제어할 수 없는 기술에 대한 두려움이다. 작가 메리 셸리Mary Shelley는 이미 《프랑켄슈타인》에서 노란 피부와 살과 피로 이루어졌으며 인간보다 월등히 힘이 센 괴물을 등장시켰다. 이 괴물은 추악한 외모 때문에 겪어야 했던 모든 불행을 이유로 창조자에게 끔찍하게 복수한다. 인공적으로 만들어진 존재에 대한 두려움은 종교적인 기원에서 생겨났다. 인간이 조물주 행세를 하는 것은 오만불손한 신성모독이기 때문에 속죄해야만 한다.

하지만 인공지능 연구의 창시자들은 양심의 가책을 그다지 느끼지 않았던 모양이다. 1956년에 미국 동부 해안에 있는 다트머스에 여러 수학자들이 브레인스토밍을 위해 모였다. 이 비공식적인 모임에서 인공지능이 탄생했고, 이것은 아마도 컴퓨터 시대의 시작을 알리는 가장 중요한 사건이었다. 물론 그때 당시에도 이미 슈퍼컴퓨터는 존재했지만, 컴퓨터가 전 세계에서 보편적으로 사용되리라고 생각한 사람은 많지 않았다. 당시의 가설은 간단했다. 수학적으로 표현 가능한 문제일 때, 인간이 평생을 다해야 풀 수 있는 모든 문제를 컴퓨터 한 대가 해결할 수 있다. 이때 입력 채널과 출력 채

널, 그리고 입력을 출력으로 바꾸도록 도와주는 프로그램만 있으면 된다. 계산 문제가 그 전형적인 예시다. '덧셈' 프로그램을 이용해 '2'와 '3'이라는 입력값으로 '5'라는 출력값을 얻을 수 있다. 오늘날 체스 프로그램이나 FPS 게임[7] 프로그램, 그래픽 프로그램, 날씨 시뮬레이션 프로그램 또한 계산 프로그램과 별반 다를 바 없다. 단지 훨씬 복잡할 뿐이다. 컴퓨터는 이진법으로 움직인다. 모든 입력 내용은 0과 1로 이루어진 코드로 변환된다. 1은 전기가 흐른다는 뜻이고 0은 흐르지 않는다는 뜻이다.

다트머스의 연구진은 컴퓨터와 뇌의 명백한 유사점에 주목했다. 뇌 또한 입력과 출력이 있는데, 이는 각각 인식과 행동이다. 또 모든 인간이 문제를 해결한다. 뇌의 신경세포는 신호를 전달하거나 전달하지 않는데, 이것도 컴퓨터에 전기가 흐르거나 흐르지 않는 것과 유사하다. 이에 따른 강력한 명제는 다음과 같다. 인간 또한 컴퓨터다. 다만 인간은 규소 칩 대신 효율이 매우 뛰어난 생물학적 하드웨어로 구성되어 있다. 우리의 정신은 생물학적 하드웨어를 움직이는 소프트웨어, 즉 웨트웨어Wetware[8]다. 이 주장이 옳다면 인간은 다른 방식으로도 컴퓨터를 만들 수 있어야 한다. 예를 들어 똑같은 소프트웨어로 움직이는 다른 하드웨어를 만들 수 있어야 한다.

현재의 컴퓨터는 언제쯤 우리가 다른 하드웨어를 만들어내리라고 생각할까? 이 의문에 답하려고 영국의 수학자이자 정보학의 창시자인 앨런 튜링Alan Turing은 튜링 테스트를 개발했다. 컴퓨터와 인간을 구분할 수 없다면, 컴퓨터도 생각할 수 있다는 뜻이다. 튜링은 인간과 기계 사이의 대화를 예시로 들었다. 모든 컴퓨터에 언어

모듈이 탑재된 것은 아니므로 온라인 채팅을 상상해야 한다. 채팅을 한 적이 있는 사람이라면 상대방의 단편적인 대답이 실제 인간으로부터 작성된 것인지 아니면 정교한 프로그램으로 만들어진 것인지 의문을 품은 적이 있을 것이다. 이런 프로그램은 이미 오래전부터 존재했다. 예를 들어 스웨덴의 대형 가구 업체의 웹사이트 채팅방에서는 안나Anna라는 직원이 방문자들을 맞이한다. 안나는 수많은 질문에 답변할 수 있는데, 심지어는 그녀가 인간이냐고 묻는 질문에도 답할 수 있다. 이 질문에 안나는 이렇게 답한다.

"저는 소프트웨어입니다."

답변을 듣는 순간 방문자들은 안나의 모든 답변이 기계적으로 반복될 뿐이라는 사실을 깨닫는다. 즉 안나는 튜링 테스트를 통과하지 못할 것이다. 그런데 체스 프로그램을 사용하는 컴퓨터는 아무런 문제없이 튜링 테스트에 합격할 수 있다. 실력이 평균적인 체스 선수가 프로그램과 대결하면 내리 지고 말 것이다. 그런데 컴퓨터가 매우 일반적인 대화를 나눠 튜링 테스트에 합격한다고 해서, 과연 컴퓨터가 생각할 수 있고 의식이 있다고 보아도 될까?

미국의 철학자 존 설은 이 명제를 부정하며 현대철학에서 가장 많이 논의되는 사고실험 중 하나인 '중국어 방 논증The Chinese Room Argument'을 소개했다. 설은 중국어를 전혀 못하는 화자가 중국어 질문에 중국어로 답변하는 실험을 생각해냈다. 중국어를 전혀 못하는 사람이 어떤 방 안에 갇혀 있다. 이 방 안에는 한자와 그 한자가 어떤 표현에 상응하는지 쓰인 두꺼운 책이 놓여 있다. 방 안의 사람은 중국어로 주어지는 질문에 중국어로 답변을 써서 제출해야 한다. 중국어를 모르면 질문이 무슨 뜻인지 모른다. 그저 붓글씨로 쓰인 이국적인 글자만이 보일 뿐이다. 중국어로 쓰인 질문이 주어지면, 방 안의 사람은 두꺼운 책을 뒤져 문자의 의미를 알아볼 수 있다. 그런 다음 그에 상응하는 답변을 쓸 수 있다. 이 책은 매우 광범위한 내용과 아주 자세한 설명을 담고 있기 때문에, 그 사람이 내놓는 답변은 언제나 질문에 완벽하게 들어맞는다. 방 안의 사람은 점점 익숙해져서 자신이 쓴 답변을 퇴고하지 않아도 되는 경지에 이른다. 이때 방 밖에 있던 중국인 관찰자가 답변을 읽으면 그는 방 안의 사람이 중국어를 할 줄 아는 사람이라고 생각한다. 즉 방 안의 사람은 중국어 튜링 테스트에 합격한 셈이다. 하지만 중국어를 단 한 마디도 이해하지 못한다. 설은 이 사고실험을 소개하며 컴퓨터 또한 방 안의 사람과 마찬가지라고 말했다. 컴퓨터는 두꺼운 책에 해당하는 프로그램을 갖추고 있고, 입력된 내용에 적합한 출력값을 내놓는다. 만약 방 안의 사람이 생물학적인 컴퓨터로서 중국어를 이해하지 못한다면, 그 사람과 똑같은 입장인 컴퓨터 또한 중국어를 이해하지 못한다. 모든 컴퓨터는 근본적으로 성능이 비슷하기 때문이다. 다만 칩이 느리다면 출력값을 내놓는 데 시간이 더 오래 걸릴 뿐이다.

설은 이 논증을 제시하며 자신의 의견을 정확하게 표현했다. 형식적인 규칙에 따라 컴퓨터 문자열을 처리하는 것만으로는 그 문자열의 의미를 이해하는 데 불충분하다. 그는 나중에 이 논증을 더 확장했다. 어떤 문장의 의미를 파악했다는 말은 그것을 이해했다는 뜻이고, 그것은 의식 속에서 일어나는 일이다. 즉 우리는 컴퓨터로 정신적인 과정을 시뮬레이션 할 수는 있지만 그것을 실제로 만들어 낼 수는 없다. 폭풍을 시뮬레이션 하는 컴퓨터 프로그램이 실제로 나무의 우듬지를 꺾고 나뭇잎이 우수수 떨어지도록 만들지는 못한다. 물 분자를 가장한 테니스공이 가득한 수영장에 들어간다고 해서 몸이 흠뻑 젖지는 않듯이 말이다. 설에 따르면 이것은 디지털 컴퓨터의 언어 프로그램에도 해당한다. 이런 프로그램은 인간의 말과 행동을 시뮬레이션 하지만 생각할 수 없고 이해할 수 없고 의식이 없다.

몇몇 비평가들은 현실감이 부족하다며 설을 비판했다. 인간의 뇌는 컴퓨터와 달리 자연환경과 통합하는 유기체라는 것이다. 설은 이런 비판을 단호하게 잘라냈다. 만약 중국어 방이 카메라로 된 눈과 물체를 잡을 수 있는 팔이 달린 거대한 로봇의 머리에 들어 있다고 하더라도 그 방 안에 있는 사람은 여전히 중국어를 이해하지 못할 것이다. 이것은 복잡성의 문제도 아니다. 중국어 방 안에 사람들이 10억 명이나 들어가 있고, 이들이 각각 신경세포를 의미한다고 하더라도 상황은 전혀 바뀌지 않을 것이다. 갑자기 총체적인 의식이 생겨나지는 않을 테니 말이다.

설은 인간이 의식을 갖춘 로봇을 만들 수 있다는 점에는 반박하지 않을 것이다. 인간 자체가 생물학적으로 볼 때 화학 탄화물로 이루어진 복잡한 기계이기 때문이다. 다만 0과 1로만 이루어진 언어에서 발생하는 상징조작Symbol manipulation, 즉 형식적인 특성만을 갖춘 컴퓨터의 계산은 그릇된 접근법을 낳는다. 오직 의식을 갖춘 인간만이 문자 그대로 '계산할' 수 있다. 컴퓨터는 비유적인 의미의 계산기일 뿐이다. 컴퓨터가 내놓은 결과를 해석하는 것은 우리 인간이다. 이것은 동시다발적으로 일하는 신경망에도 해당하는 말이다. 신경망이란 인공적인 하드웨어 구조로, 컴퓨터보다 인간의 뇌와 더 비슷하다. 다만 우리 머릿속에는 칩이라는 것이 없다. 아무튼 신경망 또한 원칙적으로는 컴퓨터와 별다를 바가 없다.

설은 의식의 진정한 근본이 우리의 뇌라고 주장했다. 그러나 이 말에서 무엇이 우리 뇌를 그토록 특별하게 만드는지는 알 수 없다. 결국 우리는 다시 출발점으로 돌아간다. 의식은 여전히 수수께끼다. 누구도 풀 수 없는 문제이기 때문에 우주가 얼마나 경이롭고 우리의 정신이 얼마나 놀라운 것인지 감탄스러울 따름이다.

9장

# 만지다

### 신체의 발견

이제 여러분이 직접 나설 차례다. 한 손으로 책을 들고, 다른 한 손으로는 자신의 몸을 만질 수 있도록 자세를 잡아보시라. 편안하게, 부담은 느끼지 않아도 된다. 다만 혼자 있을 때 하는 편이 좋다. 지하철이나 카페에서 따라 한다면 주변 사람들이 이상하게 생각할 테니까. 첫 번째 연습이다. 스스로의 몸을 간질이자. 간지럼에 민감한, 이를테면 갈비뼈 부근이나 겨드랑이를 간질여보라. 특히 간지러운 지점을 찾았는가? 찾지 못했더라도 실망할 필요는 없다. 스스로를 간질일 수 있는 사람은 조현병 환자들, 즉 망상과 청각에 의한 환각에 시달리는 사람들뿐이니까 말이다.

이것은 영국의 신경과학자인 사라 제인 블랙모어Sarah-Jayne Blakemore, 다니엘 월퍼트Daniel Wolpert, 그리고 크리스 프리스Chris Frith가 제안한 연습이다. 이들은 스스로를 간질일 수 없는 이유가 우리의 신체상Body image과 운동 제어 능력 때문이라고 생각한다. 블랙모어와 동료들은 다음 가설을 세웠다. 건강한 사람이 유리잔을 잡는 것은 뇌가 신경을 통해 근육으로 움직이라고 명령한 결과다. 이 명령의 복사본이 중간 저장소에 저장된다. 만약 움직임의 감각적인 피드백이 명령과 일치하지 않는다면 우리는 주의를 기울이게 된다. 즉 유리잔을 잡으려고 손을 뻗었는데 손에 잡히는 감각이 없다면 우리는 실패를 인식하고 다시 손을 뻗는다. 연구진에 따르면 이런 일은 우리가 눈치채지 못하는 사이에 매일같이 벌어진다. 움직이라는 명령과 그 동작이 더 정확하게 맞아떨어질수록 감각적인 효과는 점점 약해진다. 반대로 다른 사람이 내 몸을 만지면 그 효과는 더 놀랍고 갑작스럽고 간지럽다. 조현병 환자들은 중간 저장소의 기능이 떨어지므로 자신의 행동을 낯설게 여긴다. 조현병 환자들이 자신의 몸을 만지는 것은 마치 타인이 그들의 몸을 만지는 것과 같은 감각인 셈이다. 그래서 그들은 스스로를 간질일 수 있다.

건강한 사람도 낯선 감각을 느낄 수 있다. 앞으로 소개하는 연습 과제는 절대 늦은 밤에 시도하거나 혼자서 시도하지 않길 바란다. 얼굴을 거울에 아주 가까이 대고 자신의 눈을 관찰해보라. 오른쪽과 왼쪽 눈을 번갈아 쳐다보자. 속도를 달리해서 양쪽 눈을 각각 쳐다본다. 적당한 리듬을 찾고 나면, 여러분은 눈을 움직이고 있는데 거울 속에 비친 얼굴은 눈을 움직이지 않는 것처럼 보이는 순간이 있다. 거울에 비친 얼굴은 분명히 여러분의 얼굴인데, 마치 낯선 사람이 이쪽을 쳐다보고 있는 것처럼 보일 것이다. 다만 이 실험이 언제나, 모든 사람에게 같은 효과를 보이지는 않는다. 그러나 만약 이 실험의 효과를 느낀다면, 심장박동이 빨라지고 손에 땀을 쥐는 경험을 하게 될 것이다. 거울 속에 비치는 건 내 모습이라고 계속해서 스스로에게 되뇌었음에도 나는 이 상황을 1분 이상 견뎌낸 적이 없다. 내 지인 중 몇몇은 이 실험을 하고 난 후 밤을 꼬박 새웠다고 한다.

이 상황은 마치 거울 속에 비친 존재가 살아나 움직이는 호러 영화를 연상케 한다. 낯섦에 대한 환각은 내가 느낀 눈의 움직임과 거울 속에 비친 얼굴의 경직된 시선이 일치하지 않아 발생한다. 심리학자들은 아직 이 현상을 체계적으로 연구하지 않았다. 우리는 이것을 스스로를 간질이는 실험과 더불어서 설명할 수 있을 것이다. 중간 저장소에 저장된 움직임 명령의 복사본은 눈이 움직이고 있다는 사실을 알린다. 하지만 우리가 거울 속에서 보는 모습과는 일치하지 않는다. 이런 왜곡으로 인해 거울 속 내 모습이 마치 낯선 사람 같다는 환각이 발생한다. 한순간에 우리의 정신이 분열되기라도 한 것처럼.

## 철학적 보디빌딩

건강한 사람은 스스로를 간질일 수 없다. 한편 몇몇 환자들은 자신이 반신마비라는 사실을 알지 못하고, 간질환자들은 때때로 신체에서 벗어난 감각을 느끼기도 한다. 심리학 및 신경과학 분야의 이런 발견은 근본적인 철학적 질문을 던진다. 우리는 과연 스스로의 신체에 관한 정보를 어떻게 얻는 걸까? 그리고 무엇보다도, 우리는 왜 그렇게 신체적인 장애나 환각에 약한 걸까?

수백 년 동안 사상가들은 신체라는 주제를 잘 다루지 않았다. 철학이 신체를 주제로 삼기까지 왜 그토록 오랜 시간이 걸렸는지 의아해하는 사람이 적지 않다. 몇몇 사람들은 그 원인이 서양 문화의 신체 적대감 때문이라고 말한다. 사상가들은 자신의 육신에 그다지 관심이 많지 않았다. 사람들은 적어도 두 가지 방식으로 신체 적대감을 품을 수 있다. 정신적인 탐구나 연구를 하는 데 육욕적인 걸림돌로서 방해가 된다며 신체의 가치를 열등하다고 보았을 것이다. 다른 한편으로는 신체를 그저 과학적으로 별로 얻어낼 것이 없는 존재로 보았을 것이다. 니체를 믿는다면 이 두 가지 방식을 모두 가까이에서 느꼈을 것이다. 이에 대한 책임은 플라톤과 그에게 영향을 받은 기독교가 진다. 플라톤에 따르면 사람은 신체에서 해방되어야 지식을 얻을 수 있다. 인간을 구성하는 것은 비물질적인 영혼이고, 신체는 그저 영혼을 담고 있는 무덤이며, 따라서 영혼은 신체로부터 자유로워져야 한다.

니체에 따르면 플라톤의 영혼을 지나치게 숭상하는 태도는 육체적인 것에 대한 차별로 이어져 기독교에서 쾌락 적대감이 탄생하도록 했다. 신체는 무덤이라는 은유가 곧 인생이 카니발 축제[1]의 퍼레이드라는 뜻은 아니다. 또한 '신체'라는 단어는 매우 넓은 의미로 해석될 수 있으므로, 신체 적대감을 섹스나 쾌락에 대한 비난이라기보다는 즐거움이나 스포츠, 패션, 태도에 대한 비난이라고 이해하는 편이 합당하다. 신체의 반대 측면으로는 늘 내면의 것, 진실한 것, 실질적인 것, 즉 우리가 영혼으로 느낄 수 있는 것들이 강조된다. 오늘날 우리가 타인을 '물질적'이라고 비난한다면, 그것은 정확히 말하자면 "당신은 외적인 것에만 관심이 있고 '내면의 가치'에는 관심이 없군요"라는 뜻이다. '표면적인' 사람은 영혼을 살피지 않고 그저 남자일 경우 떡 벌어진 어깨나 여자일 경우 비싼 구두나 가방에만 관심을 보이는 사람이다.

그렇다면 외적인 것을 경멸하는 태도는 철학만이 아니라 과학 전체의 특징일 테다. 중요한 것은 헤어스타일이 아니라 머릿속에 든 사실이니까 말이다. 더 정확하게 말하자면 과학 분야가 신체에 보이는 태도는 규율이 아니라 유형의 문제였다. 그리고 양측의 극단은 물론, 그 사이의 모든 지점에는 늘 철학자들이 있었다.

고대에는 젊은 사상가들이 김나시온Gymnasion에서 하루를 보냈다. 김나시온은 일종의 종합 체육 시설인데, 이곳에는 나체 스파와 운동 시설, 부설 도서관 등이 있었다. 사상가들은 몸에 기름을 바르고 격렬한 권투를 하다가 점심때는 양피지 두루마리를 읽으며 긴장을 완화하고 신체 단련의 피로를 풀었다. 플라톤 및 소크라테스와 같은 시대를 살았던 희극 시인인 아리스토파네스는 이런 신체와 정신의 조화를 자신의 작품 《구름》에서 펼쳐냈다. 이 작품에서는 한 등장인물이 방 안에만 틀어박힌 샌님들과 스포츠 정신에 어긋나는 행위가 늘어난 세대에 경고한다.

"그렇게 요즘 유행만 좇다 보면 네 얼굴은 허옇거나 누렇게 뜨고, 네 어깨는 구부러지고, 가슴은 홀쭉해지고, 혀는 길어지고, 입은 크게 벌어지며, 성기는 커지고, 엉덩이는 납작해질 거다!"

이후 시대에도 스포츠에 대한 열정은 전형적인 논쟁거리가 되었다. 영국의 철학자 토마스 홉스는 75살 때도 테니스를 즐겼던 반면, 칸트는 자신의 체액을 잃는 것을 두려워했다. 그래서 칸트는 산책을 할 때 오로지 코로만 숨을 쉬고 땀을 흘리지 않도록 각고의 노력을 기울였다. 섹스에 관해서도 의견이 분분했다. 1960년대에 수학자 조지 스펜서 브라운George Spencer-Brown은 철학자 버트런드 러셀의 집에 함께 살며 매일같이 논리학에 관해 논쟁했다. 당시 93세였던 러셀은 젊은 동료 스펜서 브라운에게 11시 반 전에는 그들이 대화를 나누는 응접실에 나타나지 말아달라고 부탁했다. 오전에 아내와 사랑을 나누어야 하기 때문이었다. 스펜서 브라운은 러셀 부부가 침실 문을 열어두었고, 러셀의 말이 진심이었다는 것을 확인할 수 있었다고 회상했다. 철학자이자 교회의 아버지인 아우구스티누스는 완전히 다르게 생각했다. 아우구스티누스에 따르면 결혼의 가장 중요한 기능은 단조로움으로써 육욕을 억제하는 것이었다.

　신체와 외적인 것은 언제나 존재했다. 그러므로 육신을 둘러싼 환경이 각 세대의 철학자들이 내놓은 이론에 미친 체계적인 영향은 없다. 그럼에도 우리가 자신의 몸을 어떻게 경험하는지, 동시에 어떻게 몸을 늘 이끌고 다니는지 의문을 품은 사람이 거의 없다는 사실은 놀랍다. 과학 분야가 신체의 기능 방식을 경시한 근거는 아마도 생각보다 더 평범할 것이다. 불과 얼마 전까지만 해도 기이한 장애나 기묘한 실험을 자세히 묘사하는 일이 없었다. 뭔가가 잘못되지 않는 한, 스스로의 경험이 신체감각을 벗어나는 일은 많지 않다. 우리는 눈을 감거나 귀나 코를 막을 수 있다. 하지만 평형감각이나 접촉, 체위는 계속해서 느끼는 것이며 차단할 수 없다. 몸은 언제나 우리와 함께 있지만 의식의 흐름에서 몸이 중요해지는 경우는 드물다. 실험심리학자들은 우선 시각과 청각에 주목했는데, 여기서부터 철학적인 문제가 생겨났다. 실험과학을 통해, 그리고 무엇보다도 각자의 경험에서부터 철학자들은 이미 '더 고차원적인 인식'에 대해 많은 것을 알고 있었다. 예를 들어 생각, 앎, 그리고 언어가 그것들이다. 감정이나 감각을 느끼고, 몸을 움직이는 것은 일시적이며 자동으로 경험되는 것으로 여겨졌기에 자세하게 연구되지 않았다. 심리학자들과 의사들이 신체적 경험을 체계적으로 다루고 기묘한 실험 결과를 공개하고 나서야 철학자들 또한 힘을 과시하고 나섰다. 그 이후로는 전 세계 곳곳에서 관련 컨퍼런스가 열렸고, '체현'을 다루는 책이 다수 출간되었다.

## 체현된 영혼

신체철학과 신체심리학이 함께 더욱 새로운 연구 분야를 개척했다. '체현'이라는 말은 우리가 평소에 사용하는 '몸'이라는 단어만큼이나 수많은 의미를 품고 있다. 그렇기 때문에 신체를 강조하는 사람들도 각기 다른 목표를 향해 주장을 전개한다. 몇몇은 오로지 신체의식만을 연구해 왜 우리가 스스로를 간질일 수 없는지 예시를 들어 설명하고자 한다. 다른 몇몇은 정신과 신체가 서로 분리된 본질이라는 이원론에 반대한다. 또 다른 몇몇은 수십 년 동안 심리학 분야를 지배하고 있는 기능주의Functionalism를 비판한다. 기능주의는 의식이 마치 컴퓨터 프로그램처럼 기능하며 물질적인 근본은 아무런 역할을 하지 못한다고 보는 시각이다.

자세히 살펴보면 마지막 두 의견은 극단적으로 잘못 기술된, 쉽게 비판 가능한 허수아비다. 이처럼 성의 없는 논증을 '허수아비 논법Straw man argument'이라고 부른다. 이미 그 누구도 이런 식으로는 이원론을 주장하지 않은 지 오래되었다. 또한 인간의 모습을 한 컴퓨터 기능주의자들의 숫자 또한 한 손으로 꼽을 수 있을 것이다.

체현이라는 접근법을 주장하는 사람 중 몇몇은 덜 전투적이며 남들과는 조금 다른 측면을 강조한다. 이들에 따르면 신체감각은 사람들이 전통적으로 신체와는 전혀 상관없다고 생각했던 정신적인 능력에도 중대한 영향을 미친다. 즉 우리의 신체는 손가락으로 숫자를 세고 손으로 수어를 표현해 대화를 나누고 발이나 팔로 길이를 재는 용도 이상의 것이다. 생각 또한 일종의 신체 움직임으로 볼 수 있는데, 우리가 생각을 '한 걸음씩' 단계적으로 진행한다고 표현하거나 문제를 '파악'한다는 표현을 사용하는 것을 보면 알 수 있다. 게다가 감정은 신체적으로 경험하는 경고 체계다. 두려움으로 인한 몸의 떨림이나 심장박동은 우리에게 위험한 상황을 경고한다. 시각적 인식 또한 직접적인 감각이나 마찬가지다. 벽난로 앞에 털 양탄자가 놓여 있는 모습을 본다면 그와 동시에 손가락으로 털을 만지는 느낌이 들기 때문이다.

체현은 '생生, Bio'이라는 단어와 같다. '생' 혹은 'Bio'라는 단어가 다른 단어와 만나 새로운 단어를 만들어내듯이, 체현 또한 각기 다른 주제와 만나 하나가 될 수 있다. 신체를 중요시 여기는 사상가들은 확고한 인지도를 얻었으며 구체적인 연구 결과를 다수 내놓았다. 한편 신체 경험을 연구하는 데는 두 가지 질문이 특히 중요하다. 나는 과연 내 몸이 어디에 있는지 어떻게 느끼는 걸까? 그리고 나는 내 신체가 어느 부분에서 끝나는지를 어떻게 느끼는 걸까? 우선 신체의 한계부터 차근차근 알아보자.

## 우리가 느끼고 생각하는 신체

이른 아침 어둠 속에서 잠을 깼을 때, 우리는 주변을 둘러보지 않아도 자신이 등을 바닥에 대고 누워 있는지 아니면 엎드려 있는지 알 수 있다. 또 우리는 자신의 신체가 어디에서 끝나는지 느낄 수 있다. 엄지발가락과 집게손가락의 손톱은 내 몸이지만 베개는 아니다. 손은 신체의 일부분이기 때문에 나에게 속해 있다. 하지만 손목시계는 그렇지 않다. 이것은 너무나 당연한 일이다.

그런데 낯선 물체가 신체에 속해 있다는 환각을 경험하는 사람도 적지 않다. 약 10여 년 전에 심리학자들이 고무손 착각 현상Rubber hand illusion 실험을 진행한 적이 있다. 방법은 매우 간단해서, 집에서도 스스로 실험할 수 있다. 의자에 앉은 실험 참가자가 오른손은 책상 위에 올리고 왼손은 허벅지 위에 올려둔다. 이때 오른쪽 팔이 책상 위에서 휴식을 취하고 있다고 상상한다. 그리고 고무로 만든 가짜 손을 마치 왼손인 것처럼 책상 위에 올려 오른손과 나란히 둔다. 대부분의 심리학자들은 이 실험에서 실제 손처럼 보이는 고무손을 사용하지만, 솜 같은 것을 채운 고무장갑으로도 효과를 볼 수 있었다. 이제 실험 진행자가 두 개의 붓을 들고 동시에 참가자의 허벅지 위에 있는 왼손과 고무손을 문지른다. 참가자는 왼손에 감촉을 느끼지만, 눈에 보이는 것은 붓으로 문질러지는 고무손이다. 몇 분 후에 참가자는 고무손이 자신의 몸에 속해 있다는 기분을 느낀다. 고무손이 자신의 몸과 연결되지 않았다는 사실을 알면서도 마치 자신의 몸에 속한 고무손이 붓으로 문질러지는 감각을 느끼는 것이다. 그러고 나서 어느 정도 시간이 지난 후 고무손에 칼을 가까이 갖다 대면 참가자는 심장박동이 상승함과 동시에 자신의 손이 실제로 위협당한다고 생각해 두려움을 느꼈다. 실험 진행자가 오른손으로 왼손을 잡아보라고 말하면, 참가자는 허벅지 위에 둔 자신의 실제 왼손이 아니라 책상 위에 있는 고무손을 잡았다.

이 실험에서 심리학자들이 강조하는 것은 환각이다. 실험 참가자들은 고무손이 자신의 진짜 손이 아니라는 것을 알면서도 실험의 효과를 막지 못했다. 뮐러-라이어 착시Müller-Lyer illusion와 같은 시각적인 착각은 누구나 잘 알고 있다. 똑같은 길이의 선 두 개의 각각 양 끝에, 하나는 안쪽으로 굽은 화살표를, 다른 하나는 바깥쪽으로 굽은 화살표를 붙여두면 안쪽으로 굽은 화살표가 붙은 선이 더 길어 보이는 착시 효과다. 직접 재보아서 두 선의 길이가 같다는 사실을 익히 알고 있음에도, 눈으로 보기에는 길이가 달라 보인다. 환각이 빚어내는 효과란 바로 이런 것이다. 환각은 우리가 지식이나 고찰로 해결할 수 있는 것이 아니다. 우리는 두 선의 길이가 똑같이 보이도록 계획하거나 결심할 수 없다. 고무손 실험도 마찬가지다. 우리는 가짜 손을 가짜 손으로 보아야겠다고 의도할 수 없다. 이것은 더 극단적인 형태가 될 수 있다. 책상 위에 신발 한 짝을 올려두거나, 심지어는 아무것도 올려두지 않은 채 참가자의 왼쪽 손과 신발 혹은 책상을 동시에 붓으로 간질이면, 참가자는 신발 혹은 책상이 자신의 신체에 속해 있다고 느낀다.

이것은 단순히 재미있기만 한 실험이 아니라 우리 정신의 기능을 폭로하는 실험이다. 우리는 환각에서 두 가지를 이끌어낼 수 있다. 첫째, 신체에 대한 인식이나 생각으로 우리가 느끼는 신체의 한계에 직접 영향을 미칠 수는 없다. 둘째, 여러 가지 감각이 신체의 한계를 느끼는 데 관여하는데, 그중 시각이 촉각을 능가한다. 그래서 '다감각 환각'이 언급되기도 한다. 만약 촉각이 지배적이라면, 실험 참가자는 오른손으로 왼손을 잡아야 할 때 언제나 허벅지 위에 놓인 진짜 왼손을 잡았을 것이다.

이 실험을 알지 못했던 철학자 에드문트 후설은 이미 100여 년 전에 환각을 더 잘 이해할 수 있는 구별법을 제안했다. 후설은 '감각하는 몸Leib'과 '물리적 신체Körper'를 구분했다. 후설에 따르면 감각하는 몸을 가졌다는 것은 어디에서 자신의 몸이 끝나고 어디에서부터 이 세상의 나머지 부분이 시작하는지, 자신의 사지가 방의 어느 위치에 존재하는지 등을 내면의 관점으로 느끼는 것이다. 반대로 물리적 신체는 지식을 통해 알 수 있는 것인데, 예를 들어 우리는 몸무게를 재고 신체 치수를 재고 거울에 비춰보는 방식으로 물리적 신체를 인식할 수 있다.

몸에 대한 감각과 신체에 대한 지식은 말하자면 우리의 의식과 기억에서 정보가 나타나는 두 가지 구성 방식이다. 감각은 곧장 지식으로 이어지기도 한다. 어깨가 눌리는 기분이 들면 우리는 곧 누군가가 어깨에 손을 올렸다는 사실을 안다. 한편 사전 지식이 있으면 경험을 더 잘 정리할 수 있다. 예를 들어 엘리베이터를 타고 움직일 때, 올라가는 속도가 빨라지면 우리는 잠시 몸이 더 무거워진 것을 느낀다. 하지만 그것이 무슨 효과인지 알고 있기 때문에 갑자기 몸무게가 늘었다거나 지구의 질량이 바뀌어 중력이 변화했다고 느끼지 않는다.

물론 늘 그런 것은 아니다. 신체 지식과 신체감각은 다양한 방식으로 상호작용한다. 이런 상호작용을 이해해야만 비로소 과학이 시작된다. 후설은 우리가 감각으로 알 수 있는 신체의 '내면의 상'은 거울에 비추거나 스스로를 떠올려 봄으로써 알 수 있는 '외면의 상'과는 완전히 다르다는 점을 명확히 했다. 대부분의 경우, 어쩌면 우리의 바람일지도 모르지만, 두 개의 상은 서로 협력하는 관계다. 그러나 고무손 실험이 보여주듯이, 외면의 상은 내면의 상을 속일 수 있다.

감각과 지식이 때때로 어긋나는 이유를 설명하고자 할 때 심리학자 및 신경학자들은 '왜?'라는 질문에 답한다. 자연과학 분야에서는 지극히 당연한 일이다. 후설과 현대 신체철학자들은 무엇보다도 철학 분야의 '무엇?'이라는 질문을 중요하게 여긴다. '신체'라고 말할 때 우리는 과연 정확히 무엇을 뜻하는 걸까? 감각하는 몸인가? 아니면 물리적 신체인가?

# 나, 나의 몸, 그리고 다른 모든 것들

후설은 20세기 초반을 휩쓴 사조인 현상학Phenomenology의 창시 자였다. 현상학이란 우리가 각 개개인의 관점에서 세상을 경험하는 것과 마찬가지로 철학의 근간 또한 인간 의식의 구조에 있다고 보는 사조다. 후설은 시각적인 인식 자체도 신체감각을 포함한다고 믿었다. 후설이 축구를 예로 든 것은 아니지만, 쉽게 이해하려면 다음과 같이 상상할 수 있다. 축구 시합을 보면 우리의 눈은 공을 따라간다. 후설에 따르면 우리의 눈과 머리 움직임은 물론이고 패널티 킥을 보며 열광할 때 긴장하는 근육 또한 시각적인 인식에 기여한다. 우리는 모든 것을 '나'를 기준으로 삼은 공간에서 인식한다. 즉 앞이나 뒤에서 나는 소리를 듣고, 오른쪽이나 왼쪽에서 움직이는 것을 보고, 하늘에서 내 머리로 떨어지는 비를 느낀다.

하이데거는 후설의 아이디어를 더 넓혔다. 후설의 학생이던 하이데거는 후에 나치에 동조했고, 자신의 유대인 스승인 후설이 학교에 들어오지 못하도록 막았다. 나치에 가담했던 탓에 하이데거는 전쟁 후 연합국에서는 학생들을 가르칠 수 없었다. 그럼에도 하이데거는 지난 세기 가장 영향력 있는 철학자 중 한 사람이 되었다. 하이데거가 진부함과 허무맹랑함을 독특한 어휘로 표현해 다수의 추종자들에게 그가 아주 심오한 지혜를 발견했다는 인상을 남겼기 때문이다. 하이데거는 발견했다는 말도 '탈은폐했다'라고 표현했다.

현상학자로서 하이데거는 인간의 인식을 탐구했는데, 이는 오늘날까지도 신체철학에 영향을 미친다. 하이데거에 따르면 우리는 이 세상을 '도구적'으로 '탈은폐'하는데, 우리를 둘러싼 모든 것이 우리에게는 도구로서 '수중에 있기' 때문이다. 이 명제를 덜 복잡하게 표현한다면, 다음과 같이 말할 수 있을 것이다. 우리는 의자와 망치를 단순히 나무나 금속으로 만들어진 사물로 보지 않고, 상호작용하거나 목적에 따라 사용할 수 있는 물건으로 본다. 망치를 보면 그것으로 어떻게 벽에 못을 박아야 할지 예측 가능하다. 하이데거는 인공적인 유물뿐만 아니라 자연적인 물체에도 자신의 아이디어를 적용했다. 예를 들어 나무 또한 우리의 '수중에 있다.' 우리는 나무를 그늘로 '탈은폐'한다. 즉, 나무에 그늘이라는 기능을 부가한다. 모든 것은 우리의 '수중에 있지', 그저 '눈앞에 있지' 않다. 이 명제는 혼동에 뿌리를 두고 있다. 우리가 모든 물건을 기능적인 도구로 사용할 수 있다고 해서 그것들을 자연적인 물건으로 볼 수 없다는 뜻은 아니다. 나무는 목재, 그늘, 기어서 오르내리는 대상은 물론이고 더 많은 역할을 할 수 있다. 하지만 대개 우리는 그것을 그저 생긴 대로 본다. 즉 나무는 나무다.

미국의 철학자 알바 노에Alva Noë는 현대 신현상학자Neo-phenomenologist 중 한 명으로, 하이데거의 접근법과 비슷한 인식론을 주장했다. 예전부터 학자들은 모든 사람이 인식을 통해 입력을 습득하고 행위를 통해 출력을 생산한다고 믿었다. 노에는 이런 구분이 틀렸다고 주장했다. 시각적 인식이 일종의 신체적 행동 시뮬레이션이기 때문이다. 보는 것은 수동적인 슬라이드 쇼 관람이 아니라 오히려 느끼는 것, 즉 촉각과 비슷하다. 말하자면 보는 것은 우리가 시선으로 주변 환경을 더듬는 행동이다. 우리의 시각적인 인상은 신체감각도 결정한다. 예를 들어 비행기에 타서 앞을 바라보면 기체가 이륙하든 활주로에 서 있든 시각적인 입력은 늘 똑같다. 그러나 노에에 따르면, 기체가 막 이륙할 때는 앞부분이 높이 들리는 것처럼 보인다. 우리의 평형감각이 그런 인상을 만들어내는 것이다. 이것은 매우 흥미로운 관측이다. 과연 비행기가 이륙할 때 내부 공간이 정말로 다르게 보이는지 논쟁할 수 있다. 내가 보기에는 시각적인 입력은 그대로지만 우리가 추가로 경사각을 느끼는 것 같다. 당연히 전체적인 인상이 달라지는데, 그것은 시각 때문만이 아니라 촉각과 비행기에 관한 지식 때문이기도 하다.

몇몇 현상학자들은 다음과 같이 생각을 전개한다. 직접적인 접촉과 신체적 상호작용으로 얻은 경험이 우리의 시각을 물들인다는 것이다. 우리는 금실 세공된 유리 꽃병을 보고 추가로 그것이 깨지기 쉽다는 것뿐만 아니라 문자 그대로 깨질 것처럼 보인다는 걸 알 수 있다. 이미 접시를 떨어뜨려본 경험이 있기 때문이다. 혹은 밤새도록 눈이 내리고 난 다음 날 아침, 따뜻한 방 안에서 창밖을 내다보더라도 바깥은 추워 보인다. 또 어떤 건물의 외관을 볼 때, 그 건물이 포템킨 마을[2]을 위해 세워진 건물이라는 사실을 알면 외관 또한 덜 튼튼하게 보인다. 이것이 사실일지는 비행기 예시와 마찬가지로 여전히 의문이다. 누군가가 우리에게 건물들이 늘어선 모습을 보여준다고 치자. 그가 그 건물들은 사실 영화 세트장이라고 말한다고 해서 갑자기 건물이 달리 보이지는 않는다. 즉 시각적인 인상은 변하지 않는다. 다만 그 이면에 구상적인 생각이 덧붙여진다. 그러나 그것은 시각적인 인상에 더해진 부가물일 뿐이지, 그것의 본질적인 요소는 아니다.

　도구의 예시로 돌아가보자. 여기서도 마찬가지로 시각적인 인상으로서 우리가 느낀 '수중에 있음(도구성)'이 주어진다. 망치를 붙잡으면 그것이 우리 몸에 속한 것처럼 느껴진다. 망치를 손에 쥐고 못을 박으려는 순간, 우리는 망치의 머리를 '느낄' 수 있다. 고무손 실험에서 알 수 있듯이 우리는 자동으로 도구가 우리의 감각하는 몸과 함께 '자라난다'고 생각한다. 내가 직접 경험한 예시를 소개한다. 1990년대 초반, 나는 여느 사람들과 마찬가지로 롤러블레이드 유행에 편승했다. 어떨 때는 하루 종일 롤러블레이드를 신고 있었다. 그런데 밤에 롤러블레이드를 벗어도, 마치 계속해서 롤러블레이드를 신고 있는 것 같은 감각을 느꼈다. 스키를 즐기는 사람들 또한 자신의 발에 스키가 붙어버린 것 같은 기분이 든다고 말한다. 하이데거의 알아들을 수 없는 전문용어를 더 자세히 특정하고 싶다면 이렇게 말할 수 있다. 롤러블레이드와 스키가 그것을 신고 있는 사람의 '족중에 들어간' 것이다. 주차할 때도 비슷한 일을 경험한다. 주차하다가 뒤에 있는 차를 박으면, 우리는 마치 스스로가 차에 치인 것처럼 움찔한다.

　미국의 사회학자 잭 카츠Jack Katz가《감정은 어떻게 작용하는가 How Emotions Work》라는 저서의 한 장章인 'LA에서 열 받은 일Pissed Off in L. A.'에서 소개했듯이, 우리는 다른 차가 갑자기 내 차 앞으로 끼어들면 격분한다. 개인적이고 안전한 공간을 침해당했다고 여기기 때문이다. 예를 들어 공원 벤치에 앉아 있는데 낯선 사람이 나에게 다가오면, 그 사람이 실제로 나와 접촉하지 않더라도 갑자기 그가 날 건드린 느낌이 든다. 우리의 개인적인 영역은 눈에 보이지 않지만 늘 존재하는 것이다. 다만 우리가 차에 타면 개인적인 영역이 조금 넓어지는데, 그 이유는 우리가 차를 마치 내 몸과 하나가 된 것처럼 느끼기 때문이다. 이는 레이싱 게임을 할 때도 마찬가지인데, 우리는 가상의 자동차를 보고도 그것이 나와 하나가 된 것처럼 느낀다. TV 화면 앞 소파에 앉아 있음에도 커브를 돌 때 몸을 오른쪽이나 왼쪽으로 움직이는 이유다. 게임보이로 〈슈퍼마리오〉 게임을 할 때는 마리오가 점프해서 버섯을 먹을 때 팔을 들어 올리거나 적의 공격을 받았을 때는 몸을 수그리기도 한다. 만약 하이데거가 게임보이나 도구적 사용에 관한 현대의 연구를 알았더라면, 그는 아마도 인간이 '수중에 있다'거나 '족중에 있다'고 느끼는 것을 더 자세하게 설명할 수 있었으리라. 말하자면 우리는 물건이 우리의 일부분이 된 것처럼 느끼지만, 그 사실이 우리의 시각적 인식을 변화시키지는 않는다.

후설과 하이데거는 프랑스 철학, 특히 장 폴 사르트르와 모리스 메를로퐁티Maurice Merleau Ponty에게 큰 영향을 미쳤다. 메를로퐁티는 우리의 신체 경험이 정신적인 것도 물질적인 것도 아니며 다만 양쪽 측면을 통합한다는 명제를 제시했다. 그러므로 그는 이원론자가 아니라 삼원론자였다. 그는 우주 내에 정신과 물질 외에도 제3의 존재 영역이 있다고 생각했고, 바로 그 세 번째 존재 영역에서부터 고전적인 범주인 신체와 정신이 유래한다고 믿었다. 감각적인 몸은 세잔Cézanne의 그림이나 시처럼, 물질적인 것은 전혀 변하지 않으나 계속해서 새로운 관점이나 해석이 발생하는 작품과 같다. 인간의 뼈나 근육, 인대도 유화나 인쇄물처럼 거의 변하지 않는다. 우리는 세상을 책상, 산, 항성계 등과 함께 물질세계로서 객관화한다. 하지만 그 안에는 늘 신체적으로 느낀, 그리고 단계적으로 인식한 세상이 존재한다.

메를로퐁티는 심신이원론의 막다른 길에서 빠져나가고자 추월차선을 질주해 아무도 없는 공터로 가버리고 말았다. 그가 저지른 실수를 다음과 같이 재구성할 수 있을 것이다. 그는 이중적인 의존성이 있다고 믿었다. 즉 신체가 없으면 의식이 없고, 의식이 없으면 물질세계로 가는 길도 없다. 다만 이때 메를로퐁티는 이 의존성이 비대칭적이라는 점을 간과했다. 첫 번째 의존성은 강력하다. 의식은 신체에 의존해 있다. 이 세상이 그렇게 만들어졌기 때문이다. 하지만 두 번째 의존성은 약하다. 이 세상에 대해 고찰하려면 의식이 필요하다. 하지만 이 세상은 인간에게 의식이 있는지 여부에 관심이 없다. 즉 이 세상은 우리가 세상을 어떻게 파악하는지에 의존하지 않는다. 세상은 우리가 그것을 고찰하지 않아도 다양한 방식으로 존재한다.

새로운 존재 영역을 찾아내는 대신 우리는 일상적인 이원론을 재촉해야 한다. 우리는 가끔 우리와 우리가 어떻게든 짊어지고 다녀야 하는 신체가 따로 존재하는 것처럼 말한다. 바깥이 추운 아침에 따뜻한 침대에서 눈을 뜨면 나는 일어나고 싶은데 내 몸은 침대에 그대로 누워 있고 싶어 한다. 이때 나는 어떻게 해야 할까? 나는 내 몸을 거스를 수 없다. 이런 식으로 나와 내 신체를 따로 생각한다면 정신은 의지가 있지만 육신은 약하다고 말할 수 있을 것이다. 혹은 그 반대일지도 모른다. 어쩌면 정신과 몸이 둘 다 그리 건강하지 않을 수도 있다. 독일의 시인 로베르트 게른하르트Robert Gernhardt는 자신의 시 〈내 몸의 일곱 가지Siebenmal mein Körper〉에서 이런 이원론을 언급했다. 이 시에는 '무방비한 내 몸, 몸이 나를 가졌으니 얼마나 다행인지. 몸을 천과 실로 감싸고 매일같이 배불리 채우니'라는 구절이 있다. 또한 '몰지각의 극치인 내 몸은 탐욕적이고 게으르며 음탕하다. 몸은 매일 고장 나고 나는 그것을 다시 고친다'라는 구절도 있다.

우리는 마치 우리 자신이 몸에서 독립해 있는 것처럼 말하지만 영국의 철학자 피터 스트로슨이 말했듯이 이런 이원론은 표면적인 것이다. 우리는 '나'라고 말할 때 전체적인 인간으로서의 '나'를 가리키지 '실제 나'와 '나의 신체'를 구분하지 않는다. 인간으로서 우리는 물질적이며 동시에 정신적인 특성을 갖추고 있다.

데카르트는 말했다.

"나는 생각한다, 고로 존재한다."

복싱 선수인 레네 벨러René Weller는 말했다.

"나는 내가 라이트급이라고 생각한다."[3]

이들이 말하는 '나'는 각기 다른 측면을 강조한 말이다. 마치 '나'라는 인간의 곁에 '나의 신체'와 '실제 나'가 존재하는 것처럼 들리지만, 이것은 언어의 혼란일 뿐이다. '나Ich'나 '그것Es'이라는 인칭대명사에 관사를 붙여 '자아das Ich'나 '이드das Es'라는 말을 만들어내는 행동을 그만둔다면 언어의 혼란을 피할 수 있다.


## 일그러진 신체의 한계

실험을 하나 더 해보자. 여러분은 코가 두 개였던 적이 있는가? 아주 간단한 실험이다. 집게손가락과 가운뎃손가락을 교차한 다음 양 손가락의 손톱으로 동시에 코끝을 문지른다. 오른쪽에서 왼쪽으로, 다시 왼쪽에서 오른쪽으로 똑같은 속도로 문지르다보면 어느 순간 코가 두 개인 것처럼 느껴진다. 이런 환각은 모든 사지에서 경험할 수 있다. 예를 들어 혀가 갈라진 것 같은 기분을 느낄 수도 있다. 책상 모서리나 휴대전화로도 환각 실험을 할 수 있다. 이 오래되고 널리 알려진 환각은 '아리스토텔레스 착각 현상'이라고 한다. 아리스토텔레스에 따르면 시각적으로는 하나로 보이는 것이 손가락의 촉각으로는 둘로 느껴질 수 있다. 촉각 정보가 마치 손가락이 교차되지 않은 것처럼 느끼도록 하는 것이다. 양 손가락의 바깥쪽 피부가 대상과 닿을 때는 보통 두 가지 상태가 동시에 존재하기 때문이다. 이때 신체감각을 발생시키는 메커니즘이 작동하는 것으로 보인다.

한편 우리가 팔 길이를 줄일 수 있다는 환각도 있다. 아니, 적어도 그렇게 느껴지는 환각이다. 이런 느낌은 예를 들어 세탁기처럼 진동하는 가전제품을 팔에 대고 있을 때 발생한다. 이를 직접 경험한 영국의 심리학자 패트릭 하가드Patrick Haggard는 당시 자신의 조수였던 그리스의 심리학자 마노스 차키리스<sup>Manos Tsakiris</sup>에게 바이브레이터를 사오라고 시켰다. 아마 차키리스는 런던의 성인용품 전문점에서 학술적인 연구 목적으로 영수증을 끊은 최초의 인물일 것이다. 하가드는 바이브레이터로 팔오금 부분의 신경을 자극했고 팔이 수축하는 기분을 느꼈다. 팔이 줄어든 기분이 들자마자 손으로 코를 잡자, 코가 점점 길어지는 기분이 들었다. 우리 정신 속의 무언가가 각각의 신체 부위가 연관된 상태를 파악하고 거리를 계산하는 것으로 보인다. 손가락이 코를 만질 때 팔이 '수축하고' 있다면, 이에 따라 코가 점점 '자라야' 하기 때문이다. 작은 장난감으로 한 실험이지만 효과는 대단했다.

이 실험의 효과가 착각과 관련이 있다는 점은 우리 모두가 알고 있다. 누구도 코가 피노키오처럼 자란다거나 두 개로 늘어난다고 생각하지 않는다. 다만 질병으로 분류된 신체 환각의 경우는 다르다. 예를 들어보자. 이자벨이라는 환자가 있다. 이자벨의 허벅지는 무릎보다 가늘다. 거의 뼈에 가죽이 발라져 있는 수준이다. 이자벨은 볼이 홀쭉하고 안구가 움푹 들어가 있다. 눈을 감으면 마치 시체처럼 보인다. 식욕부진 치료를 위해 병원을 찾았을 때, 이자벨은 키 170센티미터에 몸무게가 40킬로그램 이하였다. 이자벨이 평균 몸무게를 되찾기까지는 오랜 시간이 걸렸다. 몸무게는 회복했으나 건강해지지는 않았다. 신장 손상은 그대로 남았고, 식욕부진이 재발할 위험도 있었다.

식욕부진은 특히 서양 문화권에서 자주 발생하는 질병으로 대부분 여성들, 특히 젊은 여성들에게 발생한다. 이 질병을 설명하는 근본 이론은 미의 추구, 즉 날씬해지려는 욕망이다. 과도하게 마른 몸이 유행하면서 여성들이 다이어트를 시도하고, 그중 많은 사람들이 한계를 넘어서는 것이다. 게다가 식욕부진 환자들은 평균적인 사람들보다 우울증에 걸릴 위험이 훨씬 높고, 강박관념에 시달리며 삶의 모든 것을 제어하고자 할 가능성이 높다. 또 환자들 중 대부분이 부모의 사랑을 충분히 받지 못했다.

이런 요소들에 어떤 공통된 작용이 있는지는 아직 과학적으로 완전히 밝혀지지 않았지만, 잘못된 신체상의 모든 변종에서 이런 요소들이 발견된다. 식욕부진 환자들은 자신이 날씬하다고 인식하지 못한다. 마치 머릿속에 깨진 거울이 들어 있는 것처럼 거울에 비친 자신의 모습이 계속 뚱뚱해 보이는 것이다. 이들은 잘못된 신체상을 스스로 바로잡을 수 없다. 그래서 병원을 찾은 식욕부진 환자들은 우선 신체 치수를 재지 않은 상태에서 바닥에 자신의 몸의 윤곽을 그려봐야 한다. 그 윤곽 위에 직접 누워보고 나면 환자들은 깜짝 놀란다. 실제 몸이 윤곽의 겨우 절반 정도이기 때문이다. 이 치료는 자기 인식으로 가는 첫 발걸음이다.


감각하는 몸과 물리적 신체를 구분한 후설의 이론이 여기서도 도움이 된다. 우리는 스스로 살쪘다고 느끼거나 몸무게를 잰 뒤에 살쪘다고 생각할 수 있다. 느끼는 것이 구상적이고 내면으로부터 경험된 것이라면 생각하는 것은 구체적인 데이터에 기반을 두고 개념적으로 표현된, 말하자면 숫자 등과 함께 언어로 쓰인 관념이다. 보통은 두 가지 형태가 의식 속에서 통합된다. 그러나 식욕부진 환자들은 다르다. 환자들은 자신이 40킬로그램이라는 사실을 '알고 있음'에도 날씬하다고 '느끼지' 않는다. 그래서 독일의 의사인 마르틴 그룬발트Martin Grunwald와 토마스 바이스Thomas Weiß는 독자적인 치료법을 개발했다. 이들은 식욕부진 환자 중 한 명에게 고무 합성 소재인 네오프렌(폴리클로로프렌) 원단으로 만든 잠수복을 주기적으로 옷 아래에 껴입도록 부탁했다. 1년 후 환자의 체중이 증가했다. 또한 측정 결과 환자의 우측 두뇌 반구의 활동이 증가했는데, 우뇌는 신체상을 인식하는 중추다. 그룬발트와 바이스는 잠수복으로 인한 지속적인 피부 압박 때문에 신경세포가 계속해서 자극되었고, 그 결과 이전까지는 약하게 인식되던 신체상이 보통 수준으로 돌아왔다고 말했다.

느낌과 앎의 충돌 때문에 발생하는 의학적 증상은 이외에도 수없이 많다. 편두통 또한 일그러진 신체감각으로 이어질 수 있다. 일부 편두통 환자들은 두통을 느낄 때마다 스스로의 몸이 수축되거나 천장을 손으로 만질 수 있을 정도로 높이 발사되는 기분을 느낀다. 이런 현상은 '앨리스 증후군Alice in Wonderland syndrome'[4]이라고 불린다. 앨리스 또한 이상한 나라에서 약물과 케이크를 먹고서 몸이 커지거나 작아지는 경험을 했다. 작가인 루이스 캐럴은 편두통 환자였다. 그래서 몇몇 비평가들은 캐럴의 경험이 소설 속 앨리스의 경험에 영향을 미쳤을 것이라고 본다. 다만 자신이 실제로 커졌거나 작아졌다고 믿는 편두통 환자는 많지 않다. 이들은 신체감각이 자신을 속이고 있다는 사실을 인지한다.

하지만 늘 그런 것은 아니다. 또 다른 예시를 소개한다. 이 환자를 미하엘이라고 하자. 미하엘의 양손은 멀쩡하지만, 그는 왼쪽 손이 자신의 몸에 속한 것이 아니라고 느낀다. 미하엘은 자신의 신체가 왼팔의 손목 부분에서 끝난다고 느낀다. 그는 미치지 않았다. 미하엘은 모든 사람에게 손이 두 개라는 사실을 잘 알고 있다. 그는 뇌 손상 때문에 외계인 손 증후군을 겪고 있다. 5장에서 설명한 바와 같이 '닥터 스트레인지러브 증후군'이라고도 불리는 이것은 흔치 않은 증상이며, 발이나 다리에서 발생하기도 한다. 미하엘의 손을 절단해주고자 하는 의사가 없었기 때문에 그는 손도끼를 택했다. 병원으로 옮겨진 그는 봉합 수술을 받았다. 고통이 심했지만 미하엘은 자유를 느꼈다.

의사는 건강한 사지를 잘라달라는 환자의 부탁을 거절할 수밖에 없다. 히포크라테스 선서는 의료인이 남을 해치려고 혹은 불법적인 방식으로 의술을 사용하는 것을 금지한다. 외계인 손 증후군은 명백하게 환자가 '낯선' 사지 때문에 괴로워하는 질병이다. 후설의 생각을 빌리자면 환자들의 신체는 건강하나 몸은 아픈 것이다. 사람이 궁지에 몰리면 창의력이 샘솟기도 한다. 호주에 사는 한 환자는 자신의 발을 낯설게 느꼈고, 결국 드라이아이스로 채운 양동이에 발을 넣어 가장 깊은 곳의 조직층까지 파괴했다. 그는 간지러움만 느꼈을 뿐이다. 그의 발은 치료가 불가능한 상태였기 때문에 의사들은 절단 수술을 결정할 수밖에 없었다. 이 환자는 수술 이후 의족을 끼고 생활한다. 그는 새로 태어난 기분이라고 말한다. 건강한 사람들은 이런 환자들의 고뇌에 공감하기 어렵다. 이해를 돕기 위해 예를 들자면 몸에 거대하고 징그러운 종양이 생겼는데, 가족이나 친구나 의사는 그것이 지극히 정상이며 종양은 원래 당신의 몸에 속해 있다고 말하는 상황이라고 상상할 수 있다.

몇몇 환각 현상은 도무지 해결할 수 없다. 또 해결할 수 있는 환각 현상이라고 하더라도 그것을 극복하는 데 엄청난 노력이 필요하다. 이때 시각적으로 전달된 신체상이 내면의 감각으로 느낀 신체상을 늘 이기는 것은 아니다. 때때로 사람들은 한 걸음 더 앞으로 나아가야 한다.


## 감각 없는 신체, 신체 없는 감각


그리스의 심리학자인 아이카테리니 포토포울로우Aikaterini Fotopoulou와 동료 연구진은 뇌졸중을 겪은 뒤 반신불수가 되어 왼팔을 움직이지 못하게 된 영국인 환자에 관한 보고서를 제출했다. 67세 여성인 이 환자는 아이큐IQ가 평균을 훨씬 웃도는 수준이었으며 고등교육을 받았고 정신적으로도 아무런 문제가 없었다. 그럼에도 이 환자는 자신의 장애를 장애로 인식하지 않았다. 환자는 자신이 멀쩡하다고 생각했다. 이런 상태를 '질병실인증Anosognosia'이라고 한다. 말 그대로 자신의 질병을 인식하지 못하는 증상이다. 포토포울로우는 치료 과정에서 간단한 과제를 이용해 환자가 자신의 장애에 주목하도록 했다. 그녀는 환자에게 왼팔을 들어 올리도록 지시한 다음 왼팔이 어디 있느냐고 물었다. 팔은 책상 위에 놓인 그대로였지만, 환자는 자신의 왼팔이 허공에 있다고 대답했다. 포토포울로우는 환자에게 그렇다면 왜 양손이 모두 책상 위에 있냐고 물었다. 환자는 이렇게 대답했다.

"이건 제 손이 아니에요. 선생님 손이잖아요."

질병실인증 환자들은 대개 이런 종류의 작화증Confabulation을 보인다. 즉 이야기를 꾸며내 자신의 결손이나 장애를 스스로에게 납득시키려고 하는 것이다. 모든 사람은 때때로 스스로 혹은 다른 사람들을 속인다. 예를 들어 구직 면접이나 입학시험 등에서 탈락하면, 우리는 스스로에게 "어차피 별로 원하지 않았어"라고 말한다. 또 값비싼 외투나 TV를 사고 싶을 때는 스스로에게 "이게 지금 당장 꼭 필요해"라고 말한다. 질병실인증 환자들을 관찰하면 이런 자기기만이 매우 독특하게 나타난다. 질병실인증 환자들의 자기기만은 체계적이고 다층적이며 창의적이고 무엇보다도 풀리지 않는 수수께끼 같다. 반신불수가 된 환자의 예시처럼 말이다.

포토포울로우가 치료 과정을 촬영한 영상을 보여주고 나서야 환자는 자신이 정말로 마비되었다는 사실을 깨달았다. 다만 그녀의 내면이 그것을 느끼지 못한 것이다. 거울로도 충분하지 않았다. 시각적 인식만으로 해결하기에는 환자가 느낀 신체적 착각이 지나치게 강력했던 것이다. 포토포울로우와 동료들은 시간 지연이 중요한 열쇠라고 생각했다. 녹화된 자신의 움직임을 시간 간격을 두고 다시 본 환자는 뭔가가 이상하다는 것을 알아차렸다.

어떻게 하면 내면의 신체상을 느낄 수 있을까? 이에 대한 암시는 양쪽 팔다리가 모두 없이 태어난 한 환자의 연구 결과에서 알 수 있다. 이 여성은 40대 학자다. 그런데 그녀는 평생 동안 자신이 팔과 다리를 온전히 갖고 있다는 내면의 신체상을 갖고 살았다. 물론 내면의 신체상의 인상이 실제 신체만큼 명확하지는 않았지만, 그럼에도 늘 존재했다. 이 여성의 뇌를 촬영한 결과, 비장애인인 사람이 사지가 있다는 것을 인식할 때 활발해지는 뇌 부위가 동일하게 활성화되어 있었다. 경두개 자기자극법으로 이 부위를 인공적으로 활성화시키자, 이 여성은 손가락 끝에 뭔가가 느껴진다는 인상을 받았다.

그렇다면 신체적 착각은 환상통증헛통증, Phantom pain과 같은 방식으로 설명될 수 있다. 환상통증은 이미 수천 년 전부터 전쟁 부상자들을 통해 잘 알려진 증상이다. 신체 부위가 물리적으로 없는 상태임에도 통증이 느껴지는 이 증상은 사지를 잃은 환자의 70퍼센트 정도에게서 나타난다. 이들은 팔이나 다리가 없음에도 통증을 호소한다. 절단된 팔이나 다리의 노출된 신경에 가해진 자극 때문에 절단 부위가 아직 붙어 있다는 인상이 발생하는 것이다. 단 이 현상에 환상통증이라는 이름이 붙은 이유는 고통이 실재하지 않아서가 아니라 참을 수 없을 정도로 강력하기 때문이다. 환상통증 환자들은 팔이나 다리가 아직 몸에 붙어 있고, 고통스럽다는 신체적 착각에 시달린다. 앞서 언급한, 태어날 때부터 팔다리가 없던 환자의 경우는 조금 다른데, 그 환자는 애초에 느낄 수 있는 사지를 가진 적이 없다. 그래서 선천성 사지 장애 환자의 신체적 환각은 인간에게 타고난 신체 모델이 있고, 실제 신체 부위가 결핍될 경우에도 타고난 신체 모델이 활성화한다는 점을 보여준다.

즉 인간은 갖고 있지 않은 신체 부위를 느낄 수 있고, 반대로 갖고 있는 신체 부위를 느끼지 못하거나 낯설게 여길 수 있다. 더 극단적으로는, 스스로가 느낀 신체 전부가 사라지거나 갑자기 다른 장소에 나타날 수 있다.

## 신체는 어디에 있는가?

그 일이 일어났을 때 영국인인 이안 워터맨Ian Waterman은 일하는 중이었다. 갑자기 넘어진 그는 더 이상 일어설 수 없었다. 하루 전까지만 해도 손수 가축을 도축하던 워터맨은 이제 동료의 도움을 받아 힘겹게 몸을 움직여야 한다. 의사들 또한 어리둥절했다. 워터맨에게 무슨 일이 벌어진 것인지 의사들이 알아내기까지 오랜 시간이 걸렸다. 희한하게도 워터맨의 면역 체계가 어떤 유행성 감기 바이러스에 반응해서 병원체뿐만 아니라 우리의 오감, 육감, 그리고 칠감에 해당하는 모든 신경섬유를 파괴해버린 것이다. 우리의 오감, 육감, 칠감이란 촉각, 운동감각, 그리고 평형감각이다. 이후 워터맨은 일종의 감각장애를 앓게 되었는데, 이것은 전 세계적으로도 손에 꼽을 정도로 드문 질병이다. 그는 목보다 아래에 위치한 신체의 피부로 아무것도 느낄 수 없다. 더위도, 추위도, 압박이나 고통도 느낄 수 없다. 또한 워터맨의 심부감각도 망가졌다. 심부감각이란 신체의 내부 기관인 근육, 관절 등에서 느껴지는 감각을 말한다. 워터맨의 고유 수용성 감각Proprioception[5] 또한 모두 사라져서, 그는 자신이 방의 어느 위치에 있는지도 알 수 없었다. 워터맨은 하반신마비 환자와 비슷한 상황을 경험했는데, 한 가지 다른 점이 있다면 그의 운동신경은 온전했다는 것이다. 움직임에 필요한 신경자극이 이전과 마찬가지로 뇌에서부터 근육으로 전달되었으나 워터맨은 발병 이후 자신의 사지가 어디에 있는지 느낄 수 없었기 때문에 몸을 전혀 움직이지 못했다.

그를 담당한 의사들은 당시 만 19세이던 워터맨이 평생 동안 휠체어에 앉아 생활해야 할 것이라고 말했다. 하지만 의사들은 워터맨의 강력한 의지를 계산하지 않았다. 워터맨은 장애인으로서의 삶을 받아들이지 못했다. 어느 날 그는 병상에 누워 있다가 일어서려고 했다. 그는 몸의 중심에 집중하며 배에 힘을 주고 팔을 앞으로 뻗어야겠다고 생각했다. 어느 순간 그는 똑바로 앉을 수 있었다. 일어나 앉는 데 성공했다는 기쁨 때문에 집중력이 흐트러지자 곧바로 다시 침대로 쓰러지기는 했지만, 어쨌든 첫 번째 발걸음을 내딛은 셈이었다. 이후 여러 차례 도전이 이어졌다.

집중적인 물리치료를 받고 1년 후, 워터맨은 다시 걸을 수 있었다. 물론 건강한 사람과는 전혀 다른 모습이었다. 예를 들어 우리는 산책할 때 걸으면서 동시에 대화를 나눌 수 있다. 다리는 마치 저절로 움직이듯이 앞으로 나아간다. 워터맨은 한 걸음을 내딛을 때마다 고도로 집중해야 했을 뿐만 아니라 자신의 발을 계속 관찰해야 했다. 그는 발꿈치를 먼저 내딛으며 발을 굴리듯이 걷는 게 아니라 발바닥과 땅바닥을 수평으로 해서, 마치 펭귄처럼 걸어야 했다. 건강한 사람의 신체감각이 자동으로 몸이 평형을 유지하도록 하는 반면 워터맨은 모든 동작에 집중해야 했다. 방을 가로지르다가 갑자기 불이 꺼지면 우리는 가만히 멈춰 선다. 반면 워터맨은 시각적 정보가 없으면 어디가 위고 어디가 아래인지조차 느낄 수 없기 때문에 곧장 넘어지고 만다. 그래서 워터맨은 절대 어두운 곳에서 잠을 자지 않는다. 잠에서 깼을 때 주변이 어두우면 팔과 다리가 어디에 있는지 찾을 수 없기 때문이다. 또한 잘못 잠에 들면, 자다가 자신도 모르게 팔이나 다리가 부러질 위험도 있다. 우리는 슈퍼마켓에서 과일 코너에 있는 멜론을 집어 들다가 앞으로 고꾸라지지 않는다. 모든 근육이 아주 사소한 불균형에도 주의를 기울이기 때문이다. 워터맨은 넘어지지 않으려고 다른 쪽 팔을 몸 뒤쪽으로 쭉 빼고 있어야 한다. 그렇게 해야 균형을 잡을 수 있다. 그는 어떻게 해야 균형을 잡을 수 있는지 반드시 알아야만 한다. 우리는 그저 느끼기만 하면 된다.

신경생리학자인 조나단 콜Jonathan Cole은 워터맨의 질병을 수십 년 동안 곁에서 지켜보며 그가 성공적으로 몸을 움직이는 모습을 기록으로 남겼다. 워터맨은 마치 매일 마라톤을 완주하는 것처럼 생활했다. 그는 집중력을 근육처럼 사용하느라 밤이 되면 완전히 녹초가 되었다. 언젠가는 모든 힘이 쇠진할 것이다. 워터맨의 사례는 우리가 계단을 오르거나 꽃을 꺾을 때처럼 완전히 다른 일에 집중하고 있을 때 우리 몸속에서 어떤 일들이 저절로 일어나는지를 잘 보여준다.

몇몇 철학자들은 신체감각이 우리의 자의식에 직접적인 영향을 미친다고 생각했다. 철학에서 쓰이는 '자의식'이라는 말은 우리가 평소에 자신감과 비슷한 뜻으로 사용하는 '자의식'이라는 말과는 다르다. 철학의 '자의식'은 자신의 의식을 스스로 인식하는 능력이다. 철학자들은 예전부터 '반성적 자의식'을 탐구했다. 이것은 인간이 스스로를 고찰하는 능력이다. 이를 위해서는 인간이 '나'라고 말할 수 있는 것 중 가장 잘 인식하고 있는 것, 바로 스스로에 관한 개념을 정립해야 한다. 아주 어린 아이나 동물은 이런 '나'라는 개념이 없다. 이렇게 까다롭고 어려운 형태의 자의식 외에도 두 가지 자의식이 더 있다. 하나는 거울 자의식이다. 아기들은 '나'라는 말을 하기도 전에 한 살 정도 되면 거울 속의 스스로를 알아볼 수 있다. 하지만 이 연령대의 아기들은 스스로를 생각하는 존재로서 고찰하지 못한다. 유인원이나 까마귀, 코끼리 등 몇몇 동물들도 거울 속의 스스로를 알아볼 수 있다. 거울 실험은 아주 간단하다. 동물의 머리에 물감을 묻히고 거울을 보여준 다음 동물이 어떤 반응을 보이는지 관찰하면 된다. 개나 고양이는 거울 속 자신을 공격하거나 숨는 반면, 침팬지는 머리에 묻은 물감을 지우려고 애썼다.

　독일의 철학자 토마스 메칭거Thomas Metzinger는 철학자들이 전통적으로 언어적 자의식과 거울 속 자신을 인식하는 실험에 집중했다고 말했다. 그는 또 다른 자의식의 형태가 존재하는데, 매우 근본적인 것이다 보니 간과당하기 십상이라고 덧붙였다. 안경알을 통해 세상을 보느라 안경은 찾지 못하듯이 말이다. 우리는 이 자의식을 관념적이지 않은 자아 감각이라고 부를 수 있다. 이것은 의식 속의 모든 인상을 물들여 우리가 그것이 스스로에게 속해 있다고 느끼도

377

록 만든다. 어린아이나 거울에 비친 자신을 인식하지 못하는 동물도 이 감각을 갖고 있을 수 있다. 앵글로아메리카의 학자들은 이것을 '나다움Me-ness 혹은 Mine-ness'이라고 표현한다. 메칭거는 감각하는 몸이 이런 자기평가에 기여한다고 말했다.

이 이론에서 보자면 우리가 신체감각을 잃는 즉시 자아 감각 또한 사라지거나 적어도 줄어들어야 한다. 영국의 신경학자 올리버 색스Oliver Sacks의 환자인 크리스티나는 워터맨과 비슷한 감각신경 장애를 앓았는데, 워터맨과는 달리 질병으로 인해 '나'라는 감각과 개성을 잃었다. 워터맨의 사례는 자아 감각이 신체감각에 얽매여 있다는 접근법의 반대 예시다. 워터맨은 특히 뚜렷한 자의식을 갖고 있었기 때문이다. 그런 이유에서 워터맨의 담당의였던 콜은 신체감각이 아니라 원래의 기질 때문에 워터맨과 크리스티나의 사례에 차이가 있었을 것이라고 말했다. 워터맨은 민첩하게 상황에 적응하는 편이었고, 크리스티나는 무기력한 편이었다. 신체감각과 자아 감각이 어떻게 서로 맞물리는지는 아직 정확히 알 수 없다. 무엇보다도 자아 감각을 탐구하기가 매우 어렵기 때문이다. 개성을 잃는다는 느낌이란 도대체 어떤 걸까? 자신의 경험을 더 이상 자신의 경험으로 받아들이지 못하는 느낌이란?

신체적인 체험과 어떤 경험이 나 자신에게 속해 있다는 감각 사이의 공동 작용을 탐구하던 심리학자와 신경학자들은 더욱 특이한 현상을 발견하게 된다.

# 몸에서 빠져나가다

이 현상은 대부분 반쯤 잠들었을 때 혹은 간질 발작이 발생했을 때 나타난다. 몇몇 사람들은 이때 몸에서 빠져나간 기분을 느낀다. 이들은 입이나 정수리를 통해 몸에서부터 빠져나간 다음 아주 가벼워진 몸으로 방 안 이곳저곳을 떠다니는 것 같은 기분을 느낀다. 그리고 침대 위에서 잠들어 있는 자신의 신체를 위에서부터 내려다본다는 인상을 받는다. 독일의 신경학자 올라프 블랑케Olaf Blanke는 이것을 '유체이탈Out-of-body experience'이라고 설명했다. 많은 문화권에서 유체이탈은 종교적인 민간전승으로 잘 알려져 있다. 이 현상은 영혼이 신체에서 빠져나갈 수 있다는 비교秘教적 접근법을 뒷받침한다. 이 현상을 겪은 사람이 자신이 있던 방이나 공간을 새로운 관점에서 보았다고 믿기 때문이다. 한 간질 환자는 발작 중에 유체이탈을 경험했다. 그는 아내와 함께 안락의자에 앉아 쉬던 중 갑자기 천장에서부터 방을 내려다보고 있다는 기분을 느꼈다. 이후에 그는 위에서 내려다본 거실의 모습을 자세하게 묘사했다.

그러나 이것은 말 그대로 사람들이 몸에서 빠져나가는 것은 아니다. 그보다는 복잡한 전신 착각을 경험하는 것이라고 볼 수 있다. 블랑케와 동료 연구진의 실험에 따르면 몇몇 간질 환자들은 유체이탈을 계속 되풀이해서 경험할 수 있었다. 이때 연구진은 경두개 자기자극법을 실시했다. 전자기 코일로 빠르게 변하는 자기장을 만들어 간질이 발생할 때 활발해지는 뇌 부위를 외부에서 인공적으로 자극하는 방식이다. 블랑케의 실험 결과 실험 참가자가 유체이탈 경험을 할 때 평형감각 장애가 중요한 역할을 한다는 것이 밝혀졌다. 착각이 재미있는 이유는 인간의 정신이 스스로를 얼마나 잘 속이는지 보여주기 때문이다. 은유적으로 말해서 우리 내면의 어떤 것, 예를 들어 시각적 관점이 재구성되면 이것은 잘못 느껴진 공간의 위치에 적응한다. 과연 가능한 일인지 의아하겠지만, 우리는 모두 이 믿을 수 없으면서 현실적인 환각을 잘 알고 있다. 바로 꿈에서 말이다.

블랑케와 동료들은 자기자극법의 도움으로 건강한 사람을 대상으로도 유체이탈과 비슷한 착각을 불러일으킬 수 있었다. 실험 참가자들은 자신의 몸에서 빠져나간다는 인상을 느끼지는 않았지만, 스스로를 인식하지 못하거나 자기상환시[6]적인 환각을 보았다. 이들은 자기 자신이 맞은편 의자에 앉은 모습을 보았다. 하지만 이런 환각이 늘 가상의 거울을 보듯이 발생하는 것은 아니다. 즉 현재의 자신과 다른, 예를 들어 낯선 옷을 입었거나 머리 모양이 다른 스스로의 모습을 마주보기도 한다. 한 참가자는 맞은편에 보인 자신의 도플갱어가 더 젊고 활기차 보였으며, 자신에게 친근하게 미소 지었다고 보고했다. 이 실험 결과, 참가자들의 기억이 착각에 영향을 미친다는 점을 알 수 있다.

니체의 저작인 《차라투스트라는 이렇게 말했다》에서는 주인공이 자기 자신과 문답을 나눈다. 오늘날에는 자기자극법을 이용해 누구나 이런 명상 같은 경험을 할 수 있다. 자신의 도플갱어를 간지럽힐 수는 없겠지만, 먼저 웃는 사람이 지거나 이긴다는 고전적인 게임을 함께 할 수는 있을 것이다.

우리 몸은 게른하르트가 말했듯이 그저 무방비한 것이 아니라 매우 특이한 것이기도 하다. 우리 몸은 늘 우리와 함께 존재하지만 마치 배경화면처럼 대개는 눈에 보이지 않는다. 우리의 느낌, 촉각, 평형감각은 아주 간단한 동작을 하는 데에도 필수 불가결한 것들이다. 동시에 이런 감각은 환각에 저항력이 없어서 우리 몸의 경계나 위치를 착각한다. 보통은 보는 것이 느끼는 것을 능가하지만, 일그러진 감각은 내면 깊은 곳에 존재하기 때문에 언어적 지식으로 정리하기가 매우 어렵다. 이것은 아주 뛰어난 이야기와 비슷하다. 이야기를 읽으면서 무엇을 생각하고 상상하든, 마지막에 남는 것은 결국 우리가 감동했느냐다.

## 10장

# 살다

## 죽음의 의미

어렸을 때 개봉했던 영화를 보다가 깊은 애수에 젖을 때가 있다. 영화가 당시의 모험과 기억을 되살리기 때문이리라. 구멍을 파 동굴을 만들고, 울타리를 기어오르고, 어른들 몰래 모닥불을 피우던 기억들을. 어쩌면 그때처럼 아무 걱정 없이 뛰어다니고 탐험하던 비밀스러운 시간이 이제 다시 돌이킬 수 없는 것이라는 사실을 내가 알고 있기 때문인지도 모른다. 어쩌면 감정과 생각 두 가지 모두가 나에게 영향을 미친 것인지도 모른다. 즉 과거의 포근한 기억과, 영화가 만들어졌을 때 나는 어린아이였고 영화 속 주인공들은 지금의 나와 비슷한 연령대였지만 현재의 나는 당시 주인공들만큼 나이를 먹었고 곧 지금의 그들만큼 나이가 들 것이라는, 어렴풋이 알고 있던 세월의 무상함을 마주했기 때문이리라.

어릴 적 친구를 시간이 지나 다시 만나면 나는 깊은 생각에 빠지곤 한다. 친구와 나의 삶은 그동안 서로 멀리 떨어져 있었고, 이제 더 이상 우리를 연결하는 것이 없음에도, 우리가 한때 어린 시절을 함께 보냈다는 사실은 남아 있다. 이제는 낯설어진 얼굴에 시선을 둘 곳을 찾지 못한다. 웃을 때 생기는 주름에서는 그저 시간의 흔적과 무상함만이 보일 뿐이다.

이 공허할 정도로 넓은 우주에서 아무리 원대한 것이라고 할지라도 모든 목표가 티끌만큼 작다는 사실을 생각하면, 그리고 이 모든 충만한 삶이 곧 어디론가 흘러가고 영원한 시간 속에서 의미 없이 사그라진다고 생각하면 전율이 인다.

하지만 이런 애수의 순간이 사라지고 깊은 생각 또한 증발하고 나면 모든 것이 다시 중요해지고 절박해진다. 나의 소원과 계획, 경험과 행동, 모든 삶이 말이다. 이보다 더 중요한 것이 어디 있겠는가?


## 메멘토 모리!


니체는 자신의 저서 《즐거운 지식》에서 복합적인 감정의 한 부분으로서 애수를 표현했다.

"골목길들, 욕구들, 목소리들이 뒤엉켜 혼란한 가운데서 살아가는 것이 나에게 우울한 행복을 안긴다. 얼마나 많은 향유와 조급함과 열망, 얼마나 많은 목마른 삶과 삶의 도취가 매일, 매 순간 생겨나는가! 그러나 이 모든 소음을 일으키는 사람들, 살아 있는 사람들, 삶을 갈망하는 사람들이 곧 고요해질 것이다!"

이 글에서 니체는 사람들이 매일의 일과를 수행하면서 이미 모두가 알고 있는 죽음을 거의 떠올리지 않는다는 사실이 매우 기이하다고 말했다.

삶의 덧없음을 생각할 때 과연 우리의 삶이 매 순간 우리에게 갖는 의미를 넘어서는 의미가 있는 것인지 자문하는 사람은 많지 않다. 우리는 모두 자신이 죽는다는 것을 안다. 하지만 이 앎은 추상적이다. 언어로 표현하기는 쉽지만 진의를 파악하기는 어렵다. 죽음을 직접 목격하더라도 이런 생각은 아무런 성과를 얻지 못한다. 다만 어느 순간 갑자기 모든 것에는 끝이 있다는 사실을 의식하면 우리는 뭔가를 예감하고 오싹함을 느낀다.

평소에 우리는 뉴스에서 난민이나 전쟁의 희생자를 보며 죽음에 대한 생각을 환기한다. 하지만 이상하게도 나와는 관련이 없는 일이라고 여긴다. 오히려 죽음을 가깝고 직접적으로, 그리고 구체적으로 경험할수록 느끼는 바가 많아진다. 예를 들어 코앞에서 사고를 목격하거나 친척이 중병에 걸리거나 사망했을 때 말이다. 몇 세대 전만 하더라도 사람들은 자신의 집 침대 위에서 죽었다. 어른들은 결핵이나 노환으로, 어린이들은 디프테리아로 혹은 출생과 동시에 사망했다. 당시에 죽음은 오늘날만큼 무섭고 두려운 일이기는 했지만 일상적인 경험의 일부분이기도 했다. 오늘날은 대부분의 사람들이 병원이나 요양원에서 사망한다.

자신의 혹은 타인의 죽음을 곰곰 생각해보면 죽음이 삶을 제한하고 있다는 징후를 어디서나 찾을 수 있다. 유한성은 옛날부터 예술이나 문학의 단골 소재였다. 시각예술 분야에서는 바니타스Vanitas, 즉 삶의 덧없음을 상징적으로 표현한 작품들이 수없이 많다. 모래시계나 죽어가는 백조, 메마른 꽃이나 과일과 은둔 생활, 다 타버린 양초 등이 삶의 덧없음을 상징한다. 티셔츠에 그려진 해골이나 약지에 끼워진 해골 모양 다이아몬드, 포르말린에 담긴 상어, 고딕 양식

교회 건축물에 장식된 해골 부조, 나이트클럽의 간판에 그려진 해골 등도 마찬가지다. 이 모든 상징이 "메멘토 모리!"라고 외치고 있다. 'Memento mori', 네가 반드시 죽는다는 걸 기억하라는 뜻이다.

꽁꽁 숨겨져 있든, 암시로 나타나든, 명확하게 혹은 극단적으로 드러나든, 죽음은 전 세계 문학의 주제이기도 하다. 심지어 제목에서부터 알 수 있다. 《베네치아에서의 죽음》, 《당통의 죽음》, 《페스트》, 《유형지에서》, 《전쟁과 평화》, 《죄와 벌》, 《레 미제라블》, 《승부의 종말》처럼 말이다. 정말 희한하게도 죽음이나 죽은 자들은 언제나 우리를 두려워하게 하고 동시에 매혹하기 때문에 우리는 매우 낯섦에도 불구하고 죽음이라는 주제에서 벗어날 수 없다. 도대체 왜 그럴까?

## 죽음과 터부

토마스 만의 소설 《마의 산》에는 주인공인 젊은 한스 카스토르프가 막 사망한 할아버지를 지켜보는 장면이 나온다. 그는 안치된 할아버지의 시신이 꽃과 종려나무 잎으로 둘러싸인 모습을 보고 죽음의 장엄하고 정신적인 차원에 감명받는다. 동시에 시신에 욕지기를 느낀다. "어린 한스 카스토르프는 밀랍처럼 누렇고 매끈하며 마치 치즈처럼 물러 보이는 물체를 관찰했다. 그 물체로 만들어진 실물 크기의 죽음의 인영은 이전에 그의 할아버지이던 인물의 얼굴과 손을 하고 있었다. 그때 파리 한 마리가 움직임 없는 이마에 내려앉아 빨대 모양의 주둥이를 이리저리 움직이기 시작했다." 카스토르프는 그 모습을 보고 이상하리만치 땀이 나는 걸 느꼈다.

프랑스의 인류학자 파스칼 보이어는 인류가 처음 나타났을 때부터 시체는 남겨진 사람들에게 카스토르프가 느낀 것과 같은 모순적인 감정을 안겨주었다고 말했다. 시체는 우리의 정신에서 두 가지 정보 체계를 가동시킨다. 하나는 '사람'이라는 정보 체계다. 시신이 된 사람은 방금 전까지 숨을 쉬고 있었다. 그래서 친구나 가족들은 시신을 살아 있는 사람처럼 생각한다. 이때는 모든 긍정적인 기억이 되살아난다. 동시에 '위험'이라는 정보 체계가 가동된다. 죽은 존재에 대한 인간의 타고난 두려움은 사람과 동물을 가리지 않는다. 카데바(해부용 시체)의 냄새를 맡은 적이 있는 사람이라면 이런 방어 체계가 얼마나 직접적이고 구체적인지 알 것이다.

이런 두 가지 성향이 우리 안에서 싸운다. 우리는 죽은 가족이나 지인을 만지고, 끌어안고 싶지만 동시에 시신의 모습을 두려워하고 외면하고자 한다. 보이어에 따르면 죽은 자들에 대한 두려움은 타고나는 것이며 진화적 근거를 기반으로 한다. 이 두려움이 인간으로 하여금 시체를 질병의 근원으로 보고 피하도록 만들기 때문이다. 한편 수많은 문화권에 뱀파이어 신화에서부터 좀비 영화에 이르기까지, 소위 '언데드Undead'라는 모티프가 퍼져 있다.

시신을 관찰하면 아무런 기능도 하지 못하고 남아 있는 몸일지언정 사람의 모습이 보인다. 한번은 내 동료가 이렇게 말한 적이 있다.

"장례식에서 관에 안치된 시신을 보고 사람들이 '저기 할아버지가 누워 계셔'라고 말하지만, 철학적으로 더 정확하게 표현하려면

'저기 우리가 예전에 할아버지라고 부르던 분으로부터 남겨진 물질이 누워 있어'라고 말해야 해."

죽음은 전 세계 모든 문화권에서 공통된 주제지만, 자신의 존재와 삶의 덧없음을 깊이 성찰하는 문화권은 많지 않다고 보이어는 말했다. 죽음은 언제나 구체적인 사건이라기보다는 타인의 죽음으로 받아들여졌다. 보이어는 과거 사냥문화권에서는 가족의 죽음을 두고 의식을 치를 시간이 부족했을 것이라고 생각했다. 즉 한곳에 정착해서 살고 나서야 사람들은 제식을 시작했다. 이때 사람의 시체가 중심 모티프였을 것이다. 장례식은 죽음에 대한 두려움 때문에 발생한 것이 아니라 죽은 자에 대한 경외심에서 생겨난 것이라고 보이어는 덧붙였다.


죽은 사람에 대한 혐오와 애착이라는 양분된 감정은 문화 역사 속 사치스러운 장례식을 보면 명확하게 알 수 있다. 사람들은 죽은 자를 보존하고자 함과 동시에 부패를 막거나 시체를 안전한 곳으로 옮기고자 했다. 고대 이집트 문화에서는 잔여물을 보존함으로써 그 사람을 보존하고자 시체에 방부 처리를 진행했다. 다른 의식 또한 시체 자체와는 거리가 먼 것이었다. 고대 그리스 미케네에서는 죽은 자에게 점토나 금속으로 만든, 마치 '아가멤논 왕의 투구'처럼 보이는 마스크를 씌웠는데, 이것은 시체가 부패해 몸의 나머지 부분이 사라지더라도 죽은 자의 얼굴만큼은 영원히 보존하고자 한 것이었다.

이런 추상적인 의식은 수천 년 동안 진보했다. 시체의 얼굴에 마스크를 씌우던 제식 문화는 글씨를 새긴 비석으로 대체되었다. 비석으로 쓰인 돌이 죽은 사람이나 그의 형상을 보존하는 것은 아니지만 그에 대한 기억을 보존하기 때문이다. 오늘날 공동묘지에 찾아가보면 죽은 사람의 이름조차 쓰이지 않은 비석이 있다. 이런 비석에는 이름 대신 죽은 이를 기억할 수 있는 글귀가 쓰여 있다. 그건 그렇고 미국 희극 배우 그루초 막스는 어떤 인터뷰에서 나중에 자신을 마릴린 먼로Marilyn Monroe의 바로 위에 묻고 "죄송하지만 일어날 수가 없네요!"라는 비명을 남겨달라고 말했다. 영국 배우인 피터 유스티노프Peter Ustinov는 자신의 비석에 "잔디를 밟지 마시오!"라고 남겨달라고 말했다.

어떤 장례식은 매우 이상한 효과를 불러일으키거나 아이러니한 거리감을 유발한다. 고대뿐만 아니라 현재도 죽은 자의 가족과 친지들은 죽은 이와 조금이라도 더 가까워지려고 희한한 방법을 시도한다. 이런 현상은 어디서나 찾아볼 수 있다. 총에 맞아 숨진 래퍼인 투팍 샤커Tupac Shakur의 친구들은 그에게 경의를 표하고자 화장된 투팍의 재로 담배를 말아 피웠다. 이것은 음악 업계의 전통이었다. 롤링스톤스The Rolling Stones의 키스 리차드Keith Richards는 어떤 인터뷰에서 자신의 아버지의 재를 코카인과 함께 흡입했다고 밝힌 바 있다. 사랑하는 이를 아주 가까이 느끼기 위한 방법인 셈이다.

시체뿐만 아니라 죽음이라는 사건 또한 강력한 문화를 만들어냈다. 자연스러운 죽음, 그러니까 외부에서 눈에 띄는 증상이 없는 죽음은 수천 년 동안 이해할 수 없는 것으로 여겨졌다. 인간은 수수께끼 같고 추상적인 것을 익숙하고 구체적인 것으로 설명하고자 하는 경향이 있기 때문에, 이런 자연스러운 죽음을 '살인자'로 묘사했다.

이런 '살인자'는 유럽 문화권에서 큰 낫을 들고 검은색 후드를 뒤집어쓴 인물로 그려진다. 말하자면 사신死神이다. 또 우리는 죽음과 '싸운다', '고투한다'는 표현을 자주 사용한다. 이렇듯 인격화된 죽음이 살인자처럼 보이는 것은 지극히 당연하다.

수천 년 전에 비해 오늘날에는 죽음의 생물학이 더 널리 알려져 있지만 죽음은 여전히 우리 사회에 터부로 남아 있다. 터부란 그것에 대해 생각해서도, 말해서도 안 되는 대상이다. 고전적으로 터부시되는 대상으로는 신, 돈, 섹스, 배설물, 그리고 죽음 등이 있다. 셀수 없이 많은 터부들, 즉 특정한 단어들은 마치 사용이 금지된 것처럼 여겨진다. 우리는 섹스 대신 '잔다'라거나 '사랑을 나눈다'라는 말을 쓴다. 예전에는 '맙소사O, Gott(신이시여)'라는 말 대신 '이런 젠장Igitt'이라는 말을 쓰기도 했다. '신' 대신 '그분'이라고 말하기도한다. '죽는' 대신 '눈을 감는다'라거나 '영원한 잠에 든다'라고 말한다. 시간이 지남에 따라 신, 돈, 섹스 등을 언급하길 꺼리는 사람은 줄어들었다. 그러나 죽음은 여전히 터부로 남아 있으며, 죽음을 이야기할 때 우리는 왠지 목소리를 낮추거나 말을 아끼게 된다. 그렇다면 이쯤에서 먼저 알아봐야 할 것이 있다.


## 죽음이란 무엇인가?


토비 삼촌이 갑작스러운 심장마비로 쓰러지셨다. 구조대가 재빨리 사고 현장으로 출동했다. 구조대는 삼촌에게 심장마사지를 시도했다. 삼촌은 병원에서 다시 의식을 찾았다. 하지만 일주일 후 삼촌에게 뇌졸중이 발생했다. 뇌에 산소가 부족했다. 삼촌은 식물인간이 되었다. 의사들은 주요 뇌 부위에서 더 이상 활동성을 관찰할 수 없다고 말했다. 심장과 폐는 제 기능을 하고 있었지만, 삼촌은 곧 폐렴을 일으켰다. 가족과 친지들은 연명치료를 중단하겠다는 결정을 내렸다.

이때 삼촌은 두 가지 죽음을 경험했다. 하나는 의학적 정의에 따른 죽음, 즉 심장정지다. 이것을 '의학적 사망'이라고도 한다. 처음 심장마비가 발생했을 때, 삼촌은 심장이 더 이상 뛰지 않고, 숨을 더 이상 쉴 수 없는 상태였다. 만약 구조대가 빨리 도착하지 않았더라면 그대로 사망했을 것이다. 한편 뇌졸중 이후의 죽음은 뇌사다. 일주일 넘게 그의 몸에 따뜻한 피가 흘렀지만, 그는 사람이기를 포기한 상태였다.

이렇게 우리는 죽음을 두 가지 특징으로 구분할 수 있다. 하나는 호흡, 심장박동, 신진대사 등의 '생체 기능', 다른 하나는 '의식'이다. 예전에는 이 두 가지 특징이 늘 같이 붙어 다녔다. 생체 기능이 멈추면 의식 또한 곧장 멈춘다고 생각했기 때문이다.

하지만 현대 의학의 발전에 따라 우리는 뇌사와 심장정지를 구분한다. 우리는 직감적으로 사람의 몸이 따뜻하면 살아 있다고 판단한다. 이것은 우리가 세계를 범주화하는 데 생물 계통발생학적으로 깊이 자리 잡고 있는 기준이며, 이에 따라 우리는 심장이 뛰고 있는 사람더러 죽었다고 말하지 않는다. 그러다 보니 치료가 불가능한 혼수상태에 빠진 환자를 둘러싸고 전 세계적으로 격렬한 도덕적 논쟁이 벌어진다. 신체적인 죽음과 의식적인 죽음이라는 개념이 일치하기가 어렵기 때문이다.

이 두 가지 개념은 이미 여러 동화나 영화에서 분리되어 왔다. 이런 작품 속에는 의식이 있지만 몸은 없는 영혼이라거나 몸은 있지만 의식이 없는 좀비 같은 캐릭터가 등장한다. 다른 차원에서도 이런 구분이 가능하다. 예를 들어 치매를 앓는 사람은 점점 이성과 인격을 잃는다. 하지만 감각 자극을 받아들이는 능력은 마지막까지 남아 있다. 그렇기 때문에 치매 환자는 식물인간인 환자와 구분된다. 다만 매우 심각한 치매 환자는 이성 없이 그저 감각을 느끼기만 하는 존재다. 식물인간인 환자 또한 별반 다르지 않다.

오늘날 많은 사람들이 죽음의 세 번째 정의이자 더 정확한 정의를 주장한다. 즉 죽음이란 삶의 기능이 '돌이킬 수 없는 끝'을 맞이하는 것이다. 그 근거는 다음과 같다. 토비 삼촌이 죽은 후, 그의 일가친척들은 그를 액체질소가 든 저장 용기에 보관할 수 있다. 먼 미래에 의사들이 뇌 손상을 완벽하게 고쳐낼 방법을 찾았다고 치자. 그러면 토비 삼촌은 다시 살아날 수 있다. 그렇다면 죽는다는 것은 더 이상 숨을 쉬지 않는 상태도, 더 이상 아무런 의식이 없는 상태도 아니다. 호흡이든 의식이든 잠시 멈췄다가 다시 되돌아올 수 있기 때문이다. 그러니 다시 되돌아오는 것이 불가능해야 진정한 죽음이라고 볼 수 있다.

죽은 사람이 다시 살아나는 건 미국의 애니메이션 시트콤 〈퓨처라마〉[1] 같은 SF 장르에서만 가능한 일이라고 생각한다면 그 생각은 틀렸다. 지금도 수백 명이나 되는 사람들이 질소 탱크 안에 '보존되어' 있는데, 이런 냉동인간을 '크리오닉Cryonic'이라고 부른다. '차갑다'는 뜻의 고대 그리스어인 '크리오스Kryos'에서 유래한 말이다. 미국에서는 이미 몇몇 사기업이 질소 탱크를 임대해 사망 이후 다시 살아날 때까지 냉동되고 싶은 사람들에게 서비스를 제공하고 있다. 1960년대만 해도 사망자의 전신을 보존했지만, 오늘날 전문가들은 죽은 이의 뇌만을 마치 냄비처럼 생긴 질소 탱크에 보존한다. '부활'에 성공한다면 인간이 더 이상 살아 있지 않으면서 죽어 있지도 않은 상태가 만들어질 것이다.

더 이상 숨을 쉬지도, 생각하지도, 존재하지도 않는다. 이렇게 세 가지나 되는 특징이 있다는 건 마치 철학자들이 각기 다른 세 가지 죽음의 개념을 두고 다투는 것처럼 들린다. 하지만 더 깊이 들여다보면 우리는 일반적인 경험에 따라 모두 똑같은 개념을 갖고 있다.

"죽은 사람은 더 이상 일어나지 않으며 다시 돌아오지 않는다."

현대 자연과학은 '돌이킬 수 없는 끝'의 생물학적인 조건을 더 정확하게 규정하고 이에 따라 일반적인 죽음의 개념을 더 자세히 표현할 수 있을 것이다.


## 죽음 그리고 살게 둠


민주주의적 법치국가인 미국에서는 3천 명이 넘는 사람들이 사형선고를 받고 집행을 기다리고 있다. 많은 사람들이 실제 사형 집행 방식뿐만 아니라 선고를 받은 사람들이 임박한 죽음을 오랜 시간 기다리며 전전긍긍해야 한다는 점을 비판하고 나선다. 모든 법적인 절차가 완료될 때까지 몇 년 혹은 수십 년이 걸린다. 그러다보니 모순적이게도 사형수의 평균수명은 미국 대도시에 사는 마약 딜러의 평균수명보다 길다. 마약 딜러들은 영역 다툼을 하다가 어느 순간엔가 총에 맞아 죽는다. 이것은 인도계 미국인 사회학자인 수디르 벤카테시Sudhir Venkatesh가 발표한 내용이다.

죽음은 삶을 축소시킨다. 사형수와 마약 딜러는 자신에게 남은 삶을 다른 사람들보다 더 짧게 계산해야 한다. 사형수는 자신의 마지막 순간을 늘 눈앞에 두고 있기 때문에 남은 인생을 다른 수감자들처럼 살 수 없다. 마약 딜러도 자신에게 남은 삶이 10년 미만이라고 계산해야 할 것이다. 이때 두 가지 관점은 닮아 있다. 그럼에도 곧 다가올 테지만 아직 확실하게 결정되지는 않은 죽음 쪽이 더 견디기 쉽다.

더 깊이 생각해보자면 우리는 모두 태어나면서부터 죽음을 선고받았다. 그래서 몇몇 과학자들은 정자와 난자가 만나는 순간부터 우리가 늙기 시작하는 것이라고 말한다. 언젠가 우리가 더 이상 자라지 않게 되면, 나이가 든다는 것은 결국 노화라는 치명적인 질병이 된다. 숨을 쉬고, 음식을 먹고, 물을 마시는 매 순간마다 세포가 해를 입는다. 우리는 생명에 꼭 필요한 물질을 몸에 받아들여야 하지만, 동시에 이때 발생하는 신진대사가 세포의 구조를 파괴한다. 세포는 계속해서 스스로를 재정비하지만 이것만으로는 불충분하다. 머리카락은 하얗게 새고 빠지며, 피부는 주름지고 벗겨진다. 관절은 닳고, 폐 기능은 줄어들고, 잇몸은 내려앉는다.

노화 과정은 자연발생적인 사건 중 가장 베일에 싸여 있는 분야다. 활성산소가 세포를 손상시키고 세포의 노화를 촉진시킨다는 점이 알려졌기 때문에 노화의 손상 이론은 오랜 시간 동안 생물학계를 지배하고 있었다. 다만 이 이론은 노화의 메커니즘을 나타낼 수는 있지만 왜 세포의 회복이 특정한 시점부터 빈약해지는지는 설명하지 못한다.

인간의 평균수명은 의학의 발달과 더 나은 영양 섭취로 인해 지난 100년 동안 거의 두 배로 늘었다. 그럼에도 과학자들은 현대의 인간이 이상적인 조건 아래서도 최대 120살을 넘기지 못할 것이라는 데 동의한다. 인간이 장수하는 데는 매우 희귀한 유전자가 관여한다는 점이 100세 이상인 노인들을 대상으로 진행한 비교 연구에서 밝혀졌다. 하지만 이 고령자들 또한 언젠가는 죽음에 이르렀다.

몇몇 생명체는 노화하지 않으며 원칙적으로 끝없는 삶을 살 수 있다. 예를 들어 히드라속 동물, 해삼, 버섯, 작은보호탑해파리 등이다. 특히 작은보호탑해파리는 평생 사춘기인 상태로 지낸다. 이 해파리는 성적으로 성숙했다가 다시 어린 개체로 돌아갈 수 있다. 이 과정은 영원히 되풀이된다.

노화의 진화적 기능 또한 아직 베일에 싸여 있다. 유전적으로 조종되는 노화는 발달의 역사에서 지구상의 첫 생명체들이 분열한 것보다 조금 나중에 발생했다. 노화는 과연 우리 조상들에게 어떤 이점을 안겼을까? 어떤 접근법에 따르면 이미 결정된 죽음은 개인에게는 나쁜 일일지 몰라도 종種에는 다행인 일이었다. 먼저 태어난 개체가 나중에 태어난 세대에게 돌아갈 식량을 가로채기 때문이다. 나이 든 개체가 알아서 죽으면 후손들이 더 많은 식량을 손에 넣는다. 다만 이 명제의 문제점은, 수많은 야생동물들이 유기적인 원인으로 죽기 전에 다른 동물에게 잡아먹혀 죽는다는 사실을 간과했다는 것이다. 동물원에서는 동물들이 더 오래 살지만 그렇다고 죽지 않는 것은 아니다. 여기서 의문은, 그렇다면 왜 애초에 죽음이 정해져 있을 필요가 없는 동물들에게까지 생물학적인 수명이 있는 걸까? 어쩌면 그 원인은 훨씬 평범한지도 모른다. 세포를 완전하게 회복시키는 데는 에너지가 많이 들기 때문이다. 척추동물 같은 복잡한 생명체는 부상이나 공격으로부터 스스로를 지키는 데 에너지를 많이 소모한다. 우리 조상들 중에는 특히 외적인 회복이 빠른, 예를 들어 피부 상처가 빨리 낫는 개체가 늘 선봉에 섰다. 다만 그 대가는 아직 회복이 덜 된 내장으로 치러야 했다.

영원한 젊음도 불사를 보장하지는 않는다. 모든 생명체는 죽임당할 수 있기 때문이다. 즉 외적인 상황에 따라 생명이 끝날 수 있다. 게다가 모든 삶의 끝은 열역학의 두 번째 법칙에 따른다. 엔트로피, 즉 무질서도를 뜻하는 물리량의 변화는 늘 증가하거나 일정하다. 쉽게 설명하자면 이 우주의 물질과 에너지는 균등 분포되어 있다는 것이다. 이를 직접 실험하려면 보드카가 든 잔에 얼음을 한 개 넣고 얼음이 녹을 때까지 기다려보면 된다. 처음에는 얼음과 보드카가 매우 높은 질서 상태를 유지하고 있었으나, 두 물질이 같은 온도가 되면서 균등하게 섞인다.

모든 물질의 에너지가 이런 방식으로 교환되기 때문에 우주는 열죽음Heat death[2]을 눈앞에 두고 있다. 언젠가 물질과 에너지가 균등하게 나눠져서 온도 차이나 잠재적인 물질의 에너지가 더 이상 방향이 잡힌 쪽으로 움직일 수 없는 상태가 되는 것이다. 열죽음이 발생하기 훨씬 전부터 이미 생명체가 존재할 수 없는데, 생명체는 특히 질서가 있고 복잡한 에너지 체계이기 때문이다. 생명체는 엔트로피 증가를 거스르는 존재지만, 이것은 아주 작은 생물권 내에서만 발생하는 일이다. 우리는 삶의 기능을 유지하려고 무질서를 만든다. 식물과 동물을 섭취하고 소화해 대변을 만들고, 석유와 석탄을 태워 이산화탄소를 만들고, 움직일 때마다 마찰열을 만든다. 이때 많은 양의 엔트로피가 생성된다. 우리는 엄청난 무질서를 대가로 질서를 손에 넣는다. 만약 우주의 무질서가 어떤 한 지점을 넘어선다면 우리는 더 이상 살아 있을 수 없을 것이다.

죽음이 아직 불가사의한 것으로 남아 있듯, 생명체란 과연 무엇인지 또한 마찬가지다. 생명체를 둘러싸고도 여러 정의가 다투고 있다. 가장 자주 논의되는 의문은 과연 바이러스를 생명체로 봐야 하는가다. 바이러스에는 유전자는 있지만 세포 구조나 독립적인 신진대사가 없다. 생명의 증거로 꼽히는 활동은 성장, 번식, 신진대사, 자가 회복, 움직임 등의 공동 작용이다. 그렇다면 이 모든 요소를 갖춘 기계가 있다면 그것을 생명체로 봐야 하는지 또한 의문이다.

생명이라는 개념을 얼마나 광범위하게 볼 것인지는 상관없다. 생명체가 살아 있지 않은 사물과 가장 뚜렷하게 구분되는 점은 바로 구성 요소, 즉 세포가 변하고 교체된다는 것이다. 물론 무생물도 상태가 변할 수는 있다. 예를 들어 돌은 부서질 수 있고, 나무 오두막은 썩을 수 있다. 유기체는 물질적인 대상에 속하지만 대략 설명하자면 기능적 처리 과정으로서 존재한다. 각각의 세포가 계속해서 변화해야만 유기체가 온전한 전체로서 안정될 수 있다.

인간은 유기체 중에서도 특별한 종이다. 사람은 의식과 이성, 기억이 있는 존재다. 이런 정신적 능력은 뇌의 기능 방식에 달려 있다. 뇌가 더 이상 기능하지 않는다면 우리는 존재할 수 없다. 이것은 자연에, 그리고 우리의 유전자에 새겨져 있다. 그러나 자연에 있는 모든 것이 좋은 것은 아니다. 죽음은 어떨까?


## 좋거나, 나쁘거나, 상관없거나


"죽음은 우리 모두에게서 진행되기 때문에 오락이다. 우리는 우리가 언제, 어떻게 죽을지 알고 싶어 하지 않지만, 어쨌든 죽음은 우리의 운명이다. 우리는 모두 죽는다."

'50센트'라는 활동명으로 잘 알려진 래퍼 커티스 제임스 잭슨 3세Curtis James Jackson III가 《슈피겔》과의 인터뷰에서 한 말이다. 이 말과 함께 50센트는 소크라테스와 에피쿠로스, 니체와 카뮈를 거쳐 현재까지 이어지는 기나긴 철학적 전통에 합류했다. 이들은 모두 죽음이 우리의 삶에서 어떤 역할을 하는지 고찰했다.

우리는 죽음에 세 가지 태도를 보일 수 있다. 우선 긍정적인 태도다.

"죽음 덕분에 삶에 의미가 생긴다."

그다음은 부정적인 태도다.

"죽음은 악이다."

마지막으로 중립적인 태도다.

"죽음은 우리와 상관이 없다."

중립적인 태도는 사리에 맞지 않는 것처럼 보인다. 사람들은 죽기를 두려워하고, 죽음은 모든 문화권에서 거대한 주제이자 때때로 터부시되는 주제인데, 도대체 어떻게 죽음이 우리와 아무런 상관이 없다고 말할 수 있을까?

중립적인 태도를 더 명확히 설명할 예시가 있다. 오래전 나는 전신마취를 하는 수술을 받았다. 병원 복도를 지나가면서부터 나에게 안정제가 투여됐다. 수술실에서 마취약이 투여되자 세상이 깜깜해졌다. 병실에서 다시 깨어났을 때 내가 기억할 수 있는 마지막 기억은 내 위를 비추던 커다랗고 둥근 조명뿐이었다. 수술 중에도 나는 감정이나 생각을 느꼈을 것이다. 하지만 내용을 기억할 수 없었다. 돌이켜 생각해보니 마취 중에 내 의식이 완전히 지워진 기분이었다. 굳이 따지자면 나는 수술 시간 동안 존재하지 않았던 셈이다.

죽음을 떠올릴 때 우리는 대개 외부적인 관점에서 생각한다. 말하자면 나 자신이 관 안에 누워 있고 가족과 친구들이 내 무덤 주위를 둘러싼 모습을 상상한다. 죽음의 철학에서는 내부적인 관점, 그것도 더 이상 내부로 파고들 수 없을 정도로 가장 깊은 관점이 중요하다. 우리는 죽음을 구상적으로 상상할 수 없는데, 모든 상상은 생각하는 사람을 전제로 하기 때문이다. 기절하거나 마취된 적이 있는 사람이라면 "기억할 수 있는 것은 아무것도 없다"라는 말로 비존재이던 시간을 재구성할 수 있다. 비트겐슈타인은 "사람은 죽음을 경험하지 않는다"라고 말했다. 죽음은 어떤 경험의 부정<sub>否定</sub>이다.

우리는 어떻게 이 부정을 두려워하는 걸까? 고대 그리스의 철학자 에피쿠로스가 던진 질문이다. 그는 죽음이 우리와 아무 상관이 없다고 주장한 저명인사다. 그의 주장은 매우 간단하다. "가장 끔찍한 악인 죽음은 우리에게 아무것도 아니다. 우리가 존재하는 한 죽음은 존재하지 않고, 죽음이 존재하는 한 우리는 더 이상 존재하지 않기 때문이다." 이때 중요한 것은 '죽는 것'과 '죽어 있는 상태'의 차이다. 죽어가는 사람은 고통이나 두려움을 느낄 수 있다. 그런데 죽음이라는 사건은 존재가 비존재로 바뀌는 것이다. 사람은 사라진다. 뭔가를 느낄 존재가 아무도 없다면, '부정적'이라거나 '긍정적'이라는 생각도 아무런 소용이 없다. 적어도 에피쿠로스는 그렇게 생각했다.

에피쿠로스보다 앞서 죽음을 두려워하지 않는다고 말한 유명인으로는 소크라테스가 있는데, 다만 근거는 달랐다. 소크라테스는 젊은이들을 현혹시키고 신에게 죄를 범했다는 이유로 사형을 선고받았다. 그는 도망칠 기회가 있었지만 제안을 일축했다. 나중에 플라톤이 정리한 《소크라테스의 변론》에서 소크라테스는 철학한다는 것은 죽음을 배우는 것이라고 말하며 자신의 명제를 주장했다. 그는 저승에서 죽은 자들의 영혼이 영원히 토론하고 있을 것이라고 묘사했다. "우리가 각자의 길을 가야 할 때다. 나는 죽으러 가고, 그

대들은 살러 간다. 우리 중 누가 더 나은 사회로 갈는지는 신을 제외한 그 누구도 모른다." 이렇게 마지막 말을 남긴 그는 독배를 마시고 죽었다. 플라톤에 따르면 소크라테스는 죽음을 두려워하지 않았다. 아마도 그가 죽음 이후의 존재를 믿었기 때문이리라.

그렇다고 해서 사후의 존재를 믿지 않는 사람들이 죽음을 두려워하는 게 잘못된 일일까? 나는 마취된 동안 아무것도 느끼지 않았지만, 그럼에도 내가 다시 깨어난 것이 기쁘다. '내가 죽었다'는 소식이 내 귀에 들리지는 않을 테지만 말이다. 이 모든 것이 나에게 주어지지 않았다면 어땠을까? 에피쿠로스가 옳았다. 우리는 비존재를 겪을 수 없다. 그러나 우리가 두려워하는 것은 더 이상 존재하지 않는 상태가 아니라 언젠가 존재하지 않는 상태가 되리라는 사실이다.

나중에 에피쿠로스가 주장한 균형을 옹호한 사람 중에는 율리우스 카이사르의 시대를 살았던 로마의 철학자 루크레티우스Lucretius가 있다. 루크레티우스는 모든 삶이 끝없이 길게 이어진 비존재의 두 가지 단계 사이에 존재한다고 주장했다. 루크레티우스가 주장한 대칭은 다음과 같다. 우리가 태어나기 전의 비존재가 우리를 혼란스럽게 만들지 않는다면, 우리는 왜 죽음 이후의 비존재를 두려워해야 하는가? 이 주장 또한 얼핏 듣기에는 설득력이 있다. 하지만 이것 또한 죽음에 대한 두려움이나 살고자 하는 의지를 꺾지는 못한다. 달콤한 과실을 맛보고 나면 계속해서 그것을 원하게 되니 말이다.

과거가 대체 왜 중요하단 말인가? 영국의 철학자 데릭 파핏Derek

Parfit이 말했듯이 우리는 왠지 모르게 미래에 대해 이런 선입견이 있다. 즉 우리에게는 이미 일어난 일이 아니라 미래에 일어날 일이 중요하다. 우리는 나쁜 일은 지나가고 앞으로는 좋은 일만 남아 있길 바란다. 내 친구 중 하나는 이렇게 말했다.

"죽음은 민주적이야. 언젠가 모든 사람에게 일어나니까. 그런데 그건 공평한 것 같지만 불공평해. 삶이 이렇게 아름다운데 왜 죽어야만 하는 거지? 마치 나만 소풍을 같이 못 가는 것처럼."

에피쿠로스나 루크레티우스와 반대로 현대철학자 중 몇몇은 죽음을 부정적인 것으로 간주하는데, 그 이유는 죽음이 우리의 가능성을 앗아가기 때문이다. 삶이 끝남과 동시에 우리는 가치 있게 여기던 모든 것을 잃는다. 인식, 느낌, 생각 등 모든 것을. 이것은 미국의 철학자 토마스 네이글이 주장한 내용이다. 그는 심지어 우리가 마치 '그것이 재미있든 고통스럽든, 중요한 건 경험하는 것이다'라는 좌우명 아래 살아오기라도 한 것처럼 이런 의식 상태가 끝없이 부정적인 것일지라도 이를 높이 평가한다고 주장했다. 이것은 다소 과장일지도 모른다. 그렇다면 병들거나 외롭거나 우울한 사람은 죽는 게 더 낫다는 합당한 근거를 가질 수도 있으니 말이다. 하지만 우리는 일반적으로 그 이유가 일상의 사소한 즐거움일지라도 삶에 집착한다.

네이글의 영국인 동료인 버나드 윌리엄스Bernard Williams도 비슷하게 주장했다. 적어도 너무 이른 죽음은 나쁜 것이다. 우리가 소원을 이룰 기회를 앗아가기 때문이다. 소원은 우리를 움직이도록 하며 우리 삶에 내용을 부여한다. 소원이 없는 존재는 무디며 생존 능력이 없다. 네이글과 윌리엄스는 주관적으로 경험한 괴로움과 객관적인 고통을 서로 대립시켰다. 이것은 '악'이나 '불행'이라고도 불린다. 죽음은 우리에게서 뭔가를 앗아가고 우리에게 감당할 수 없는 고통을 안긴다.

## 영원히 살고 싶은 자는 누구인가?

윌리엄스는 한 걸음 더 나아갔다. 그에 따르면 너무 이른 죽음 자체는 악이다. 다만 덧없는 운명은 삶에 의미를 부여한다. 모든 것에는 끝이 있다는 사실을 아는 사람만이 목표를 진지하게 바라보고 뭔가를 이룩하고자 한다. 이로써 윌리엄스는 죽음의 긍정적인 측면을 주장했는데, 이를 더 정확하게 이해하려면 우선 불사란 무엇인지 명확하게 알아야 한다.

프랑스의 철학자이자 작가인 시몬 드 보부아르Simone de Beauvoir는 소설 《모든 인간은 죽는다》에 불사의 몸으로 수백 년 동안 떠돌아다니는 주인공 레몽 포스카를 등장시킨다. 포스카는 늘 무심한 표정을 짓고 있으며 모든 것이 지루하고 의미 없다고 느낀다. 그의 삶과 특히 그의 주변에서 죽음을 앞두고 살아가는 자들의 일상적인 흥분이 그에게는 아무런 감흥을 일으키지 않는다.

시몬 드 보부아르는 인생의 파트너였던 장 폴 사르트르, 그리고 알베르 카뮈와 함께 가장 중요한 실존주의 주창자 중 한 명으로 꼽힌다. 실존주의는 프랑스의 전후철학[3]에서 반은 철학적이고 반은 문학적인 사조로 꼽힌다. 실존주의자들은 인간의 생활 태도, 예를 들어 자유와 억압, 소외와 진정성, 그리고 실존주의라는 이름에서 알 수 있듯이 인간 존재의 의미와 무의미 같은 주제에 큰 관심을 보였다. 드 보부아르가 만들어낸 포스카라는 등장인물은 삶의 허망함과 공허함을 경험했다. 그에게는 모든 것이 수천 번이나 반복되는 일이었기 때문에 그런 감정이 더욱 강렬했을 것이다. 그의 불멸은 축복이 아니라 저주다.

월리엄스 또한 드 보부아르와 같은 방향을 바라보았다. 나 자신이 언젠가 죽는다는 것을 알아야 비로소 삶의 의미가 충만해진다. 만약 우리가 죽지 않는다면 언제가 되었든 지루함과 따분함에 사로잡힐 것이기 때문이다. 우리는 모든 행위를 나중으로 미룰 것이고, 아무것도 해결하지 않아도 될 것이다. 우리의 모든 목표는 절박함을 잃는다. 아마 포스카만 떠올린다면 이렇게 주장할 수 있다. 그러나 1986년 영화 〈하이랜더〉를 떠올린다면, 그리고 10억 부 이상이 팔린 SF 소설 시리즈[4]의 주인공 페리 로단Perry Rhodan을 떠올린다면 조금 다른 생각이 들 것이다. 페리 로단은 20세기에 태어난 우주비행사로, 고등한 존재로부터 '세포 활성제'를 받아서 영원히 살 수 있다. 그는 이후 3,000년 동안 지루함을 느끼지 않았다. 온 우주를 누비며 행성을 개척하고, 인류의 대통령이 되고, 거대한 개미를 비롯해 여러 외계 생명체와 싸웠다. 영원한 삶이 반드시 쳇바퀴처럼 굴러가며 지루해질 필요는 없는 셈이다.

네이글과 미국의 철학자 존 마틴 피셔John Martin Fischer 또한 그렇게 주장했다. 윌리엄스는 이런 항변에 한 가지 답변을 내놓았다. 그에 따르면 이것은 사건의 밀도와 길이의 문제다. 아마도 수백만 년 후에는 새로 발견할 것이 존재하지 않기 때문에 모든 것이 반복될 것이다. 다만 이 명제에도 의문이 든다. 우리는 매일같이 새로운 원초적인 소원을 품는다. 섹스나 맛있는 음식은 늘 부족하다. 예를 들어 초콜릿은 언제 먹든 똑같은 맛이지만, 그럼에도 우리는 매일 초콜릿을 먹고 싶다는 욕구를 느낀다. 그렇다면 우리가 영원히 소원과 충동을 느끼며 살 수도 있지 않겠는가?

불멸한다고 해서 장기간에 걸친 소원이나 계획이 사라질 필요도 없다. 우리는 스스로가 죽어야 한다는 사실을 늘 되새기기 때문에 공부하거나 직업을 갖길 원하는 게 아니다. 죽어야 한다는 사실을 아는 것이 일상생활에 아무런 영향도 미치지 못한다면, 영원한 삶 또한 그래야 하지 않을까? 우리는 오히려 살아갈 때 마주치는 모든 분기점에서 다른 가능성의 문이 닫혀버리는 점을 고통스럽게 생각해야 한다. 독일의 철학자 한스 블루멘베르크Hans Blumenberg는 이를 '삶의 시간과 세계의 시간을 가르는 가위'라고 말했다. 우리는 언젠가 이 세상에서 경험할 수 있는 모든 것들을 파악하기에는 삶이 너무 짧다는 걸 깨닫는다. 반대로 불사의 몸이 되면 이전에는 우리에게 허용되지 않았던 모든 삶의 길을 가볼 수 있다. 음악가에서 방랑자로, 다시 세계 여행자로, 건축가로, 의사로 직업을 바꿀 수 있는 것이다. 게다가 그 누구도 우리에게 규정된 재학 기간 동안 학업을 마쳤는지 묻지 않을 것이다.

윌리엄스는 또 다른 문제를 생각했다. 우리를 개인으로서 정의하는 것이 바로 이해력과 기억력인데, 이 둘은 모두 제한적이다. 그렇다면 수천 년을 사는 동안 인간은 오래된 것을 잊고 새로운 것을 배우면서 관심사와 계획이 점차 바뀌어서 언젠가는 완전히 다른 사람이 될지도 모른다. 설득력이 있는 이야기다. 언뜻 다른 사람으로 변하는 것이 그리 큰 문제는 아닌 것처럼 보인다. 우리가 언젠가 지금의 우리와 공통점이 전혀 없는 지경에 이르더라도 우리는 매 순간마다 자신이 누구인지, 그리고 무엇을 원하는지 알 것이기 때문이다. 그러나 잘 생각해보면 그렇지 않다. 미래의 어느 시점에 완전히 다른 사람이 된다면 그것은 엄밀히 말해 이전의 자신이 죽은 것이나 다름없다.

거의 모든 사람들이 영원한 젊음에 솔깃해한다. 인생에서 가장 전성기인 시절에서 나이를 먹고 싶어 하지 않는다. 인류가 여태까지 모든 연구와 노력을 노화를 멈추는 데에만 쏟아붓지 않은 것이 오히려 놀라울 정도다. 오늘날까지 실질적인 불멸을 연구하는 학자는 많지 않다. 크리오닉들은 현재가 아닌 언젠가 미래의 기술로 얼어붙었던 뇌가 다시 깨어나기를 기대하고 있다. 한편 인공지능 연구가 한창인 이 시대에 많은 이들이 인간의 정신 또한 컴퓨터 프로그램처럼 하드디스크에 저장할 수 있을 것이라고 생각한 적이 있지만 이런 불멸의 꿈은 산산조각이 났다. 가장 유망한 연구 결과가 세포 연구 분야에서 도출된 것이다. 생물학자들은 이미 쥐를 대상으로 노화 과정을 되돌릴 수 있다고 말했다. 몇몇 사람들은 우리가 아직 살아 있을 때 사람에게서 이 효과를 볼 수 있을 것이라고 기대한다. 젊음의 샘은 불가사의한 원천에서 솟아나는 것이 아니라 DNA 조작이라는 연구 분야에서 솟아나는 셈이다.

어떤 사람들은 완전히 다른 불멸의 꿈을 꾼다. 이들은 어떤 행동을 함으로써 불사의 존재가 되고자 한다. 잊히지 않으려고 혹은 죽음을 극복하려고 갖은 노력을 다한다. 십수 년 전에 사망한 예술가 외르크 임멘도르프 Jörg Immendorff는 이렇게 말했다.

"예술은 죽음을 이긴다."

아름다운 상상이지만 이것은 착각이다. 영원히 이름을 남긴다고 해서 불멸인 것은 아니다. 예술 작품이야 영원히 남을 수 있겠지만, 그 창작자는 그렇지 않다. 우디 앨런은 이렇게 말한 적이 있다.

"나는 사람들의 마음속에서 계속 살고 싶지 않다. 내 아파트에서 계속 살고 싶다."


## 삶은 아름답고 무의미하다


삶이 언젠가 끝난다는 사실은 우리가 삶을 생각하는 방식에 영향을 미친다. 이런 사고방식을 두 가지로 나눌 수 있다. 하나는 긍정적이고 낙천적인 생각이다. 이렇게 생각하는 사람들은 말한다.

"죽는다고 해서 더 나을 건 없어. 인간은 누구나 단 한 번만 살아. 그러니 나는 모든 걸 다 쟁취할 거야."

다른 하나는 부정적이고 절망적인 생각이다. 이렇게 생각하는 사람들은 말한다.

"모든 건 무의미해. 왜 다들 죽어 없어질 걸 알면서 열심히 살고 싸우는 거야?"

삶을 긍정적으로 바라보는 시각이 특히 잘 드러난 예가 바로《오디세이아》에서 주인공 오디세우스가 사자의 나라에서 죽은 아킬레우스와 대화하는 장면이다. 아킬레우스는 짧고 굵게 사는 것이 가늘고 길게 사는 것보다 낫다고 생각했었다. 그는 트로이의 전장에서 죽었다. 사후 세계에서 그는 고대의 위대한 영웅이 되었고 저승에서 죽은 자들을 이끌고 있다. 이제 그는 오디세우스에게 삶을 등진 다음 얻은 명성은 아무런 의미가 없다고 말한다.

"고귀한 오디세우스여, 나에게 죽음을 위로하지 말게. 이곳 지하에서 숨이 멎은 모든 죽은 자들을 다스리느니 차라리 지상에서 더럽고 가난한 농부의 노예가 되어 일하는 편이 낫네."

로마의 시인 호라티우스Horatius가 말한 '카르페 디엠Carpe diem' 또한 삶을 긍정적으로 바라보는 시각이다. 호라티우스는 자신의 저서《송가Odes》에서 "현명하게 살아라. 와인을 거르고, 짧은 생에서 머나먼 희망은 접어라. 우리가 말하는 동안에도 이를 시샘하는 시간은 멀리 흐른다. 지금 이 순간을 잡아라. 내일을 믿지 말라"라고 말했다.《구약성서》에도 비슷한 이야기가 나온다.

"무릇 네 손이 일을 당하는 대로 힘을 다하여 할지어다. 네가 장차 들어갈 음부(지옥)에는 일도 없고 계획도 없고 지식도 없고 지혜도 없음이니라."

즉 저세상에는 희망이 없으니 이승에서의 삶에 최선을 다해야 한다는 것이다. 단테Alighieri Dante가《신곡》에서 묘사한 것과 달리, 죽은 뒤에 가는 지옥은 경험할 수 있는 구체적 장소가 아니라 비존재로 존재하는 곳이다. 그렇기 때문에 이승에서의 삶이 더 가치 있다.

기독교가 지배적인 서양 국가에는 삶에 대한 부정적인 시각이 더 깊이 뿌리박혀 있다. 《구약성서》에는 다음과 같은 구절이 나온다.

"네가 얼굴에 땀이 흘러야 식물을 먹고 필경은 흙으로 돌아가리니 그 속에서 네가 취함을 입었음이라. 너는 흙이니 흙으로 돌아갈 것이니라 하시니라."

우리에게는 오로지 힘들고 고된 일만 있고 그 사이의 삶은 즐겁지 않다는 뜻이다.

신이 다스리는 세상에서 사람들은 살아 있는 시간이 불행하고 무의미하기 때문에 희망을 품는다.

"우리의 연수는 칠십이고 만약 건강하다면 팔십이지만, 그 삶에서 음미할 수 있는 것은 오로지 무익한 수고뿐이니, 시간은 우리가 그것에서 달아나는 것보다 빨리 지나간다."

셰익스피어 또한 딱 들어맞는 표현을 선보였다. 맥베스는 이렇게 말한다.

"삶이란 그저 이리저리 떠도는 그림자, 잠시 무대 위에서 거들먹거리며 돌아다니고 이것저것 애쓰지만 곧 잊히고 마는 불쌍한 배우에 지나지 않는다. 떠들썩하고 광포하지만 아무런 의미가 없는, 그저 멍청이들이 지껄이는 이야기일 뿐."

우디 앨런은 1977년 영화 〈애니 홀〉에서 비슷한 생각을 드러냈다. 영화의 시작 부분에서 앨런은 이렇게 말한다.

"나이 든 숙녀 두 사람이 레스토랑에 앉아 있다. 한 사람이 말한다. 이곳 음식은 끔찍해. 다른 사람이 말한다. 맞아, 게다가 양도 적지."

그는 이것이 자신의 삶과 존재 자체에 해당하는 말이라고 설명한다.

"인생은 불행과 외로움, 고뇌로 가득하며 너무 빨리 지나간다."

삶이 무의미하다고 말하는 사람들은 그것이 자신의 삶을 말하는지, 아니면 전반적인 삶을 말하는지 명확히 밝히지 않는다. 어쩌면 고뇌하는 사람, 불행한 사람만이 자신들의 삶을 무의미하다고 여기는지도 모른다. 그렇다면 행복과 삶, 그리고 의미는 각각 어떤 관계가 있을까?

## 행복의 3단계

아리스토텔레스에 따르면 모든 사람은 한 가지 목표를 추구하느라 열심이다. 그것은 바로 예전부터 행복으로 번역되는 '에우다이모니아Eudaimonia'다. 그는 행복을 3단계로 나누었다. '조잡한 천성'을 가진 사람들은 가장 첫 번째 단계에만 도달할 수 있다. 이들은 동물적 욕망에 기초한 만족, 예를 들어 먹기와 섹스 등을 추구한다. 국가를 위해 목숨을 바치거나 명예롭게 죽은 사람들은 두 번째 단계에 도달할 수 있다. 오늘날이라면 정치, 사회, 예술 분야에서 뭔가를 이뤄내고자 자신의 소원과 만족보다는 더 높은 목표를 추구하는 사람들이라고 할 수 있겠다. 세 번째 단계이자 최상의 단계는 인간의 탁월함(덕)을 따르는 영혼의 활동이라고 아리스토텔레스는 정의했다. 그는 인간의 탁월한 사명과 철학 혹은 보편적인 지식을 가장 높은 수준의 행복으로 보았다.

과연 이렇게 판단함에 있어 철학자이던 아리스토텔레스가 온전하게 객관적이었는지 의문이 생긴다. 우선 그의 해석은 오만할 뿐만 아니라 적절하지도 않다. 물론 인간의 천성이라는 수수께끼를 탐구하는 것은 재미있는 일일 것이다. 그런데 행복의 3단계에 우열이 없을 이유는 무엇인가? 신체의 만족, 직업적인 성공, 깊은 고찰이 모두 동일한 가치를 지닐 수도 있지 않은가? 정신적인 가치를 높이 평가하는 사상가 또한 동료로부터 칭찬받거나 아주 맛있는 치즈 케이크를 먹으면 기쁘지 않겠는가? 이를 더 자세히 들여다보면, 과연 우리가 행복이라는 단어를 향유, 만족, 충만한 삶 등 여러 가지 의미로 표현할 수 있다는 이유만으로 에우다이모니아를 행복으로 번역하는 것이 옳은지 의문이 든다.

나중에 아리스토텔레스는 "제비가 혼자 봄을 만들지는 않으므로 에우다이모니아란 인간의 전체 삶에 관한 것이다"라고 덧붙였다. 이와 같은 삶의 균형에 대한 생각은 아리스토텔레스가 '충만함'을 이야기한다는 점을 암시한다. 그에 따르면 사람은 어쨌든 지나고 나서 돌이켜볼 때만 셈을 할 수 있다. 즉 삶은 후손들 또한 잘 살아야만 비로소 충만해진다. 결국 행복은 향유와 만족과 사고의 순간이 나열해 만들어진 것이 아니라 더 거대한 척도를 읽어내는 것이다. 삶의 감각에는 충만, 뜻, 의미가 덧붙여 포함된다. 그런데 인간이 도대체 어떻게 '의미'를 논할 수 있을까?

# 삶의 의미와 감각

철학 분야에서 '삶의 의미'만큼 중심적이고 동시에 드물게 논의된 주제도 없다. 철학자들은 대개 4단계에 걸쳐 이 주제에 관한 답변을 내놓는다. 아주 단순한 단계에서는 과연 무엇이 답변이 될 수 있는지 두통을 느낄 것이다. 행복일까? 아니면 자녀를 낳고 키우는 일? 지구를 구하는 일? 두 번째, 대담한 단계에서는 아주 짧고 가차 없는 답변이 나온다.

"삶에는 의미가 없다."

오만한 단계에서 사람들은 난해하다는 이유로 질문 자체를 거부하거나 질문이 잘못된 것이라 말한다. 마지막 네 번째, 호의적인 단계가 되어서야 '의미'나 '삶'이 실제로는 어떻게 불려야 하는지 탐구한다.

'의미'는 가치, 우리에게 중요한 것 혹은 목표, 즉 어떤 것이 무엇을 위해서 만들어졌는지를 뜻한다. '삶'에도 여러 가지 뜻이 있다. 어떤 사람들은 자신의 삶을, 어떤 사람들은 모든 것들의 존재를 삶이라고 말한다.

우리 자신의 삶을 생각해보자. 아리스토텔레스의 가설에서 우리는 삶의 태도에 관한 두 가지 논쟁을 구분할 수 있다. 하나는 정황성Befindlichkeit[5] 논쟁이고, 다른 하나는 수행Leistung 논쟁이다. 정황성 논쟁은 감각과 만족스러움을 강조한다. 이것은 자신의 기분을 끊임없이 스스로 확신하면서 발생하는 논쟁이다. 나는 현재 하는 일에 만족하는가? 나는 지금 배가 고픈가? 날씨 때문에 짜증이

나는가? 마사지를 받고 싶은가? 자신의 삶과 그 증거를 미학적으로 형상화하는 것도 정황성 논쟁에 포함된다. 예를 들어 햇볕이 내리쬐는 해변에서 보낸 휴가 사진, 재미있는 파티 사진, 아름다운 도시의 모습, 완벽하고 아름다운 테이블 위에 놓인 고급 요리 사진을 페이스북에 올리는 행동 말이다.

정황성 논쟁에서 중요한 것은 소위 '라이프 코칭' 산업 분야에서 출간되는 행복을 주제로 한 책이나 매주 진행되는 세미나 등이다. 고대 그리스 시대만 해도 타인에게 조언하는 것은 철학 분야의 과업으로 여겨졌다. 오늘날에는 심리학자나 심리학에 관심이 있는 사람들이 그 임무를 넘겨받았다. 이들이 추천하는 바는 명상을 통한 영혼의 만족에서부터 아주 구체적인 지침까지 다양하다. 예를 들어 "삶을 간단하게 만들어야 합니다. 창고를 비우세요!"라고 조언하는 식이다. 몇몇 라이프 코치들이 몸담고 있는 심리학 분야의 행복 연구는 우리의 조부모님들이 이미 알고 있던 것들을 더 광범위하게 확장한 것이다. 간략하게 설명하자면 다음과 같다. 인생의 아주 작고 사소한 순간이라도 의식적으로 경험하고, 가까운 친구 관계를 돌보고, 아이들을 키우고, 가족을 보살피고, 자연을 즐기고, 함께 하는 사람들과 즐거움을 느끼고, 겉치장을 줄이고, 스스로를 타인과 비교하지 않는다. 그리고 꽃, 음악, 스포츠, 건강한 음식을 즐긴다. 완벽하게 속물적인 삶처럼 들린다. 하지만 이것은 삶의 행복으로 가는 가장 안전한 길이다.

철학자 존 스튜어트 밀John Stuart Mill은 인간이 늘 행복을 추구한다고 말했다. 그가 말한 행복이 오로지 쾌락주의적인 욕망만을 뜻한 건 아니었지만 니체는 그의 발언에서 문제점을 짚어냈다.

"인간은 행복을 추구하지 않는다. 영국인들만 그렇다."

진지하게 생각해보면, 우리는 그저 쾌적함뿐만 아니라 어떤 의미나 더 높은 과제를 추구한다. 미국의 철학자 로버트 노직Robert Nozick도 이런 방향성을 주장했다. 그는 이성적인 인간이라면 제아무리 행복한 경험만을 만들어내고 다른 모든 것을 잊게 만들어주는 기계가 있다고 할지라도 그 기계에 스스로를 가둬버리지 않을 것이라고 말했다[6]. 네이글도 비슷하게 말했다.

"우리는 그저 즐겁기만 한 어린아이의 삶을 영위하려고 어린이의 이해 수준으로 내려가고자 하지 않는다."

정황성 논쟁에 반대되는 것이 수행 논쟁인데, 이것은 얼마 전까지만 해도 지배적인 의견이었다. 수행적인 사람은 스스로를 일과 과제, 충동 억제 등으로 정의한다. 아리스토텔레스는 개개인의 유용성은 활동적인 순간으로 드러난다고 주장하며 세상을 파고들었다. 유용성을 추구하는 사람은 자신의 삶에서 뭔가를 만들어내고 창조하고자 한다. 극단적인 경우, 수행 지향적인 사람은 14시간 동안 일하거나 일하느라 자신의 정황성을 묻어버리는 것을 자랑스럽게 여긴다. 미국의 철학자 콰인이 남긴 몇 안 되는 인생철학 중 하나가 이를 잘 설명한다.

"삶이란 극소수의 사람들이 대다수의 사람들에게, 극소수의 사람들이 대다수의 일을 하고 있다는 기분을 안겨주는 것이다."

독일의 사회학자 막스 베버는 저서《프로테스탄트 윤리와 자본주의 정신》에서 수행 지향적인 사람의 전형을 묘사했다.

"자본주의는 오직 그 안에 프로테스탄트적 생각이 살아남아 있기 때문에 퍼질 수 있었다. 신의 은총이 현실적 성공으로 나타난 것이다."

즉 일이라는 고행을 만족이나 재미보다 우위에 두는 사람은 평생토록 경쟁자들보다 더 성공할 것이다. 수행 지향적인 사람은 예전부터 스스로를 다음과 같은 큰 틀에서 봐왔다. 그들은 신의 명령에 따라, 국가를 섬기는 자로서, 규율과 영광을 위해 행동한다. 이 틀이 언젠가 깨지기 전에 오늘날의 쾌락주의가 먼저 나타났다. 그 이후로는 더 적게 행동하고, 많은 것을 경험하는 삶의 태도가 각광받았다.

라이프 코치들은 수행 논쟁 또한 중시한다. 특히 세 가지 주제가 늘 반복된다. 첫째, 사람은 일상생활의 루틴을 재현해야 한다. 둘째, 운명의 시련을 받아들여야 한다. 셋째, 자신의 삶을 바꿔야 한다. 세 가지 모두 수긍이 간다. 오랜 세월 동안 우리 몸에 새겨진 행동 양식 중 많은 것이 그 기능을 잃었다. 때로는 친구가 주는 작은 힌트만으로도 스스로에게 열중하는 데 충분하다. 때로는 오랫동안 상담을 받아야 한다. 고대 그리스의 스토아학파는 이미 변하지 않는 것은 받아들이고 변하는 것은 변화시키라고 설교한 바 있다.

능동적으로 삶을 이끌어가는 것에는 또 다른 측면이 있다. 여기서는 인생 조언이 본의 아니게 득을 본다. 사람은 누구나 자신이 이 세상에 영향을 미치고 작용하는 모습을 보면 재미를 느낀다. 예를 들어 어린아이들에게 지하철의 문을 여는 것[7]만큼 재미있고 멋진 일은 없다. 작은 버튼을 누른 것만으로 큰 효과가 나타나니 말이다. 자신의 인과성에 대한 욕망은 우리 내면의 아주 깊은 곳에 자리하며, 아마도 타고난 것으로 보인다. 우리는 자기계발서에서 읽은 대로 잘 정돈된 창고를 보고 기뻐할 뿐만 아니라 무엇보다도 '나 자신'이 스스로 창고를 바꾸었다는 점에 기뻐한다. 이것이 실존철학 Existential philosophy에서 말하는 수공업 효과다. 변화를 스스로 이끌어낸다는 것은 아주 커다란 만족감을 안겨준다. 주방 설비를 스스로 조립하고, 집을 스스로 보수하고, 회사를 스스로 설립하고, 직업을 스스로 선택하고, 그림을 스스로 그리고, 글을 스스로 쓴다. 우리가 한 행동의 결과로 만들어진 생산물에서 우리는 스스로의 영향을 읽어낼 수 있다. 표면적으로 우리는 스스로의 수행인 부엌, 글, 회사 등을 자랑스럽게 여긴다. 마음속 깊은 곳에서 우리는 스스로 행위를 했다는 것, 즉 이 세상에서 수동적으로 이끌리기만 한 것이 아니라는 점을 인지하고 기뻐한다.

이미 아리스토텔레스 또한 우리가 자신의 행동뿐만 아니라 행동으로써 영향을 미칠 수 있는 주변 상황에도 책임을 져야 한다고 말했다. 예를 들어 건강이다. 생활 태도, 친구들, 의복도 마찬가지다. 카뮈는 누구든 특정한 나이부터는 자신의 얼굴에 책임을 져야 한다고 말했다. 본인은 영화배우 험프리 보가트Humphrey Bogart와 마치 형제처럼 쏙 빼닮았으니 말은 쉽지. 어쨌든 핵심은 명확하다. 사는 동안 즐거웠던 사람은 나중에 웃음으로 생긴 잔주름이 가득한 호감 가는 얼굴이 될 것이다. 단, 그렇다고 주변 사람들의 얼굴을 보고 자업자득이라고 질책해서는 안 된다. 많은 사람들이 매일 살아남기 위해 고군분투하느라 좀처럼 웃을 기회가 없기 때문이다. 얼굴에 근심과 걱정으로 깊은 고랑을 만든 것이 그들의 잘못은 아니다.


## 부조리하고, 신비롭고, 놀라운

우연히 이 세상에 태어난 우리들은 이 안에서 최선을 다해야 한다. 우리에게 삶은 '의미'라는 의미를 지닌다. 많은 사람들이 그저 행복하거나 만족하는 것으로는 충분하지 않으며 뭔가를 수행하길 원한다. 왜일까? 미국의 시인 월트 휘트먼Walt Whitman은 말했다.

"창대한 연극은 이어지고 너 또한 자신만의 시를 읊는다는 것."

하지만 의미가 정말로 자극제가 될까? 창대한 연극이 내가 하는 일과 무슨 상관이란 말인가?

우리는 스스로의 삶에 의미를 부여할 수 있는데, 그렇다면 전체적인 의미를 지닌 삶은 어떻게 보이는가? 나무, 혜성, 삶은 물론 온 우주와 같은 자연적인 사물에 '목적'으로서의 '의미'를 적용할 수는 없다. 그러면 당연히 개념의 혼란이라는 비난이 일 것이다. 우리는 지나치게 인간적인 관점에서 우주를 바라본 나머지 그것이 마치 토스터처럼 어떤 목적에 따라 만들어졌다고 생각한다. 니체는 자신의 저서《우상의 황혼》에서 다음과 같이 표현했다.

"목적이라는 개념을 고안해낸 건 우리들이다. 현실에는 목적이 없다. 우리의 존재를 재판하고, 재고, 비교하고, 판단할 수 있는 것은 아무것도 없다. 이는 전체를 재판하고, 재고, 비교하고, 판단한다는 뜻이기 때문이다. 그러나 전체 외에는 아무것도 없다."

　천지만물에는 목적과 뜻이 없다. 이런 인식은 우리의 삶을 완전히 나자빠뜨린다. 우리가 오늘 하는 일 중 어떤 것도 100만 년의 세월 속에서는 아무런 중요성을 갖지 못한다. 우주와 시대는 매우 거대한 척도다. 우리의 작은 먼지 같은 삶은 우리에게나 의미 있는 것이지 거대함과 전체 속에서는 아무런 의미가 없다. 네이글은 이런 현상을 '부조리Absurdity'라고 말했다. 노벨 문학상 수상자이기도 한 카뮈는 네이글과 비슷한 생각을 자신의 작품《시지프 신화》에서 묘사했다. 다만 뉘앙스는 조금 달랐다. 카뮈는 우리가 의미 없는 세상에서 의미를 찾는다고 말했다. 그 이유는 신이 없기 때문이다. 이를 상징적으로 보여주는 인물이 고대 그리스 신화의 인물인 시지프(시시포스)다. 시지프는 신들을 배반했다는 이유로 지하세계에서 산꼭대기까지 바위를 옮기는 형벌을 받는다. 바위가 산꼭대기에 닿기도 전에 그는 우레와 함께 아래로 굴러떨어진다. 시지프처럼 우리 인간들도 존재의 부조리함을 인정해야만 한다. 그렇다면 우리는 왜 자살을 선택하지 않는 걸까? 카뮈에 따르면 자살은 철학에서 '진정으로 진지한' 유일한 문제다. 그는 우리가 부조리를 인식하고 주어진 대로 받아들여야 한다고 말했다. 삶을 정열적으로, 그러나 환상에는 빠지지 않고 냉철하게 긍정하는 것이 자살의 순전한 절망보다 낫다. 카뮈는 이런 태도를 존재의 부조리에 대한 반항이라고 말했다. 데이비드 흄은 그보다 훨씬 전에 부조리를 정확하게 표현했다.

　"우주에서 한 인간의 삶은 굴 한 마리의 삶 정도의 의미밖에 없다."

독일의 코미디언 헬게 슈나이더Helge Schneider는 이 생각을 수사적인 질문으로 바꾸었다.

"삶이란 대체 무엇일까? 인간의 가치는 벌레, 아메바, 고기나 수프의 가치와 차이가 있을까?"

슈나이더의 접근법은 네이글의 주제와 비슷했다. 네이글은 우리가 부조리에 스스로를 초연하게 내맡기지 않고 그것을 유머와 아이러니로 받아들여야 한다고 말했다.

어떤 전략을 선택하든, 우리가 스스로의 존재가 부조리하다는 것을 인식하면 삶에 맞서 긍정적인 태도와 부정적인 태도가 동시에 나타날 수 있다. 매우 신기하게도 우리는 두 가지 태도를 자유자재로 바꾼다. 넓은 우주로 생각을 전개해 유영하다 보면 스스로가 아주 작고 보잘것없이 느껴지고, 두려움과 불안이 인다. 동시에 우리는 전체에 매력을 느끼고 엄청난 힘을 발휘하기도 한다. 우주는 영원히 빛날 텐데 무엇 하러 작은 일을 걱정해야 하지? 영국의 희극 그룹 몬티 파이튼Monty Python은 1983년 영화 〈삶의 의미〉에서 산 채로 내장이 적출된 남자의 아내의 이야기를 보여준다. 그녀의 남편은 갑자기 냉장고에서 벌떡 일어나 그 유명한 갤럭시 송Galaxy Song을 부른다. 이 노래의 주제는, 삶이 아무리 실망스럽고 당신을 들볶아도 우주에는 셀 수 없이 많은 은하계가 있다는 걸 생각하라는 내용이다. 이 얼마나 기가 막힌 일이며, 우리의 존재는 얼마나 위대한가?

거기에 더해, 우리의 존재는 얼마나 이상한가? 라이프니츠는 왜

무無가 아니라 무언가가 존재하는지 의문을 품었다. 비트겐슈타인은 이렇게 표현했다.

"신비로운 것은 세상이 어떠한가가 아니라 세상 그 자체다."

우리는 이 사실을 곰곰 생각해볼 수 있지만, 쉽게 파악하지는 못한다. 그럼에도 우리는 칸트가 '숭고성Erhabenheit'이라고 불렀던 것을 느낀다. 작은 인간으로서 우리는 거대한 자연의 힘을 마주하고 두려움과 전율이 희열과 뒤섞여 날아드는 것을 느낀다. 칸트는 이렇게 말했다.

"생각을 곱씹을수록 계속해서 새로워지며 거대해지는 경탄과 경외로 나의 심성을 가득 채우는 것이 두 가지 있다. 하나는 내 머리 위의 별이 가득한 하늘이고, 다른 하나는 내 안의 도덕률이다."

앨리스는 이상한 나라에서 계속 몸이 작아졌다가 커지면서 점점 넋이 나갔다.

"토끼 굴로 들어오는 게 아니었어. 하지만, 여기서 사는 게 신기하기도 해!"

앨리스에게 이상한 나라가 그랬듯이, 우리에게도 진실은 이상하면서 신기하다. 우리는 그게 다 무엇인지도 모른 채 놀랄 뿐이다.

우리는 모두 끝을 알고 있지만 영원히 젊고 행복하기를 바란다. 그 어떤 주장도 죽음은 무의미하거나 바람직하다고 우리를 설득할 수 없다. 거대하고 차가운 우주에서는 아이러니와 유머와 어쩌면 내맡김까지도 우리의 존재를 그럭저럭 괜찮은 것으로 만드는지 모른다. 우리에게는 영원처럼 느껴지는 아주 짧은 순간 동안이기는 하지만.

한번은 죽음의 철학과 관련된 컨퍼런스로부터 공지사항 메일이 전달되었다. 참가 신청서 제출 기한 부분에는 이렇게 쓰여 있었다. '마감 기한 연장deadline extended.' 안도의 한숨이 나오는 순간이다. 하지만 꿈같은 찰나만큼 연장된 것일 뿐이다. 우리 모두 끝을 알고 있지 않은가.

# 후주

## 들어가는 말

1 독일의 작곡가 리하르트 바그너(Richard Wagner)가 작곡한 오페라.

2 하시시나 대마를 섞은 담배.

3 20세기 초 영국에서 시작된 철학 분야로, 과학 및 일상적 언어의 여러 개념과 명제를 분석하고 의미를 밝히는 것을 목적으로 한다. 대표적인 분석철학자로는 언어학자이기도 한 비트겐슈타인이 있다.

## 1장

1 정서심리학 분야의 가설로, 어떤 자극이 발생했을 때 신체적 반응이 먼저 일어나면서 감정이 유발된다고 보는 이론이다. 윌리엄 제임스가 1884년에 이 가설을 제안했고, 칼 랑게가 같은 입장을 취하면서 이후 두 사람의 이론을 합친 제임스-랑게 이론이 탄생했다.

2 의식은 있으나 전신마비로 인해 외부 자극에 반응하지 못하는 상태를 말한다.

3 마스킹이란 어떤 자극이나 대상, 효과 등이 다른 자극 등으로 인해 방해 또는 억제되는 것을 말한다.

4 '사회적 구성주의(Social constructivism)'라고도 하며, 사회의 요소나 특정 사건이 갖는 의미 등을 연구하고 그 사회의 구성원들이 이 요소나 사건을 어떻게 받아들이고 바라보는지 고찰하는 학문이다.

5 프로토 파시즘은 파시즘의 원형으로, 파시즘에 영향을 미친 이념 및 문화 운동을 말한다.

6 '둘레계통'이라고도 한다. 대뇌반구 안쪽 및 밑면에 해당하는 부위로, 인간의 기

본적인 감정과 욕구, 자율신경 기능 등을 관장한다.

7 '순행성 기억상실증'이라고도 하며, 뇌가 손상되기 전의 사건은 기억하지만 그 후에 접한 새로운 정보는 기억하지 못하는 현상을 말한다.

8 '아스퍼거 장애'라고도 하며, 자폐성 장애의 하위유형으로 정서적·사회적 발달이 더디고 대인관계나 상호작용에 어려움을 겪는 정신과 질환을 말한다.

9 '야생 멧돼지 증후군' 혹은 '야생 남자 증후군(Wild man syndrome)'이라고도 하는 특이한 감정으로, 구루룸바 부족 남성들에게 영향을 미치는 문화사회적으로 구축된 정신장애의 일종이다. 이들은 야생 멧돼지처럼 돌진하며 남들을 공격하는 등 반사회적인 행동을 한 다음, 그 사실을 잊어버리기도 한다.

10 독일 쾰른에서 매년 11월에 시작되는 축제로, 축제 기간 동안 길거리에서 파티, 노래, 춤 등을 즐길 수 있다.

11 독일 뮌헨에서 9~10월경에 열리는 민속 축제이자 맥주 축제다.


## 2장

1 독일의 작가이자 풍자가.

2 참새목 딱새과의 소형 조류로 '밤꾀꼬리'라고도 불린다.

3 독일 바이에른주의 남동부 지방.

4 독일어 역사에서 가장 최근에 사용되기 시작한 독일어다. 17세기부터 사용된 독일어를 말한다.

5 바이에른은 뮌헨을 포함한 독일 남동부 지방이며 하노버는 독일 북부 지방이다. 독일은 지역에 따른 방언의 차이가 심해 독일인들끼리도 말이 통하지 않는 경우가 있다.

6 괴테 등장 이전까지 가장 위대한 독일의 서정 시인으로 불렸던 작곡가이자 시인으로 1230년에 사망했다.

7 742년에 태어나 814년에 사망한 서로마제국의 황제.

8 각각을 '양의 격률', '질의 격률', '관련성의 격률', '태도의 격률'이라고 한다. 정보의 양과 질, 관련성, 그리고 정보를 전달하는 태도나 방식에 대한 격률이다.

9 1828년에 독일에 나타난 정체불명의 소년으로, 자신이 어린 시절에 어두운 방에서 고립된 채 성장했다고 주장했다.

**10** '윌리엄스-보이렌 증후군(Williams – Beuren syndrome)'이라고도 하며, 7번 염색체의 부분 결실 때문에 심장질환과 정신지체 등의 증상이 나타나는 질환이다. 뉴질랜드의 심장전문의 J. C. P. 윌리엄스와 독일의 의사 A. J. 보이렌이 정리했다.

**11** '언어적 전환' 혹은 '언어적 전회'라고도 불린다. 20세기 중반 영국을 중심으로 발생한 철학의 방법론 혁명이다.

**12** 영어로 치면 be동사와 비슷하다. 3인칭 단수 현재형은 'ist'다.

**13** '닦달'이라고도 번역되며, 하이데거의 후기 작품에서 존재론적 의미 지평의 구조 전체를 가리키는 개념이다. 기술이 발달하면서 인간을 포함해 모든 존재 중 쓸모 있는 것만이 존재자로 간주되는데, 존재자는 몰아세움에 의해 존재성을 박탈당하고 유용성의 위치로 떨어진다. 즉 몰아세움은 존재망각이라고도 할 수 있다.

**14** 언어를 부적절한 맥락에서 사용하면 철학적 문제가 발생한다는 뜻이다.

**15** 프랑크푸르트대학 부설 사회 문제 연구소에 소속되어 있던 사람들을 가리킨다. 소장 호르크하이머를 비롯해 구성원으로 아도르노, 프롬, 마르쿠제, 벤야민 등이 있다.

**16** 아르키메데스가 "유레카!"를 외친 것처럼 갑자기 깨닫고 각성하는 순간을 가리킨다.

**17** 독일의 작가 미하엘 엔데(Michael Ende)의 소설인 《짐 크노프와 사막의 거인》에 등장하는 투르 투르라는 거인이다. 투르 투르는 멀리 있으면 거대해 보이지만 가까이 다가올수록 작아지는 가짜 거인이다.


### 3장

**1** 브라만은 힌두교에서 우주의 근본을, 보단은 고대 독일 신화의 최고신을, 제우스는 그리스 신화의 최고신을, 알라는 이슬람교의 유일신을, 야훼는 이스라엘인들에게 계시된 하느님을, 마니투는 아메리카 원주민이 믿는 신을 가리킨다.

**2** 베버는 스스로를 '종교적 음치(Religiös unmusikalisch)'라고 표현했는데, 이는 겉으로는 종교에 대해 깊이 생각하는 기독교인이지만 실제로는 그다지 독실하지 않은 것을 말한다. 베버는 일부 사람들은 선천적으로 종교적 재능을 타고나지만 다른 많은 사람들은 그렇지 못하다고 생각했다.

3 기묘한 소리가 들리거나 물체가 저절로 움직이는 것을 목격하는 등 초자연적인 현상 등을 말한다.

4 가르멜 수도회는 13세기 이스라엘 가르멜산에 뿌리를 두고 16세기 스페인에서 성녀 데레사에 의해 창립된 수도회다.

5 수피교 혹은 수피즘은 이슬람교의 신비주의적 분파다.

6 '플라시보 효과'라고도 하며, 위약을 투여했을 때도 환자의 긍정적인 믿음 등 심리적 요인에 의해 병세가 나아지는 현상을 말한다.

7 아산화질소는 '웃음 가스'라고도 불리며 마취, 환각 효과가 있다. 에테르는 마취제로 쓰인다.

8 유대교의 율법서.

9 말을 전달하는 놀이인 옮겨 말하기에서 유래한 것으로, 사람들의 입을 거치면서 이야기의 내용이 조금씩 달라지는 것을 말한다.

10 '헤로데스'라고도 하며, 《신약성서》에 등장하는 유대 마지막 왕조의 창시자다. 성품이 잔인했던 것으로 유명하다.

11 독일 튀링겐주의 한 지역.

12 독일 헤센주의 한 지역.

13 고대 그리스의 시인인 헤시오도스가 지은 1,022행에 이르는 서사시다. 천지창조에서부터 신들의 탄생과 그 계보, 인간의 탄생 등에 이르는 과정을 서술했다. 한자로 '神統記'라고 쓰는데, 제목처럼 수많은 신들의 복잡한 관계가 서술된다.

14 일신론을 비꼬는 의미에서 만들어진 패러디 종교.

15 이슬람교 시아파의 최고 지도자.

16 〈창세기〉에 등장하는 인물로, 형제가 후사 없이 죽으면 그 대를 남은 형제가 대신 이어가야 하는 계대결혼을 거부했다.

17 전 독일 자동차 클럽. 독일의 운전자를 지원하는 조직으로, 상해보험이나 구급 사업 등을 실시한다. 회원 수는 1,500만 명에 이른다.

## 4장

1 '새점관' 혹은 '조점관'이라고도 하며, 새가 날아가는 모습 등을 기반으로 신의

뜻을 읽는 역할을 했다.

2 눈이 무의식적으로 빠르게 움직이는 것을 말한다.

3 스티븐 제이 굴드는 진화심리학이 너무 많은 것들을 오로지 적응으로만 설명하려고 한다며 범적응주의를 비판했다.

4 《캉디드》의 부제는 '낙천주의'로, 볼테르는 이 소설에서 낙천주의적인 세계관을 풍자했다. 팡그로스 박사는 현재의 상태가 가장 좋다고 주장하는 낙천적인 인물이다.


## 5장

1 대뇌와 소뇌 사이에는 경막이 있어 두 뇌 부위를 구분할 수 있다. 소뇌는 뇌간과 연결되어 있다.

2 2020년 노벨 물리학상 수상자.

3 레고 블록처럼 작은 부품을 미리 제작한 다음, 연결하거나 붙여서 만드는 것.

4 진짜 교황이 감금되어 있다는 소문을 퍼뜨려 신자들의 돈을 착복하려는 사기꾼, 자유를 입증하기 위해 아무런 동기 없이 살인을 저지르는 인물 등이 등장하는 풍자문학이다.

5 리벳은 실험 참가자들의 머리에 EEG 모자를 씌우고, 점이 움직이는 시계를 보여준 다음, 참가자들에게 원하는 자리에서 점이 멈추도록 버튼을 누르라고 지시했다. 그리고 손가락을 움직이겠다는 결정을 내린 시점을 보고하도록 했다.


## 6장

1 2005년에 《On Bullshit》이라는 원제로 출간된 이 책은 우리나라에서 《개소리에 대하여》라는 제목으로 출간되었다.

2 독일어로는 'Scheinproblem', 영어로는 'Pseudo-problem'이라고 한다. 어떤 문제의 답의 진위를 검증할 수 없다든지 문제 자체가 언어적 혹은 논리적으로 잘못된, 실체가 없이 텅 빈 문제를 말한다.

3 옳은 명제에 참(T), 그른 명제에 거짓(F)이라는 값을 할당한 것이다. 논리 함수에서는 참을 1로, 거짓을 0으로 기록하기도 한다.

4  초콜릿 잼.

5  독일어로는 '진리상대주의(Wahrheitsrelativismus)'라고도 한다.

6  객관적 대상도 보는 사람에 따라 다른 존재가 된다는 뜻으로, 같은 대상이라도 내가 보는 것과 상대가 보는 것이 다를 수 있다는 말이다.

7  소크라테스의 대화법. 질문을 거듭해 상대방이 의식하지 못하고 있던 새로운 답변을 이끌어내는 문답법이다. 소크라테스는 타인이 새로운 지식을 낳을 수 있도록 도와준다는 점에서 스스로를 산파에 비유했기에 이 대화법을 산파술이라고 불렀다.

8  논문의 제목이기도 한 이 질문, "Is justified True Belief Knowledge?"는 '정당화된 참인 믿음은 지식인가?'라고 번역되기도 한다.

9  인기 캐릭터 포파이 때문에 시금치에 철분이 많이 들어 있다고 알려졌지만, 시금치의 철분 함유량은 다른 채소와 크게 다르지 않다.

10 형상 또는 관념. 플라톤 철학의 중심 개념으로 모든 것의 본질적인 원형을 말한다.

11 이 사고실험은 '통 속의 뇌 실험(Brain in a vat)'이라고도 한다. 과학자가 사람의 뇌를 통에 넣고, 뇌가 기능을 유지할 수 있도록 한 다음 특정한 행동에 연관된 전기신호를 보내면 이 뇌는 실제로 그 행동을 한다고 믿는다. 통 속의 뇌는 스스로가 통 속의 뇌라는 사실을 알지 못한다. 반대로, '내가 통 속의 뇌인 것이 아닌가?'라고 스스로 의심할 수 있다는 것은 그 자신이 통 속의 뇌가 아니라는 증거다.

12 미국 사우스다코타주에 있는 국립공원으로, 미국을 빛낸 네 명의 전 대통령인 조지 워싱턴, 토머스 제퍼슨, 시어도어 루스벨트, 에이브러햄 링컨의 얼굴이 새겨져 있다.

13 화성 시도니아 멘세 지역에 나타난 인면상으로 '화성의 얼굴'이라고도 한다. 화성의 표면을 촬영한 사진에 사람 얼굴로 보이는 인영이 나타났는데, 미 항공우주국(NASA)은 고해상도 사진을 제시하며 이것은 바위산에 태양이 비치며 생긴 음영 때문에 발생한 착시 현상일 뿐이라고 말했다.

14 서양에서는 나무로 된 물건을 두드리면 액운이 없어지고, 사다리 밑을 지나가면 재수가 없으며, 13은 불길한 숫자라는 미신이 있다.

15 '은비주의'라고도 하며, 현대의 다양한 음모론과 연관이 있다.

**16** '안수식'이라고도 하며, 기독교 등에서 성직자를 안수하고 임명하는 예식이다.

**17** 비트겐슈타인의 저서 《논리철학논고》에 나오는 문장인 "말할 수 없는 것에 대해서는 침묵해야 한다"를 패러디한 말이다.

## 7장

**1** 주지화(Intellectualization)란 프로이트가 제안한 방어기제의 일종으로, 불편한 감정을 피하거나 최소화하기 위해 지나치게 추상적으로 사고하는 것을 말한다.

**2** 독일에서 생산되는 콜라.

**3** 바이로이트는 독일 바이에른주에 있는 도시로 리하르트 바그너를 기리는 바그너 극장이 있는 곳이다. 바이로이트 페스티벌은 이 지역에서 매년 열리는 음악 축제로, 바그너의 오페라 공연이 상연된다.

**4** 영국의 원예가이자 정원 디자이너로, 정원을 가든 디자인 분야로 확대시킨 인물이다.

**5** 독일의 예술가. 남성 위주의 영역이던 바우하우스의 대표가 된 여성 예술가다.

**6** 이집트 제18왕조의 왕 아크나톤의 왕비. 베를린 신박물관이 소장한 채색 흉상으로 유명하다.

**7** 가운데 땅에 있는 작은 지역으로 호빗들이 모여 살던 곳이다.

**8** 대칭과는 거리가 먼, 비틀리고 굽어진 외관이 인상적인 건물이다.

**9** 2007년 6월부터 9월 사이에 독일 카셀에서 열린 현대미술 전시회. 도큐멘타는 카셀 지역에서 5년에 한 번 열리는 전시회이며, 도큐멘타 12는 12번째 전시회를 뜻한다.

**10** 눈의 기능과 손의 움직임이 잘 연결되어 서로 협응하는 능력.

## 8장

**1** 감각을 통해 느껴지는 것 혹은 느낀다는 것 그 자체를 뜻하며, 주관적으로 결정된다.

**2** 동물의 간을 갈아 스프레드 형태로 만든 음식.

**3** 스웜프 싱(Swamp Thing)은 DC 코믹스에 등장하는 늪지 괴물이다.

4 최고의 스파르타인(Super-Spartan)은 미국의 분석철학자 힐러리 퍼트넘이 생각해낸 캐릭터로, 고통을 느껴도 그것을 행동으로 표현하지 않는 인물을 말한다.

5 이 사고실험은 '메리논증(Mary argument)'이라고 불린다.

6 터널 속에서 터널 입구를 바라보듯이 눈앞의 상황에만 집중하느라 시야가 좁아지는 현상이다.

7 1인칭 슈팅 게임. 3D 화면에서 플레이어의 시점으로 총기를 쏴서 적을 쓰러뜨리는 게임이다.

8 컴퓨터 시스템의 입장에서 본 인간의 두뇌를 말한다.


## 9장

1 '사육제'라고도 하며, 기독교 국가에서 사순절 동안 육식을 끊기 전에 마지막으로 고기를 먹고 즐겁게 노는 행사다.

2 '초라한 모습을 은폐하려고 꾸며낸 겉치레'라는 뜻으로, 과거 제정러시아 시대에 고위 인사들이 방문했을 때 보여주기 위해 급조한 마을을 말한다.

3 라이트급은 약 61킬로그램 이하를 말한다. 벨러는 약 57킬로그램 이하인 페더급 선수였다.

4 편두통 등과 함께 자신의 몸이나 물체가 왜곡되어 보이는 증상.

5 신체의 위치, 자세, 평형, 움직임 등을 느끼는 감각이다. 이런 감각 덕분에 우리는 시각적인 정보에 의존하지 않고도 물을 쏟지 않고 마실 수 있다.

6 자신의 모습을 체외의 관점에서 보는 것을 말한다. 매우 피로한 상태나 간질, 편두통 등이 있는 상태, 약물중독, 몽환, 죽기 직전 등에 경험하는 일이 많다.


## 10장

1 주인공이 2000년 1월 1일 자정에 사고로 냉동되고, 1,000년 뒤에 깨어나 겪는 사건을 다룬다.

2 우주 종말의 한 가지 가능성이다. 움직임과 생명을 유지할 자유에너지가 없는 상태로, 물리학적으로는 우주 전체의 엔트로피가 최대치가 된 상태, 즉 열역학적 종말 상태를 말한다.

3 제1, 2차 세계대전 이후의 철학.

4 1961년부터 독일에서 판매되기 시작한 소설 시리즈로, 2019년 2월 기준으로 소설 시리즈 3,000편, 스핀오프 시리즈 850편 등이 발매되었다. 독일에서만 10억 부가 팔렸고, 전 세계적으로는 20억 부 이상이 팔린 것으로 집계된다.

5 'State-of-mind', '처해 있음'이라고도 하며, 우리가 어떤 기분에 젖어 있음을 말한다.

6 이것은 노직이 진행한 사고실험이다. 그는 '경험기계' 혹은 '행복기계'라고 불리는 기계를 상상해냈다. 이 기계는 모든 경험을 하게 해줄 수 있는 가상기계로, 뇌의 자극을 통해 항상 행복하고 즐거운 경험만을 할 수 있도록 세팅되어 있다. 이 기계를 사용하면 인간은 행복한 기분만을 느끼게 된다.

7 독일의 지하철은 모든 문이 동시에 열리는 것이 아니라 버튼을 누른 곳만 문이 열린다.

철학.

철학이라는 말만 들어도 왠지 모르게 머리가 지끈거린다는 사람이 적지 않다. 철학이란 일상과 거리가 먼 순수 학문처럼 느껴지지만, 그럼에도 우리는 왠지 모르게 철학자의 이름이나 명언 몇 개 정도는 외우고 있어야 할 것 같고, 철학에 일가견이 있는 것처럼 굴어야 할 것만 같은 압박에 시달린다(인문학도라면 더더욱). 그런 이유에서인지 시중에서 쉽게 풀어 쓴 철학책을 다수 찾아볼 수 있다. 그럼에도 사람들이 철학자나 사상가들에게 지는 생각의 빚은 점점 늘어난다. 깊이 고찰하거나 이 사회의 문제를 다양한 시각에서 바라볼 시간도 힘도 없으니 다른 사람들이 나를 대신해 생각하고 표현해주기를 기대하기 때문이다. 그런데 철학이 과연 어렵기만 하고 일반인들과는 거리가 먼, 학문적이기만 한 것일까? 우리가 그런 고찰을 철학자들에게만 맡겨도 괜찮은 걸까?

사실 철학은 모든 학문의 근간이다. 철학은 탐구하고 생각하고 질문하는 학문이며, 그래서 인간의 생각을 기반으로 하는 거의 모든 학문이 철학에서 시작되었다고도 볼 수 있다. 우리가 흔히 과학이라고 부르는 자연과학도 철학의 가지 중 하나다. 그래서 고대의 철학자들은 철학자이자 자연과학자이자 언어학자라는 등 수많은 호칭으로 불렸다. 이쯤에서 또 다른 의문이 든다. 그러면 철학은 우리 생각보다 더 일상적인 것이 아닐까? 이 책의 저자인 필립 휘블은 우리가 모두 철학자라고 말한다. 이성이 있고 생각이라는 것을 할 수 있는 사람이라면 모두 철학자다. 꼭 심오한 이론을 연구하고 철학의 학파를 줄줄 꿰고 수많은 철학자와 그들의 이론을 전부 외우고 있어야만 철학자가 아니다. 어느 정도 위안이 되는 말이 아닌가?

　　우리는 모두 날 때부터 철학자이니만큼 다양한 주제를 (의식적으로든 무의식적으로든) 철학적으로 고민한 바 있다. 이성理性이나 언어, 종교, 의식과 생각, 신체, 인간의 자유, 그리고 죽음 등의 주제를 고민해보지 않은 사람은 없을 것이다. 이 책은 이런 다양한 주제에 관해 우리가 여태까지 생각지 못했던 관점을 찾을 수 있도록 도와주며 어렴풋하게 느끼고만 있던 것을 명확한 언어로 설명해주는 책이다. 이것은 우리 현대인들에게 매우 중요하다.

　　오늘날 우리는 우리의 시야를 점점 좁아지게 만드는 세상에 살고 있다. 시스템 때문에 시야가 막혀버리기도 하고, 때로는 스스로 원해서 한곳에만 시선을 고정하기도 한다. 온라인상에서는 내가 '팔로우'한 사람들의 소식만 듣고 그들과만 교류하며, 스마트폰으로 뉴스 앱을 켰을 때 가장 처음 보이는 화면을 내 입맛에 맞게 편집

할 수도 있다. 수많은 웹 사이트의 알고리즘 덕분에 '내 마음에 들 법한' 것들만 추천받을 수 있다. 깊이 생각하지 않고도 다른 사람이 일목요연하게 정리한 내용을 'RT'함으로써 내 표현을 대신하기도 한다. 오프라인에서도 마찬가지다. 더구나 코로나19 팬데믹이 벌써 2년 가까이 전 세계인들의 발목을 잡고 있다 보니, 사람 사이의 교류는 줄고 내면의 불안은 늘어만 간다. 그런데 이런 식으로 생활하다 보면 우리는 점점 분리되고, 각기 다른 공동체 간의 갈등은 더욱 깊어질 것이다.

철학은 우리가 시야를 넓히는 연습을 할 수 있는 운동장이다. 어떤 철학 이론을 그대로 받아들이고 믿을 것인지, 아니면 그에 반박하는 이론까지 숙지하고 나름의 생각을 더 깊이 전개할 것인지는 전적으로 이 책을 읽은 독자 여러분에게 달렸다. 비트겐슈타인은 언어의 한계가 곧 세계의 한계라고 말했다. 〈매트릭스〉의 네오가 빨간 알약을 먹고 현실을 보게 되었듯이, 이 책의 저자가 마련해준 운동장에서 철학의 하얀 토끼를 잘 따라가다 보면 우리는 새로운 관점을 얻고 생각의 범위를 확장하고 내 생각을 드러낼 언어를 더 풍부하게 만들 수 있다. 관점과 생각의 범위를 넓히는 것은 단순히 철학과 같은 학문 분야에서만 중요한 것이 아니다. 이것은 우리가 더불어 사는 데 꼭 필요한 일이다. 우리는 우주의 티끌과 같은 존재이지만, 이 세상 속에서 '함께' 살아가는 티끌이기 때문이다.

# 하얀 토끼를 따라가라

**초판 1쇄 발행** 2021년 6월 11일
**초판 3쇄 발행** 2024년 10월 16일

**지은이** 필립 휘블
**옮긴이** 강민경
**펴낸이** 유정연

**이사** 김귀분
**책임편집** 조현주 **기획편집** 신성식 유리슬아 서옥수 황서연 정유진 **디자인** 안수진 기경란
**마케팅** 반지영 박중혁 하유정 **제작** 임정호 **경영지원** 박소영

**펴낸곳** 흐름출판(주) **출판등록** 제313-2003-199호(2003년 5월 28일)
**주소** 서울시 마포구 월드컵북로5길 48-9(서교동)
**전화** (02)325-4944 **팩스** (02)325-4945 **이메일** book@hbooks.co.kr
**홈페이지** http://www.hbooks.co.kr **블로그** blog.naver.com/nextwave7
**출력·인쇄·제본** 프린탑

ISBN 978-89-6596-446-9 03100

- 흐름출판은 독자 여러분의 투고를 기다리고 있습니다. 원고가 있으신 분은 book@hbooks.co.kr로 간단한 개요와 취지, 연락처 등을 보내주세요. 머뭇거리지 말고 문을 두드리세요.
- 파손된 책은 구입하신 서점에서 교환해 드리며 책값은 뒤표지에 있습니다.